E. Wade Davis wurde 1953 in Kanada geboren. Er studierte Anthropologie und Ethnobotanik an der Harvard-Universität. Nach Abschluß seines Studiums lehrte er an den Universitäten in Harvard und Kalifornien und arbeitete zeitweilig als Naturschützer im Spatsizi-Wilderness-Park. Heute lebt E. Wade Davis in Cambridge, Mass., USA, und lehrt an der Harvard-Universität.

Vollständige Taschenbuchausgabe 1988
© 1986 by Droemersche Verlagsanstalt Th. Knaur Nachf., München
Das Werk einschließlich aller seiner Teile ist urheberrechtlich geschützt.
Jede Verwertung außerhalb der engen Grenzen des Urheberrechts-
gesetzes ist ohne Zustimmung des Verlages unzulässig und strafbar.
Das gilt insbesondere für Vervielfältigungen, Übersetzungen,
Mikroverfilmungen und die Einspeicherung und Verarbeitung
in elektronischen Systemen.
Titel der Originalausgabe »The Serpent and the Rainbow«
© 1985 by E. Wade Davis
Umschlaggestaltung Adolf Bachmann
Umschlagfoto Studio Schmatz
Druck und Bindung Elsnerdruck, Berlin
Printed in Germany   5 4 3 2 1
ISBN 3-426-03895-1

E. Wade Davis:
Schlange und Regenbogen

Die Erforschung der Voodoo-Kultur und ihrer
geheimen Drogen

Aus dem Amerikanischen übersetzt von Christa Broermann und
Wolfram Ströle

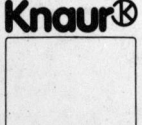

Für meine Eltern, die sich um mich sorgten,
für Professor Richard Evans Schultes, ohne den meine Arbeit
nicht möglich gewesen wäre,
und für John Lennon, der uns das Träumen lehrte.

Er kannte die Geschichte vom König Dá, der Inkarnation der Schlange, die ewiger Anfang ist ohne Ende, der seine mystische Vereinigung feierte mit einer Königin, die war der Regenbogen und Herrin des Wassers und allen neuentstehenden Lebens.

> A. Carpentier, *El Reino de este Mundo*
> (Das Königreich dieser Welt)

Alle Dinge sind Gift, und nichts ist ohne Gift; allein die Dosis macht's, daß ein Ding kein Gift sei.

> Paracelsus

Inhalt

Vorbemerkung zur Schreibweise des Wortes »Vodoun« . . . 11

Teil I · Das Gift

Der Jaguar 15
»An der Schwelle zum Tod« 27
Die Calabar-Hypothese 41
Die weiße Finsternis und die lebenden Toten 55
Eine Lektion in Geschichte 83
Alles ist Gift, nichts ist Gift 115

Teil II · Zwischenspiel in Harvard

Tabellen an einer Tafel 143
Der Voodootod 177

Teil III · Die Geheimgesellschaften

Im Sommer wandern die Pilger 197
Schlange und Regenbogen 232
Tell my Horse 259
Der Tanz im Rachen des Löwen 299
Süß wie Honig, bitter wie Galle 331

Epilog 365
Glossar 369
Kommentierte Bibliographie 379
Danksagung 395

Vorbemerkung zur Schreibweise des Wortes »Vodoun«

Die Schreibweise des Namens der traditionellen Religion von Haiti hat Anlaß zu einer Reihe akademischer Debatten gegeben. Das Wort *voodoo* kommt aus der Fon-Sprache von Dahomey (heute Benin) und Togo. Es bedeutet einfach »Gott« oder »Geist«. Leider haben die sensationslüsternen und unzutreffenden Interpretationen der Medien, insbesondere Hollywoods, dazu geführt, daß das Wort *voodoo* stellvertretend wurde für ein Hirngespinst von Schwarzer Magie und Zauberei. Anthropologen aller Länder haben sich bemüht, dieses Klischee sowohl zu entlarven wie auch zu umgehen, indem sie mehrere unterschiedliche Begriffe benutzt haben, darunter *vodu*, *vodun*, *voudoun* und *vodoun*. Ich habe mich diesem Beispiel angeschlossen, weil ich meine – und in diesem Buch hoffentlich zeigen kann –, daß die reiche Religion der traditionellen haitianischen Gesellschaft es verdient, Anerkennung zu finden, und das, was wir normalerweise unter »Voodoo« verstehen, wenig mit ihr zu tun hat. Ich benütze die Form *vodoun*, weil sie die Phonetik am genauesten wiedergibt. Es gilt jedoch gleich am Anfang darauf hinzuweisen, daß die haitianischen Bauern selbst ihre Religion nicht »Vodoun« nennen. Sie haben ein geschlossenes Glaubenssystem, und in einer Welt, die wenige Alternativen kennt, kann man entweder »den Loa dienen« – den Geistern –, oder man dient ihnen nicht. In ihrer Sicht bezeichnet Vodoun ein spezifisches Ereignis, ein Tanzritual, in dessen Verlauf die Geister kommen und vom Gläubigen Besitz ergreifen, so daß er besessen ist.

Aus Gründen der Klarheit verwende ich im ganzen Buch das Wort »Vodoun-Gesellschaft«. Das ist ein handlicher Begriff, der zugleich die Betrachtungsweise eines Einblick nehmenden Außenstehenden widerspiegelt und nicht die eines Gläubigen, der von seinem Geisterreich umgeben ist.

Teil I

Das Gift

Der Jaguar

Zum ersten Mal traf ich den Mann, der mich auf die Suche nach dem Gift der lebenden Toten, auch Zombies genannt, nach Haiti schicken sollte, an einem trüben, naßkalten Tag Ende Februar 1974. Ich saß mit David, der damals mit mir in einem Zimmer wohnte, in einem Café Ecke Harvard Square. David war ein Junge aus den Bergen im Westen, dessen Eltern noch auf dem Bauernhof der Familie aufgewachsen waren, und ich kam von der regnerischen Küste der kanadischen Provinz British-Columbia. Zusammen waren wir ungefähr so laut und ungehobelt, wie es in Harvard gerade noch toleriert wurde. Wir waren beide in den Osten gekommen, um Anthropologie zu studieren, aber nach zwei Jahren hatten wir es satt, immer nur Bücher über Indianer zu lesen.

Eine Wand des Cafés war fast ganz von einer Weltkarte bedeckt. Als ich mich eben meinem Kaffee widmen wollte, merkte ich, daß David mit gespannter Aufmerksamkeit auf diese Karte starrte. Er warf mir einen Blick zu, sah wieder auf das Kartenbild und zuletzt wieder zu mir, nur daß diesmal ein breites Grinsen seinen Bart von Ohr zu Ohr in die Breite zog. Er hob seinen Arm und ließ den Finger auf eine Landzunge fallen, die ein gutes Stück jenseits des nördlichen Polarkreises in die Hudson Bay hineinragte. Ich schaute David an, und unwillkürlich hob sich mein eigener Arm und brachte mich mitten an den Oberlauf des Amazonas.

Noch in derselben Woche verließ David Cambridge und war keine vier Wochen später in eine Eskimosiedlung am Ufer des Rankin Inlet umgezogen. Ich sollte ihn monatelang nicht mehr sehen. Was mich betrifft, der ich nun einmal entschlossen war, an den Amazonas zu gehen, so war völlig klar, an wen ich mich wenden mußte. Professor Richard Evans Schultes war damals auf dem Campus eine geradezu mythische Figur, und wie viele andere Studenten sowohl innerhalb als auch außerhalb des Fachbereichs Anthropologie empfand auch ich für ihn eine Achtung, die schon an Verehrung grenzte. Als letzter der aus der viktorianischen Tradition hervorgegangenen großen Pflanzenforscher war er für uns ein Held in einer Zeit weniger Helden, ein Mann, der ein Urlaubssemester genommen hatte, um im nordwestlichen Amazonasgebiet Heilpflanzen zu sammeln, und dann für acht Jahre im Regenwald verschwunden war.

Später am selben Nachmittag schlich ich wie ein Spion in den vierten Stock des botanischen Museums von Harvard. Auf den ersten Blick enttäuschte mich die spartanische Möblierung dort. Die Herbarienkästen waren für meinen Geschmack viel zu ordentlich und sauber, und die Sekretärinnen waren Matronen. Dann entdeckte ich das Laboratorium. Die meisten biologischen Laboratorien sind sterile Orte, ganze Wälder aus Röhrchen, blitzenden Lichtern und konservierten Pflanzen, die einen Geruch ausströmen, der eine frische Pflanze zum Verwelken bringen könnte. Hier aber war alles außergewöhnlich und anders. An einer Wand befand sich neben einem prächtigen Schmuck aus Tanzmasken des Amazonasgebiets ein Gestell mit Blasrohren und Speeren. In glasgedeckten Eichenvitrinen waren die gebräuchlichsten narkotischen Pflanzen der Welt in geschmackvollen Arrangements angeordnet. Eine andere Wand war mit Stoffen aus Rindenbast bedeckt. Überall in dem großen Raum vertreut waren pflanzliche Produkte in allen nur erdenklichen Formen und Gestalten zu sehen – Fläschchen mit ätherischen Ölen, Kautschukstücke aus Pará, narkotische Lianen und Fischtod, Schnitzereien aus Mahagoni, Matten und Seile aus Bastfasern und Dutzende mundgeblasener Gläser, in denen Früchte des Pazifik eingelegt waren, die aussahen wie Sterne. Dann entdeckte ich die Photographien. Auf einigen war auch Schultes zu sehen. Er stand in einer langen Reihe männlicher Indianer, die Brust mit verschlungenen Motiven bemalt und den hageren Körper mit einem Rock aus Gras bekleidet und mit Rindenstoffen behängt. Auf einem anderen war er allein und kauerte wie ein Raubvogel an der Kante eines Felsmassivs aus Sandstein, von dem aus er auf ein Meer von Bäumen hinabspähte. Ein drittes Bild zeigte ihn vor dem Hintergrund eines brausenden Wasserfalls in verdreckter Khakiuniform und mit einer Pistole am Hüftgurt, während er hinkniete, um eine Felszeichnung zu untersuchen. Die Photos waren wie Bilder aus einem Traum und nicht leicht mit der Gestalt des Wissenschaftlers, der jetzt das Laboratorium betrat, in Einklang zu bringen. »Ja?« erkundigte er sich in einem volltönenden Boston-Akzent. Leibhaftig mit einer Legende konfrontiert, begann ich zu stottern. Aufgeregt nannte ich ihm in einem Atemzug meinen Namen und daß ich aus British-Columbia kam, als Arbeiter in einem Holzfällercamp etwas Geld gespart hatte und nun an den Amazonas gehen wollte, um Pflanzen zu sammeln. Damals wußte ich wenig über den Amazonas und noch weniger über Pflanzen. Ich erwartete, daß er mich ausfragen würde. Statt dessen starrte er lange Zeit quer durch den Raum, schaute dann wieder durch seine altmodische Zweistärkenbrille über den Tisch zwischen uns, auf dem haufenweise Pflanzen verstreut lagen, zu mir her und sagte ganz einfach: »Sie wollen also nach Südamerika gehen und Pflanzen sammeln. Wann möchten Sie denn aufbrechen?«

Zwei Wochen später kehrte ich zu einer letzten Besprechung zurück, während der Professor Schultes eine Reihe Karten herauszog und mir eine Anzahl möglicher Expeditionen erläuterte. Abgesehen davon gab er mir nur zwei Ratschläge. Es habe keinen Zweck, sich schwere Stiefel zu kaufen, sagte er, weil die wenigen Schlangen, auf die ich treffen könnte, ihr Opfer im allgemeinen in den Hals bissen; ein Tropenhelm sei allerdings unentbehrlich. Dann schlug er voller Begeisterung vor, ich solle am Amazonas unbedingt auch mit *ayahuasca* experimentieren, einer Visionen erzeugenden Kletterpflanze, die zu den stärksten halluzinogenen Pflanzen gehört. Als ich sein Arbeitszimmer verließ, war mir klar, daß ich in hohem Maß auf mich selbst gestellt sein würde. Zwei Wochen später brach ich von Cambridge nach Kolumbien auf. Einen Tropenhelm hatte ich nicht dabei, dafür aber zwei Empfehlungsschreiben an den Leiter eines botanischen Gartens in Medellin und so viel Geld, daß es bei sorgfältiger Einteilung für ein Jahr reichen mußte. Ich hatte keinerlei Pläne und damals auch keine

Ahnung, daß der einer bloßen Laune entsprungene Entschluß in einem Café am Harvard Square einen tiefen Einschnitt in mein weiteres Leben zur Folge haben würde.

Auf den Tag genau drei Monate nachdem ich Boston verlassen hatte, saß ich in einer heruntergekommenen Kantine im nördlichen Kolumbien einem exzentrischen Geographen und alten Freund Professor Schultes' gegenüber. Eine Woche zuvor hatte er mich gebeten, ihn und einen britischen Journalisten auf einem Marsch durch »ein paar Meilen« Sumpf im nordwestlichen Zipfel des Landes zu begleiten. Der Journalist war Sebastian Snow, ein englischer Aristokrat, der eben zu Fuß von Tierra del Fuego an der äußersten Spitze Südamerikas gekommen war und jetzt nach Alaska weitermarschieren wollte. Bei der zur Debatte stehenden Strecke durch ein paar Meilen Sumpf handelte es sich um die Landenge von Darién, ein wegloses Gebiet von 250 Meilen Regenwald, das Kolumbien von Panama trennt. Zwei Jahre zuvor hatte ein Zug der britischen Armee, angeführt von einem Schulfreund Sebastians, den Darién durchquert und trotz Funkverbindung einige Opfer zu beklagen gehabt. Darunter zwei Todesfälle, von denen die Öffentlichkeit nie etwas erfahren hatte. Jetzt wollte der unerschrockene Journalist beweisen, daß eine kleine Gruppe, die von keiner militärischen Ausrüstung behindert war, das fertigbringen konnte, was die Armee-Einheit von Snows Schulfreund nicht geschafft hatte – die Landenge sicher zu durchqueren.
Leider war die Regenzeit gerade auf ihrem Höhepunkt. Es war also der schlechteste Zeitpunkt, um eine solche Expedition zu unternehmen. Ich hatte damals schon einige Erfahrung mit dem Regenwald, und als Snow entdeckte, daß ich die britische Staatsangehörigkeit besaß, nahm er an, daß ich ihn die ganze Strecke begleiten würde. Der Geograph bot mir auf Anweisung Snows die Stelle eines Führers und Dolmetschers an. In Anbetracht des Umstandes, daß ich nie auch nur in der Nähe des Darién gewesen war, kam mir das Angebot merkwürdig vor. Trotzdem nahm ich es an und dachte nicht weiter über die Sache nach, bis am Abend vor

unserem geplanten Aufbruch in der Bretterstadt am Ende der letzten Straße vor dem Regenwald eine alte Bäuerin auf der Straße auf mich zukam und mir unaufgefordert eine Einschätzung meiner Situation lieferte. Mein Haar sei blond, sagte sie, meine Haut golden und meine Augen hätten die Farbe des Meeres. Doch ehe ich das Kompliment genießen konnte, fügte sie hinzu, es sei zu schade, daß alles gelb sein würde, wenn ich Panama erreicht hätte. Die ganze Situation verschlimmerte sich noch, als am selben Abend der Geograph, der die Region viel besser kannte als ich, aus recht mysteriösen Gründen aus dem Unternehmen ausschied.

Die ersten Tage waren mit die schlimmsten, da wir das ausgedehnte Sumpfgebiet östlich des Rio Atrato zu durchqueren hatten. Der Fluß führte Hochwasser, was für uns bedeutete, daß wir mehrere Kilometer ohne Pause bis zur Brust im Wasser laufen mußten. Als wir auf der anderen Seite des Atrato waren, verbesserte sich unsere Lage allerdings, und ohne große Schwierigkeiten kamen wir von einem Dorf der Chocó- oder Kuna-Indianer zum nächsten. Auf dem Weg erbaten wir uns immer wieder neue Führer und ergänzten unsere Vorräte. Ernsthafte Probleme begannen erst, als wir die kleine Stadt Yaviza erreichten, eine elende Ansammlung von Hütten, angeblich die Hauptstadt der Provinz Darién, die in Wirklichkeit aber nichts weiter ist als ein Sammelbecken für zwielichtige Existenzen, für die in den beiden angrenzenden Nationen kein Platz ist.

Die Guardia Civil von Panama hatte damals die ausdrückliche Anweisung, Ausländer zu belästigen, und wir waren die einzigen Gringos, die der Posten in Yaviza wahrscheinlich für einige Zeit zu Gesicht bekommen würde, das heißt, wir wurden erwartet. Schon an dem Posten zwei Tagereisen westlich der Grenze hatte uns ein sich salbungsvoll gehabender Wächter den einzigen Kompaß gestohlen; jetzt, im Hauptquartier, wurden wir des Schmuggels mit Marihuana beschuldigt, eine Anklage, die, wie absurd auch immer, den Grund dafür lieferte, unsere Ausrüstung zu beschlagnahmen. Sebastian wurde heftig und tat sein Bestes, um seine Maxime zu beweisen, daß einen *jeder* »Ausländer« versteht, wenn man nur laut genug auf englisch schreit. Er fand damit allerdings keinen Anklang. Wir kamen vom Regen in die Traufe, als der Sergeant, der dazu abkommandiert war, unser Gepäck zu durchsuchen, Sebastians Geld entdeckte. Die Stimmung des Kommandanten änderte sich schlagartig, und mit einem Lächeln, so breit wie ein offenes Lasso, schlug er uns vor, wir sollten uns doch in der Stadt vergnügen und am Abend zu einem Gespräch mit ihm zurückkehren.

Wir hatten einen zweiwöchigen Marsch hinter uns und gehofft, uns in Yaviza einige Tage ausruhen zu können, aber wir änderten unser Vorhaben, als wir an diesem Nachmittag eine Warnung erhielten. Nachdem wir das Arrestlokal verlassen hatten, paddelte ich flußaufwärts zu einem australischen Missionsposten, von dem wir gehört hatten, in der Hoffnung, dort einen Kompaß und möglicherweise einige Karten ausleihen zu können, da der nächste Waldabschnitt unbewohnt war. Einer der Missionare kam mir an der Anlegestelle entgegen und tat so, als seien wir alte Bekannte. Dann setzte er mir in nüchternen Worten auseinander, daß einigen bei der Mission lebenden Kuna zufolge Agenten des Kommandanten den Plan hatten, unsere Gruppe im Wald abzufangen und wegen des Geldes zu töten. Der Missionar, der seit einigen Jahren hier in der Region lebte, nahm das Gerücht ernst und riet uns dringend, so bald wie möglich aufzubrechen. Ich kehrte sofort zum Gefängnis zurück, holte in aller Stille noch einige der für uns wichtigen Dinge heraus, gab den Rest der Ausrüstung verloren und sagte dem Kommandanten, daß wir uns entschlossen hätten, einige Tage auf der Missionsstation zu verbringen, ehe wir unsere Reise flußaufwärts fortsetzten.

In Wirklichkeit jedoch verließen wir Yaviza am nächsten Tag vor Morgengrauen, versehen mit zwei Gewehren, die wir uns auf der Missionsstation ausgeliehen hatten, und begleitet von drei Kunas als Führern, und wandten uns flußabwärts.

Die Probleme ließen nicht lange auf sich warten. Für den Fall, daß wir verfolgt wurden, führten die Kuna uns zuerst ein schmales, steiniges Flußbett hinauf und schlugen dann, als wir in den Wald kamen, mit Absicht den größtmöglichen Umweg ein. Sebastian stolperte und verstauchte sich einen Knöchel. In unserer ersten Nacht draußen erfuhren wir, was es bedeutet, zum Höhepunkt der Regenzeit auf Waldboden zu schlafen. Im vergeblichen Versuch, uns warm zu halten, krochen die drei Kuna und ich dicht zusammen und wechselten uns in der Mitte ab. Keiner tat ein Auge zu. Am Ende des zweiten Tages war in mir der Verdacht gewachsen, daß unsere am Fluß lebenden Kuna sich im bewaldeten Hinterland weniger gut auskannten, und nach drei Tagen sah ich, daß sie die Orientierung völlig verloren hatten.

Unser Ziel war eine Baustelle bei Santa Fé, die in jenen Jahren die östliche Grenze des Baugeländes des Panamerican Highway darstellte. Für eine Strecke, die gewöhnlich in zwei Tagen zu schaffen war, brauchten wir schließlich sieben.

Wenn man sich verirrt hat, zählt die absolute Zahl von Tagen nichts gegenüber der völligen Ungewißheit, die jeden Augenblick in die Länge dehnt. Mit den Gewehren konnten wir uns zwar Nahrung verschaffen, aber es reichte nie aus, und da es jeden Nachmittag und jede Nacht regnete, fanden wir wenig Schlaf. Trotzdem mußten wir täglich mehrere Stunden durch den Regenwald marschieren, der ein furchteinflößender Ort ist, wenn man der Natur vollkommen schutzlos ausgeliefert ist. Sebastians Verletzung war nicht besser geworden. Obwohl er tapfer marschierte, verlangsamte er doch unser Fortkommen. Die Hitze und ein Leben, das nie zur Ruhe kam, schlossen uns von allen Seiten ein, Lebewesen von erlesener Schönheit wurden zur Plage, und sogar die Schatten der Vegetation in ihren unendlichen Formen, Gestalten und Strukturen wirkten wie eine Drohung. Wenn wir an den feuchten Abenden stundenlang wach saßen, während wolkenbruchartige Regenfälle die Erde in Schlamm verwandelten, hatte ich immer mehr das Gefühl, ein Stück Zucker auf der Zunge eines wilden Tieres zu sein, das ungeduldig darauf wartet, daß der süße Kristall sich auflöst.

Der Tiefpunkt kam am Morgen des siebten Tages. Eine Stunde von unserem letzten Nachtlager entfernt, trafen wir auf den ersten Menschen, den wir seit Yaviza zu Gesicht bekamen, einen einsamen und leicht verrückten Waldbewohner, der sich eine Lichtung ins Grün gehauen hatte und jetzt dabei war, einen Garten zu pflanzen. Als wir ihn fragten, in welcher Richtung es nach Santa Fé ginge, schaute er uns überrascht an und konnte sein Lachen kaum unterdrücken. Er zeigte auf einen kaum erkennbaren Pfad. Wenn wir schnell marschierten, meinte er, würden wir unter Umständen in weiteren zwei Wochen ans Ziel kommen. Diese Information war so niederschmetternd, daß wir sie einfach nicht glauben wollten. Wir hatten nicht mehr genügend Nahrung, waren körperlich und psychisch am Ende und hatten nur noch für zwei, drei Tage ausreichend Munition zum Jagen. Trotzdem blieb uns keine andere Wahl, als weiterzumarschieren. Wortlos machten wir uns auf den Weg. Ich ging mit einem der Gewehre als erster, dann kam Sebastian, gefolgt von den drei Kuna. Wir schlugen ein rasches Tempo ein, bis der Wald uns wieder in seinen Schlingen hielt und uns in einem willenlosen, hypnotischen Zustand vorwärtsstolpern ließ. Mitten in diesen Traumzustand sprang weniger als zwanzig Meter vor mir mit einem Satz ein schwarzer Jaguar aus dem Unterholz. Einen Augenblick stand er still, dann wandte er sich ab, machte einige Schritte in der Richtung, die sich später als die nach Santa Fé herausstellen sollte, und verschwand dann im Dickicht wie ein Schatten. Von den anderen sah ihn keiner, aber für mich bedeutete er das Leben selbst, und ich glaube, er war ein gutes Omen, denn wie sich herausstellte, lag Santa Fé nicht zwei Wochen entfernt, sondern nur noch zwei Tage. Noch am selben Abend fanden wir eine Spur, die in die Nähe des Highway führte. Unser Durchhaltewille war auf die Probe gestellt worden, und als wir nach so vielen Tagen plötzlich im strahlenden Sonnenschein standen, legte Sebastian seinen Arm um meinen ausgemergelten Körper und sagte ohne Pathos, daß Gottes Wirken sich auf geheimnisvolle Weise vollziehe. An jenem Abend schlugen wir unser Lager an einem Fluß mit klarem Wasser auf und brieten einen wilden Truthahn, den einer der Kuna geschossen hatte, und später schliefen wir unter einem offenen, sternenübersäten Himmel. Zum ersten Mal, seit wir Yaviza verlassen hatten, regnete es nicht.

Am nächsten Morgen stand ich früh auf in der Überzeugung, daß ich Santa Fé innerhalb eines Tages erreichen könnte. Mein Magen war endlich gefüllt, und meine Gedanken waren von der niederdrückenden Unsicherheit befreit. Ich sonnte mich in der Freiheit der offenen Straße und fühlte mich so guter Stimmung wie nie zuvor. Ich ging immer schneller und ließ die anderen hinter mir zurück. Zunächst war unser Weg nicht viel mehr als ein Pfad, der sich einschläfernd über und um die Erhebungen der Landschaft schlängelte. Einige Meilen weiter allerdings stieg er langsam bis zum Kamm einer Hügelkette an, und plötzlich sah ich von der Anhöhe aus die Schneise des Panamerican Highway, eines gerodeten und eingeebneten Korridors von hundert Metern Breite, der bis an den Horizont reichte. Wie ein Hirsch am Rand einer Lichtung wich ich instinktiv zurück, im ersten Moment verwirrt von so viel offenem Raum. Dann begann ich mich langsam und zögernd vorwärtszutasten. Meine Sinne waren noch nie so scharf gewesen und registrierten jeden Puls und jede Bewegung. Hinter mir war niemand und vor mir war niemand. Der Wald war weit weggerückt und glich den Wänden eines Canyons in weiter Ferne. Nie wieder würde ich ein solches Gefühl von Freiheit haben; ich war zwanzig Jahre alt, und es kam mir vor, als wäre ich im Herzen dessen angelangt, von dem ich immer geträumt hatte.

Ehe ich Boston in jenem Frühling verlassen hatte, hatte ich mir selber auf das Deckblatt meines Tagebuches den Rat geschrieben, »mich der Unbequemlichkeit und der Einsamkeit auszusetzen, um zu verstehen«. Jetzt hatte ich offenbar die Mittel dazu gefunden, und das Zufallstreffen mit dem Jaguar blieb mir als Bestätigung des Wohlwollens der Natur in Erinnerung. Nach der Expedition zum Darién sah ich auch alle weiteren Aufgaben, die Professor Schultes mir stellte, als Koans an, als verschlüsselte Herausforderungen, die mich mit Sicherheit in Sphären jenseits meiner

Vorstellungskraft führen würden. Ich übernahm sie ohne Einwände und ohne darüber nachzudenken – wie eine Pflanze ihr Wasser aufnimmt. So wurde die Expedition zum Darién mit der Zeit zu einer bloßen Episode einer ethno-botanischen Lehrzeit, in deren Verlauf ich an die fünfzehn Stämme in acht lateinamerikanischen Staaten besuchte. 1977 legte ich mein Examen in Anthropologie ab und kehrte nach einer zweijährigen Pause von den Tropen, die ich im Norden Kanadas verbrachte, zur Fortsetzung des Studiums bei Professor Schultes nach Harvard zurück. Es waren die letzten Jahre des Botanischen Museums unter Schultes – er hatte vor, sich 1985 emeritieren zu lassen –, und die Chance, mit ihm zu arbeiten und zugleich das Ende einer Ära mitzuerleben, war eine unwiderstehliche Verlockung.

Mit dem Leben am Botanischen Museum war Schultes' Welt völlig beschrieben, und diese Welt wurde jetzt auch zu unserer, zu der seiner Studenten. Die Größe seiner Leistungen wurde zum Standard, mit dem wir unsere eigenen maßen. So lebten wir unter uns, sogar vom Rest der Fakultät in Harvard abgetrennt, und taten, was wir konnten, um seinen Erwartungen gerecht zu werden.

Professor Schultes war weit mehr als ein bloßer Initiator von Abenteuern. Seine Betreuung und sein Beispiel gaben unseren Expeditionen Form und Gehalt, während Ethnobotanik das Schlüsselwort war, das ihren Nutzen beschrieb. Schultes hatte dreizehn Jahre am Amazonas verbracht, weil er glaubte, daß indianische Kenntnisse von medizinischen Pflanzen zur Entdeckung neuer, für die ganze Welt lebenswichtiger Medikamente führen konnten. Vor fünfundvierzig Jahren etwa hatte er zu der Handvoll Pflanzenforscher gehört, die die besonderen Eigenschaften von Curare, dem Pfeil- und Speergift vom Amazonas, erkannt hatten. Ein Affe, der in der Höhe unter dem Blätterdach von einem vergifteten Pfeil getroffen wird, verliert schnell die Gewalt über seine Muskulatur und stürzt zu Boden; oft ist es dabei der Sturz und nicht das Gift, was ihn letztlich tötet. Die chemische Analyse dieser Pfeilgifte führte zur Entwicklung von D-Tubocurarin, einem wirkungsvollen muskelerschlaffenden Mittel, das heute in Verbindung mit verschiedenen anderen Betäubungsmitteln bei praktisch allen operativen Eingriffen verwendet wird. DiePflanzensorten, aus denen Curare zu gewinnen ist, waren nur ein Bruchteil der 1800 Pflanzen von medizinischer Relevanz, die Schultes allein im nordwestlichen Amazonasgebiet fand. Er wußte, daß es noch Tausende mehr gab, anderswo im Amazonasgebiet und über die ganze Welt verteilt. Diese Pflanzen zu finden, schickte er uns aus. Und von diesem Gedanken bestimmt, führte er mich an die bedeutendste Aufgabe meiner Laufbahn heran.

An einem späten Montagnachmittag Anfang 1982 bekam ich einen Anruf von Schultes' Sekretärin. Ich unterrichtete in diesem Semester zusammen mit ihm einen Anfängerkurs und nahm an, daß er den Fortschritt des Kurses mit mir diskutieren wollte. Als ich sein Büro betrat, waren die Jalousien heruntergelassen, und er begrüßte mich, ohne vom Schreibtisch aufzusehen.
»Ich habe da etwas für Sie. Könnte interessant sein.« Er gab mir die New Yorker Adresse von Dr. Nathan S. Kline, einem Psychiater und Pionier auf dem Gebiet der Psychopharmakologie – dem Studium der Wirkung von Medikamenten auf das Bewußtsein. Es war Kline gewesen, der in den fünfziger Jahren mit einer Handvoll weiterer Psychiater die orthodoxe Psychiatrie der Freudianer mit der Vermutung herausgefordert hatte, daß zumindest einige geistige Störungen auf Stoffwechselstörungen zurückzuführen seien, die mit Medikamenten behoben werden könnten. Seine Forschungsarbeit führte zur Entwicklung von Reserpin, einem wichtigen Beruhigungsmittel, das aus der indischen Schlangenwurzel gewonnen wird, einer Pflanze, die in der vedischen Medizin seit Jahrtausenden in Gebrauch ist. Als direktes Ergebnis von Klines Arbeit ist die Anzahl der Patienten in den psychiatrischen Anstalten Amerikas von über einer halben Million in den fünfziger Jahren auf gegenwärtig etwa 120 000 gesunken. Der Erfolg hatte sich allerdings als zweischneidige Sache

erwiesen und Kline zu einer umstrittenen Figur gemacht. Zumindest ein Wissenschaftsjournalist hatte die New Yorker Pennerinnen als »Klines Babys« bezeichnet.
Schultes stand vom Schreibtisch auf, um ein Gespräch entgegenzunehmen. Als er es beendet hatte, fragte er mich, ob ich innerhalb der nächsten vierzehn Tage nach der Karibikinsel Haiti aufbrechen könne.

»An der Schwelle zum Tod«

Am Abend des übernächsten Tages wurde ich an der Etagentür einer Wohnung im Osten Manhattans von einer hochgewachsenen, auffallend schönen Frau empfangen, die ihr langes Haar nach Art eines Modells von Renoir hochgesteckt hatte.
Wir gaben uns die Hand. »Mr. Davis? Ich bin Marna Anderson, Nate Klines Tochter. Kommen Sie doch herein.« Sie drehte sich abrupt um und führte mich durch einen klinisch weißen Korridor in ein großes Zimmer, das vor Farben nur so strotzte. Vom Kopfende eines riesigen Eßtisches kam mir ein kleiner Mann in weißem Leinenanzug und altertümlicher Weste aus Seidenbrokat entgegen.
»Sie müssen Wade Davis sein. Nate Kline. Ich freue mich, daß Sie gekommen sind.«
Im Zimmer befanden sich vielleicht neun Personen, aber obwohl Kline die obligate Vorstellung durchführte, tat er es auf so mechanische Weise, daß ich daraus entnehmen konnte, wie wenig wichtig ihm diese Personen waren. Er verweilte erst, als wir zu einem alten Mann kamen, der steif und aufrecht in einer Ecke des Zimmers saß.
»Ich möchte Ihnen gern einen meiner ältesten Kollegen vorstellen, Professor Heinz Lehmann. Heinz war früher Leiter der Abteilungen für Psychiatrie und Pharmakologie an der McGill-Universität.«
»Hallo, Mr. Davis«, sagte Lehmann leise, »ich freue mich außerordentlich, daß Sie bei unserem kleinen Abenteuer mitmachen wollen.«
»Davon weiß ich ja noch gar nichts.«
»Ach ja, warten wir also noch ab.«
Kline führte mich zu einem Sofa, auf dem drei freundliche, ansonsten aber eher nichtssagende Frauen saßen, die an ihren Cocktails nippten und ihre Augen unaufhörlich durchs Zimmer wandern ließen. Einige Augenblicke vergingen mit leerem

Geplänkel, dann begannen sie, mich mit einer Begeisterung über mein Leben auszufragen, die mir bald ungemütlich wurde. Sobald sich die Gelegenheit bot, stand ich auf und wanderte im Zimmer umher, bis ich schließlich zur Bar kam, an der ich mir einen Drink machte. Das ganze Zimmer war voller Kunstgegenstände – Gemälde aus Haiti, altertümliche Spiele und Puzzles, eine persische Truhe mit vergoldeten Ornamenten, ein ganzes Wäldchen von frühen, naiv anmutenden amerikanischen Wetterfahnen und Bronzestatuen sich im Sprung streckender Pferde.

Die Lichter der Stadt zogen mich auf den Balkon hinaus. Tiefliegende Wolken trieben durch endlose Schächte aus Dunkelheit, vorbei an den Spitzen der Wolkenkratzer, und von weit unten drang das Geräusch der Räder auf der glitzernden Fahrbahn herauf. Als ich durch das Fenster ins Zimmer zurückschaute, sah ich dort Kline mit energischen Schritten hin und her gehen und die letzten Dinnergäste zur Tür begleiten. Die Art, wie er sich bewegte, erschien mir betont männlich. Sie erinnerte mich an den Typ eines älteren Mannes, der einen in aller Öffentlichkeit dazu auffordert, die Hand auf seine Brust zu legen, um die Stärke seines Herzens zu spüren. Sein Auftreten paßte schlecht zu einem Arzt. Die Eitelkeit, die er zur Schau stellte, hätte man viel eher bei einem Dichter vermutet. Lehmann auf der anderen Seite – er war aufgestanden und man sah, daß er groß, dünn und gebrechlich war – schien der geborene Psychiater zu sein, und ich stellte mir unwillkürlich die Frage, welchen Beruf er wohl ergriffen hätte, wenn er in einem früheren Zeitalter gelebt hätte, in dem die Menschen noch nicht bereit waren, ihre Gefühle der Psychoanalyse auszuliefern.

Am Eingang trat Marna neben ihren Vater und hakte sich mit einer leichten Bewegung bei ihm unter, während sie ihren Gästen gute Nacht sagten. Man spürte sofort das Band zwischen den beiden und ihre Entschlossenheit, als eine Person aufzutreten, so daß ein Blick von ihm bei ihr zu der Geste wurde, mit der sie mich vom Balkon hereinbat.

Ohne die anderen Gäste erwachte der Raum auf eigenartige Weise zum Leben. Lehmann, der sich jetzt sichtlich wohler fühlte, ging in die Mitte des Zimmers. Mit einem Lächeln heftete er seinen Blick auf mich.

»Ich möchte Sie jetzt von jeder weiteren Spannung erlösen, Mr. Davis. Von Professor Schultes haben wir gehört, daß Sie sich von ungewöhnlichen Orten angezogen fühlen. Unser Plan läuft darauf hinaus, Sie bis an die Schwelle zum Tod zu schicken. Wenn das, was wir Ihnen jetzt erzählen, tatsächlich der Wahrheit entspricht, und wir glauben, daß dem so ist, dann bedeutet dies, daß es Männer und Frauen gibt, die in ewiger Gegenwart leben, für die die Vergangenheit tot ist und die Zukunft aus Furcht und unerfüllbaren Begierden besteht.«

Ich sah zuerst ihn skeptisch an und dann Kline, der automatisch Lehmanns Faden aufgriff.

»Das erste Problem besteht darin, zu wissen, wann die Toten wirklich tot sind.« Kline machte eine Pause und sah mich nachdenklich an. »Den Tod festzustellen ist ein uraltes Problem, das schon die Römer beschäftigt hat. Die Schriften Plinius' des Älteren sind voll von Berichten über Menschen, die im letzten Augenblick vor dem Scheiterhaufen gerettet wurden. Petrarca wäre fast lebend begraben worden. Um solche Versehen zu vermeiden, mußte der Kaiser schließlich den Zeitraum zwischen allem Anschein nach eingetretenem Tod und Begräbnis auf acht Tage festlegen.«

»Vielleicht sollten wir dasselbe tun«, warf Lehmann ein. »Erinnern Sie sich an den Fall aus Sheffield?«

Kline nickte und wandte sich dann wieder mir zu. »Vor noch nicht fünfzehn Jahren entdeckten Ärzte, die in der Leichenhalle von Sheffield mit einem tragbaren Kardiographen experimentierten, Lebenszeichen an einer jungen Frau, die man für tot erklärt hatte, nachdem sie eine Überdosis Tabletten genommen hatte.«

»Es gab um dieselbe Zeit sogar einen noch sensationelleren Fall hier in New York«, ergänzte Lehmann mit einem Lächeln. »Eine in der städtischen Leichenhalle angefangene Obduktion mußte unterbrochen werden, als man gerade den ersten Schnitt machen wollte. Der Patient sprang auf und packte den Arzt bei der Gurgel, der auf der Stelle am Schock starb.«

Über den Tisch schaute ich die beiden an und versuchte, ein vages Vorgefühl von abgrundtiefem Schrecken zu unterdrücken. Sie waren beide alt und hatten harte, gefühllose Stimmen. Man hatte den Eindruck, daß die unmittelbare Gegenwart des Todes ihre Gedanken zu diesem späten Zeitpunkt ihres Lebens so durchtränkt hatte, daß sie sie als eine Quelle des Vergnügens betrachteten. Ich mußte mir in Erinnerung rufen, daß mir hier Fachleute gegenübersaßen, die mehrere der höchsten Auszeichnungen bekommen hatten, die an amerikanische Wissenschaftler vergeben werden.

»Laut Definition ist der Tod der endgültige Stillstand aller lebenswichtigen Funktionen.« Kline lehnte sich in seinem Stuhl zurück und faltete lächelnd die Hände. »Aber was heißt hier Stillstand, und wie erkennt man die Funktion, um die es jeweils geht?«

»Atmung, Puls, Körpertemperatur, Starre ... was auch immer«, antwortete ich etwas durcheinander, wobei ich immer noch nicht wußte, worauf sie eigentlich hinauswollten.

»Man kann es nicht immer sagen. Die Atmung kann sich mit so leichten Bewegungen des Zwerchfells vollziehen, daß sie nicht mehr wahrnehmbar ist. Außerdem ist das Aussetzen der Atmung vielleicht nur vorübergehend und kein endgültiger Stillstand. Was die Körpertemperatur betrifft, so werden ja alle Augenblicke Leute aus zugefrorenen Seen und Schneefeldern herausgezogen.«

»An den Augen der Toten können Sie jedenfalls nichts ablesen,« fuhr Lehmann fort. »Die Muskeln der Iris ziehen sich auch noch Stunden nach dem Eintritt des Todes zusammen. Die Hautfarbe hingegen kann hilfreich sein ...«

»Kaum in diesem Fall«, unterbrach Kline mit einem Blick zu Lehmann. »Totenblässe ist nur bei hellhäutigen Individuen erkennbar. Was den Herzschlag betrifft, so kann jedes Medikament, das niedrigen Blutdruck verursacht, auch einen nicht mehr meßbaren Puls zum Ergebnis haben. In einer tiefen Narkose können übrigens alle Symptome des Todes auftreten: Flacher,

kaum wahrnehmbarer Atem, langsamer und schwacher Puls, dramatisches Absinken der Körpertemperatur und völlige Bewegungslosigkeit.«
Kline schenkte sich einen Brandy ein. »›Kein Odem, keine Wärme zeugt von Leben‹, sagt bei Shakespeare Pater Lorenzo zu Julia, meine Herrn. Vielleicht die berühmteste Stelle, in der von einem vorübergehenden Aussetzen des Lebens die Rede ist, das durch ein Medikament herbeigeführt wurde.«
»Letztlich gibt es nur zwei Wege, den Tod festzustellen«, schloß Lehmann. »Der eine ist keineswegs unfehlbar und besteht aus einer Messung der Gehirnströme und einem Kardiogramm. Das erfordert kostspielige Apparaturen. Der andere und einzig sichere ist die Verwesung. Und die braucht Zeit.«
Kline verließ das Zimmer und kehrte mit einigen Dokumenten zurück, die er vor mir ausbreitete. Es handelte sich um einen Totenschein in französischer Sprache eines gewissen Clairvius Narcisse. Er war 1962 ausgestellt worden.
»Unser Problem ist«, erklärte Kline, »daß dieser Clairvius Narcisse quicklebendig ist und wieder in seinem Dorf im Artibonite-Tal im Zentrum Haitis lebt. Er und seine Familie behaupten, daß er einem Voodoo-Kult zum Opfer gefallen ist und unmittelbar nach seiner Beerdigung als Zombie aus dem Grab geholt wurde.«
»Als Zombie ...« Ein Dutzend ganz normaler Fragen fielen mir ein, aber ich sagte nichts weiter.
»Lebende Tote«, fuhr Kline fort. »Die Anhänger des Voodoo-Kults glauben, daß ihre Zauberer die Macht haben, unschuldige Personen aus dem Grab zu holen, um sie als Sklaven zu verkaufen. Um ein solches Schicksal zu verhindern, töten Familienmitglieder die Leiche des Toten häufig ein zweites Mal. Manchmal stoßen sie ein Messer ins Herz der Leiche, manchmal trennen sie ihr im Sarg den Kopf ab.«
Ich schaute Kline an, dann wieder Lehmann, und versuchte, in ihren Mienen zu lesen. Sie ergänzten sich allem Anschein nach vollkommen. Kline sprach von Visionen und Ideen, die sich bis an den Rand der Realität fortspinnen. Lehmann hielt die Zügel in der

Hand und gab dem Gespräch mit rationalen Argumenten eine solide Grundlage. Um so beeindruckender war es, als auch er begann, von lebenden Toten zu sprechen.
»Der Narcisse-Fall ist nicht der erste, von dem wir wissen. Einer meiner ehemaligen Studenten, Lamarque Douyon, ist gegenwärtig Direktor des Centre de Psychiatrie et Neurologie in Port-au-Prince. Seit 1961 haben wir in Zusammenarbeit mit Dr. Douyon systematisch alle Berichte von Erweckungen toter Personen untersucht. Jahrelang konnten wir die Geschichten nicht mit Fakten belegen. Dann kam 1979 der Durchbruch, als unsere Aufmerksamkeit auf eine Reihe wirklich ganz einzigartiger Fälle gelenkt wurde, von denen dieser Narcisse nur einer war.«
Der jüngste Fall war nach Lehmann der einer Frau, Natagette Joseph mit Namen, die 1966 im Alter von sechzig Jahren im Streit um ein Grundstück angeblich getötet worden war. 1980 war sie von dem Polizeibeamten, der sie vierzehn Jahre zuvor in Abwesenheit eines Arztes für tot erklärt hatte, wiedererkannt worden, wie sie in ihrem Heimatdorf umherwanderte.
Ein anderer Fall handelte von einer jüngeren Frau namens Francina Illeus, genannt »Ti Femme«, die am 23. Februar 1976 im Alter von dreißig Jahren für tot erklärt worden war. Vor ihrem Tod hatte sie an Verdauungsstörungen gelitten und war in das Krankenhaus Saint Michel de L'Atalaye eingewiesen worden. Einige Tage nach ihrer Entlassung starb sie, und ihr Tod wurde von einem Beamten ihres Dorfes bestätigt. In diesem Fall soll ein eifersüchtiger Ehemann verantwortlich gewesen sein. Francinas Fall war aus zwei Gründen bemerkenswert gewesen: Sie war drei Jahre später von ihrer Mutter gefunden worden, die sie an einer Narbe an der Schläfe, die sie seit ihrer Kindheit hatte, wiedererkannte. Als später ihre Leiche exhumiert werden sollte, fand man den Sarg voller Steine.
Ende 1980 dann berichtete Radio Haiti von der in der Nähe der Nordküste des Landes gemachten Entdeckung einer auffallenden Schar Menschen, die man in einer Art psychotischem Zustand ziellos umherwandernd aufgefunden hatte. Einheimische Bauern

erkannten in ihnen Zombies und erstatteten den lokalen Behörden Bericht, worauf die unglückliche Schar nach Cap-Haïtien, der zweitgrößten Stadt Haitis, gebracht und unter die Aufsicht des Militärkommandanten gestellt wurde. Mit der Hilfe einer ausgedehnten Medienkampagne war es der Armee dann gelungen, die meisten der angeblichen Zombies wieder in ihre Heimatdörfer zu bringen, die weit entfernt von dem Ort waren, wo man die Schar gefunden hatte.

»Diese drei Beispiele waren zwar merkwürdig«, schloß Lehmann, »aber sie ließen sich genausowenig beweisen wie die vielen anderen, die regelmäßig in der haitischen Presse auftauchten.«

»Was Narcisses Fall so einzigartig macht«, fuhr Kline fort, »ist der Umstand, daß Narcisse in einer von Amerikanern geleiteten philanthropischen Institution starb, zu deren vielen Besonderheiten auch eine detaillierte und genaue Buchführung gehört.« Mit diesen Worten begann Kline seinen Bericht über den außergewöhnlichen Fall des Clairvius Narcisse.

Im Frühjahr 1962 kam ein etwa vierzigjähriger haitischer Bauer an die Pforte der Notaufnahme des Albert-Schweitzer-Krankenhauses in Deschapelles im Arbonite-Tal. Unter dem Namen Clairvius Narcisse wurde er am 30. April um 21 Uhr 45 aufgenommen. Er klagte über Fieber, Gliederschmerzen und allgemeine Übelkeit; außerdem begann er Blut zu spucken. Sein Zustand verschlechterte sich rapide, und am 2. Mai um 13 Uhr 15 stellten die zwei diensttuenden Ärzte, von denen einer ein Amerikaner war, seinen Tod fest. Seine Schwester Angela hatte an seinem Bett gesessen und verständigte sofort die Familie. Kurz nach Narcisses Ableben kam eine ältere Schwester, Marie Claire, die die Leiche identifizierte und ihren Daumenabdruck unter den offiziellen Totenschein setzte. Die Leiche kam für zwanzig Stunden in ein Kühlhaus und wurde dann zur Beerdigung abgeholt. Am 3. Mai 1962 wurde Clairvius Narcisse um 10 Uhr morgens auf einem kleinen Friedhof im Norden seines Heimatdorfes L'Estère begraben, und zehn Tage später ließ die Familie eine schwere Gedenkplatte aus Beton über das Grab legen.

1980, achtzehn Jahre später, erschien ein Mann auf dem Marktplatz von L'Estère und kam auf Angelina Narcisse zu. Er stellte sich mit dem Spitznamen vor, den der verstorbene Bruder als kleiner Junge gehabt hatte, ein Name, der nur dem engsten Familienkreis bekannt und nicht mehr gebraucht worden war, seit die Kinder herangewachsen waren. Der Mann behauptete, er sei Clairvius, und sagte weiter, daß sein Bruder aufgrund eines Streites um ein Stück Land einen Zombie aus ihm gemacht habe. In Haiti gilt als offizielles Recht der Code Napoléon, nach dem das Land unter den männlichen Erben aufgeteilt werden muß. Narcisse hatte sich seinen Worten zufolge geweigert, seinen Teil der Erbschaft zu verkaufen, und in einem Wutanfall hatte sein Bruder einen Kontrakt über Narcisses Verwandlung in einen Zombie geschlossen. Unmittelbar nach seiner Erweckung vom Grab sei er geschlagen und gefesselt worden. Dann hätte ihn eine Gruppe von Männern in den Norden des Landes gebracht, wo er zusammen mit anderen lebenden Toten zwei Jahre lang als Sklave gearbeitet habe. Zuletzt aber war ihr Gebieter umgekommen, und so hatten sie sich zerstreut, befreit von eben jener Gewalt, mit der sie an ihren Herrn gebunden waren. Die nächsten sechzehn Jahre war Narcisse aus Angst vor der Rache seines Bruders im Land umhergeirrt. Erst als er hörte, daß sein Bruder gestorben war, wagte er es, in sein Dorf zurückzukehren.

Der Fall Narcisse hatte in der haitischen Öffentlichkeit beträchtliche Aufmerksamkeit erregt und machte auch die BBC neugierig, die 1981 kam, um einen kurzen Dokumentarstreifen über diese Geschichte zu drehen. Douyon hatte sich mittlerweile überlegt, welche Mittel es gab, die Behauptungen von Narcisse auf ihren Wahrheitsgehalt hin zu überprüfen. Das Grab zu öffnen hätte wenig bewiesen. Wenn der Mann ein Betrüger war, konnte es gut möglich sein, daß er oder seine Helfershelfer die Überreste des Toten beiseite geschafft hatten. Wenn andererseits Narcisse wirklich als lebender Toter aus dem Grab geholt worden war, hätten die Verantwortlichen ihn durch eine andere Leiche ersetzen können, die dann niemand mehr identifizieren konnte. Douyon

arbeitete statt dessen direkt mit den Familienangehörigen zusammen und entwickelte einen Katalog detaillierter Fragen zu Narcisses Kindheit – Fragen, die nicht einmal ein enger Jugendfreund hätte beantworten können. Aber der Mann, der behauptete, Narcisse zu sein, beantwortete sie alle richtig. Und die über zweihundert Einwohner von L'Estère waren sich sicher, daß Narcisse zu den Lebenden zurückgekehrt war. Als die Vertreter der BBC ankamen, war auch Douyon davon überzeugt. Der Kreis schloß sich, als die BBC eine Kopie des Totenscheins zu Scotland Yard brachte und Spezialisten dort feststellten, daß der Fingerabdruck tatsächlich von Narcisses Schwester Marie Claire stammte.
Es dauerte eine Weile, bis ich bereit war zu akzeptieren, daß meine beiden Gastgeber ihre Geschichte ernst meinten. Ich stand auf und ging im Zimmer umher, stets darauf bedacht, den weißen Wölkchen von Zigarettenrauch zu entgehen, und begierig, einen Wust von Gedanken und Fragen loszuwerden.
»Woher wissen Sie, daß das Ganze kein raffinierter Betrug ist?«
»Ausgedacht von wem und weshalb?« gab Kline zurück. »Auf Haiti ist ein lebender Toter in jeder Beziehung ein Ausgestoßener. Glauben Sie, daß ein Leprakranker hergeht und im Hyde Park an der Speaker's Corner mit seiner Krankheit prahlt?«
»Sie wollen damit also sagen, daß dieser Narcisse lebendig begraben wurde.«
»Jawohl, es sei denn, wir glauben an Magie.«
»Vielleicht war Sauerstoff im Sarg?«
»In diesem Fall hätte sein Überleben vom Zustand seines Stoffwechsels abgehangen. Es gibt den medizinisch belegten Fall eines indischen Fakirs, der seinen Sauerstoffverbrauch willentlich soweit reduzieren konnte, daß er zehn Stunden in einem luftdicht abgeschlossenen Kasten, der kaum größer war als ein Sarg, überlebte.«
»Hier sollte man erwähnen«, warf Lehmann ein, »daß durch Sauerstoffmangel verursachte Schäden progressiv fortschreiten.«
»Inwiefern?«
»Wenn gewisse Gehirnzellen auch nur wenige Sekunden ohne

Sauerstoff sind, sterben sie ab und gehen ihrer Funktion für immer verlustig, denn ich muß Ihnen wahrscheinlich nicht sagen, daß Gehirnzellen sich nicht regenerieren. Die primitiveren Teile des Gehirns, also die, die lebenswichtige Körperfunktionen kontrollieren, können dagegen längere Zeit ohne Sauerstoff auskommen. Unter gewissen Umständen verliert ein Individuum seine Persönlichkeit, also den Teil des Gehirns, von dem das Denken und die vom Willen gesteuerten Bewegungen abhängen, und bleibt zugleich als bloßer Körper am Leben, weil lebenswichtige Zentren noch intakt sind.«
»Was exakt der haitischen Vorstellung von einem lebenden Toten entspricht«, bemerkte Kline. «Ein Körper ohne Charakter und ohne Willen.«
Immer noch ungläubig, wandte ich mich an Kline.
»Wollen Sie damit sagen, daß aus der Schädigung des Gehirns ein Zombie entsteht?«
»Keineswegs, zumindest nicht direkt. Schließlich wurde bei Narcisse der Tod festgestellt. Dafür muß es eine materielle Erklärung geben, und wir glauben, daß es sich dabei um eine Droge handelt.«
Endlich wußte ich, was die beiden von mir wollten.
»Zum ersten Mal hörte ich von Gerüchten über ein Zombiegift vor etwa dreißig Jahren«, sagte Kline. »Während meiner ersten Jahre auf Haiti versuchte ich erfolglos, eine Probe davon zu erhalten. Dafür traf ich einen alten Voodoo-Priester, der mir erklärte, daß man das Gift auf die Schwelle der Haustür des erwählten Opfers streut, damit der Betreffende es durch die Fußsohlen aufnimmt. Er behauptete, daß dem Opfer während der Erweckungszeremonie eine zweite Droge als Gegengift verabreicht wird. Jetzt haben uns sowohl die BBC als auch Douyon sehr ähnliche Berichte zugeschickt.«
»Douyon hat uns vor einigen Monaten eine Probe des angeblichen Zombiegiftes gebracht«, fuhr Lehmann fort. »Wir haben es an Ratten getestet, aber es hat sich als vollkommen wirkungslos erwiesen. Ein braunes Pulver allerdings, das uns erst kürzlich ein

Korrespondent der BBC gab, ist vielleicht von größerem Interesse. Wir haben eine Emulsion damit angesetzt und sie in den Unterleib von Rhesusaffen gespritzt; das Resultat war eine auffällige Reduktion ihrer Körperfunktionen. Wir haben absolut keine Ahnung, woraus das Pulver besteht.«
Lehmanns ernstes, dunkles Gesicht hatte sich verändert und begann jetzt vor Erregung zu leuchten. Ich spürte, wie seine Erregung auch mich ansteckte. Jawohl, es war in jeder Beziehung vorstellbar, daß es eine Droge gab, die in entsprechender Dosierung den Stoffwechsel des Opfers auf eine Stufe reduzierte, auf der es nach außen hin tot schien. In Wirklichkeit aber würde das Opfer am Leben bleiben und durch ein sachgemäß verabreichtes Gegengift zur rechten Zeit wieder zum Leben erweckt werden können. Eine solche Droge konnte enorme medizinische Möglichkeiten bergen – deren Kline sich offensichtlich bewußt war.
»Nehmen Sie die Chirurgie«, sagte er. »Jemand soll operiert werden. Worin will er sichergehen?« Ehe ich antworten konnte, sagte er schon: »In der Wahl seines Chirurgen? Richtig, man will sicher sein, daß der Chirurg qualifiziert ist, aber in Wirklichkeit ist der größte Teil der Chirurgie reine Routine. Über die wirkliche Verantwortung und die versteckte Gefahr, der alljährlich Hunderte von Menschen zum Opfer fallen, macht man sich nicht einmal Gedanken.«
Lehmann machte eine aufgeregte Bewegung, er wollte den Gedanken Klines selber zu Ende führen, aber Kline sprach ohne Pause weiter. »Anästhesie! Jede Durchführung einer Anästhesie bedeutet ein Experiment in angewandter Pharmakologie. Der Anästhesist hat seine Formeln und bevorzugten Chemikalien, aber er kombiniert sie in jedem aktuellen Fall neu, je nach Art der Operation und dem Zustand des Patienten. Jeder Fall ist einzigartig und ein Experiment.«
»Und ein Risiko«, fügte Lehmann hinzu. Kline hielt sein leeres Kognakglas ins Licht.
»Wir haben für jede unangenehme Wahrheit einen Euphemismus«, sagte Kline und trat an den Tisch zurück, an dem ich saß.

»Eine Vollnarkose ist unentbehrlich, oft unerläßlich und immer gefährlich. Das gibt allen, besonders aber den Ärzten, ein ungutes Gefühl. Also machen wir unsere Witze darüber, daß jemand durch Narkose außer Betrieb gesetzt wird, als ob das eine ganz unproblematische Sache wäre. Gut, das ist es ja wohl auch. Jemanden ohne Schaden wieder zum Bewußtsein zu bringen ist allerdings etwas ganz anderes.«
Kline hielt inne. »Wenn wir ein neues Mittel finden könnten, daß den Patienten lähmen und völlig unempfindlich gegen Schmerzen machen würde, und ein anderes Mittel, das ihn völlig harmlos wieder zu normalem Bewußtsein zurückbringen würde, so bedeutete das wahrscheinlich eine Revolution der modernen Chirurgie.«
Hier unterbrach ich ihn: »Und irgend jemand würde eine Menge Geld dabei verdienen.«
»Aber im Dienst der medizinischen Forschung«, betonte Lehmann. »Deshalb ist es unsere Pflicht, jeder Nachricht über einen möglicherweise in der Anästhesie anwendbaren Wirkstoff nachzugehen. Wir müssen uns dieses angebliche Zombiegift genau ansehen, wenn es existiert.«
Kline ging durch das Zimmer wie ein Mann, der mit mehr als nur sich selber im unklaren ist. »Anästhesie ist nur der Anfang. Die NASA bat mich einmal, über die Möglichkeit der Anwendung psychisch stimulierender Medikamente im Raumfahrtprogramm nachzudenken. Obwohl sie es nie zugeben wollten, ging es ihnen im Grunde nur darum, wie man die unruhigen Astronauten während ausgedehnter interplanetarischer Missionen beschäftigen könnte. Das Zombiegift gäbe ein faszinierendes Modell für Experimente mit künstlichem Schlaf ab.«
Lehmann sah Kline ungeduldig an. »Was wir von Ihnen wollen, Mr. Davis, ist die Formel des Gifts.« Obwohl ich so etwas erwartet hatte, ließ mich doch die Unverblümtheit seiner Worte hochfahren. Ich drehte den beiden den Rücken zu und machte einige Schritte auf eine gläserne Schiebetür zu, bis ich mich in dem Netz ihrer Blicke wie eine Fliege gefangen fühlte.

Ich drehte mich wieder zu ihnen herum. »Gibt es Kontaktadressen?«
»Wir werden Verbindung mit Douyon aufnehmen. Und Sie sollten vielleicht die BBC anrufen und mit den Korrespondenten sprechen.«
»Ist das alles?«
»Alles, was wir wissen.«
»Und meine Spesen?«
»Wir haben dafür einen kleinen Geldbetrag auf die Seite gelegt. Schicken Sie uns einfach die Rechnungen.«
Weiter gab es nichts zu fragen. Sie glichen zwei gegensätzlichen Strömungen, Kline heiß und überschäumend, Lehmann passiv und zurückhaltend. Jetzt waren sie zusammengekommen und entschlossen, zu handeln. Kurz und bündig beschrieb Kline meine Aufgaben: Ich sollte nach Haiti reisen, die zuständigen Voodoo-Zauberer ausfindig machen, mir Proben des Gifts und des Gegengifts verschaffen, bei ihrer Herstellung zuschauen und, wenn möglich, auch ihre Anwendung erklären können.
Beim Hinausgehen übergab mir Kline einen versiegelten Umschlag. Erst jetzt kam mir zum Bewußtsein, daß sie von Anfang an damit gerechnet hatten, daß ich den Auftrag annehmen würde. Ich sah mich nicht mehr um, auch als ich hörte, daß sie hinter mir weiterredeten.
In der Eingangshalle holte mich Klines Tochter Marna ein. Es war schon spät, und ich begleitete sie zu ihrer Wohnung in der 69. Straße. Draußen hatte ein dünner Nieselregen den Straßenbelag in Lachen gelben Lichts verwandelt. Der Sturm hatte sich gelegt, und es waren wieder die Geräusche der Stadt zu hören. Marna hatte während unserer Besprechung nichts gesagt, und sie sagte auch jetzt nichts. Ich fragte sie nach einer Photographie, die ich in der Wohnung gesehen hatte, auf der ein gebrechlicher, weißhaariger Mann an einem Schreibtisch saß und eine Hand über zwei Revolver mit Elfenbeingriffen hielt.
»François Duvalier. Eugene Smith nahm das Bild auf, als er und mein Vater auf Haiti waren.«

»Ihr Vater kannte Papa Doc?«
Sie nickte.
»Woher?«
»Als sie das Institut aufbauten, in dem Douyon die lebenden Toten hat. Das Institut, das nach ihm benannt ist.«
»Nach Duvalier?«
»Nein«, antwortete sie lachend, »nach meinem Vater. Seit fünfundzwanzig Jahren fährt er nach Haiti.«
»Ich weiß. Haben Sie ihn schon einmal begleitet?«
»Ja, eigentlich immer. Obwohl ...«
»Hat es Ihnen gefallen?«
»Natürlich ist es wunderbar. Aber hören Sie, über eines müssen Sie sich im klaren sein. Er glaubt wirklich, daß es Zombies gibt.«
»Aber Sie glauben nicht daran.«
»Das ist nicht der springende Punkt.«
Vor dem Häuserblock, in dem sie wohnte, kam ein Taxi vorbeigefahren, und ich hielt es an. Wir sagten einander gute Nacht. Das letzte Flugzeug war schon vor Stunden geflogen, deshalb fuhr ich mit dem Taxi zur Grand Central Station und wartete auf den Nachtzug nach Boston. Im Zug öffnete ich den Umschlag, den Kline mir gegeben hatte. Außer Geld und einem Flugzeugticket enthielt er noch eine Polaroid-Aufnahme, die glanzlose Photographie eines armen schwarzen Bauern, den ein handschriftlicher Zusatz als Clairvius Narcisse identifizierte. Unwillkürlich legte ich schützend die Hand über sein Gesicht und war erstaunt, wie vertraut das Exotische einem auf einer bloßen Photographie erscheinen kann. Ich hielt sie immer noch in der Hand, als der Zug aus dem Bahnhof rollte. Schließlich warf ich noch einen kurzen Blick auf das Ticket. Ich hatte genau eine Woche Zeit, um für die spärlichen Daten, die wir in Händen hielten, eine biologische Erklärung zu finden.

Die Calabar-Hypothese

Ich fahre gern Zug, und in Südamerika bin ich Zug gefahren, sooft es nur möglich war. Ich saß dann auf dem offenen Perron und sog genußvoll die Wellen tropischer Düfte ein, die durch die Fahrt des Zuges in einer unwiderstehlichen Mischung durcheinandergewirbelt wurden. Im Vergleich zu den quietschenden lateinamerikanischen Waggons, die menschlicher Schweiß, nasse Wolle und der Geruch zerdrückter Blumen von mindestens einem Dutzend verschiedener Sorten mit so viel Leben erfüllen, sind amerikanische Züge deprimierend steril. Sie strahlen eine bedrückende Stimmung aus, in der die Luft ganz verbraucht schmeckt. Immerhin, der Rhythmus der Schienen rattert auch hier in seinem einschmeichelnden Takt, und draußen flitzen Formen und Gestalten vorbei, die immer wieder an Phantasiegebilde der Kindheit erinnern.
Aber als ich New York verließ, war es nicht der Zug, dem ich ein eigenartiges Gefühl von Befreiung verdankte. Verwirrt von einer Vielfalt von Gefühlen und Ideen, die sich nicht ausdrücken ließen, befragte ich mein Spiegelbild in der Scheibe des Zugfensters. »An der Schwelle zum Tod« – diese Formulierung Lehmanns verfolgte mich am meisten. Sie hinderte mich daran, die Schwelle des Schlafes zu überschreiten, und ließ mich allein in einem leeren Zugabteil zurück, mit dem periodisch wiederkehrenden Schlurfen der Füße des Schaffners als einzigem Zeitmaß in der fortschreitenden Nacht.
Kline und Lehmann. Ich wog ihre Worte ab und suchte nach verborgenen Bedeutungen und Anhaltspunkten, kam aber immer wieder auf die nüchternen Fakten des Falls zurück, die mir zwar nicht viel sagten, aber doch für erste Denkanstöße ausreichten und meinen Gedanken und Vorstellungen zum Glück immerhin eine gewisse Grundlage gaben.
Ein Gift, das man auf eine Türschwelle streute, wurde vermutlich durch die Füße absorbiert. Wenn das stimmte, so folgte daraus,

daß die chemischen Hauptbestandteile des Gifts topisch, über die Hautoberfläche wirkten. Die Beschreibung herumirrender lebender Toter ließ vermuten, daß die Droge einen längeren psychotischen Zustand hervorrief, während die Anfangsdosis dazu in der Lage sein mußte, eine todesähnliche Betäubung zu verursachen. Da das Gift aller Wahrscheinlichkeit von organischen Substanzen stammte, mußte es aus Pflanzen oder Tieren gewonnen werden, die jederzeit auf Haiti zu finden waren. Und schließlich mußte die Substanz, worum auch immer es sich handeln mochte, von außerordentlicher Wirkungskraft sein.

Da ich sehr wenig über tierische Gifte wußte, ging ich die toxischen Pflanzen und halluzinogenen Drogen durch, die ich während meiner sechsjährigen Tätigkeit im Botanischen Museum kennengelernt hatte. Ich erinnerte mich an Pflanzen, die einen Menschen töten, und an andere, die ihn in einen bewußtlosen Zustand versetzen konnten. Darunter war lediglich eine, die auch nur formal die Kriterien des Zombiegifts erfüllte. Es war zugleich die einzige Pflanze, die ich während all meiner Forschungen und Reisen nicht einzunehmen gewagt hatte – eine Halluzinationen hervorrufende Pflanze, die so gefährlich war, daß selbst Schultes bei all seiner unerschütterlichen Experimentierfreudigkeit nie mit ihr gearbeitet hatte. Es handelte sich um eine Pflanze, die man die Königin der von Giftmischern, Verbrechern und Zauberern der ganzen Welt benutzten Drogen genannt hat. Sie heißt »*Datura*«, »die heilige Blume des Polarsterns«.

Meine müden Gedanken lösten sich in Fetzen auf, die mich in eine andere Nacht versetzten, eine Nacht, so kalt und klar wie Glas, hoch in den Anden Perus. Ein staubiger brauner Pfad schlängelte sich an mit dicken Knospen besetzten Agaven entlang und stieg zu der offenen Veranda eines Bauernhauses an, die auf drei Seiten von den Lehmziegelwänden des Hauses umgeben war. Gegen eine der Wände gelehnt, saß allein und in merkwürdig feierlicher Haltung der Patient. Letztes Jahr war er noch ein wohlhabender Fischer gewesen. Dann hatten sich die Meeresströmungen gedreht, und warmes Wasser aus den Tropen war nach Süden gekommen und hatte der Meeresvegetation an der gesamten Küste den Garaus gemacht. Wie unter dem Einfluß eines unerbittlichen Naturgesetzes hatte sein privates Leben eine Wendung genommen, die der plötzlichen Unordnung der Natur zu entsprechen schien: Sein Kind war krank geworden, und dann war seine Frau mit einem Liebhaber geflohen. Kurz nach diesen Ereignissen war der arme Mann aus seinem Dorf verschwunden, einen Monat später allerdings wieder aufgetaucht; er sah aus wie der Tod und war nackt und völlig verrückt.

Zwei Wochen lang hatte der Schamane vergeblich versucht, die Wurzel des Übels zu erraten. Mit dem ihm eigenen Blick für alles Heilige hatte er magische Gegenstände auf seinem Altar ausgelegt – Bergkristalle, Jaguarzähne, Gehäuse von Stachelschnecken, Walknochen und sehr alte Huacas, die sich im Bogen um ein paar Degen aus der Kolonialzeit rankten, die in die Erde gesteckt worden waren. In nächtlichen Zeremonien hatten er und sein Patient zusammen einen Absud aus Alkohol und Tabak inhaliert, den sie sich in Muschelschalen unter die Nasenlöcher hielten. Unter Anrufung der Namen Atahualpas und aller anderen alten peruanischen Könige, der Berggeister und heiligen Kräuter hatten sie *achuma* eingenommen, eine den vier Winden geweihte Kaktusart. Der Sohn des Schamanen hatte den Verrückten auf einem Maultier einen steilen Pfad bis hoch in die Berge geführt, um ihn in den heilkräftigen Seen von Las Huaringas zu baden. Nichts hatte etwas genützt. Visionen hatten sich eingestellt, allerdings nur schwach und unverständlich, und selbst die Pilgerfahrt zu den heilenden Wassern hatte kaum etwas dazu beigetragen, den verstörten Mann von dem ihn hartnäckig verfolgenden Unglück zu befreien.

Der Curandero war jetzt auf sich allein gestellt. Er mußte die Lösung in einer stärkeren Kraftquelle suchen, in einer übernatürlichen Sphäre, an der ein normaler Mensch zugrundegehen konnte. Dafür mußte er allein sein, deshalb verließ er seinen Patienten, der an der Wand saß. Lautlos verschwand er, vornübergebeugt, mit einem abgetragenen Poncho bekleidet und einem riesigen Hut auf dem Kopf, so daß von seinem Gesicht nur das Kinn zu sehen war, das wie die Spitze eines alten Stiefels hervorragte. Er würde jetzt eine andere Art von Visionen herbeirufen – Visionen, die den Geist verwirrten, ihm die Orientierung raubten und schwer zu ertragen waren –, und er würde sich ihnen nicht als Wissender nähern, der die von ihm beschworene Geisterwelt deuten und beeinflussen konnte, sondern als Bittsteller, der sich selbst am äußersten Rand der von der Pflanze entfesselten Verrücktheit befand und so vielleicht zu einer Offenbarung kommen konnte. Es war eine schreckenerregende Aussicht, jede Kontrolle über sich selbst aufzugeben und jeden Sinn für Raum und Zeit und das Gedächtnis zu verlieren. Aber er hatte keine Wahl und machte sich an seine Aufgabe mit der Schicksalsergebenheit dessen, der an einer unheilbaren Krankheit leidet.

Er zog sich in eine kleine Steinhütte zurück, die mit einer halb verrotteten Tür verschlossen war, die seine Bewegungen für den Betrachter draußen in senkrechte Lichtblitze zerlegte. Durch die Spalten in der Tür beobachtete ich seine schattenhafte Gestalt, die sich in absichtsvollen, immer kleiner werdenden Kreisen bewegte, wie ein Hund es macht, ehe er sich für die Nacht hinlegt. Auf dem Boden angelangt, nahm er den Hut ab und zeigte ein leicht entstelltes Gesicht – wulstige blauschwarze Lippen und eine elefantenartige Nase, die gefährlich auf seinen Mund herabhing. Das Fleisch unter seinen Wangenknochen war eingefallen, seine Augen lagen in tiefen Schatten verborgen. Ruhig saß er da. Die Vorbereitungen seines Gehilfen, der sorgfältig ein Bett, ein Becken mit Wasser und eine Emailleschale mit einer dunklen Flüssigkeit herrichtete, ließ er geschehen, schenkte ihnen aber keine weitere Beachtung. Dann kam der Gehilfe heraus und nahm schweigend seinen Platz auf einer Seite der Tür ein. Mit einem Wink gab er mir zu verstehen, daß ich mich neben ihn stellen sollte, und ich kam heran. Wir verhielten uns still, während wir in den dunklen Raum starrten. Unser Atem war in dem leichten Wind, der über das Blechdach wehte, nicht zu hören.

Der Schamane nahm die Emailleschale mit festem Griff in beide

Hände, so wie ein Priester auf dem Land den Meßkelch halten würde. Nachdem er sich gegen die vier Ecken der Hütte verbeugt hatte, trank er in langsamen, bedächtigen Zügen und zuckte nur einmal leicht zusammen, ehe er die Schale leergetrunken hatte. Dann saß er vollkommen bewegungslos da, mit der Ruhe, die stets solchen unwiderruflichen Handlungen folgt.
Der Trank begann schnell zu wirken. Innerhalb einer halben Stunde war der Mann in eine tiefe Betäubung versunken. Seine Augen starrten ausdruckslos zu Boden, der Mund war fest geschlossen und das Gesicht nun plötzlich rot und aufgedunsen. Seine Nasenflügel wölbten sich, und einige Minuten später begannen die Augen zu rollen, Schaum trat aus dem Mund aus, und sein ganzer Körper krümmte sich in schrecklichen Krämpfen. Immer tiefer fiel er ins Delirium. Er atmete keuchend und wühlte mit seinen langen, knochigen Fingern wie eine Katze in der Erde auf der Suche nach einem Spalt, in dem er Erlösung von seinem Wahnsinn finden konnte. Herzzerreißende Schreie gellten in die Nacht. Er versuchte aufzustehen, nur um wieder hinzufallen und flach auf dem Boden liegenzubleiben, während er mit den Armen wild in der Luft herumschlug. Plötzlich stürzte er sich wie jemand, dessen Haut in Flammen steht und dessen Kehle ausgedörrt ist, auf das Wasserbecken. Dann brach er nach einem letzten gepeinigten Aufbäumen zusammen und lag wieder bewegungslos da.
Bei dem Gift handelte es sich um *cimora*, den Baum des bösen Adlers und nächsten Verwandten der *datura*.

Das blasse, lavendelfarbene Licht der Morgendämmerung schien wie eine Fata Morgana des Lebens durch die Scheibe des Zugfensters. Wenig später ließ ich mich langsam von dem Gedränge und den scharrenden Füßen auf dem Südbahnhof aus dem Abteil schieben, ins Morgenlicht und auf die Straßen von Boston.
Die Stadt erwachte gerade zum Leben, und ich war viel zu aufgeregt, um zu schlafen. Ich erreichte das Botanische Museum, als es gerade öffnete, und mußte mich zuerst durch eine Horde Schulkinder durchkämpfen, die von einem Lehrer zur Ausstellung

dirigiert wurde, ehe ich die eiserne Treppe hinaufsteigen konnte und schließlich in die Privatbibliothek im Obergeschoß gelangte. Die Luft war abgestanden, der gewöhnliche, beruhigende Geruch. Hinter dem Eichenschrank, in dem die alten Foliobände und die Originalausgaben von Linnaeus standen, zog ich einige in Leder gebundene Monographien hervor, in denen ich ungeduldig nach dem ersten Anhaltspunkt suchte, der meine Vermutungen bestätigen würde. Ich fand ihn in einem alten Katalog mit braunen Seiten, der vor etwa vierzig Jahren entstanden war. Die Datura wuchs tatsächlich auf Haiti, und zwar in drei Arten, die alle aus der Alten Welt eingeführt worden waren. Ich überflog die Liste der volkstümlichen Namen, die oft auf populäre Anwendungen der Pflanze Bezug nehmen. Eine der Arten hieß *Datura stramonium.* Auf Haiti hieß sie *concombre zombi* – die Zombie-Gurke! Mit tiefer Befriedigung zog ich mich in meinen Lieblingssessel zurück und war innerhalb weniger Minuten fest eingeschlafen.

Von außen wurde ein Schlüssel ins Schloß gesteckt. Professor Schultes kam mit einigen Büchern unter dem Arm herein. »Schlafen Sie sonst nicht in Ihrem Arbeitszimmer?« fragte er trocken. Wir tauschten einige Scherze aus, dann gab ich ihm einen kurzen Bericht von meinen Nachforschungen über die lebenden Toten. Schultes teilte meine Vermutung in bezug auf die Datura, und gemeinsam verbrachten wir den Morgen damit, die These auszubauen. Ganz ohne Frage gab es Arten der Datura, die äußerlich wirkten. Die Zauberer der Yaqui-Indianer im Norden Mexikos schmieren sich Geschlechtsorgane, Beine und Füße mit einer Salbe aus zerdrückten Daturablättern ein und haben dann das Gefühl, zu fliegen. Schultes vermutete, daß die Yaqui diesen Brauch möglicherweise von den Spaniern übernommen hatten, denn überall im mittelalterlichen Europa rieben Hexen sich gewöhnlich den Körper mit halluzinogenen Salben ein, die aus Tollkirsche, Alraun und Bilsenkraut hergestellt wurden, alles enge Verwandte der Datura. Überhaupt läßt sich viel von dem Verhalten, das man mit Hexen in Verbindung bringt, ebensogut solchen Drogen zuschreiben wie einer spirituellen Vereinigung mit dem Teufel. Für Frauen ist eine besonders wirkungsvolle Art, sich die Droge selbst einzuverleiben, der Weg durch die Schleimhaut der Vagina; der Besenstiel oder Stecken der Hexen wurde dabei für das geeignetste Gerät gehalten. (Das uns geläufige Bild der hageren Frau auf einem Besen rührt von dem mittelalterlichen Glauben her, daß Hexen jede Mitternacht auf ihrem Besen zum Hexensabbat ritten, einer orgiastischen Versammlung von Dämonen und Zauberern. Heute glauben wir, daß ihre Reise nicht durch den Raum, sondern die phantastische Landschaft ihrer Einbildung führte.)

Daß die Pflanze in der Lage ist, eine Betäubung hervorzurufen, wird durch den Ursprung des Namens selbst nahegelegt, der sich von den *dhatureas* herleitet, Diebesbanden im alten Indien, die die Pflanze verwendeten, um ihre Opfer zu betäuben. Im 16. Jahrhundert stellte der portugiesische Forscher Cristoval Acosta fest, daß die Prostituierten der Hindus so geschickt in der Anwendung der Samen dieser Pflanze waren, daß sie sie in Dosen entsprechend der Anzahl der Stunden verabreichten, die ihre armen Opfer bewußtlos sein sollten. Ein späterer Indienfahrer, Johann Albert de Mandelslo, wurde Mitte des 17. Jahrhunderts Zeuge, wie die von ihren Männern streng bewachten Frauen, von ihrer Leidenschaft für die fremdartigen Europäer verzehrt, ihre Gatten mit Datura bewußtlos machten und dann »ihrem Vergnügen nachgingen, und das sogar in Gegenwart ihrer Männer«, die vollkommen betäubt mit weit offenen Augen danebensaßen. Eine eher makabre Anwendung wurde aus der Neuen Welt berichtet, wo die Chibcha-Indianer des kolumbianischen Hochlands den Frauen und Sklaven eines toten Königs eine der Datura nahe verwandte Droge verabreichten, ehe sie sie lebendig mit ihrem verstorbenen Herrn begruben.

Das pharmakologische Ergebnis war zuverlässig. Die Datura war topisch aktiv und führte bei relativ mäßiger Dosierung zu rasend machenden Halluzinationen und Wahnvorstellungen, auf die geistige Verwirrung, Orientierungslosigkeit und Gedächtnisverlust folgten. Übergroße Dosen zogen Bewußtlosigkeit und Tod nach sich.

Freilich verband ich noch aus einem anderen, intuitiven Grund die Datura mit dem Phänomen der lebenden Toten. In der Vorstellungswelt vieler amerikanischer Indianerstämme ist das Leben in verschiedene Stadien aufgeteilt, die mit der Geburt anfangen und dann über Initiation und Hochzeit schließlich in den Tod münden. Der Übergang von einem Stadium zum nächsten wird oft von wichtigen rituellen Festen begleitet. Als ich von Kline und Lehmann zum erstenmal den Bericht von Narcisse über seine Wiedererweckung vom Grab gehört hatte, war mir das wie eine Art Übergangsritus vorgekommen – eine perverse Umkehrung des natürlichen Prozesses von Leben und Tod. Die Datura ist vielleicht mehr als jede andere Droge mit solchen vorübergehenden Augenblicken einer Veränderung, einer Initiation oder des Todes verbunden. Bei den Luisena-Indianern Südkaliforniens zum Beispiel war es Brauch, daß alle jungen Männer sich während der Pubertätsriten einer Datura-Narkose unterzogen, um Männer werden zu können. Die Algonkin und andere Stämme im Nordwesten Nordamerikas verwendeten ebenfalls Datura unter dem Namen *wysoccan*. Zur Zeit der Pubertät wurden die heranwachsenden jungen Männer in besonderen Langhäusern eingeschlossen, wo sie für zwei, drei Wochen nichts anderes aßen als diese Droge. Im Verlauf des anhaltenden Rauschzustandes vergaßen sie, wie es war, ein kleiner Junge zu sein, und lernten, was es bedeutete, ein Mann zu sein. In Südamerika geben die Jivaro oder Shuara – die berüchtigten Kopfjäger aus dem Osten Ecuadors – den kleinen Jungen einen Trank namens Maikua, wenn sie im Alter von sechs Jahren ihre Seele suchen müssen. Wenn der Junge Glück hat, erscheint ihm seine Seele in der Form zweier großer Lebewesen, oft Tieren wie Jaguar oder Anakonda. Später tritt die Seele dann in seinen Körper ein.

Für viele Indianerstämme steht die Datura in enger Verbindung mit dem Tod. In Teilen des peruanischen Hochlands heißt die Pflanze *huaca*, was auf quechua soviel wie Grab bedeutet, weil man dort glaubt, daß die von ihr Berauschten den Ort der Gräber ihrer Vorfahren erraten können. Die Zuni des amerikanischen Südwestens kauen Datura während der Regenzeremonien, wobei sie sich oft die zu Pulver zerriebenen Wurzeln auf die Augen legen, wenn sie die Geister der Toten anflehen, bei den Göttern um Regen zu bitten. Vielleicht war es mehr als alle anderen Anhaltspunkte diese Verbindung zwischen Datura und den Mächten der Finsternis und des Todes, die uns den ersten Hinweis auf die Zusammensetzung des Zombiegiftes gegeben hat.

Natürlich konzentrierte sich unsere Aufmerksamkeit auf die *Datura stramonium*, die Art, die auf Haiti als »Zombie-Gurke« bekannt ist. Obwohl diese Pflanze allem Anschein nach ursprünglich aus Asien stammt, war sie als Droge so geschätzt, daß sie schon lange vor der Zeit des Kolumbus in weiten Teilen Europas und Afrikas verbreitet war. Weil Schultes keine Berichte über den einheimischen Gebrauch dieser Art bei den Indianern der Karibik kannte und die Ureinwohner Haitis andererseits ursprünglich aus Afrika stammen, war ich besonders neugierig auf das Vorkommen dieser Pflanze in Westafrika.

Später am Tag waren wir schon nicht mehr überrascht zu lesen, daß die *Datura stramonium* von vielen afrikanischen Stämmen benutzt wurde. Die Hausa Nigerias verwenden die Samen, um die Rauschwirkung ihrer rituellen Getränke zu verstärken. Die jungen Männer der Fulani bekamen die Droge, um sie für den Sharo-Wettkampf zu stimulieren, in dem sie ihre Männlichkeit unter Beweis stellen mußten. Medizinmänner aus Togo gaben streitenden Parteien, die wegen eines Schiedsspruches zu ihnen kamen, ein aus den Blättern der Datura und der Wurzel des wirkungskräftigen Fischtod (*Lonchocarpus capassa*) gebrautes Getränk zu trinken. In vielen Teilen Westafrikas gibt es immer noch eine außergewöhnliche Art der Verwendung der *Datura stramonium* bei Giftverbrechen: Frauen züchten Käfer, die sie mit einer bestimmten Art der Pflanze füttern. Mit den Ausscheidungen der Käfer wiederum töten sie treulose Liebhaber.

Wenn das Gift aus Afrika kam, so lag der Schluß nahe, daß man das Gegengift, von dem Kline gesprochen hatte, ebenfalls dort finden konnte. Und zu meiner Befriedigung fand ich tatsächlich heraus, daß das medizinisch anerkannte Gegengift gegen Vergiftungen durch Datura aus einer westafrikanischen Pflanze gewonnen wird. Es handelt sich um Physostigmin, ein Medikament, das erstmals aus der Calabarbohne (*Physostigmine venenosum*) gewonnen wurde, einer Kletterliane, die in den sumpfigen Küstengebieten Westafrikas von Sierra Leone im Süden bis Kamerun im Osten gedeiht. Besonders gut bekannt ist diese Pflanze an der Küste von Calabar, dort, wo der Fluß Niger in den Golf von Guinea mündet, also genau in dem Gebiet, von dem aus die meisten Vorfahren der heutigen Einwohner Haitis als Sklaven in die Plantagen der Neuen Welt verschifft wurden.

Ein kurzer Blick in die ethnographische Literatur ergab, daß im 18. Jahrhundert die französischen Plantagenbesitzer auf Saint-Domingue, dem heutigen Haiti, ihre Sklaven mit einiger Sorgfalt auswählten. Die Sterblichkeit auf den Plantagen war horrend, und da man es billiger fand, erwachsene Sklaven aus Afrika zu holen, als sich im Land geborene Sklaven heranzuziehen, mußten sie in stattlichen Mengen importiert werden. So wurden etwa in den zwölf Jahren zwischen 1779 und 1790 durch die Sklavenschiffe, die die afrikanische Küste von Sierra Leone bis Moçambique befuhren, an die vierhunderttausend Sklaven nach Saint-Domingue gebracht. Obwohl diese unglücklichen Menschen aus praktisch jeder Ecke des Kontinents kamen, hatten die Plantagenbesitzer ganz offensichtlich gewisse Präferenzen. Die Senegalesen waren hoch geschätzt aufgrund ihrer überlegenen Moral und ihrer schweigsamen Art – aus dem Munde eines Sklavenhalters eine ironische Feststellung –, wohingegen Leute von Sierra Leone, der Elfenbeinküste und der Goldküste als verstockt galten, mit einem Hang zu Aufständen und Ausbrüchen. Die Ibo der südlichen Sklavenküste des heutigen Nigeria waren gute Arbeiter, verübten aber häufig Selbstmord. Sklaven aus dem Kongo und Angola waren hoch geschätzt und wurden in großen Mengen importiert. Allen anderen aber wurden die Völker entlang der

Sklavenküste vorgezogen, und dort war auch das Zentrum des europäischen Sklavenhandels. Der Sklavenhandel hatte einen solchen Umfang, daß er im Königreich Dahomey regelrecht zu einer nationalen Industrie wurde und die gesamte Wirtschaft des Landes auf den jährlichen Expeditionen gegen benachbarte Völker basierte. Viele der gefangenen Opfer – Nago, Mahi und Arada der westlichen Yorumba – wurden den Niger heruntergebracht und fielen dann in die Hände eines für seinen Opportunismus berüchtigten Stammes von Händlern, den Efik von Alt-Calabar.

Ursprünglich Fischer, hatten die Efik am Nigerdelta einen idealen Standort, um in dem harten Konkurrenzkampf des Sklavenhandels erfolgreich mithalten zu können. Wind- und Strömungsverhältnisse zwangen alle Schiffe, die sich auf dem Rückweg von der Elfenbein- und der Goldküste nach Europa bzw. Amerika befanden, nach Osten in Richtung Sklavenküste zu fahren. Dabei kamen sie nahe an die zum Gebiet der Efik gehörende Küste. Die Efik, die sich als habgierige Zwischenhändler bald mit europäischen Waffen ausrüsteten, hatten schließlich den gesamten Handel mit dem Hinterland unter Kontrolle; ihr Name ist übrigens von einem Wort in Ibibio-Efik abgeleitet, das »unterdrücken« bedeutet, und wurde ihnen von den an den Unterläufen des Calabar und des Cross River wohnenden Nachbarstämmen verliehen, die von den Efik daran gehindert wurden, in direkten Kontakt mit den weißen Sklavenhändlern zu treten.

Mit den Europäern arbeiteten die Efik genausowenig zusammen. Sie forderten eigene Kreditbedingungen und bekamen regelmäßig Handelsgüter wie Salz, Baumwollstoff, Eisen, Messing und Kupfer anvertraut, deren Wert gemessen in Pfund Sterling in die Tausende ging. Zusätzlich zu den Waren, die gegen Sklaven eingetauscht wurden, mußten die Europäer einen Zoll für das Monopol entrichten, mit den Häuptlingen der Efik Handel treiben zu dürfen. Obwohl einige Sklavenschiffe bis zu einem Jahr vor der Küste vor Anker lagen, wurde es nie einem Europäer gestattet, den Fuß an Land zu setzen; es blieb ihnen nichts anderes übrig als abzuwarten, bis sie die Ladung an Bord nehmen konnten, auch wenn sich dies monatelang hinauszögerte.

Jede größere Siedlung der Efik wurde nach außen von einem Obong oder Häuptling regiert, der für Recht und Ordnung sorgte, in Streitfällen vermittelte und im Krieg die bewaffneten Streitkräfte anführte. Neben dieser weltlichen Autorität gab es allerdings eine zweite, vielleicht noch mächtigere soziale und politische Kraft, eine Geheimgesellschaft, die sich Egpo- oder Leoparden-Gesellschaft nannte. Die Egpo-Gesellschaft war eine in verschiedene Rangstufen gestaffelte hierarchische Männergesellschaft, deren jede ein eigenes Kostüm hatte. Obwohl die Egpo-Gesellschaft und die weltliche Autorität verschiedene Organisationen waren, saßen in der Praxis mächtige Einzelpersönlichkeiten des Stammes im Rat beider Gruppen. Die Angst vor der geheimen und mysteriösen Leoparden-Gesellschaft wurde oft durch Mitglieder des Geheimbundes selber ausgenützt, und der Obong, das weltliche Oberhaupt, nahm automatisch einen hohen Rang in der Gesellschaft ein.

Unter Leitung eines geheimen Rates der Dorfältesten, der die höchste gerichtliche Autorität darstellte, verkündete die Leoparden-Gesellschaft Gesetze und sorgte für deren Befolgung, sprach in wichtigen Fällen das Urteil, trieb Schulden ein und schützte das Eigentum ihrer Mitglieder. Die Einhaltung der Gesetze bewirkte sie mit einer breiten Palette von Sanktionen. Sie konnte Geldstrafen verhängen, einzelne Personen am Handel hindern, Vermögen beschlagnahmen und Missetäter verhaften, festhalten oder einkerkern. Schwere Vergehen führten zur Hinrichtung, die durch Enthauptung oder Verstümmelung bis zum Tode vollstreckt wurde – im letzteren Fall wurde der Delinquent mit abgeschnittenem Unterkiefer an einen Baum gefesselt.

Das Gericht der Geheimgesellschaft fällte sein Urteil über Schuld oder Unschuld in höchst eigenartiger Form. Der Angeklagte mußte einen berauschenden Trank zu sich nehmen, der aus acht Samen der Calabarbohne bestand, die zerrieben und mit Wasser vermischt wurden. In dieser Dosis wirkt Physostigmin als starkes

Beruhigungsmittel auf das Rückenmark und ruft eine progressiv von den Füßen zur Taille aufsteigende Lähmung hervor, bis schließlich die Kontrolle über die Muskeln völlig zusammenbricht und der Erstickungstod eintritt. Nachdem der Angeklagte das Gift getrunken hatte, mußte er vor der Gerichtsversammlung stillstehen, bis die Wirkung des Giftes sich ankündigte. Dann mußte er auf eine auf dem Boden in drei Metern Entfernung gezogene Linie zugehen. Wenn der Angeklagte Glück hatte und sich übergeben mußte, das Gift also ausspuckte, hatte er seine Unschuld bewiesen und durfte ungestraft gehen. Wenn er sich nicht übergab, die Linie aber erreichte, wurde er ebenfalls für unschuldig befunden und bekam schnell einen Trank aus Exkrementen eingeflößt, die man mit Wasser aufgegossen hatte, mit dem eine Frau ihre Geschlechtsorgane gewaschen hatte.

Meistens jedoch starb der Angeklagte aufgrund der Vergiftung durch die Calabarbohne einen entsetzlichen Tod. Der Körper wand sich in schrecklichen Krämpfen, Schleim floß ihm aus der Nase, und der Mund klappte auf gräßliche Weise auf und zu. Wenn jemand an dieser Tortur gestorben war, stach der Henker ihm die Augen aus und warf den nackten Leichnam in den Wald. In den späten Jahren des Sklavenhandels war das Gebiet der Efik mit neu erworbenen Sklaven überfüllt, die meisten von ihnen völlig demoralisiert und mit keiner weiteren Aussicht für die Zukunft, als ein mühebeladenes Leben in einem fremden Land führen zu müssen. Für die Aufrechterhaltung von Ordnung und Disziplin brauchten die Efik die Agenten und Henker der Egpo-Gesellschaft. Die Sklaven müssen während der Wochen und manchmal Monate, die sie auf die Einschiffung nach Nord- und Südamerika zu warten hatten, von der grausigen Tortur durch die Calabarbohne gehört haben, und viele von ihnen haben sich diesem Urteil vielleicht freiwillig ausgesetzt.

Hier bestand eine aufregende Möglichkeit. Datura war ein Rauschmittel stärkster Wirkung und bei mindestens einigen der afrikanischen Völker, die nach Haiti verfrachtet worden waren, wohlbekannt und verbreitet. Die Calabarbohne, aus der das medizinisch anerkannte Gegengift für Daturavergiftungen gewonnen wird, stammte aus demselben Gebiet, und die Kenntnis ihrer Wirkung war mit größter Wahrscheinlichkeit mit über den Atlantik gekommen. Afrikanische Datura-Arten waren im heutigen Haiti offensichtlich überall bekannt. Auch wenn es keine Berichte über die Calabarbohne auf Haiti gibt, der Samen dieser Bohne hat eine harte Schale und hätte damit leicht die Reise über den Ozean überstehen und sich wie die Datura später, von Menschenhand eingesetzt oder auch zufällig, im fruchtbaren Boden Saint-Domingues vermehrt haben können.

Auf diese Weise hatte ich nach einem Tag in der Bibliothek zumindest etwas Konkretes in der Hand, eine Hypothese, die, wie dürftig sie auch immer sein mochte, doch zumindest den spärlichen Fakten des Falles entsprach. Das Wissen um die pharmakologischen Eigenschaften dieser zwei afrikanischen Giftpflanzen kam vermutlich mit den Sklaven über den Atlantik nach Saint-Domingue. In der Folgezeit waren sie dann, an neue Gegebenheiten angepaßt oder als Bestandteil alter magischer Praktiken, die materielle Basis, auf der der heutige Zombie-Glaube hatte entstehen können. Meine Calabar-Hypothese entsprang nur einer Vermutung, aber zumindest war sie ein Anfang, ein grobes Gerüst, in das weitere Ideen und neue Informationen eingefügt werden konnten, bis sich eine Lösung dieses außergewöhnlichen Geheimnisses abzeichnete. Die Hypothese war in ihrer Einfachheit bestechend, aber, wie sich herausstellen sollte, völlig falsch. Trotzdem hatte ich auf dieser Fährte ohne mein Wissen einen soziologischen Zusammenhang entdeckt, der schließlich zum Schlüssel des ganzen Zombie-Phänomens werden sollte – die Geheimgesellschaften der Efik.

Die weiße Finsternis und die lebenden Toten

Im April 1982 reiste ich nach Haiti, bewaffnet nur mit meiner vorläufigen Hypothese, Klines Empfehlungsschreiben an Lamarque Douyon, den Psychiater von Port-au-Prince, in dessen Klinik sich Clairvius Narcisse befand, und zwei weiteren Adressen, die ich von der BBC aus London erhalten hatte: Max Beauvoir, der Beschreibung zufolge ein kultiviertes Mitglied der intellektuellen Elite Haitis und eine bekannte Autorität auf dem Gebiet der Vodoun-Religion, und Marcel Pierre, der Vodoun-Priester oder *houngan*, von dem die BBC ihre Probe des angeblichen Gifts erhalten hatte, ein Mann, den einer der Korrespondenten die »Inkarnation des Bösen« genannt hatte.

Als das Flugzeug sich Haiti näherte, war es nicht schwer, die Antwort zu verstehen, die Kolumbus gegeben hatte, als Isabella ihn bat, die Insel Hispaniola zu beschreiben. Er hatte das nächste Blatt Papier genommen, es in der Hand zerknüllt und auf den Tisch geworfen. »Das«, hatte er gesagt, »ist Hispaniola.«

Kolumbus war von der Insel San Salvador her, auf der er zum ersten Mal amerikanischen Boden betreten hatte, nach Haiti gekommen. Auf San Salvador hatten ihm die Eingeborenen verführerische Geschichten über eine bergige Insel erzählt, in deren Flüssen gelbe, weiche Steine schimmerten. Der Admiral hatte sein Gold gefunden, aber noch mehr begeisterte ihn die Entdeckung eines tropischen Paradieses. Hingerissen schrieb er seiner Königin, nirgends unter der Sonne gäbe es Länder solcher Fruchtbarkeit, so völlig ohne Seuchen, wo die Flüsse sich nicht zählen ließen und die Bäume in den Himmel reichten. Die eingeborenen Arawak pries er als gut und edel, und er beschwor die Königin, sie unter ihren Schutz zu nehmen. Das tat sie. Die Spanier führten die Zivilisation des 16. Jahrhunderts in vollem Umfang ein, mit dem Erfolg, daß die einheimische Bevölkerung innerhalb von fünfzehn Jahren von etwa einer halben Million auf sechzigtausend reduziert wurde. Europäische Habgier fällte auch die Wälder, und mit dem Verschwinden der reichen Bestände an Lebensbaum, Mahagoni, Rosenholz und Pinie wurde die feine tropische Erde zu Staub, der die Flüsse schwärzte. Als ich jetzt vom Flugzeug aus die kahlen Hänge und die ausgetrocknete, wüste Landschaft sah, kam mir die Ankunft der Europäer auf dieser Insel vor vierhundert Jahren wie das Hereinbrechen einer Heuschreckenplage vor.

Die Hauptstadt Port-au-Prince liegt flachgestreckt in einer niedrigen und heißen tropischen Ebene an der Spitze einer Bucht, die auf beiden Seiten von hoch aufragenden Bergen eingerahmt wird. Hinter diesen Bergen sind weitere Berge zu sehen, die die Vorstellung eines weiten Raumes erzeugen, in der Haitis Menschenmassen verschwinden und die mißtönendste Statistik des Landes gemildert wird: Eine Fläche von nur 27000 Quadratkilometern wird von sechs Millionen Menschen bewohnt. Port-au-Prince ist ein wucherndes Durcheinander, auf den ersten Blick städtischer Karneval und Chaos zugleich, eine Hafenstadt aus Baracken, vor denen feuchte Wäsche hängt. Dazwischen halbfertige öffentliche Denkmäler, die schon wieder verfallen. Leuchtend bunte Straßen, durchweht von dem stechenden Gestank von Fisch, Schweiß, Exkrementen und Asche. Prächtige Regierungsgebäude und ein Präsidentenpalais, so weiß, daß es schon unwirklich erscheint. Auf dem Marktplatz Geschrei und Gestöhn, der Lärm mißtönender Motoren und der Gestank von Abgasen. Die Stadt besitzt das ganze Elend und die ganze Anmut einer Hauptstadt der Dritten Welt, trotzdem bemerkte ich, als ich sie zum ersten Mal betrat, noch etwas anderes. Die Menschen auf den Straßen gingen nicht, sie schwebten und strahlten dabei Stolz aus. Ihre Körper waren von vollkommener Schönheit. Sie schienen fröhlich, unbekümmert und munter zu sein. Vom Nachmittagsregen sauber gewaschen, strahlte die ganze Stadt einen heiteren Charme aus. Und es war nicht nur die äußere Erscheinung der Dinge, es lag etwas in der Luft, eine elektrisierende Spannung – eine ursprüngliche, elementare Energie, wie ich sie sonst nirgendwo in Nord- oder Südamerika erlebt habe. Obwohl sich aber dieses Gefühl sofort bei mir einstellte und ich mir dessen in all den Monaten, die ich in diesem Land verbringen sollte, bewußt blieb, konnte ich es eine Zeitlang nicht verstehen. Als ich am ersten Tag vom Flugplatz in die Stadt kam, erhielt ich allerdings einen Fingerzeig – ich sah etwas, das ich auf Haiti noch viele Male sehen würde. Dort in der späten Nachmittagssonne tanzte ganz allein ein völlig normaler und sehr glücklicher Mann mit seinem Schatten.

Ich quartierte mich im Hotel Ollofson ein, einer mit Bougainvillea bewachsenen Filigranvilla, in der noch deutlich die Atmosphäre jener lang vergessenen Ära zu spüren war, in der Amerika Haiti besetzt hielt. Ich stellte meine Taschen an der Rezeption ab und machte mich sofort zur Wohnung von Max Beauvoir in Mariani südlich der Hauptstadt auf, jenseits einer überfüllten Hauptverkehrsstraße, bekannt unter dem Namen Carrefour Road. Der ganze Verkehr aus dem Hinterland im Süden wälzt sich hier vorbei, aber die Straße ist weniger eine Verkehrsstrecke als ein Happening, eine Konzentration des ganzen dramatischen Lebens der Stadt auf wenigen Kilometern. Mein Fahrer betrachtete den Abschnitt als freie Wildbahn und raste rücksichtslos an Schauermännern vorbei, die tief gebeugt unter ihrer Last von Eisstücken, Holzkohle, Fischen und Möbeln ihrer Wege gingen. Kaleidoskopartig kamen aus allen Richtungen »Tap Taps« geschwankt, die haitischen Busse, die zum Bersten mit schnatternden Passagieren und deren Habe angefüllt waren und die Straße auf der Suche nach noch mehr Fracht durchkreuzten. Vor den Läden priesen herrische Verkäuferinnen ihre Waren in den höchsten Tönen, und Handwerker schnitten Schuhe aus alten Reifen oder schmiedeten Wagenersatzteile aus eisernen Stangen. Und überall lümmelten sich dominikanische Mädchen in enganliegenden Kleidern aus Kunstseide träge in den auf beiden Seiten mit Buntwurz geschmückten Eingängen. Es ist ein schmutziger, farbenprächtiger Boulevard voller Leben, an dessen Rändern sich ein Haus auf das andere türmt und um die Aufmerksamkeit der Passanten wirbt.

Gleich hinter einem Friedhof mit weiß gekalkten Gräbern ergießt sich die Straße ins freie Land, und zum ersten Mal, seit man auf die Carrefour eingebogen ist, spürt man die Nähe des Meeres. Ungefähr drei Kilometer weiter bog mein Fahrer an der Stelle, an der ein Vorsprung der Berge das Wasser berührt, in ein kleines Wäldchen ein.

Am Eingangstor nahm mich ein Pförtner in Empfang, dem ich durch einen märchenhaften Garten zu einem kleinen Nebengebäude am Rande des Anwesens folgte. Dort wartete inmitten einer verstaubten Sammlung von Amuletten und afrikanischer Kunst Max Beauvoir auf mich. Gleich auf den ersten Blick war er eine eindrucksvolle Erscheinung – hochgewachsen, in gepflegter Kleidung und mit verbindlichen Manieren. Außerdem war er ein schöner Mann. Er sprach mehrere Sprachen fließend und fragte mich ausführlich über meine frühere Arbeit, meine akademische Ausbildung und meine Pläne auf Haiti aus. Ich meinerseits trug ihm meine erste Hypothese über die Verwendung von Gift bei der Erschaffung von lebenden Toten vor.

»Und wenn Sie diese Zombies finden? Werden Sie nicht über ihr Unglück lachen?«

»Das kann ich nicht sagen. Mag sein, ich lache ja auch über mich selbst.«

Er lächelte. »Das war gesprochen wie ein Haitianer. Ja, wir lachen über unser Unglück, aber das Recht dazu behalten wir uns selber vor.« Er zögerte und zog heftig an seiner Zigarette. »Ich fürchte, Sie werden einige Zeit nach diesem Gift suchen müssen, Mr. Davis. Nicht das Gift macht einen Zombie, sondern der Bokor.«

»Der Bokor?«

»Der Priester, der mit der linken Hand dient«, erwiderte er geheimnisvoll. »Aber das ist eine falsche Unterscheidung.« Er machte eine Pause. »Wir Houngans sind alle auch Bokors. Der Houngan muß das Böse kennen, um es zu bekämpfen, der Bokor muß das Gute in sich aufnehmen, um es zu untergraben. Es ist alles eins. Der Bokor, der die Zauberformel kennt, kann aus jedem einen Zombie machen – aus einem Haitianer im Ausland, aus einem Fremden. Umgekehrt kann ich ein solches Opfer behandeln, wenn ich will. Darin liegt unsere Kraft und stärkste Verteidigung. Aber lange Reden führen zu nichts. In diesem Land sind die Dinge nicht, was sie zu sein scheinen.«

Beauvoir brachte mich zum Auto zurück, und wir tauschten noch einige höfliche Floskeln aus, ohne daß er einen Kommentar oder eine Information zu meinem Auftrag beigesteuert hätte. Statt dessen fragte er, nachdem er mir verraten hatte, daß er ein Vodoun-Priester, ein Houngan war, ob ich nicht in der Nacht wiederkommen wolle, um seiner Vodoun-Zeremonie beizuwohnen. Das Grundstück, auf dem wir standen, war sein Hounfour – sein Tempel mit dem Heiligtum und einem Schrein.

Max Beauvoir veranstaltete jede Nacht eine kommerzielle Vodoun-Zeremonie. Jedermann war eingeladen, und von der Gebühr von zehn Dollar für Touristen lebten Beauvoirs Familie und die gut dreißig Leute, die für ihn arbeiteten. Ich kam gegen zehn, wurde in das Peristyl gebracht, den überdachten Hof des Hounfour, und dort an im Halbkreis angeordneten Tischen vorbei zu dem Tisch geführt, an dessen Kopfende Beauvoir saß. Eine Bedienung brachte mir etwas zu trinken. Beauvoir forderte mich auf, mir die hier versammelten Besucher anzusehen, eine bunt zusammengewürfelte Mischung aus französischen Matrosen, einigen Gruppen Haitianer, einem Professor für Anthropologie aus Mailand, der schon früher am Tag dagewesen war, zwei Journalisten und einer Gruppe amerikanischer Missionare. Das Geräusch einer Rassel ertönte, und Beauvoir lenkte meine Aufmerksamkeit auf den Hintergrund des Tempels.

Ein Mädchen in weißem Gewand – eine Hounsis oder Tempeldienerin – kam aus der Dunkelheit in das Peristyl, führte eine Drehung nach zwei Richtungen aus, stellte dann eine Kerze auf den Boden und zündete sie an. Die Mambo oder Vodoun-Priesterin führte dieselbe Bewegung mit einem Tonkrug aus und zeichnete dann mit Maismehl, das sie dem Krug entnahm, sorgfältig ein geheimnisvolles Muster auf den Boden. Das war ein Vévé, erklärte Beauvoir, das Symbol eines Loa oder Geistes, der dadurch angerufen wurde. Als nächstes drehte die Mambo sich mit einem

Gefäß Wasser in die vier Himmelsrichtungen und goß dann Trankopfer an den mittleren Pfeiler des Peristyls, der die Achse darstellte, entlang derer die Geister erscheinen sollten. Weitere Trankopfer wurden über jede der drei Trommeln und am Eingang des Tempels ausgegossen. Dann führte die Mambo mit einer eleganten Armbewegung die Eingeweihten in das Peristyl und gegen den Uhrzeigersinn um den Mittelpfeiler, den *poteau mitan*, bis sie sich alle zugleich vor dem Houngan hinknieten. Mit einer Rassel, auch *asson* genannt, hob Beauvoir zum Gebet an, einer komplizierten Litanei, die in hierarchischer Ordnung die Götter des Vodoun-Pantheons anrief. Er rezitierte dabei Worte einer alten rituellen Sprache, in deren Klängen, wie ich vermutete, die vielen Geheimnisse der Tradition beschworen wurden.

Dann setzten die Trommeln ein. Zuerst ertönte das durchdringende Stakkato der *cata*, der kleinsten, die mit zwei langen, dünnen Schlegeln geschlagen wurde. Es folgte der rollende Rhythmus der zweiten, der *seconde*, und dann war ein anschwellendes Donnern zu hören, als ob die Erde in ihren Eingeweiden bersten wollte. Das war *maman*, die größte der drei. Jede Trommel hatte ihren eigenen Rhythmus und ihre eigene Tonhöhe, aber trotzdem rissen sie die Sinne mit durch das überwältigende Zusammenspiel ihrer Klänge. Die Stimme der Mambo schnitt durch die Nacht, und gegen die aufsteigende Tonfolge ihrer Anrufung setzten die Trommler ihre ununterbrochene Klangbatterie, die so mächtig und eindringlich widerhallte, daß sogar die Wipfel der Palmen im Takt mitschwangen.

Die Tempeldienerinnen tanzten, als seien sie alle von einem einzigen Impuls gesteuert, durch das Peristyl. Die Hounsis blieben alle im Hintergrund, sie hatten sich vom Publikum weg nach innen zum Poteau-mitan und zu den Trommeln gewandt. Ihr Tanz war kein Ritual anmutiger Posen, keine Allegorie, es war ein Frontalangriff auf die Mächte der Natur. Körperlich war es ein Tanz von Schultern, Armen und Beinen, die, ohne sich vom Boden zu heben, immer wieder täuschend einfache Schritte wiederholten. Zugleich war es aber auch ein Tanz bewußten Willens, in sich ruhend und von beständiger Dauer.

Sie hatten vierzig Minuten lang getanzt, als es passierte. Die Maman hielt plötzlich inne – sie brach aus dem festen Rhythmus der anderen zwei Trommeln aus und war dann mit einemmal wieder da mit einem scharf synkopierten, zerklüfteten Kontrapunkt. Die Wirkung war qualvolle Leere, ein Augenblick hoffnungsloser Verletzbarkeit. Eines der Mädchen erstarrte. Die Trommel dröhnte erbarmungslos mit tiefen, wuchtigen Schlägen, die direkt in das Rückgrat der Frau zu treffen schienen. Bei jedem Schlag krümmte sie sich zusammen. Dann begann sie, mit einem Fuß wie verwurzelt im Boden, sich von Krämpfen getrieben in einer Pirouette zu drehen, aus der sie bald wieder ausbrach, um durch das Peristyl zu stürzen, wobei sie stolperte, hinfiel, mit den Händen um sich griff, dann mit den Armen wild durch die Luft schlug und für einen Augenblick das Gleichgewicht wiederfand, nur um von den unablässigen Trommelschlägen weitergetrieben zu werden. Und unter diesen dröhnenden Klängen traf der Geist ein. Die Raserei der Frau legte sich, langsam hob sie ihr Gesicht zum Himmel. Sie war von dem göttlichen Reiter aufs Pferd gezogen worden, sie war zum Geist geworden. Der Loa, der Geist, den die Zeremonie angerufen hatte, war gekommen.

Niemals im Verlauf meiner Reisen am Amazonas war ich Zeuge eines Vorgangs solch elementarer Kräfte geworden wie des darauf folgenden Schauspiels einer Vodoun-Besessenheit. Die Eingeweihte, eine auffallend kleine Frau, raste durch das Peristyl und hob ausgewachsene Männer vom Boden und schwang sie wie Kinder durch die Luft. Sie griff nach einem Glas, schlug ihre Zähne hinein, schluckte kleinere Splitter und spuckte den Rest auf den Boden. In einem anderen Stadium brachte ihr die Mambo eine lebende Taube. Die Hounsis opferte den Vogel, indem sie seine Flügel brach und dann den Kopf mit den Zähnen vom Rumpf biß. Offensichtlich konnten sich die Geister gierig zeigen, denn bald waren zwei weitere Hounsis von ihnen besessen, und für eine außerordentliche halbe Stunde verwandelte sich das Peristyl in ein

Inferno, in dem die Mambo herumraste und Rum und Trankopfer von Wasser und Clairin verspritzte, während sie die Geister mit dem Rhythmus ihrer Asson dirigierte. Unaufhörlich schlugen die Trommeln. Dann waren die Geister so plötzlich, wie sie gekommen waren, wieder verschwunden, und von den Hounsis, die eben noch besessen gewesen waren, begann eine nach der anderen, völlig in sich zusammenzufallen. Als die anderen ihre erschöpften Körper in den Tempel zurücktrugen, warf ich einen Blick auf Beauvoir und dann nach hinten über die Tische der Gäste. Nervös begannen einige zu klatschen, andere sahen verwirrt und unsicher drein.

Das war aber nur der Beginn einer ungewöhnlichen Nacht. Es würde noch mehr kommen, erklärte Beauvoir. Was wir eben gesehen hatten, waren Riten mit dem Namen *Rada*, die in fast direkter Linie vom Götterkult in Dahomey herstammten. Auf Haiti gelten die Rada als Repräsentanten der emotionalen Kontinuität und Wärme Afrikas und als Herd der Nation. In der Region um Port-au-Prince ist es Brauch, daß auf diese Riten diejenigen einer neuen Nation von Geistern folgen, die mitten im Blut und Eisen der Ära des Kolonialismus geschmiedet wurden. Sie heißen die *Petro* und spiegeln den ganzen Taumel von Raserei und Gewalt wider, in dem die Ketten der Sklaverei gesprengt wurden. Die Trommeln und der Rhythmus des Schlages, zu dem getanzt wird, sind vollkommen verschieden. Während in den Rada Trommelschläge und Tanz jeweils auf Taktanfang erfolgen, liegen sie in den Petro auf dem schwachen Teil des Taktes, schneidend und erbarmungslos, wie der Knall einer rohledernen Peitsche.

Die Geister trafen wieder ein, und diesmal ritten sie auf einem Feuer, das am Sockel des Poteau-mitan brannte. Der Geist fuhr diesmal gewaltsam in die Hounsis – ihr ganzer Körper schüttelte sich, und die Muskeln spannten sich – und ein einziger Krampf wand sich ihr Rückgrat hinauf. Die Frau kniete vor dem Feuer und schrie Worte in einer uralten Sprache. Dann stand sie auf und begann sich zu drehen, wobei sie in immer kleiner werdenden Kreisen um den Poteau-mitan herumgewirbelt wurde wie ein

Kreisel, bis sie, sich immer noch drehend, auf das Feuer fiel. Dort blieb sie eine unglaublich lange Zeit liegen und sprang dann in einem einzigen Satz auf, wobei glühende Scheite und Asche durch das Peristyl wirbelten. Sie landete auf beiden Füßen zugleich, sah auf das Feuer zurück und krächzte wie ein Rabe. Dann fuhr sie mit den Armen in die Kohlen. Mit jeder Hand packte sie ein brennendes Reisigbündel, schlug die Bündel aneinander und ließ eines fallen. An dem anderen begann sie ausgiebig und genußvoll mit ihrer Zunge zu lecken, und dann begann sie das Feuer zu essen, indem sie eine rötlich glühende Kohle von der Größe eines kleinen Apfels in den Mund zwischen die Lippen nahm. Dann fing sie wieder an sich zu drehen. Dreimal wirbelte sie um den Poteau-mitan, bis sie zuletzt in den Armen der Mambo zusammenbrach. Die glühende Kohle war immer noch in ihrem Mund.

Nach Ende der Zeremonie kamen einige Zuschauer auf Beauvoir zu, um mit ihm ein paar Worte zu wechseln. Mich aber zog es zu dem Feuer am Fuß des Poteau-mitan. Ich fühlte die Hitze. Ich stocherte eine Kohle aus den Flammen heraus und hob sie mit zwei Reisigstückchen hoch.

»Jetzt sind Sie überrascht.«

Ich drehte mich um und sah mich einer Hounsis gegenüber, deren weißes Kleid noch naß von Schweiß war.

»Ja, es ist wirklich erstaunlich.«

»Die Loa sind stark. Feuer kann ihnen nichts anhaben.«

Mit diesen Worten entschuldigte sie sich und ging zu Beauvoirs Tisch. Jetzt erst merkte ich, daß sie in fließendem Englisch gesprochen hatte. Es war Rachel Beauvoir. Sie war sechzehn und hatte einen Gang, als wollte ihr Tanz nie enden.

Als ich am selben Abend wieder ins Ollofson zurückkehrte, kam es mir vor, als seien Tage vergangen. Wieder hatte ich den Eindruck, als habe sich die Atmosphäre des Hotels verändert. Als ich am hellen Tag angekommen war, war es ein weißer Palast von zerbrechlicher Schönheit gewesen, eine Lebkuchenphantasie aus Türmchen, Türmen, Kuppeln und hölzernen, spitzen Minaretten, die nur die Farbe davor bewahrte, ins Meer zu stürzen. Am späten Nachmittag war dieser Eindruck völlig in den Hintergrund getreten, die Balken waren in der feuchten Hitze geschwollen, und die Atmosphäre war geladen von dem unmittelbar bevorstehenden Sturm. Als später, im Gefolge der Sintflut, die jeden Tag wie eine Lawine über der tropischen Ebene der Stadt niederging, die Front des Hauses sauber gewaschen war, schimmerte es in der weichen Luft der Abenddämmerung wieder vor Wärme und Schönheit. Jetzt, in einer mondlosen Nacht, machte es einen gespenstischen, verlassenen und überwucherten Eindruck, wie es mit geschlossenen Fensterläden über die Stadt hinwegstarrte, die Tore von Lianen zugewachsen und der Garten wild und verwahrlost.

Zu aufgeregt, um zu schlafen, setzte ich mich auf die Veranda und versuchte Ordnung in die Dinge hineinzubringen, die ich bei Beauvoir gesehen hatte. Kein Weg führte um die Tatsache herum, daß eine Frau, die ganz offensichtlich in einem Trancezustand war, ein glühendes Stück Kohle drei Minuten lang im Mund behalten hatte, ohne Schaden zu erleiden. Und was noch eindrucksvoller war: Sie tat es vielleicht programmgemäß jede Nacht. Ich dachte an die anderen Gesellschaften, in denen Gläubige ihren Glauben dadurch bekräftigen, daß sie sich selber dem Feuer aussetzen. In São Paulo in Brasilien feiern Hunderte von Japanern den Geburtstag Buddhas, indem sie über ein Kohlenfeld gehen, dessen Temperatur mit 350 C gemessen wurde. In Griechenland können Touristen regelmäßig in dem Dorf Ayia Eleni Feuerläufern zusehen, Altardiener, die glauben, daß die Gegenwart des heiligen Konstantin sie beschützt. Entsprechungen gibt es in Singapur und im ganzen Fernen Osten. Westliche Wissenschaftler haben alle möglichen Anstrengungen unternommen, um solche Erscheinungen zu erklären. Meist bemühen sie das Leidenfrost-Phänomen, also den Effekt, der einen Wassertropfen auf einer heißen Platte tanzen läßt. Nach dieser Theorie bildet sich in Entsprechung zu der Dampfschicht unter einem Wassertropfen, der mit einer heißen Platte in Berührung gerät, eine dünne Schutzschicht aus Wasserdampf zwischen dem glühenden

Gestein etwa und den Füßen des Feuerläufers. Ich mußte lachen, als mir diese Erklärung einfiel. Ich finde, sie geht von einer ganz falschen Voraussetzung aus. Wassertropfen auf einer heißen Platte sind schließlich keine Füße auf glühend heißen Kohlen oder um eine heiße Kohle geschlossene Lippen. Ich verbrenne mir die Zunge immer noch, wenn ich sie mit dem angezündeten Ende einer Zigarette berühre. Aus meiner eigenen Erfahrung mit indianischen Schwitzbädern, in denen die Temperatur manchmal auf den Siedepunkt steigt, weiß ich, daß man solche Bewährungsproben nur mit Konzentration und unter der Anleitung eines Medizinmannes überstehen kann. Nach dem, was ich bei Beauvoir gesehen hatte, schienen mir jetzt alle Erklärungen hohl, die nicht die Tätigkeit des Geistes und des Bewußtseins, des Glaubens und der inneren Überzeugung mit einbezogen. Die Frau hatte ganz offenkundig ein geistiges Reich betreten. Was mich daran allerdings am meisten beeindruckte, war die spielerische Leichtigkeit, mit der sich das vollzog. Weder meine bisherigen Erfahrungen noch mein Wissen konnten mir helfen, das, was ich gesehen hatte, in eine rationale Ordnung zu bringen oder es einfach beiseite zu schieben.
»Und Sie, *mon cher*, was hat Sie hierher geführt?« Die Worte ließen mich zusammenfahren, und als ich mich umdrehte, sah ich einen kleinen Mann in einem Anzug aus feinem Leinen, der wie ein Strandvogel auf dem Geländer der Veranda saß. In der rechten Hand zwirbelte er einen mit Silber eingelegten Spazierstock aus Ebenholz.
»Ein Journalist, kein Zweifel. Und welches der vielen Gesichter dieses Landes werden Sie sehen? Werden Sie das Elend und das Leiden sehen und es die Wahrheit nennen?«
Er machte langsam drei Schritte über die Veranda, ließ sich dann mit einer eleganten Bewegung in einen Korbstuhl fallen und schlug die Beine übereinander. Der über ihm sich langsam drehende hölzerne Ventilator maß die Geschwindigkeit seiner Worte wie ein Metronom. Er selber machte keinen ehrlichen Eindruck auf mich, aber zugleich fühlte ich mich zu ihm wie zu einer Karikatur hingezogen.

Verzweifelt fuhr er fort: »Mein Land, mein wunderschönes Land wird von Narren regiert. Sehen Sie ihnen zu, wie sie in ihren silbernen Gefährten aus luftigen Höhen herabsteigen, die Hände um Steuerräder aus Teakholz geklammert. *Mon cher*, sie lachen wie Satyrn, die eine ganze Nation entjungfert haben.«
Er sprach beinahe wie ein Betrunkener, aber seine Augen waren klar.
»Vielleicht werden Sie das andere Haiti kennenlernen, wenn Sie es ertragen können. Wir sind eine Nation dreier Klassen – die Reichen, die Armen und ich. Alle haben wir vergessen, wie man weint. Unsere unglückliche Vergangenheit haben wir vergessen wie einen bösen Traum, ein peinliches Zwischenspiel.«
Ich stand auf, um zu gehen.
»Ich sehe, ich jage Ihnen einen Schrecken ein. Meine aufrichtigste Entschuldigung.«
Ich sagte dem Fremden gute Nacht und ging über die Veranda davon. In einem verblichenen Spiegel schaute er mir nach.

Am nächsten Tag wachte ich früh auf und beschloß, nach Norden in die Stadt Saint Marc zu fahren, um Marcel Pierre zu besuchen, den Houngan, der der BBC die Probe des angeblichen Zombie-Giftes hatte zukommen lassen. Ehe ich aus dem Haus ging, rief mich Beauvoir an, und als ich ihm von meinem Vorhaben erzählte, schlug er vor, ich solle seine Tochter Rachel als Dolmetscherin mitnehmen.
Ich setzte mich auf die Veranda des Ollofson, um zu warten, bis sie eintraf. Rachel trug ein Baumwollkleid, dessen Muster wie ein Aquarell ineinander verflossen, als sie die Marmorstufen zum Hotel heraufkam.
Die Fahrt an der Küste entlang war anders als alle Fahrten, die ich je zuvor in Amerika unternommen hatte. Sie begann bei den Docks, wo Ozeanriesen vor schwarzen Baracken liegen und Männer mit amboßdicken Beinen gebrechliche, mit blutigen Kuhhäuten beladene Karren ziehen. Einmal aus der Stadt heraus, führt der Weg durch die üppigen Zuckerrohrfelder der Ebene Cul de Sac

zu den Abhängen der Chane de Matheux und wendet sich dann wieder zum Meer. Ein Stück weiter spürt man zwischen den mit Palmenblättern gedeckten Häusern aus Flechtwerk und Lehm, den Gräbern der Vorfahren aus Zement und den langen Reihen geschmeidiger Körper und Fahrräder am Straßenrand, daß Afrika nah ist. Alle Produkte dieses erstaunlich fruchtbaren Landes werden auf dem Kopf getragen – Körbe mit Auberginen und Gemüse, gebündeltes Holz zum Verfeuern, Tische, ein Sarg, ein einzelnes Bambusrohr, Säcke mit Holzkohle, Wassereimer und zahllose unförmige Bündel nicht erkennbaren Inhalts. Alles, ob groß oder klein, wird aus Gewohnheit und Notwendigkeit auf dem Kopf getragen als vergnügliche, zugleich aber ernstgemeinte Herausforderung an die Gesetze der Schwerkraft. Am Straßenrand, in dem schattigen Tunnel der dort gepflanzten Gneem-Bäume, rollt wie in einem Theater die ganze bunte Vielfalt des bäuerlichen Lebens ab.

Ich war froh, daß ich Rachel dabei hatte. Wie ein aufgeregtes Kind mitten im Karnevalstreiben genoß sie die Landschaft und machte sich ein Vergnügen daraus, mir Dinge zu zeigen, die ich selber übersehen hätte, geschweige denn hätte verstehen können – all die zusammengewürfelten, sichtbaren Episoden, die für sie irgendwie ein Ganzes bildeten. Auch ihr eigenes Leben schien aus einer solchen Palette unterschiedlichster Aspekte zusammengesetzt. Am Abend zuvor hatte ich noch im Peristyl gesessen, gebannt von dem Zauber, der von ihr und den anderen Hounsis ausgegangen war; als wir uns jetzt unterhielten – und das taten wir ununterbrochen –, erfuhr ich, daß sie gleichzeitig Schülerin der Oberstufe einer High-School war, und zwar einer amerikanischen. Ja Rachel war sogar in den Vereinigten Staaten geboren und hatte die ersten zehn Jahre ihres Lebens in Massachusetts verbracht. Wieder zurück auf Haiti, hatten ihre Eltern sie im Hinblick auf ein zukünftiges Studium an der Privatschule angemeldet, die in der Enklave der ausländischen Botschaften für englischsprachige Kinder unterhalten wurde. Unser Gespräch wechselte deshalb während unserer Fahrt nach Norden, wo wir uns von Marcel Pierre das

Gift geben lassen wollten, von Zombies zu den Jahresberichten der High-School, Studentenbällen, Aufnahmegremien an Colleges und wieder zu den Loa. Ich weiß nicht, ob sie merkte, wie seltsam das alles für mich war. Vielleicht dachte sie dasselbe über mich.
»Wovon leben Sie?« fragte sie einmal.
»Ich bin eigentlich Ethnobotaniker.«
»Und was ist das?«
»Eine Mischung aus einem Anthropologen und einem Biologen. Wir wollen neue Arzneimittel aus Pflanzen gewinnen.«
»Haben Sie schon welche gefunden?«
»Nein«, lachte ich.
»Ich würde gern Anthropologie oder Literatur studieren. Aber ich glaube, Anthropologie gefällt mir besser.«
»So ging es mir auch. Wenn man nur Bücher liest, wird es einem langweilig.«
»Mir ist schon langweilig.« Durch die Windschutzscheibe musterte sie die Hänge der Berge, die über der Küstenstraße auftragten. »Irgendwo hier hat ein Freund von meinem Vater einen Feuerball gesehen, der aus einer Höhle kam«, sagte sie.
In Saint Marc war alles still. In der grellen Mittagshitze wagte sich nicht einmal ein Hund vor die Tür. In der Ferne schimmerte ein blaß glänzender Dunst über den langen, staubigen Straßen. Von den Jahren gezeichnete Gebäude aus Ziegeln und Holz standen zwischen den Hügeln, deren rauhe Oberfläche bar jeder Vegetation war, und über Kilometer hin stiegen diese gestaltlosen Hügel allmählich zu Bergen an, die den Horizont berührten.
Rachels Tante war Bürgermeisterin von Saint Marc gewesen, aber um Marcel Pierre zu finden, brauchten wir ihre Hilfe nicht. Er war allseits bekannt. Ein Mechaniker beschrieb uns den Weg zu einem Gemischtwarenladen mit Bar im nördlichen, Wespentor genannten Teil der Stadt. Marcel Pierre war Eigentümer dieser Bar, der sogenannten Adler-Bar. Auf der Rückseite des Hauses hatte er seinen Hounfour gebaut.
Im schattigen Eingang der Bar lehnte eine Frau an einem alten Radiogerät. Ganz offensichtlich war sie an die heisere Musik

gewöhnt, die auch zu dieser Tageszeit aus dem Kasten quoll. Rachel begrüßte sie. Die Frau führte uns zu einem Tisch auf der Veranda, drehte sich dann um und ging fort, von der sauren Duftwolke eines billigen Parfums umweht. Doch wir beide fanden die Musik unerträglich und standen auf, um es drinnen zu versuchen. Der hintere Teil der Bar war in eine Reihe dunkler, schmuddeliger Nischen unterteilt, keine länger als die Strohmatte, die ihren Boden bedeckte, und jede mit einer ungelenk auf die Tür geschriebenen Nummer versehen. Von der Decke hing eine einzelne nackte Glühbirne herab. Ich stellte mir den Ort bei Nacht vor, ein kleines Labyrinth von Zellen, deren jede von einem geschmeidigen Körper bewohnt wurde.

Ein kleiner Junge erschien, der uns nach einem kurzen Wortwechsel mit Rachel zur Hintertür der Bar hinausführte, vorbei an einigen kleineren Häusern und zuletzt durch ein Tor aus verrostetem Blech, das den Eingang zum Hounfour bildete. Er klopfte dreimal. Zusammen mit einer Frau tauchte Marcel Pierre aus seinem Tempel auf. Die Frau war klein und machte einen gleichgültigen Eindruck. Der Mann war hochgewachsen, mit flach über den Knochen liegenden Muskeln, und unter seinem merkwürdig nach innen gedrückten Gesicht, das hinter dunklen Gläsern verborgen war, stach spitz der Brustkorb hervor. Er war ganz in Rot gekleidet und trug eine Golfmütze mit dem Emblem einer Firma für Insektizide.

Wie während der Fahrt vereinbart, stellte Rachel mich als Vertreter einer mächtigen Interessengruppe aus New York vor, die zu großzügiger Bezahlung seiner Dienste bereit war, vorausgesetzt, es wurden keine Fragen gestellt und meine Anweisungen genau befolgt. Das konnte ihn nicht beeindrucken. Er starrte uns mit einem langen, durchdringenden Blick an, und als er zu reden begann, hielt er seinen Kopf starr geradeaus, als spräche er über einen imaginären Vermittler zu uns. Er machte einen ungewöhnlich gelassenen Eindruck, und bald war uns klar, daß sein einziges Interesse dem Geld galt – wieviel und wann.

Ich äußerte den Wunsch, eine Probe des angeblichen Zombie-

Giftes sehen zu können, und er führte uns in seinen Bagi, das innere Heiligtum des Tempels. Den größten Teil des Raumes nahm ein Altar ein, der mit den verschiedensten Gegenständen und Geräten überhäuft war. Aus den Pulvern in leuchtenden Farben, den Rum- und Weinflaschen, den Spielkarten, Federn, Köpfen und römisch-katholischen Andachtsbildern ragten ein Puppenkopf und drei Schädel heraus, von denen einer einem Hund, die anderen beiden Menschen gehört hatten. An der Wand hing der aufgedunsene Kadaver eines Kugelfisches, eine Sisalpeitsche und ein mit waagerechten Streifen aus hellem und dunklem Holz verzierter Stab. Marcel griff in den Haufen auf dem Altar und zog eine Plastiktüte heraus, in der sich ein weißes Aspirinfläschchen befand. Aus einer Ketchupflasche goß er sich eine ölige Emulsion auf die Hände und rieb sich damit alle unbedeckten Körperteile ein. Dann wies er uns an, dasselbe zu tun. Die Flüssigkeit roch nach Ammoniak und Formaldehyd. Als nächsten Schritt wickelte er sich ein rotes Tuch um Mund und Nase und öffnete dann vorsichtig das Fläschchen. Darin befand sich ein grobes, hellbraunes Pulver. Marcel trat vom Altar zurück und hob gelassen den Zipfel des roten Tuches, das seine linke Gesichtshälfte bedeckte und unter dem nun eine gefleckte Narbe sichtbar wurde. Sie, so deutete er an, war ein Beweis für die starke Wirkung des Pulvers.

Die Verhandlungen begannen. Marcel legte mir eine regelrechte Einkaufsliste vor – so viel für den Zombie, so viel für das Gift, so viel, um die erforderlichen Knochen im Friedhof auszugraben, so viel für alle drei Leistungen zusammen. Sein ganz unverblümt und ohne jede Geheimniskrämerei vorgetragenes Angebot ließ keinen Spielraum für weitergehende Hoffnungen oder Mißtrauensregungen. Nach nur achtundvierzig Stunden auf Haiti wurde mir jetzt langsam klar, daß in diesem surrealistischen Land alles möglich war. Ich bestand also nur noch auf gewissen Bedingungen. Er würde den ausgemachten Preis für das Gift bekommen, vorausgesetzt, ich konnte den ganzen Verlauf der Herstellung beobachten und die einzelnen Zutaten im Rohzustand sammeln.

Er zögerte erst, war dann aber einverstanden. Ich sagte ihm, daß ich ihm innerhalb von vierundzwanzig Stunden Bescheid geben würde, ob wir seine Dienste darüber hinaus noch weiter in Anspruch zu nehmen gedächten.
Als ich an jenem Abend mit Rachel wieder im Peristyl in Mariani zurück war, besprach ich Marcels verschiedene Angebote ausführlich mit Rachels Vater Max. Er versicherte mir, daß eine in einen Zombie verwandelte Person jederzeit von einem Houngan behandelt werden konnte. Seine Überzeugung bei meiner gleichzeitigen Skepsis, ob es Zombies überhaupt geben konnte, bestärkte mich in dem Vorhaben, aus Marcels Angebot so viel herauszuholen, wie er irgend preisgeben würde. Ich würde das Gift sehen, und wenn dieser Einblick vielversprechend ausfallen sollte, würden sich weitere Möglichkeiten ergeben.

Früh am nächsten Morgen kehrten wir zurück und gingen mit Marcel Pierre zum örtlichen Militärposten, um die Genehmigung einzuholen, den Friedhof zu betreten und dort nach Knochen zu graben. Die Genehmigung wurde nicht erteilt. Ausschlaggebend waren allerdings nicht ethische Gründe, sondern die Tatsache, daß ich es versäumt hatte, mir in der Hauptstadt die notwendigen Papiere zu besorgen. Marcel schlug vor, den Plan, frisches Material vom Friedhof zu holen, fallenzulassen und statt dessen einige Knochen zu verwenden, die er in seinem Tempel zur Hand hatte. Ich war einverstanden, und so verbrachten wir den Rest des Morgens zu dritt damit, die verschiedenen Bestandteile des berüchtigten Giftes zusammenzusuchen. Bei einem alten Apotheker kauften wir einige Päckchen hellfarbenen Talks – für magische Tränke mit exotischen Namen wie »Brecher der Flügel«, »Schneider des Wassers« oder »Ehrfurcht vor der Kreuzung«. Dann fuhren wir nach Norden in eine öde Steppe von Macchia-Gestrüpp, um Blätter zu sammeln. Nachmittags waren wir wieder im Hounfour, wo Marcel Pierre unter dem Strohdach seines Peristyls das Zombie-Gift ansetzte. Zuerst zerrieb er die Blätter in einem Mörser, dann zermahlte er einen menschlichen Schädel und gab die Späne zusammen mit den verschiedenen Talkpäckchen in den Mörser. Ohne einen erkennbaren Zusammenhang und umständlich wie ein Insekt bewegte er sich von Aufgabe zu Aufgabe, wobei er bei jedem Schritt in den Schultern zusammensackte. Der Nachmittag näherte sich bereits seinem Ende, als er mir ein dunkelgrünes, sorgfältig gesiebtes Pulver in einem verschlossenen Glasbehälter übergab.

Mit einem Klicken öffnete Rachel den Blechverschluß einer Rumflasche und kippte sie dreimal leicht zu Boden, um den Loa Nahrung zu geben. Marcel nickte beifällig. Zwischen zwei kräftigen Zügen aus der Flasche erklärte ich ihm beiläufig, daß ich das Gift an einem persönlichen Feind ausprobieren wolle, einem weißen Ausländer, und daß ich ihn das Ergebnis wissen lassen würde. Ich bedankte mich überschwenglich und zahlte ihm die ansehnliche Summe, die ich ihm versprochen hatte, nebst einem beträchtlichen Bonus. Als ich seinen Hounfour verließ, war ich überzeugt, daß er wußte, wie man das Zombie-Gift herstellt. Doch ebenso war ich davon überzeugt, daß das Präparat, das er für mich bereitet hatte, sich als wertlos erweisen würde.

Als wir spät in der Nacht vor dem Haus in Mariani vorfuhren, warteten vier Männer auf uns. Max Beauvoir stellte mich vor, ohne daß ich die Namen der Männer erfuhr. Max sagte bloß, sie wollten wissen, was ich auf Haiti tat. Ich öffnete meine Tasche und legte das von Marcel Pierre zubereitete Gift auf den Tisch. Einer von ihnen, offensichtlich ihr Anführer, ein kleiner, kurz angebundener Mann mit einem enormen Bauch, nahm das Gift, schüttete es sich auf den Handteller und stocherte mit dem Zeigefinger darin herum. Dann drehte er sich zu Beauvoir und sagte: »Das hier ist so leicht, daß es überhaupt nichts sein kann.« Max lachte, und die anderen fielen ein. Die vier blieben noch, um etwas zu trinken, dann gingen sie, ohne die Zeremonie abzuwarten.

»Wer war das?« fragte ich Max, sobald sie gegangen waren.
»Wichtige Männer.«
»Houngan?«
Er nickte.

Die nächsten Tage verbrachte ich im Süden auf der Suche nach Stellen, an denen Datura und die Calabarbohne wuchsen. Alle Arten von Datura, die für Haiti belegt waren, wuchsen mehr oder weniger wild als Unkraut. Ich hatte deshalb erwartet, sie auf nicht kultiviertem Land fast überall zu finden. Merkwürdigerweise begegnete ich auf meinen Streifzügen über die Hügel und entlang der Straße zu den Bergen und dem Hafen Jacmel im Süden und auf den kahlen Feldern entlang der Ostküste bis Anse-à-Veau nur einer einzigen Art – der Kletterpflanze *Datura metel*, die man auf einem Grundstück in einem kleinen Küstenort angepflanzt hatte, als Heilmittel für Asthma, wie ich später erfuhr. Was die Calabarbohne betraf, so erlebte ich eine ähnliche Enttäuschung. Ich durchkämmte eine Reihe tief gelegener, sumpfiger Gebiete und durchsuchte sorgfältig das verstaubte Herbarium des Landwirtschaftsministeriums, fand aber kein Anzeichen dafür, daß die Pflanze auf Haiti heimisch geworden war.

Dann aber fand ich mit Max Beauvoir in den Bergen oberhalb von Port-au-Prince eine als Baum wachsende Datura-Art der Gattung Brugmansia, die als Zierpflanze angepflanzt wurde. Es handelt sich dabei um niedrige, knorrige Bäume, die fast ständig von großen herabhängenden und trompetenförmigen Blüten bestanden sind. Obwohl sie ganz anders aussehen als die dürren Datura-Sträucher, setzen sie sich aus denselben aggressiven chemischen Grundelementen zusammen und sind ebenso giftig, wenn man sie zu sich nimmt. Es handelte sich übrigens um dieselbe Art, die die Curanderos in Nordperu verwendeten und die unter dem Namen *cimora* bekannt war. Ich wußte, daß der Daturabaum ursprünglich aus Südamerika kam und erst vor kurzem auf Haiti eingeführt worden war, aber ich wußte nicht, ob ihre besonderen Eigenschaften den haitischen Bauern bekannt waren. Offensichtlich ja, denn sobald ich anfing, einige Proben zu sammeln, versammelte sich eine kleine, aufsässige Gruppe von Bergbauern um mich, die wissen wollte, weshalb ich ausgerechnet von diesen Bäumen Äste abschnitt. Als Beauvoir allerdings ein paar Worte sagte, änderte sich ihr Verhalten grundlegend, und zwar auf der Stelle. Erwar-

tungsvoll kamen sie näher, und zwei kleine Jungen, deren Bäuche vom Genuß zu vieler grüner Mangos aufgeblasen waren, kletterten auf die Bäume, um an die Blüten heranzukommen. Ich fragte Beauvoir nach einer Erklärung.
»Ich habe ihnen erzählt, daß Sie Grans Bwa sind, der Geist des Waldes.« Er deutete auf eine alte Frau, die an einer kleinen Pfeife kaute. »Sie hat Sie gebeten, daß Sie ihre Familie in Kräutern baden. Ich habe ihr erklärt, daß wir keine Zeit haben. Darauf sagte sie, daß Sie zumindest die Kinder baden müssen. Aber kommen Sie ruhig, ich habe ihr gesagt, vielleicht ein andermal.«
Daraufhin sammelte ich meine Proben ein und ging den Hügel hinunter zur Straße. Zu dieser Zeit war der Boden am Fuß des Baumes mit Blüten übersät, und die Leute sangen:

> Blätter des Waldes, sprecht zu mir
> Oh, Blätter des Waldes, sprecht zu mir
> Blätter des Waldes, sprecht zu mir
> Seit meiner Kindheit habe ich getanzt.

In meiner Verblüffung über das unerwartet seltene Vorkommen der Datura auf den Feldern im Süden hielt ich es jetzt für an der Zeit, dem letzten meiner drei Anhaltspunkte in diesem zunehmend rätselhaften Fall nachzugehen. An einem schwülen Nachmittag, über der Hauptstadt hing der Geruch von Gewürzen, setzte ich mich mit Lamarque Douyon in Verbindung, dem Psychiater, der mit Clairvius Narcisse gearbeitet hatte.
Ein Sekretär führte mich in ein kahles Büro, das von einem massiven Mahagonitisch und zwei Photographien beherrscht wurde, die beide gesondert an türkis gestrichenen Wänden hingen und in Rahmen eingefaßt waren, die zur Tischplatte paßten. Das eine Photo war ein Porträt des Präsidenten Dr. François Duvalier in Postergröße, ein Bild, das in den meisten Büros der haitischen Regierung schon lange durch das Bild seines Sohnes ersetzt worden ist. Auf dem kleineren Photo war ein fast nicht zu erkennender junger Nathan Kline mit Bürstenhaarschnitt und Hornbrille zu sehen. An einer anderen Wand hing eine Gedenkta-

fel zur Erinnerung an die Unterstützung der amerikanischen Forschungsinstitute, die 1959 geholfen hatten, den Bau der Klinik zu finanzieren, und eine zweite Tafel, auf der ausländischen pharmazeutischen Unternehmen gedankt wurde, die während der ersten zwei Jahre des Krankenhausbetriebes kostenlos Arzneimittel zur Verfügung gestellt hatten. Unter dem vergitterten Fenster stand ein Apparat für Schocktherapie, der so archaisch anmutete, daß er schon wieder eine Art perverser Nostalgie weckte. Der ganze Raum war im Zustand der späten fünfziger Jahre erstarrt, der einzigen Zeit, in der Forschungsmittel reichlich geflossen waren. Seither hatte man nicht einmal das Mobiliar erneuert.
Lamarque Douyon beeindruckte mich als ein gütiger, stiller Mann, der nicht nur mit fehlenden Mitteln zu kämpfen hatte, sondern auch mit der Schwierigkeit, seine westliche wissenschaftliche Ausbildung mit dem unverwechselbaren Rhythmus der eigenen Kultur und deren tiefer Verwurzelung in Afrika zu vereinbaren. Er ist ein Arzt, der mit den Beinen in zwei sehr verschiedenartigen Welten steht. Als Haitis führender Psychiater und Direktor der einzigen psychiatrischen Klinik ist er einer Gruppe ebenbürtiger ausländischer Wissenschaftler verantwortlich; als Arzt einer Klinik bewegt er sich dort freilich in einem dem westlichen entgegengesetzten Kulturraum, in dem europäische Vorstellungen von geistiger Normalität ihre Gültigkeit verlieren. Douyons wissenschaftliches Interesse am Phänomen der lebenden Toten geht auf eine Reihe von Versuchen zurück, die er Ende der fünfziger Jahre noch während der letzten Zeit seiner psychiatrischen Fachausbildung an der McGill-Universität durchführte. Die Anfänge der psychopharmakologischen Forschung waren damals auf ihrem Höhepunkt. Die Psychiatrie hatte entdeckt, daß gewisse Geistesstörungen erfolgreich mit Medikamenten behandelt werden können, und in zahlreichen Experimenten untersuchte man unter genau festgelegten Umständen die Wirkung verschiedener psychotroper Substanzen. Was Douyon im Verlauf einiger dieser Experimente beobachten konnte, erinnerte ihn an Berichte über Zombies, die er als kleiner Junge gehört hatte,

außerdem fiel ihm der bei vielen Haitianern herrschende Glaube ein, daß Zombies durch ein Gift geschaffen werden, das einen todesähnlichen Zustand herbeiführt, aus dem sich das Opfer aber nach einiger Zeit wieder erholen kann. Als er 1961 nach Haiti zurückkehrte, um die Stelle als Direktor des Centre de Psychiatrie et Neurologie anzutreten, war er ähnlich wie Kline davon überzeugt, daß ein solches Gift existierte.

»Zombies können keine lebenden Toten sein«, sagte er zu mir. »Denn der Tod bedeutet nicht nur das Ende der Körperfunktionen, er hat auch den materiellen Verfall der Zellen und des Gewebes zur Folge. Tote kann man nicht auferwecken. Sehr wohl dagegen können Menschen, die unter dem Einfluß einer Droge stehen, wieder erwachen.«

»Haben Sie eine Vorstellung, Dr. Douyon, was dieses Zombie-Präparat alles enthält?«

»Schlangen, Taranteln, mehr oder weniger alles, was kriecht.« Er zögerte. »Oder springt – es heißt, daß immer auch eine große Kröte dabei ist. Dann Menschenknochen ... aber die sind ja überall drin.«

»Wissen Sie, um welche Art von Kröte es sich handelt?«

»Nein, aber ich glaube auch nicht, daß ... Es gibt hier eine Pflanze, die wir *concombre zombi* nennen, die Zombiegurke.«

»Ach, Sie meinen Datura.« Ich teilte ihm meine Überlegungen zur Calabarbohne mit.

Er erwiderte, ihm sei nicht bekannt, daß es diese Pflanze auf Haiti gebe, und kehrte zum Thema Datura zurück. »Als ich in McGill arbeitete, schlug mein Tutor mir vor, mit einer Reihe von Pflanzen zu experimentieren, die gemeinhin mit der Zombie-Folklore in Verbindung gebracht werden. Wir fütterten Mäusen ein Präparat aus Daturablättern und bewirkten dadurch einen dreistündigen Zustand der Katatonie. Leider endeten die Versuche, als Professor Cameron das Institut verließ.«

»Sie meinen Ewen Cameron?«

»Ja, kennen Sie ihn?«

»Dem Namen nach.« Von seiner Tätigkeit auf diesem Gebiet hatte ich allerdings nichts gewußt. Der verstorbene Ewen Cameron war in einer Zeit, die Kline gern als das dunkle Zeitalter der Psychiatrie bezeichnete, Direktor des Allan-Institutes in Montreal gewesen. Zwischen 1957 und 1960 hatte er, teilweise mit Zuschüssen des CIA, Experimente in psychischer Manipulation und Gehirnwäsche geleitet. Er war berüchtigt dafür, in der Erforschung der Schizophrenie LSD mit einer massiven Elektroschocktherapie verbunden zu haben. Als er das Institut verließ, hatte sein Nachfolger als Direktor sämtliche Behandlungsmethoden Camerons abgeschafft.

»Datura muß der Hauptbestandteil des Giftes sein«, fuhr Douyon fort. »Das Gift ist ein Pulver, das in Form eines Kreuzes auf den Boden oder eine Türschwelle gestreut wird. Den Bauern zufolge erliegt das Opfer dem Gift bereits, wenn es nur über das Kreuz geht.«

»Wieviel von dem Pulver braucht man dafür?«

»Sehr wenig, nicht mehr als einen Löffel voll.«

»Und es wird einfach auf den Boden gestreut?«

»Die Giftstoffe können demzufolge nur über die Füße aufgenommen werden.«

Mit dieser Ansicht hatte ich allerdings meine Schwierigkeiten. In Ostafrika verabreichen gewisse Stämme das Gift heimlich, indem sie es auf stachlige Früchte schmieren und diese dem Opfer in den Weg legen. Datura wirkt lokal, aber ohne zumindest diese Art mechanischer Hilfe kann man sich nur schwer vorstellen, wie das Gift oder eine andere Substanz durch die schwieligen Füße der Bauern in den Körper eindringen soll. Außerdem war unklar, wie der Giftmischer, der das Pulver angeblich nur auf die Schwelle einer Hütte zu streuen brauchte, sichergehen konnte, daß nur das Opfer, auf das er es abgesehen hatte, getroffen wurde. Ich wollte wissen, ob Douyon schon einmal versucht hatte, mit Personen Kontakt aufzunehmen, die für die Herstellung des Zombie-Giftes verantwortlich waren.

»Ich kenne einen Bokor in Saint Marc«, antwortete er, »von dem ich ein Fläschchen des Gifts erhielt. Es handelte sich um ein weißes Pulver.«

»Marcel Pierre?«
»Sie kennen ihn?« Er schien erstaunt.
»Ich bekam seinen Namen von der BBC. Vor ein paar Tagen habe ich ihn besucht. War es dasselbe weiße Pulver, von dem Sie eine Probe an Kline geschickt haben?«
»Ja. Wir hatten hier keine Möglichkeit, es zu untersuchen. Kline schickte mir allerdings keinerlei Ergebnisse.«
»Es gab auch keine, zumindest keine positiven.«
Douyon war enttäuscht. Aber dann erwähnte ich, daß das Präparat, das die BBC erhalten hatte, bei Affen Wirkung gezeigt hatte.
»Hat die BBC es von Marcel Pierre bekommen?« fragte er. Ich nickte, und er senkte wieder die Augen. »Ein seltsamer Mensch, dieser Pierre. Hat er Ihnen erzählt, wie viele er mit seinem Gift umgebracht hat?«
»Nein.«
Douyon runzelte die Stirn. »Solche Leute sind Kriminelle. So etwas ist einfach gefährlich.« Er erzählte mir, wie er einmal ein ausländisches Filmteam zum Friedhof der Stadt Desdunnes gebracht hatte, wo man versuchen wollte, einen Dokumentarfilm über einen Zombie zu drehen, der aus der Erde geholt werden sollte. Am Eingang des Friedhofs war ihnen eine bewaffnete Schar Bauern entgegengekommen, die ihre Kameras zerstört und die Männer selbst über Nacht ins Gefängnis gesperrt hatten. Douyon hatte danach nichts mehr unternommen.
Jetzt stand er auf und ging hinaus, um ein Telephongespräch entgegenzunehmen. Doch zuvor schob er mir noch ein Papier aus einem Aktenordner herüber, der auf dem Schreibtisch lag. Es handelte sich um die Kopie eines juristischen Dokuments, um den Artikel 249 des haitischen Strafgesetzbuches, der sich speziell auf das Zombie-Gift bezog und den Gebrauch jeder Substanz untersagte, die ein völliges, vom Tod nicht zu unterscheidendes Koma herbeiführte. Weiter besagte der Artikel, daß im Fall der Beerdigung eines Opfers solcher Gifte dies als Mord angesehen würde, ungeachtet des letztlichen Ausganges der Tat. Offensichtlich galt bei der haitischen Regierung die Existenz des Giftes als gesichert.

Ich sah mir noch einige weitere Papiere des Ordners an. Eines war das ärztliche Dossier über Clairvius Narcisse aus der Zeit kurz vor seinem Tod im Albert-Schweitzer-Krankenhaus. Ich las die Symptome, die bei ihm aufgetreten waren: Ein Lungenödem, das zu akuten Atmungsschwierigkeiten geführt hatte, rapide Gewichtsabnahme, erniedrigte Körpertemperatur, Harnvergiftung und hoher Blutdruck.

Ich war nicht sicher, was ich von Douyon halten sollte. Auf der einen Seite hatte ich bedingungslosen Respekt vor seinen hartnäckigen Bemühungen, die nach fast zwanzig Jahren zu den aufregenden Fällen Clairvius Narcisse und Francina Illeus geführt hatten. Und doch, seine Suche nach dem angeblichen Zombie-Gift war weniger erfolgreich gewesen, und er schien unsicher, ob dessen Formel überhaupt je entdeckt werden würde. Er war nach wie vor davon überzeugt, daß der Bestandteil, der die eigentliche Wirkung hervorrief, Datura war, dieselbe logische Schlußfolgerung, die ich mit meiner Calabar-Hypothese gezogen hatte. Aber trotz seiner jahrelangen Nachforschungen war das einzige Argument, das für Datura sprach, die Tatsache, daß die Pflanze Zombie-Gurke genannt wurde. Die Versuche, die Douyon vor Jahren an der McGill-Universität durchgeführt hatte, sagten sehr wenig aus; eine beliebige Anzahl von pflanzlichen Extrakten konnte eine katatonische Lähmung bewirken, wenn sie Mäusen eingespritzt wurde. Datura war vielleicht immer noch die Nummer eins unserer Liste, aber Douyon hatte in mehr als zwanzig Jahren wenig getan, seine Hypothese zu beweisen. Eine genaue Beschreibung der Zubereitung des Gifts stand immer noch aus.

Und es gab noch ein Problem. Als Psychiater westlicher Prägung hatte Douyon das, was ein Zombie sei, neu definiert, und zwar als einen Mann oder eine Frau, der bzw. die – zuerst vergiftet, dann lebend begraben und wieder auferweckt – eine Reihe bestimmter Symptome zeigte. Und doch konnte die psychische Verfassung des Opfers keinen Maßstab dafür hergeben, warum jemand überhaupt Opfer geworden war. Man könnte einen Zombie zum Beispiel in der psychiatrischen Terminologie einen katatonisch

Schizophrenen nennen; beiden Zuständen sind Bewegungsstörungen und Starrkrampf gemeinsam, wobei Phasen der Benommenheit mit Erregungszuständen abwechseln. Aber katatonische Schizophrenie als Syndrom gibt es weltweit, sie kann als Folge einer Reihe verschiedener Ursachen auftauchen, die das geistige Gleichgewicht schwerwiegend stören – darunter vielleicht auch als Folge einer Erweckung zum Zombie. Wenn wir den Aussagen von Narcisse Glauben schenken durften, war hier ganz sicher von einem außergewöhnlichen Phänomen die Rede, bei dem immerhin Menschen lebendig begraben wurden. Eine solche traumatische Erfahrung konnte leicht jemanden verrückt machen. Aber ein Zombie stand für viel mehr als nur eine Reihe von Symptomen; die Erweckung zum Zombie war, wenn es sie gab, ein sozialer Prozeß und untrennbar mit einem besonderen kulturellen Hintergrund verknüpft. Es mußte Männer und wahrscheinlich auch Frauen geben, die das Gift tatsächlich selber herstellten, dann beschlossen, wann und gegen wen es angewendet werden sollte, und zuletzt die Tat ausführten, indem sie das Gift ausstreuten und sich dann um die Opfer kümmerten. Wenn es wirklich Zombies gab, dann mußte es in erster Linie einmal einen Grund, eine Erklärung dafür geben, die tief in der Struktur und den Glaubensvorstellungen der haitischen Gesellschaft wurzelte. Douyon suchte Grund und Ziel der Zombie-Erweckungen nicht in den Traditionen der Gesellschaft, sondern ging von der Annahme aus, daß es sich dabei um eine kriminelle Tat wie jede andere handelte. Deshalb beschränkte er seine Bemühungen darauf, die Wirkungen einer solchen Erweckung zu beobachten und ihnen entgegenzuwirken. Eine seiner Bemerkungen über den Fall Francina Illeus war besonders merkwürdig gewesen. Als er versucht hatte, Francina in ihr Heimatdorf zurückzubringen, hatte ihre Familie sich geweigert, sie wieder aufzunehmen. Douyon hatte das damit erklärt, daß die Leute es sich nicht leisten konnten, eine arbeitsunfähige Person zu ernähren. In der kurzen Zeit, die ich inzwischen auf Haiti verbracht hatte, war mir hingegen aufgefallen, daß die Alten und Kranken von ihren Familien gut versorgt wurden. Intuitiv hatte ich das Gefühl, daß Francina für ihr

Heimatdorf weit mehr bedeutete als nur ein weiterer Mund, der gestopft werden mußte.

Hinter mir ging eine Stahltür auf, und ich hörte das Geräusch nackter Füße auf dem Betonboden. Douyon kehrte zurück, gefolgt von einer Krankenschwester und zwei Patienten. Einen von ihnen kannte ich bereits.

Wenn sich Vertreter zweier völlig verschiedener Wirklichkeiten treffen, verliert ein Wort wie »normal« seine absolute Bedeutung. Ich hatte keinen Anhaltspunkt, nach dem ich beurteilen konnte, ob Clairvius Narcisse ständige Folgen von seiner Tortur davongetragen hatte. Körperlich schien ihm nichts zu fehlen. Er sprach langsam, aber deutlich. Befragt über seine Erlebnisse, wiederholte er im großen und ganzen denselben Bericht, den ich schon von Nathan Kline gehört hatte. Allerdings fügte er einige außergewöhnliche Details hinzu. Eine Narbe, die auf seiner rechten Wange bis dicht an den Mundwinkel reichte, rührte von einem der Nägel her, die man in den Sarg geschlagen hatte. So unglaublich es auch klang, er erinnerte sich daran, während der ganzen Tortur bei Bewußtsein geblieben zu sein, und ohne aktiv auch nur einen Finger bewegen zu können, hatte er seine Schwester am Totenbett weinen hören. Er erinnerte sich daran, wie der Arzt ihn für tot erklärt hatte. Sowohl zur Zeit der Beerdigung als auch danach hatte er hauptsächlich das Gefühl, über dem Grab zu schweben. Es war seine Seele, behauptete er, die zur Reise bereit war, einer Reise, die durch die Ankunft des Bokor und seiner Gehilfen abgekürzt werden sollte. Er konnte sich nicht mehr daran erinnern, wie lange er bereits in seinem Grab gelegen hatte, als sie eintrafen. Er vermutete, daß es drei Tage gewesen seien. Sie riefen ihn beim Namen, und die Erde öffnete sich. Er hörte dumpfe, durchdringende Trommelschläge und dann den Gesang des Bokor. Sehen konnte er kaum etwas. Sie packten ihn und fingen an, ihn mit einer Sisalpeitsche zu schlagen. Mit einem Seil fesselten sie ihn und wickelten seinen Körper in ein schwarzes Tuch. Gefesselt und geknebelt wurde er zu Fuß von zwei Männern weggeführt. Sie marschierten die halbe Nacht nach Norden, bis sie auf eine andere Gruppe stießen, die die Bewachung von Narcisse übernahm. Nachts marschierten sie, während sie sich tagsüber versteckten. So geriet er von einer Gruppe in die Hände der nächsten, bis er auf der Zuckerplantage ankam, die für die nächsten zwei Jahre seine Heimat werden sollte.

Douyon zündete für den anderen Patienten, eine Frau, eine Mentholzigarette an. Die Frau hielt die Zigarette, ohne sie anzusehen, und ließ die Asche so weit wachsen, bis sie ihr in den Schoß fiel. Das war Francina Illeus oder »Ti Femme«, wie sie auch genannt wurde. Im April 1979 hatten Bauern von der Baptistenmission bei Passereine sie auf dem Markt von Ennery umherirren sehen, sie als Zombie erkannt und Jay Ausherman, der amerikanischen Leiterin der Mission, von ihrer Entdeckung berichtet. Jay Ausherman kam nach Ennery und fand Francina ausgemergelt auf dem Markt hockend, die Hände wie dürre Holzäste vor dem Gesicht gekreuzt. Drei Jahre zuvor war sie nach kurzer Krankheit für tot erklärt worden. Der Richter von Ennery, der nicht wußte, wie er mit einer Person verfahren sollte, die legal für tot erklärt worden war, übertrug Jay Ausherman gern das Sorgerecht, und sie wiederum gab Francina an Douyon in psychiatrische Pflege weiter. Sie war damals unterernährt, konnte nicht sprechen und hatte Depressionen. Drei Jahre lang hatte Douyon versucht, mittels Hypnose und Narkosen die Besserung ihres Zustandes voranzutreiben. Er glaubte, daß ihr Zustand sich auch bereits gebessert hatte. Ihre geistigen Möglichkeiten waren allerdings noch kümmerlich. Ihre Augen blickten ausdruckslos, und jede Handbewegung kostete sie eine riesige Anstrengung. Sie konnte jetzt reden, aber nur sehr leise mit einer hohen Fistelstimme und auch nur dann, wenn Douyon sie vorsichtig dazu ermutigte. Sie zeigte so gut wie keine spontane Gefühlsregung, und als sie das Zimmer verließ, ging sie wie auf dem tiefsten Grund des Meeres, als lastete das volle Gewicht aller Ozeane auf ihrem Körper.

Eine Lektion in Geschichte

In jener ersten Woche auf Haiti und noch einige weitere Tage verbrachte ich den Morgen oft damit, ruhelos zwischen meinem Zimmer und der Veranda des Hotels auf und ab zu gehen. Wenn ich dann einen Stift in die Hand nahm, so nur, um ihn gleich wieder wegzulegen. Genauso war es mit Büchern, die ich aufgeschlagen auf dem Tisch liegen ließ. Den anderen Touristen sagte ich nicht, wer ich war. Nach zwölf Tagen hatte ich immer noch nichts Greifbares in Händen. Marcel Pierres Pulver war eindeutig ein Schwindel. An Douyons Klinik gab es einstweilen nichts Neues zu erfahren. Das Land verwirrte mich. Betäubt von seinen Menschenmassen, überwältigt von seinen Geheimnissen und sprachlos vor seinen Widersprüchen, lief ich unruhig hin und her. Nur um die Zeit der Abenddämmerung kam ich zur Ruhe, ob nun aus bloßer Erschöpfung oder unter dem Eindruck der Pracht dieser Stadt, die von einem wunderbar weichen Licht übergossen dalag. Wenn ich die Augen geschlossen hatte und die Stille nur hin und wieder von einem Vogel unterbrochen wurde, hörte ich das Land manchmal eine Botschaft flüstern, die ich intuitiv verstand, wenn auch nur für einen Moment. Allmählich begann ich, diese Momente ernst zu nehmen, da mich der Teufelskreis logischer Fragen nirgendwohin brachte.

Ich war deshalb froh, als Max Beauvoir vorschlug, die lebenden Toten für eine Weile zu vergessen und mit ihm Blätter für seine Heilbehandlungen zu sammeln. Es ist schwierig, aber vielleicht auch gar nicht so wichtig, die genaue Atmosphäre dieser Ausflüge richtig zu beschreiben, die ohnehin inzwischen nur noch nostalgische Erinnerung sind. Wir machten uns mit dem Land vertraut, bereisten es in seiner ganzen Ausdehnung, sprachen ununterbrochen von seinen Vor- und Nachteilen und über seine Geschichte und verloren uns dabei meist so tief in unseren Gedanken, daß wir unser eigentliches Ziel, weshalb wir aufgebrochen waren, darüber vergaßen. Max Beauvoir breitete das Land wie ein Geschenk vor mir aus. Einige Bilder blieben: Kräutersammler, die am Straßenrand unter ausgefransten Sonnensegeln hockten, nackte Männer auf den Reisfeldern, eine wie auf einer Schnur aufgereihte Kolonne von Bauern auf einem Bergpfad, die engelhaften Gesichter ihrer Kinder, so schwarz wie Schatten. Die Tage verflogen, die Nacht war da, ehe man sich's versah, und manchmal wollte der Gesang nicht aufhören, und die Trommeln dröhnten schmerzhaft in den Ohren, bis man nicht mehr wußte, ob es schlimmer war, wenn sie noch eine Zeitlang weiterschlugen oder gleich aufhörten. Das Resultat dieser Exkursionen war insgesamt eine Lektion in Geschichte, eine Lektion, die für mich der Schlüssel zu den Symbolen des Landes wurde.

In den letzten Jahrzehnten des 18. Jahrhunderts wurde Frankreich von ganz Europa um seine Kolonie Saint Domingue beneidet. Nur 36000 Weiße und ebenso viele freie Mulatten herrschten über ein Potential von fast einer halben Million Sklaven und erzeugten zwei Drittel des französischen Handelsvolumens in Übersee – eine Produktion, die deutlich die der neu entstandenen Vereinigten Staaten übertraf und tatsächlich höher war als der jährliche Gesamtertrag des ganzen spanischen Westindien. In dem einen Jahr 1789 machte der Export von Baumwolle, Indigo, Kaffee, Tabak, Fellen und Zucker über 4000 Schiffsladungen aus. In Frankreich waren nicht weniger als fünf der siebenundzwanzig Millionen Bürger des *Ancien régime* wirtschaftlich von diesem Handel abhängig. Die Ansammlung solchen Reichtums war atemberaubend, und natürlich machte sie Saint Domingue zum Juwel des französischen Empires und zur begehrenswertesten Kolonie des Zeitalters.

1791, zwei Jahre nach Ausbruch der Französischen Revolution, wurde die Kolonie von dem einzigen erfolgreichen Sklavenaufstand der Geschichte erschüttert und vollkommen zerstört. Der Krieg dauerte zwölf Jahre, da die ehemaligen Sklaven die mächtigsten Staaten Europas besiegen mußten. Zuerst standen sie den restlichen Truppen der französischen Monarchie gegenüber, dann galt es, nach einer Streitmacht französischer Republikaner eine spanische und zuletzt eine britische Invasion abzuwehren. Im Dezember 1801, zwei Jahre vor dem Verkauf Louisianas an die Vereinigten Staaten, schickte Napoleon auf dem Höhepunkt seiner Macht die größte Expedition aus, die Frankreichs Häfen je verlassen hatte. Ihr Auftrag lautete, das Gebiet des Mississippi unter Kontrolle zu bringen, die weitere Expansion der Vereinigten Staaten zu verhindern und die französische Herrschaft in dem von den Engländern besetzten Teil Nordamerikas wieder aufzurichten. Die Expedition hatte Befehl, auf dem Weg nach Louisiana in Saint Domingue Station zu machen, um dort den Sklavenaufstand niederzuwerfen. Den ersten Angriffssturm führten 20 000 kampferprobte Soldaten mit den fähigsten Offizieren Bonapartes an der Spitze und unter dem Kommando dessen Schwagers Leclerc höchstpersönlich. Die Flottille, die mit den Soldaten in haitischen Gewässern eintraf, war so riesig, daß die Führer des Aufstands für einen Augenblick verzweifelten. Sie waren überzeugt, ganz Frankreich sei gekommen, um sie zu besiegen.

Leclerc ist nie nach Louisiana gekommen. Er starb im Verlauf des folgenden Jahres, und von dem 34 000 Mann starken Heer, das mit ihm hatte landen sollen, waren nur noch 2000 erschöpfte Soldaten kampffähig. Nach Leclercs Tod ging das französische Kommando auf den berüchtigten Rochambeau über, der den Aufständischen sofort die Ausrottung bis auf den letzten Mann ankündigte. Gemeine Gefangene wurden dem Feuer übergeben, während die Generale der Rebellen das Privileg hatten, an Felsen gefesselt verhungern zu dürfen. Frau und Kinder eines ranghohen Rebellen wurden vor dessen Augen ertränkt, während französische Matrosen ihm ein Paar Epauletten auf die nackten Schultern nagelten. Von Jamaika wurden fünfzehnhundert Hunde importiert, die man darauf abrichtete, in wüsten öffentlichen Schauspielen, die in hastig errichteten Amphitheatern in Port-au-Prince stattfanden, schwarze Gefangene zu verschlingen. Aber trotz dieser ausdrücklich auf Mord und Folter ausgerichteten Maßnahmen scheiterte Rochambeau. Eine Verstärkung von 20000 Mann vergrößerte nur die Zahl der Gefallenen. Ende November 1803 endlich, nachdem sie über 70000 erprobte Soldaten verloren hatten, räumten die Franzosen Saint Domingue.

Daß die aufständischen Sklaven der Insel die besten Truppen Europas besiegt haben, ist eine historische Tatsache, die zwar oft übergangen, jedoch nie bestritten wurde. Darüber aber, wie ihnen das gelang, werden meist falsche Erklärungen geliefert. Zwei sind besonders verbreitet. Die eine spricht von der Geißel des Gelbfiebers und behauptet, daß die weißen Soldaten nicht durch die Hand der Schwarzen gefallen sind, sondern aufgrund der unerträglichen Lebensbedingungen in den tropischen Breiten. Obwohl ganz sicher viele Soldaten dem Fieber erlagen, stehen dieser Argumentation zwei Tatsachen entgegen. Zum einen haben europäische Armeen in vielen Teilen der Welt triumphiert, in denen Fieberkrankheiten und Seuchen zu Hause sind. Hinzu kommt, daß auf Haiti der Ausbruch des Fiebers vom Zyklus der Jahreszeiten abhängig war, die Gefahr erst mit dem Anfang der Aprilregen begann. Die französische Streitmacht unter Leclerc landete aber schon im Februar 1802 und hatte bereits vor Beginn der Fieberzeit 20000 Gefallene zu beklagen.

Die zweite Erklärung für die Niederlage der Europäer spricht von fanatischen, rücksichtslosen schwarzen Horden, die sich wie ein Mann erhoben hätten, um die eher bedächtigen Truppen der Weißen zu überwältigen. Es stimmt, daß die Sklaven in den ersten Tagen der Revolte mit den einfachsten Waffen und außergewöhnlichem Mut kämpften. Zeitgenössische Berichte sprechen davon, daß sie nur mit Messern, Hacken und Spießen mit eisernen Spitzen bewaffnet in den Kampf gingen und gegen Bayonette und Kanonen anstürmten, beherzt von dem leidenschaftlichen Glauben, daß die Geister sie schützen und sie selbst im Fall ihres Todes in ihre afrikanische Heimat Guinea zurückkehren würden. Ihr Fanatismus wurzelte freilich nicht nur in ihrer geistigen Überzeugung, sondern auch in einem sehr menschlichen und grundsätzlichen Bewußtsein ihrer Umstände. Sieg hieß Freiheit, in der

Gefangenschaft erwartete sie die Folter, und Niederlage bedeutete Tod. Außerdem war nach der ersten Welle des Aufstands die Zahl der Sklaven, die tatsächlich am Kampf teilnahmen, gar nicht so hoch. Die größten Heere der Aufständischen waren nie mehr als 18000 Mann stark. Wie in jeder Revolutionsepoche kämpften relativ wenige von denen mit, die von der Tyrannei betroffen waren. Die europäische Streitmacht hatte unter dem Fieber zu leiden, besiegt wurde sie aber von Menschen – nicht von plündernden Horden, sondern von relativ kleinen, wohldisziplinierten und fest entschlossenen Rebellenarmeen, die von begabten Feldherrn angeführt wurden.

Die Historiker haben nicht nur die genauen Umstände des Kampfes falsch wiedergegeben, sie haben auch die Führer des Aufstands – darunter besonders Toussaint Louverture, Christophe und Dessalines – auf entstellende Weise idealisiert, indem sie als deren Ziele hochfliegende Freiheitsideale sehen wollten, die sie mit größter Sicherheit überhaupt nicht hatten. Das Hauptinteresse der Franzosen unmittelbar nach dem Aufstand galt der Aufrechterhaltung einer bäuerlichen Wirtschaftsform, die auf die Erzeugung von Exportgetreide ausgerichtet war. Wie man dies erreichte, war unwichtig. Als man merkte, daß eine Wiederherstellung der Sklaverei nicht möglich war, entwarfen die französischen Minister noch vor Napoleons Versuch, die Insel gewaltsam zu stürmen, ein alternatives System, das die befreiten Sklaven als kleine Pächter in eine neue Form vertraglich geregelter Arbeit zwingen sollte. Die Plantagen sollten dabei im Kern erhalten bleiben. Da den Franzosen die militärische Macht fehlte, diesen Plan durchzusetzen, wandten sie sich an die Anführer der Revolutionsarmeen und fanden dort willige Kollaborateure, darunter Toussaint Louverture, der bei der Restauration französischer Macht auf der Insel eine eminent wichtige Rolle spielte. Die Franzosen machten allerdings einen entscheidenden Fehler, als sie annahmen, daß die neu hinzugezogenen Führer sich den Launen der Regierung in Paris fügen würden. Im Gegenteil, die schwarzen Führer machten das, was schon immer ihr Ziel gewesen war.

Sie sicherten sich Positionen an der Spitze der neuen sozialen Ordnung.

Toussaint Louverture hatte keineswegs die Absicht, dem Verfall der Plantagen untätig zuzusehen. In der Theorie bekannte er sich zur Freiheit des Volkes, in der Praxis aber glaubte er, daß der Wohlstand des Landes und die Unabhängigkeit seiner Einwohner nur durch die agrarische Produktion erhalten werden konnten. Ein besonders hartnäckiger Mythos der haitischen Revolution ist der Glaube, daß die ursprünglichen Plantagen, die in der ersten Aufstandswelle zerstört wurden, nie wieder zu ihrem früheren Wohlstand zurückfanden. Dabei wird stillschweigend angenommen, daß die Schwarzen, die nach der Revolte in die Führungspositionen vorrückten, unfähig waren, selber zu regieren. Das entspricht allerdings nicht der geschichtlichen Wahrheit. Innerhalb von zwei Monaten nach der Machtübernahme hatte Toussaint Louverture die landwirtschaftliche Produktion wieder auf zwei Drittel des früheren Höchststandes der französischen Kolonie gebracht. Wenn die französische Bourgeoisie bereit gewesen wäre, die Macht mit der revolutionären Führung zu teilen, hätte die Exportwirtschaft vielleicht einige Zeit aufrechterhalten werden können. So mußte sie zusammenbrechen, allerdings nicht aufgrund des Desinteresses oder der Unfähigkeit der neuen Führungsschicht, noch aufgrund des Chaos, das Leclercs Invasion entfesselte. Das Ende dieser Wirtschaftsform wurde vielmehr durch eine Politik begünstigt, mit der die Franzosen bereits lange vor der Revolution von 1791 begonnen hatten.

Konfrontiert mit der Schwierigkeit, rund eine halbe Million Sklaven zu ernähren, hatten die französischen Plantagenbesitzer den Sklaven als vorläufige Lösung Landstücke zur Verfügung gestellt, auf denen sie ihre eigenen Nahrungsmittel anbauen konnten. Die Sklaven wurden nicht nur dazu ermutigt, ihr Land zu bebauen, sie durften den Überschuß sogar selber verkaufen. Als Folge hatte sich noch vor der Revolution ein weitverzweigter Binnenmarkt entwickelt. So hatte der genau kalkulierte Schachzug der Plantagenbesitzer unbeabsichtigt den Grund für einen ländlichen Bauernstand gelegt. Zwar behauptet ein weiterer sich zäh haltender Mythos der Revolution, daß es vollkommen unmöglich war, die einmal von den Plantagen befreiten Sklaven dazu zu überreden, wieder auf die Felder zurückzukehren. Im Gefolge des Aufstands kehrte jedoch der größte Teil der ehemaligen Sklaven auf dem schnellsten Weg zur landwirtschaftlichen Arbeit zurück und setzte seine volle Energie für die Produktion der Grundnahrungsmittel ein, die der Binnenmarkt des Landes brauchte. Wenn man die populären Berichte über den zwölfjährigen Revolutionskrieg liest, könnte man meinen, daß die ganze Bevölkerung von den Abfällen der Straße gelebt hat. Aber ganz im Gegenteil, man aß Süßkartoffeln, Bohnen und Bananen, angebaut und verkauft von der Mehrheit der ehemaligen Sklaven, die ihr Land jetzt als freie Menschen bestellten. Das Problem der revolutionären Führung war nicht, die Menschen wieder auf die Felder zurückzuführen, sondern sie von der Arbeit auf dem eigenen Land wieder zur Arbeit auf den Plantagen zu bringen.

Eine unabhängige Bauernschaft war das letzte, was die schwarzen Befehlshaber wollten. Jean-Jacques Dessaline träumte bis zu seiner Ermordung 1806 von einer exportorientierten Wirtschaft, in der die Arbeit durch Gruppen aneinandergeketteter Sklaven ausgeführt wurde. Henri Christophe, der bis 1820 über die nördliche Hälfte des Landes herrschte, hatte zeitweise mit Methoden Erfolg, die denen der Kolonialzeit an Grausamkeit in nichts nachstanden. Zehn Jahre lang war er in der Lage, so viel Getreide zu exportieren, daß er sich davon einen prächtigen Palast bauen und eine aufwendige Hofhaltung leisten konnte. Bis zuletzt auch sein Volk revoltierte und mit seinem Tod 1820 der letzte ernsthafte Versuch endete, eine Wirtschaftsform durchzusetzen, deren Basis die Plantagen waren.

In den ersten Jahren der Unabhängigkeit entstand ein innerlich kräftiges, nach außen aber passives Land. Der Getreideexport ging vollständig zurück. In der Blütezeit der Kolonie waren jährlich über 163 Millionen Pfund Zucker exportiert worden; 1825 belief sich der Gesamtexport auf 2000 Pfund, und teilweise wurde

Zucker sogar aus Kuba importiert. Für Ausländer war die Wirtschaft tot, und wieder wurde von der Unfähigkeit der Schwarzen gesprochen, sich selbst zu organisieren. Was solche Statistiken aber wirklich zeigen, ist der Unwille einer freien Bauernschaft, sich einem Wirtschaftssystem zu unterwerfen, das mit ihrer Arbeitskraft Getreide für den Export erzeugt, dessen Gewinn aber nur einer kleinen Eliteschicht zufällt. Die haitische Wirtschaft war nicht vernichtet, sie hatte sich einfach verändert. Da der Gewinn aus dem Export gleich Null war, machte die Zentralregierung bald bankrott. Schon 1820 sah sich Präsident Boyer gezwungen, seine Soldaten mit Landzuweisungen auszuzahlen. Indem so auch der gemeine Soldat zu Landbesitz kam, versetzte der Präsident allen noch existierenden Träumen von einer Wiedereinrichtung der Plantagen den letzten Schlag. Als er erkannte, daß ohne Exportgüter auch kein Einkommen aus dieser Quelle zu erwarten war, fing er an, die sich herausbildenden Strukturen der bäuerlichen Wirtschaft zu besteuern. Indem er etwa eine Steuer auf ländliche Märkte erhob, schuf er öffentliche Einnahmen. Noch bedeutender aus historischer Perspektive ist allerdings, daß er dadurch die Einrichtung selbst legitimierte. Als er dann allerdings eine Steuer bzw. Pachtgebühr für das Land, das die Bauern sich bereits angeeignet hatten, nicht durchzusetzen vermochte, tat Boyer das einzige, womit er seine Einnahmen weiter aufbessern konnte: Er begann, den Bauern das Land offiziell zu verkaufen. Darin lag das außergewöhnliche Eingeständnis der Zentralregierung, daß die Bauern das Land fest in ihrer Hand hatten. Die früheren Sklaven hatten das Land jetzt besetzt, und nichts würde sie davon trennen. Die Zentralregierung fand sich damit ab und tat ihr Möglichstes, um sich wenigstens kleinere Einnahmen in einer Situation zu verschaffen, die ihr völlig außer Kontrolle geraten war.

Wer aber waren die Bauern, die sich so entschieden an das Land klammerten? Einige waren vielleicht bereits Nachkommen der ersten Sklaven, die schon 1510 mit den Spaniern eingetroffen waren, aber die Mehrheit war tatsächlich noch in Afrika geboren worden. Zwischen 1775 und dem Ausbruch der Revolution 1791 war die Kolonie gewachsen wie nie zuvor. Die Produktion von Baumwolle und Kaffee zum Beispiel stieg innerhalb von nur sechs Jahren um fünfzig Prozent, und um genügend Arbeitskräfte für ein solches Wachstum zu bekommen, war die Zahl der Sklaven fast verdoppelt worden. Aufgrund der elenden Lebensbedingungen auf den Plantagen starben allerdings jedes Jahr mindestens 17 000 Menschen, während die Geburtenrate mit einem Prozent nicht ins Gewicht fiel. Die Franzosen importierten deshalb in den letzten vierzehn Jahren ihrer unangefochtenen Herrschaft nicht weniger als 375 000 Afrikaner. Der Keim der modernen haitischen Bauern entsproß mit anderen Worten buchstäblich afrikanischem Boden.

Die aufständischen Sklaven, die die abgelegensten Winkel der bergigen Insel besiedelten, kamen aus vielen Teilen des alten Kontinents und verkörperten eine Vielfalt kultureller Traditionen. Unter ihnen befanden sich Handwerker und Musiker, Kräutersammler, Holzschnitzer, Metallhandwerker, Bootsbauer, Landarbeiter, Trommelmacher, Zauberer und Krieger. Einige von ihnen waren königlichen Blutes, andere waren schon in Afrika als Sklaven geboren worden. Gemeinsam war die Erfahrung mit einem schamlos ausbeutenden Wirtschaftssystem, das sie aus ihrer heimatlichen Lebenswelt gerissen hatte, und sorgfältig hüteten sie eine gegen Angriffe von außen gefeite mündliche Überlieferung – einen reichen Schatz an religiösen Glaubensvorstellungen, an Kenntnissen der Musik, des Tanzes, der Medizin und des Ackerbaus und an sozialen Organisationsformen, die sich mit ihnen bis in die entferntesten Täler ausbreiteten. Die Weiterentwicklung der verschiedenen Überlieferungsstränge, ihre Verschmelzung und Umformung stand tief unter dem Eindruck der isolierenden Mauer, die sich in den frühen Jahren des 19. Jahrhunderts um das Land legte.

Die Nation, die aus den Revolutionswirren entstand, war in den Augen der internationalen Staatenwelt ein Paria. Mit der Ausnahme von Liberia, einer kraftlosen Schöpfung der Vereinigten Staaten, war Haiti über hundert Jahre lang die einzige unabhängige schwarze Republik. Seine bloße Existenz war ein Dorn im Auge der imperialistischen Welt. Die haitische Regierung verärgerte die europäischen Mächte, als sie revolutionäre Kämpfe, die sich der Beseitigung der Sklaverei verschrieben hatten, aktiv unterstützte. Simón Bolivar zum Beispiel fand auf Haiti Zuflucht und finanzielle Unterstützung, ehe er Venezuela und die anderen spanischen Kolonien befreite. Als eher symbolische Geste kaufte die Regierung Schiffsladungen von Sklaven, die sich auf dem Weg in die Vereinigten Staaten befanden, nur um sie in die Freiheit zu entlassen. Darüber hinaus brüskierte Haiti die internationalen wirtschaftlichen Interessenverbände, als es Ausländern den Besitz von Land oder sonstigem Eigentum auf Haiti verbot. Den Handel brachte dieses Gesetz keinesfalls zum Erliegen, aber es veränderte seinen Charakter in grundsätzlicher Weise. In einem Jahrhundert, in dem europäisches Kapital wie Tinte auf Löschpapier in nahezu alle Gebiete der Welt eindrang, blieb Haiti relativ unbehelligt. Sogar die Hegemonie der römisch-katholischen Kirche wurde eingeschränkt. Der Klerus, der schon in den Tagen der Kolonie nie eine besonders starke Stellung innegehabt hatte, verlor nach der Revolution praktisch jeglichen Einfluß. Während der ersten fünfzig Jahre der Unabhängigkeit Haitis gab es sogar ein offizielles Schisma zwischen diesem Land und dem Vatikan. Der römisch-katholische Glaube blieb zwar die offizielle Religion der sich bildenden politischen und wirtschaftlichen Führungselite, aber während der Jahre der Entstehung der Nation war die Kirche auf dem Land so gut wie nicht präsent.

Auf Haiti selbst kam es zu einer anderen Form der Isolation. Während des ganzen 19. Jahrhunderts vertiefte sich mit dem Verfall der zur ehemaligen kolonialen Infrastruktur gehörenden Straßen, dem kein Einhalt geboten wurde, die Trennung von Stadt und Land. Dies wiederum verschärfte die entstehende Kluft zwischen zwei radikal getrennten Schichten der Gesellschaft Haitis, der ländlichen Bauernbevölkerung und der städtischen Elite. Zur ersteren gehörten natürlich die früheren Sklaven, zu letzterer zum Teil die Nachfahren einer besonderen Klasse freier Mulatten, die während der Kolonialzeit in großem Wohlstand gelebt und sämtliche Rechte französischer Bürger genossen hatten, einschließlich des wenig ehrbaren Privilegs, sich Sklaven halten zu dürfen. In den ersten Jahren der Unabhängigkeit hatte sich aus den deutlich sichtbaren Unterschieden dieser beiden Gruppen eine grundsätzliche Trennung herausgebildet, die weit mehr war als eine bloße Scheidung zweier Klassen. Die beiden Gruppen ähnelten vielmehr zwei verschiedenen Welten, die innerhalb eines Landes nebeneinander lebten.

Die städtische Elite ließ sich, obwohl sie stolz war auf ihre haitische Nationalität, von europäischer Kultur und europäischem Geist inspirieren. Sie sprach Französisch, bekannte sich zum Glauben der römisch-katholischen Kirche und legte Wert auf eine sorgfältige Erziehung. Die Frauen waren nach der letzten Pariser Mode gekleidet, und die Männer bildeten eine schillernde Oberschicht, ausgenutzt von den wirtschaftlichen Interessen der Europäer und Amerikaner, die sich vom Reichtum des Landes holten, was sie konnten. Die jungen Männer reisten aus Gründen der höheren Bildung und des Amusements viel ins Ausland und besetzten nach ihrer Rückkehr unweigerlich die wichtigen Stellen in der Wirtschaft, der Regierung, der Armee und weiteren Bereichen der Gesellschaft. Von dort aus verkündeten sie die offiziellen Gesetze des Landes, die alle auf französischem Vorbild und dem Code Napoléon basierten. In den Augen des Auslands war es dieser kleine Kreis miteinander befreundeter und weitverzweigter Familien – die Elite machte zu keiner Zeit mehr als fünf Prozent der Gesamtbevölkerung aus –, in dessen Hand ein großer Teil der politischen und wirtschaftlichen Macht des Landes lag.

Im Hinterland jedoch errichteten die ehemaligen Sklaven eine völlig andersartige Gesellschaft, die nicht auf europäische Vorbilder zurückging, sondern auf die Traditionen der eigenen Vorfahren. Dabei war es strenggenommen keine afrikanische Gesellschaft. Europäische Einflüsse waren unvermeidlich, und nur sehr selten blieben Züge spezifisch afrikanischer Kulturen unverfälscht erhalten oder gar dominierend. Was sich entwickelte, war vielmehr eine spezifisch haitische Mischung in erster Linie afrikanischer Elemente, die aus vielen verschiedenen Teilen jenes Kontinents stammten. Charakteristisch war, daß die Mitglieder dieser Gesellschaft sich selber weniger als Nachkommen bestimmter Stämme oder Königreiche sahen, sondern als »ti guinin« –Kinder Guineas bzw. Afrikas, der alten Heimat, eines Landes, dessen geschichtliche Vergangenheit langsam zum Mythos wurde. Und im Laufe der Zeit entstand aus dem kollektiven Gedächtnis eines entrechteten Volkes das Selbstverständnis neuer Generationen und das Fundament einer neuartigen, eigenständigen Kultur.

Das afrikanische Erbe ist im ländlichen Haiti heute überall zu sehen. Auf den Feldern schwingen Männer in langen Reihen ihre Hacken zum Rhythmus kleiner Trommeln, und an ihren Rändern stehen in dampfenden Töpfen Süßkartoffeln und Hirse für das Erntefest bereit. In einem Lakou neben der Straße, und in der Nähe der Felder, hält ein verhutzelter alter Mann hof. An jeder Kreuzung schießen Märkte aus dem Boden und ziehen wie Magneten Frauen aus den Bergen an. Man sieht, wie sie hintereinander die schmalen Pfade herunterkommen, die Mädchen, die unter Reiskörben schwanken, und die Silhouetten energischer Matronen, die ein halbes Dutzend mit Auberginen beladener Esel hinter sich herziehen. Auch Geräusche sind zu hören: das Echo entfernter Lieder, der Marktlärm und der Klang der Sprache selbst, des Kreolischen, in dem jedes Wort durch Verkürzung dem westafrikanischen Sprechrhythmus angepaßt ist. Natürlich drückt sich in jedem dieser Bilder ein Thema aus: der Wert kollektiver Arbeit, gemeinschaftlicher Landbesitz, die Autorität des Patriarchen oder die beherrschende Rolle der Frau in der Marktwirtschaft. Und diese Themen wiederum verweisen auf eine dahinterstehende komplexe Sozialordnung.

Solche Bilder allein reichen allerdings nicht aus, den Zusammenhalt einer bäuerlichen Gesellschaft auszudrücken; gleich einer geistigen Erziehung braucht es dafür Symbole und unsichtbare Schwingungen, die nicht nur der rationalen Beobachtung, sondern auch dem intuitiven Gefühl zugänglich sind. Denn in diesem

Land der Geister und ihrer noch lebenden Nachfahren, der Lebenden und der Toten ist es die Religion, die das eigentliche Band darstellt. Der Vodoun-Kult ist kein isoliertes Einzelphänomen, er ist eine umfassende mystische Weltsicht, ein Glaubenssystem, das um das Verhältnis des Menschen zur Natur und den übernatürlichen Mächten des Universums kreist. Er verbindet das Unbekannte mit dem Bekannten, schafft Ordnung aus Chaos und macht Geheimnisvolles dem Verstehen zugänglich. Man kann den Vodoun-Kult nicht einfach vom alltäglichen Leben seiner Anhänger ablesen. Auf Haiti gibt es wie in Afrika keine Trennung zwischen der religiösen und der weltlichen Sphäre, dem Heiligen und dem Profanen, dem Materiellen und dem Spirituellen. Jeder Tanz, jedes Lied und jede Handlung ist nur ein Teilchen im Ganzen, jede Handbewegung ein Gebet, das dem Überleben der ganzen Gemeinschaft gilt.

Der Pfeiler dieser Gemeinschaft ist der Houngan. Anders als der römisch-katholische Priester hat der Houngan nicht den Schlüssel zum Reich des Geistes in der Hand. Der Vodoun-Kult ist seinem Wesen nach ein demokratischer Glaube. Jeder seiner Anhänger hat nicht nur direkten Kontakt mit den Geistern, sondern nimmt diese sogar selbst in seinen Körper auf. Oder wie die Haitianer es ausdrücken: der Katholik geht in die Kirche, um über Gott zu sprechen, der Vodoun-Jünger tanzt im Hounfour, um Gott zu werden. Trotzdem spielt der Houngan eine entscheidende Rolle. Als Theologe hat er die Aufgabe, einen umfassenden Bestand von Glaubenssätzen so auszulegen, indem er aus den Blättern der Pflanzen liest und Steine deutet. Dabei besteht der Vodoun-Kult nicht nur aus einer Reihe religiöser Glaubensvorstellungen, sondern er schreibt eine bestimmte Art der Lebensführung vor, eine Philosophie und ethische Normen, die das soziale Verhalten regulieren. Genauso selbstverständlich, wie man von einer christlichen oder einer buddhistischen Gesellschaft spricht, kann man von einer Vodoun-Gesellschaft sprechen, einer in sich vollständigen Welt: Man findet dort Kunst und Musik, Erziehung auf der Grundlage der mündlichen Überlieferung in Liedern und Folk-

lore, eine vielseitige medizinische Praxis und ein Rechtssystem, das von einheimischen Vorstellungen über Benehmen und Moral ausgeht. Der Houngan als eigentlicher Führer dieser Gesellschaft ist zur gleichen Zeit Psychologe, Arzt, Wahrsager, Musiker und geistlicher Beistand. Als moralischer und religiöser Anführer ist er es, der geschickt mit den Kräften des Universums vermittelt und das Spiel der Winde in seine Bahnen lenkt.
In der Vodoun-Gesellschaft bleibt nichts dem Zufall überlassen. Es handelt sich um ein geschlossenes Glaubenssystem, in dem sich jedem Ereignis des Lebens ein Platz zuweisen läßt. In eben dieser Gesellschaft ereignete es sich, daß Clairvius Narcisse und Ti Femme zu lebenden Toten wurden.

»Wenn Sie zum Himmel hinaufschauen, was sehen Sie dann?« fragte Rachel und starrte tief in die Dunkelheit. Zwischen uns brannte ein kleines Lagerfeuer, dessen rauchige Flammen ihre Gesichtszüge weicher machten und ihre Haut in ein kupfernes Licht tauchten.
»Manchmal Sterne.«
»Als kleines Kind hat mich mein Vater in New York einmal in ein Planetarium mitgenommen. Ihr habt Millionen von Sternen, und eure Astronomen haben sogar noch mehr.« Sie stand auf und trat langsam aus dem Schein des Feuers ins Dunkel. Ihre Worte fielen wie Funken in die Nacht.
»Schauen Sie sich diesen Himmel an. Wir haben nur wenige Sterne, und wenn es bewölkt ist, dann sind es noch weniger. Aber hinter unseren Sternen sehen wir Gott. Ihr seht hinter euren nur noch mehr Sterne.«
Ihre Worte machten mich plötzlich traurig, denn sie riefen mir die Kluft ins Bewußtsein, die zwischen mir und ihrem Volk lag. Ich starrte den Abhang hinunter auf das dicht bebaute Tal, in dem viele Feuer loderten, und folgte den Bewegungen des Lichtkegels einer Taschenlampe, der zögernd die Anhöhe eines engen Talabschnitts hinaufkletterte. Einer der letzten Tage fiel mir ein, an dem ich mit ihrem Vater einen Spaziergang gemacht hatte. Wir

waren zu einer Landhöhe gekommen, von der wir auf ein verbranntes, vollkommen kahles Tal hinuntersehen konnten, aus dem von heißen, weißen Steinen Dunst aufstieg und in dem wenige knorrige Bäume einer einheimischen Sorte zwischen dem allgegenwärtigen Dorngestrüpp und Gneem-Bäume wuchsen. Max Beauvoir hatte schwer geatmet, als ob der bloße Anblick einer solchen Landschaft ihm Tränen in die Augen treiben könnte – und das stimmte vermutlich sogar. Dann hatte er viel geredet, als ob Worte allein Schönheit aus diesem elenden Anblick, dieser durch jahrelange Vernachlässigung entstandenen Einöde hätten herauspressen können. Es war ein außergewöhnlicher Augenblick gewesen. Ich konnte nur an Heuschrecken denken, er an Engel, aber wer von uns beiden hatte recht?
Jetzt, als Mann mittleren Alters, hatte Max Beauvoir, wie viele Männer dieses Alters, das Gefühl, seinen Platz im Leben gefunden zu haben. Leicht war der Weg dorthin nicht gewesen. Der Sohn eines bürgerlichen Arztes hatte Haiti als junger Mann verlassen und war auf einer bemerkenswerten Odyssee von den Straßen New Yorks über die Sorbonne in Paris zuletzt zum Hof des Königs von Dahomey gekommen. Nach fünfzehn Jahren im Ausland kehrte er als Chemotechniker nach Haiti zurück, wo er Sisal anbauen wollte, um daraus Cortison zu gewinnen. Kaum hatte er seine Pflanzungen angelegt, da wurde seine Arbeit durch den Tod eines Großvaters unterbrochen, der Houngan war und Max auf dem Sterbebett auftrug, dem Ruf der überlieferten Religion zu folgen. Max Beauvoir gab sein Geschäftsunternehmen auf und begab sich wenig später auf eine zweite Reise. Fünf Jahre lang reiste er kreuz und quer durch Haiti und beobachtete traditionelle Riten, nahm an Pilgerfahrten teil und hörte den Houngan zu. Zuletzt wählte er sich einen alten Mann aus dem Süden als geistlichen Vater und schloß sich dessen Hounfour an, bis er selbst in die Reihe der Houngan aufgenommen wurde. In diese Welt folgte ihm seine Frau, eine hübsche französische Malerin, und, wohl etwas weniger gern, seine beiden Töchter. Die kleinen Mädchen wurden von ihren Klassenkameradinnen wegen des

Glaubens ihres Vaters gehänselt. Zuerst schämten sie sich, dann aber, als sie älter wurden, waren sie darauf ganz besonders stolz.
»Der Urgroßvater meines Vaters hatte grüne Augen«, sagte Rachel, als sie zum Feuer zurückkam, »und eine goldene Uhr. Er kam auf einem Pferd von Osten, und alles, was ihm gehörte, hatte er in eine Kalebasse gestopft, die er sich um den Hals gehängt hatte. Er konnte die Uhr nehmen, die innen einen Spiegel hatte, sie aufmachen und in den Spiegel sehen, und dann war er verschwunden.« Sie sah mich an, offensichtlich weil sie unsicher war, ob ich die Geschichte glaubte.
»Er wanderte durch das ganze Land und ließ sich schließlich am Petit Rivière de Artibonite nieder. Er war wirklich ein bedeutender Mann.«
»Dabei hat ihm gewiß seine Uhr geholfen«, zog ich sie auf.
»Vielleicht.« Sie lächelte. »Er war ein großer Houngan. Er hat viele Jahre gelebt, aber er wußte, wann er sterben würde. Kurz davor verschenkte er alles, was er besaß, und rief die ganze Familie zusammen. Sie trafen ihn unter einem großen Kapokbaum sitzend an, und einen nach dem anderen rief er seine Enkel auf, zu denen auch der Vater von Max gehörte. Zu jedem sagte er ein paar Worte. Dann ging er einfach fort.«
»Wohin?«
»Das weiß keiner. Er verstaute einige wenige Habseligkeiten in einer Satteltasche und ritt fort. Manche sagen, er ging in die Dominikanische Republik.«
»Und das war das Ende?«
»Ja. Können Sie sich das vorstellen? Keiner wußte je den Ort, wo er geboren worden war und wo er starb.«
Über das Feuer hinweg sah ich sie an, sagte aber nichts. Zwei Wochen lang waren wir beide wie blinde Komplizen gewesen, die sich durch Zufall auf demselben Weg befinden, aber verschiedene Ziele verfolgen. Ich jagte hinter einem schwer faßbaren Phänomen her, an das ich selber kaum glaubte; sie suchte nach einem Ort der Zugehörigkeit. Denn sie war jung, und ob sie es wußte oder nicht, sie wurde zwischen zwei Welten hin und her gerissen,

der ihrer Ahnen, die wie ein Gewicht auf ihr lag, und allem, was draußen auf der anderen Seite des Ozeans auf sie wartete. Schon wenn man sie ansah, wußte man, daß sie eines Tages würde gehen müssen. Sie hatte hundert altkluge Ideen, manche davon gut und wahr, aber sie würden ihr nie wirklich gehören, bis sie sie für sich selber entdeckt hatte, denn Ideen sind leere Worte, wenn man sie nicht in der eigenen Erfahrung verankern kann. Zugleich wollte ich sie irgendwie warnen, denn eine Schönheit wie die ihre gibt einem das ungute Gefühl, daß sie zerstörerischen Kräften in besonderem Maße ausgesetzt sein wird. Trotzdem hatte man kein Mitleid mit ihr, ihr Stolz verbot es. Außerdem war sie bisher von Bösem verschont geblieben. Sie lebte mit der herausfordernden Zuversicht eines Menschen, der noch nie einen Verlust erlitten hatte.

Die staubige Straße nach Savanne Carée führt durch den alten Marktflecken Ennery mit seinen Pflastersteinen, den dicken Mauern der Kaserne und der verloren dastehenden Statue Toussaint Louvertures, geht dann am Rivière Sorcier entlang, überquert im Zickzack eine Reihe Nebenflüsse und steigt zuletzt in eine kräftig gewellte Landschaft an, die mit Mangobäumen gesprenkelt ist. Es ist ein fruchtbares Land mit Flecken weißer Häuser, mit Obstgärten, die von Früchten überquellen, und brachliegenden, von dicken Grasbüscheln überwucherten Hängen. Hirse wächst bis an den Rand des Tales, wo die Felder unregelmäßig abbrechen und der Fuß des Gebirges in steilen Felsen aufragt, von denen wie Kaskaden noch Reste der ursprünglichen Vegetation herabhängen. In den Hecken gibt es sogar noch wildes Leben, und droben am Himmel sind ab und zu die ausgebreiteten Schwingen eines Raubvogels zu sehen. Nach den unfruchtbaren Ländern um Gonaives im Westen liegt eine Art Unschuld in diesem Überfluß. Irgendwo in diesem Tal jedoch verspielte Ti Femme ihr Recht auf Leben und wurde in einen Zombie verwandelt.
Gleich hinter einer Kreuzung, die noch mit den Abfällen des morgendlichen Marktes übersät war, sahen Rachel und ich einen jungen Burschen wohlig wie eine Eidechse auf dem steinigen Boden

liegen. Er mußte uns im selben Augenblick gesehen haben. Er sprang auf, und im nächsten Moment war ein zweiter Junge neben ihm. Als wir näher kamen, sah ich, daß der erste ein kleines, schmächtiges Bürschchen mit blitzenden Augen und dem für viele Bauern typischen großen Kopf und den langen Gliedmaßen war. Das war Oris. Der andere hieß René. Er war jünger und ganz offensichtlich der Untergebene. Von diesem Zeitpunkt an waren wir zu viert.

»Natürlich kenne ich sie. Das ist die, die unter die Erde kam«, sagte Oris zu Rachel, als wir den schmalen Weg entlanggingen. »Sie ist gestorben, aber ihre Lebenskraft hat sie nicht verlassen, sie blieb hier«, fügte er hinzu und zeigte auf seine Achselhöhle.

»Hat man sie begraben?«

»Natürlich, und dann kam sie nachts der gleiche holen, der sie umgebracht hat.« René rannte wie ein Kaninchen ständig auf dem Weg vor und zurück, um ja nichts zu verpassen. Immer wieder machte sich seine Aufregung in fröhlich perlendem Lachen Luft.

»Wer steckte dahinter?«

»Das wissen wir nicht«, sagte René und warf einen Blick nach vorn zu seinem Freund.

»Ihre Tante«, sagte Oris unbewegt. »Dann mußte sie Maismehl sieben. Zu mehr hat sie nicht getaugt.«

»Und der Bokor?«

»Über ihn weiß man nichts. Um so etwas herauszufinden, müßte man wissen, wer sie getötet hat.«

»Ich dachte, es war die Tante.«

»Sie hatte viele Tanten, und ein paar sind schon tot. Außerdem war es sowieso jedem egal.«

»Was willst du damit sagen?« Rachel blieb stehen und hockte sich neben den Weg, das Kleid von der Taille an wie ein Zelt um sich ausgebreitet. Kaltblütig stolzierte Oris an ihr vorbei. Eine Marktfrau von kräftiger Statur und mit kummervoller Miene kam uns auf dem Weg entgegen, und Oris schwieg, bis sie vorbei war.

»Ti Femme war gemein. Sie hat immer das getan, was sie nicht hätte tun sollen. Und sie hat Menschen nicht gemocht.«

»Warum? Was hat sie getan?« fragte Rachel.
»Also, du tust zum Beispiel gar nichts, und sie steht plötzlich auf und fängt an, auf dich zu schimpfen. Sie schimpfte oft ohne jeden Grund auf bestimmte Leute. Aber hier bringen sie Leute schon fast wegen nichts um.« Oris sagte das ganz beiläufig. »Genau wie die Frau bei den Wahlen«, fuhr er fort, wobei er sich auf die vor kurzem durchgeführte Wahlkampagne zur Nationalversammlung bezog. »Sie gefiel uns nicht. Sie hatte ein schlechtes Benehmen, verkehrte mit Geistern und schimpfte auf die Kinder. Also haben wir sie drangekriegt. Ich selber habe fünf Mal den Doktor gewählt. Er hat versprochen, den Schwiegervater des Präsidenten in unseren Lakou zu bringen.«

Wir folgten unseren unbekümmert vorangehenden Führern in ein Dickicht aus Zuckerrohr und arbeiteten uns dort langsam voran, bis wir an einen schmalen Pfad kamen, der auf ein kleines Haus zuführte, das hoch oben auf einem Erdhügel stand. Im Schatten der Veranda zerstampften zwei Männer Getreide in einem Mörser, dessen Stößel sie in ununterbrochenem Rhythmus kraftvoll auf und ab bewegten. Oris nickte Rachel zu, dann drehten er und sein Begleiter sich um, und das Zuckerrohr schlug hinter ihnen wieder zusammen.

»*Honneur!*« rief Rachel, als wir näher kamen. Die Männer sahen auf, und einer schickte ein kleines Kind ins Haus. Eine Weile ließen sie ihren Blick auf uns ruhen, dann wandten sie sich wieder ihrer Arbeit zu. Das war ein barscher Willkommensgruß und weit weniger als das, was nach der bäuerlichen Etikette Brauch war. Wir warteten unter einem Baum, der voll grüner Orangen hing, bis eine gebrechliche alte Frau herauskam. Sie war die Mutter von Ti Femme und hieß Mercilia. Wir stellten uns vor und wurden in das vordere Zimmer des Hauses geführt, in dem wir zusammen rauchten und Kaffee tranken. Nach einigen Minuten unverbindlichen Gesprächs kamen wir auf den Zweck unseres Besuches zu sprechen.

»Das Mädchen starb durch den Willen Gottes«, sagte Mercilia, »und sie wurde wieder auferweckt durch den Willen Gottes. Von

allem anderen wissen wir nichts. Die Leute haben nicht recht, wenn sie sagen, jemand hat sie getötet. Sie starb, mehr nicht.«
»Ja, wir haben davon gehört. Und sie war ziemlich krank, glaube ich.«
»Monatelang. Sie hatte Fieber und spürte einen Druck unter dem Herzen. Jeder mochte sie gern. Alle kamen zum Begräbnis. Es gab zwei Totenwachen.« Vertraulich nickte sie Rachel zu. »Beim erstenmal kam der Sarg nicht, und dann regnete es.«
Rachel warf mir einen verwirrten Blick zu, wandte sich dann aber schnell wieder Mercilia zu. »Wo war sie, als sie starb?«
»Hier, im Haus, in dem sie geboren wurde. Es war Nacht. Im Morgengrauen hat man sie begraben. Ich ging erst drei Tage später ans Grab.« Sie saß nur auf der Kante ihres Stuhles und schwankte langsam von einer Seite zur anderen. »Ti Femme hat nie etwas davon gesagt, daß sie durch die Erde ging, nur daß sie wie im Traum Stimmen hörte, die sagten, sie wäre tot, und daß sie nichts tun konnte. Als ich an ihr Grab ging, wußte ich nicht, daß sie weg war.«
»Wo ist sie jetzt?« fragte Rachel.
»Beim Staat, in der Klinik. Wenn ich könnte, hätte ich sie hierbehalten, aber mein Mann ist tot, und Ti Femme selbst hat niemanden und ist ein Kind. Als man sie fand, konnte sie sich nicht mal baden oder ihr Haar kämmen.«
Knarrend ging die Tür auf und verriet eine Schar Kinder, die hinter ihr gelauscht hatten. Mercilia scheuchte sie fort. An ihren Beinen vorbei schlüpften zwei Hühnchen ins Zimmer, in dem sie gackernd auf und ab rannten und aus lauter Gewohnheit am Zementboden pickten. Rachel und ich standen auf, um zu gehen.
»Es gab überhaupt niemanden, der sie nicht gemocht hätte«, sagte Mercilia unaufgefordert, als sie ein paar Kalebassen von mir entgegennahm. »Sie hatte nie mit jemand Streit.«
Wie erwartet, trafen wir unsere gesprächigen Führer gleich auf der anderen Seite des Schilfdickichts wieder. Oris hatte sich im Schatten eines Mombin-Batard-Baumes ausgestreckt und kaute, auf den Ellbogen gestützt, an einem Stück Zuckerrohr.

»Also?« fragte er mit verschwörerischer Miene.
»Also was?« fragte Rachel lachend zurück.
Auf dem Rückweg zu unserem Jeep ereignete sich nichts. Als wir die beiden jungen Männer am Marktplatz abgeladen hatten, wandte Rachel sich zu mir.
»Das ist schon merkwürdig, wissen Sie. Eine Totenwache wird immer nachts abgehalten, wenn es also zwei gab, muß der Leichnam doch so um die sechsunddreißig Stunden aufgebahrt gewesen sein, nicht wahr?«
»Mindestens.«
»Aber hätte es der Familie da nicht auffallen müssen, daß er nicht zu verwesen begann?«
»Das müßte man eigentlich annehmen.« Ich überlegte einen Augenblick. »Was hältst du von der Geschichte des Jungen?«
»Ich bin nicht sicher. Aber eine Bekannte meines Vaters, die an der Küste wohnt, hat hier öfters geschäftlich zu tun, und sie weiß bestimmt darüber Bescheid.«
Die Sonne ging gerade unter, als wir den Stadtrand von Gonaives erreichten und vor einem staubigen Gebäudekomplex vorfuhren, der von einer hohen, blaugrün gestreiften Mauer umgeben war, auf der in voller Größe das naive Gemälde einer Meerjungfrau prangte.
»Manchmal dient es als Nachtclub«, erklärte Rachel. »Die Meerjungfrau ist Clermezine, denn das ist einer ihrer Geister. Sie ist ein großer *serviteur*.« Rachel sagte ein paar Worte zu einem der Männer, die träge am Eingang herumlungerten. Er schlüpfte hinein und kehrte einen Moment später mit einer jungen Frau zurück. Rachel küßte sie andeutungsweise auf beide Wangen, dann folgten wir der Frau an einer Tanzfläche aus Beton und einem zusammengebrochenen Musikpavillon vorbei zum Innenhof. Auf dessen einer Seite war gerade eine Art geräuschvoller Palastintrige in Gang, angeführt von einer höchst ungewöhnlichen Frau. Als sie aufstand, um uns zu begrüßen, gab sie sich so majestätisch und eindrucksvoll wie eine Königin. Rachel verschwand unter einer Flut von Liebkosungen, und ehe wir uns noch

auf die Plätze setzen konnten, die man uns in dem kleinen Kreis der Stühle freigemacht hatte, war schon ein Tablett mit dampfendem, dickflüssigem Kaffee gekommen.

Im nächsten Moment hüllte uns ein wahres Chaos von Stimmen ein. Ich hatte keine Ahnung, worum es ging. Die majestätische Frau, die den Ton angab, schien todernst zu sein, und einer der Männer wurde immer ärgerlicher, Rachel dagegen fiel vor Lachen fast vom Stuhl. Soviel ich später mitbekam, war dem Mann eine Aufgabe aufgetragen worden, die er dann nicht ausgeführt hatte. Wenn er sie noch einmal im Stich ließe, so die Worte der Frau, »dann war jede Schaufel zu groß, um seine Einzelteile aufzulesen«. Er wiederum drohte, ihr einen *loup garou*, einen Werwolf, auf den Hals zu schicken. Sie konterte mit dem Hinweis, daß sie schneller fliegen konnte als er, so sehr er sich auch anstrengte, zumal, wenn man wie er ziemlich behindert war »durch das, was zwischen deinen Beinen hängt«. Dieser bissig witzelnde, obszöne Humor hielt eine Weile an, bis die Frau plötzlich einige kurz angebundene Worte bellte, die den Mann sofort zum Schweigen brachten.

Das Thema Ti Femme brachte sie wieder zum Reden. Sie erklärte, daß Ti Femme früher öfter nach Gonaives gekommen sei, um Maismehl zu kaufen, das sie dann mit einer gewissen Gewinnspanne in Ennery und Savanne Carée weiterverkauft hätte. Sie nannte Ti Femme *maloktcho*, was ein kreolisches Schimpfwort ist, das man ungenau mit grob, unzivilisiert oder roh übersetzen könnte. Wie schon Oris, behauptete auch sie, daß Ti Femme gemein gewesen sei und anderen Leuten immer Verwünschungen entgegengeschleudert habe. Darüber hinaus sei sie auch eine Betrügerin gewesen.

»Wenn man bei ihr kaufen wollte, und ihre Ware war fünf Kalebassen wert, so sagte sie sieben, dann sechs, und wenn man dann fünf sagte, war sie einverstanden. Aber wenn sie das Mehl dann abgemessen hatte, gab sie es einem und sagte wieder sechs. Deshalb haben sie sie umgebracht.«

»Manche Leute sagen, daß ihre Familie dahintersteckte.«

»Ich sage Ihnen, es waren alle Leute vom Markt. Keiner konnte sie leiden. Wenn man Geld offen liegen ließ, nahm sie es weg. Sie war eine Diebin.«

»Es könnte also jeder gewesen sein?«

»Jeder und alle! Ein einzelner hätte es sich gar nicht leisten können, sie umbringen zu lassen.«

Am nächsten Morgen fuhren wir an der Baptistenmission bei Passereine vorbei, um mit Jay Ausherman zu sprechen, der Amerikanerin, die sich um Ti Femme gekümmert hatte, gleich nachdem sie 1979 auf dem Marktplatz von Ennery aufgefunden worden war. Die Missionarin war verreist, aber als wir wegfahren wollten, sah ich einen stämmigen Mann mit Glatze allein auf der Treppe vor der aus billigen Hohlziegeln erbauten Kirche sitzen. Sein Gesicht war nicht leicht zu vergessen. Wie wir bald darauf erfuhren, war Clairvius Narcisse aus der psychiatrischen Klinik entlassen worden und lebte seitdem mit Unterbrechungen auf der Missionsstation.

In dem folgenden ersten einer Reihe von Gesprächen, die außerhalb von Douyons Klinik stattfanden, sprach Narcisse viel freier über seine traumatische Vergangenheit. Er sei früher ein sehr robuster Mann gewesen und fast nie krank, betonte er, und er habe nichts Böses geargwöhnt. Er habe Streit mit einem seiner Brüder gehabt, einem Bokor, der ein Grundstück, das Narcisse bebaute, für sich haben wollte, und erst jetzt verstehe er ganz, was passiert sei. Sein Bruder habe ihn an einem Sonntag verzaubert. Dienstag sei er in Gonaives gewesen, er habe sich schwach gefühlt und ihm sei schlecht gewesen. Als er später am selben Tag ins Krankenhaus gekommen sei, habe er gehustet und Schwierigkeiten beim Atmen gehabt. Am nächsten Tag um die Mittagszeit sei er gestorben.

»Was war das für ein Gift, das sie dir gegeben haben?« unterbrach Rachel ihn.

»Ich bekam kein Gift«, antwortete er, »sonst wären meine Knochen unter der Erde vermodert. Der Bokor holte sich meine Seele. So war es.«

»Und das passierte in der Grube?« fragte Rachel.
»Ja. Sie war voll Wasser, aber sie stechen dir in die Haut, rufen den Geist und das Wasser verwandelt sich in Blut.«
Narcisse erzählte uns, daß er an einen Bokor namens Josef Jean verkauft worden sei, der ihn auf einer Plantage in der Nähe von Ravine Trompette gefangenhielt, einem kleinen Dorf im Norden bei Pilate, nicht weit von Cap Haïtien entfernt. Zusammen mit vielen anderen Zombies hatte er als Feldarbeiter von Sonnenaufgang bis Sonnenuntergang geschuftet, wobei die einzige Pause aus der einen Mahlzeit bestand, die sie täglich bekamen. Die Nahrung entsprach der normalen bäuerlichen Kost, mit der einen Ausnahme, daß Salz streng verboten war. Er erinnerte sich daran, sich seiner unglücklichen Lage bewußt gewesen zu sein, daß er seine Familie, seine Freunde und sein Land vermißt habe und habe zurückkehren wollen. Aber sein Leben sei wie ein seltsamer Traum gewesen, in dem sich Ereignisse, Gegenstände und Wahrnehmungen in langsamer Bewegung miteinander verflochten und alles sich völlig seiner Kontrolle entzog. Genaugenommen habe er überhaupt keinen eigenen Willen gehabt. Entscheidung sei ein Wort ohne Bedeutung und eine bewußte Handlung ein Ding der Unmöglichkeit für ihn gewesen.
Die Freiheit hatte er durch einen Zufall wiedererhalten. Einer der Gefangenen hatte sich mehrere Tage lang geweigert zu essen und war wiederholt wegen seines Ungehorsams geschlagen worden. Mitten in einer solchen Bestrafung bekam der Zombie eine Hacke zu fassen und tötete den Bokor in einem Wutanfall. Nach dem Tod ihres Meisters zerstreuten sich die Zombies, und einige von ihnen kehrten schließlich in ihre über die nördliche Ebene verstreuten Dörfer zurück. Nur zwei der lebenden Toten kamen aus dem Inneren des Landes – Narcisse und noch ein anderer, der eigenartigerweise aus Ennery stammte. Narcisse blieb nach seiner Befreiung noch einige Jahre im Norden und zog dann in den Süden nach St. Michel de L'Attalaye um, wo er sich für acht Jahre niederließ. Obwohl ihn die Furcht vor seinen Brüdern davon abhielt, in sein Dorf zurückzukehren, hatte er versucht, mit seiner Familie Kon-

takt aufzunehmen. Seine zahlreichen Briefe blieben jedoch unbeantwortet. Als er schließlich hörte, daß der Bruder, der ihn der ganzen Tortur ausgesetzt hatte, gestorben war, kehrte er nach L'Estère zurück. Seine Ankunft hatte, wie nicht anders zu erwarten gewesen war, in der Gemeinde einen Schock ausgelöst. Er sei überhaupt nicht freundlich empfangen worden, gestand er. Die Leute im Dorf hätten ihn gehänselt, und die allgemeine Aufregung sei so groß gewesen, daß die Behörden sein Leben gefährdet sahen und ihn in Schutzhaft nahmen. Damals war er zu Dr. Lamarque Douyon in Behandlung gekommen. Bis zum heutigen Tag kommt Narcisse nur auf kurze Besuche nach L'Estère. Er verbringt seine Zeit entweder in Douyons Privatklinik in der Hauptstadt oder in seinem Unterschlupf bei den Baptisten auf der Missionsstation.

»Dreimal haben sie meinen Namen gerufen«, erzählte Narcisse uns später am selben Nachmittag, als wir auf dem Friedhof von Benetier saßen. Als wir am Eingang des Friedhofs angekommen waren, hatte Narcisse am Wegrand einige Minuten gebraucht, um sich zu orientieren. Dann war er, fast ohne zu zögern, durch die dicht nebeneinander liegenden Gräber mit ihren zerbrochenen Zementplatten gegangen, bis er vor seiner eigenen Grabstelle stand. Kaum noch sichtbar, war ein Spruch in die Oberfläche des Zements eingraviert, den man vor rund zweiundzwanzig Jahren geschrieben hatte: »Ici Repose Clairvius Narcisse.«

»Schon als sie die Erde auf meinen Sarg warfen, war ich nicht mehr dort. Mein Fleisch war dort drinnen«, sagte er und zeigte auf den Boden, »aber ich schwebte hier oben und bewegte mich überallhin. Ich konnte alles hören, was passierte. Dann kamen sie. Sie hatten meine Seele und sie riefen mich, während sie sie in die Erde schickten.« Narcisse hob den Blick vom Boden. Am Rand des Friedhofs standen zwei magere Totengräber so reglos und aufmerksam wie Gazellen. Narcisse spürte ihre Augen, die ihn wiedererkannt hatten, schwer auf sich ruhen.

»Haben sie vor dir Angst?« fragte Rachel.

»Nein«, antwortete er, »aber wenn ich Probleme mache,

bekomme ich selbst Probleme.« Einige Minuten sagte er nichts. Das Licht des späten Nachmittags leuchtete warm auf seinem Gesicht, warf aber einen auffälligen dunklen Flecken über die tiefe Narbe auf seiner rechten Wange. Schon früher hatte er erwähnt, daß an dieser Stelle ein Nagel des Sarges in sein Fleisch eingedrungen sei.

»Sie dachten, ich wäre ein *bourreau*, ein Henker, deshalb fesselten sie mir die Arme an den Körper, nachdem sie die Flasche hatten kreisen lassen.«

»Haben Sie sich wehren können?«

Als ob er mich nicht gehört hätte, fuhr Narcisse fort: »Dann stand ich acht Tage lang vor Gericht.«

»Wer waren die Richter?« fragte Rachel aufgeregt. »Und wo fand das statt?« Wieder schenkte Narcisse der Frage keine Beachtung und setzte sich in Bewegung, um den Friedhof zu verlassen. Für einen Moment blieb er bei einem großen, hohen Grabmal stehen, dann ging er zur Straße weiter. Als wir den Jeep erreichten, drehte er sich zu uns um und sagte ruhig: »Sie sind die Herren des Landes, und sie tun, was ihnen gefällt.«

»Das einzige Gericht, das mein Bruder kannte, war der Friedhof.« Angelina Narcisse lehnte sich mit gespreizten Beinen auf ihrem Stuhl zurück. Die Morgensonne war schließlich doch durch die Wolken gedrungen und hatte uns in den Schatten des Strohdaches getrieben. Zwischen den dünnen Dachsparren waren lange Streifen mit Dutzenden von Photographien des Präsidenten Jean Claude Duvalier und seiner Frau zu sehen. Michelle Duvaliers Gesicht stach hervor, es war gepflegt und ziemlich hübsch. Zwischen den Photographien hingen kleine Flaggen in den haitischen Farben Rot und Schwarz, denselben Farben wie auf Angelinas langem Kleid. Um uns herum standen die Häuser des Lakou wie aus einer Form, gleich in trockenem Lehm eingebackenen Steinen. In einer Ecke waren eiserne Stäbe in die Erde eingelassen, an deren Fuß ein Haufen Kohle aufgeschüttet war. Als ich einmal mit Beauvoir unterwegs war, sah ich einen besessenen Mann mit unbewegtem Gesicht einen solchen Stab, dessen Spitze rot glühte vor Hitze, in die Erde rammen, wobei er das Eisen mit den bloßen Händen hielt.

»Außer, das Gericht wurde nachts abgehalten, dann kann niemand davon wissen. Wir wissen also nichts davon.«

Mit barscher Stimme trug Angelina ihre Version des Falles ihres Bruders vor. Schon lange vor dem Tod ihrer Eltern war Clairvius in zahllose Streitfälle mit seinen verschiedenen Brüdern verwickelt gewesen. Dabei ging es oft um Land, aber auch um andere Dinge. Clairvius hatte finanziellen Erfolg gehabt, zeigte aber keinerlei Neigung, die Familie an seinem Gewinn teilhaben zu lassen. Einmal wollte zum Beispiel sein Bruder Magrim 2000 Dollar von ihm leihen, was Clairvius ihm rundweg abschlug. Der heftige Wortwechsel, der sich daran anschloß, gipfelte darin, daß Magrim seinen Bruder mit einem Holzscheit auf das Bein schlug, während Clairvius als Antwort Steine zurückschleuderte. Beide waren anschließend im Gefängnis gelandet.

Offensichtlich hatte Clairvius sich nicht nur seine Familie zum Gegner gemacht. Er hatte unzählige Frauen in Verruf gebracht und an jeder Ecke des Artibonite-Tals Kinder hinterlassen. Für keines dieser Kinder übernahm er jedoch die Verantwortung, noch hatte er Häuser für die verschiedenen Mütter gebaut. Er war deshalb in seinen mittleren Jahren finanziell relativ gut gestellt gewesen und hatte sich mehr leisten können als die gleichaltrigen, verantwortlicher denkenden Männer im Dorf. So hatte er zum Beispiel als erster im Lakou ein Zinndach auf sein Haus setzen lassen. Clairvius hatte seinen Profit auf Kosten der ganzen Gemeinde gemacht, und Angelina vermutete, daß ihn eine der betroffenen Personen, wahrscheinlich eine Geliebte, an einen Bokor verkauft hatte.

»Aber von Gift weiß man in unserer Familie nichts«, beendete sie ihren Bericht. »Mein Bruder war ein Jahr lang krank. Es war keine von Gott gesandte Krankheit, und Gift war auch nicht im Spiel, sonst wäre er jetzt noch unter der Erde.«

Was immer der Grund für das Ableben des Bruders gewesen war, die Familie verlor keine Zeit und nahm sofort seine Felder in Besitz, die Angelina und eine weitere Schwester heute noch bestellen. Obwohl Clairvius beim Nationalen Gerichtshof Anspruch auf sein Land angemeldet hat, haben seine Schwestern nicht die leiseste Absicht, ihm auch nur ein Stück davon zurückzugeben. Für sie bleibt Clairvius ein Toter, ein Geist, der besser gar nicht ins Dorf zurückgekommen wäre. Überhaupt hatte das erste Familienmitglied, das ihn 1980 auf dem Marktplatz von L'Estère erkannte, Angelina verständigt und Clairvius dann gesagt, er solle wieder gehen. Eine andere Schwester war aus dem Lakou gekommen und hatte Clairvius Geld angeboten, ihm aber auch gesagt, daß er das Dorf wieder verlassen müsse. Doch da hatte sich bereits eine große Menschenmenge versammelt, und die Polizei traf ein, um Clairvius Narcisse im Gefängnis der Regierung in Schutzhaft zu nehmen.

Der Tod sollte in eine Familie fallen wie ein Stein, den man in einen See wirft; für kurze Zeit entsteht ein Loch, dann breiten sich die Wellen der Trauer bis an den Rand der Sippe aus. Im Fall von Clairvius Narcisse freilich war der Stein ins Wasser eingetaucht, ohne eine Spur zu hinterlassen. Wenige Zeit nachdem wir den Lakou der Familie verlassen hatten, entdeckten wir auch, warum. In der sengenden Mittagshitze bogen wir ein Stück von der Straße ab, um einen einsamen, schwer beladenen Bauern ein Stück weit mitzunehmen. Zufällig war es ein Cousin von Clairvius, und es gelang Rachel ohne Schwierigkeiten, den Eindruck zu erwecken, daß wir mehr wußten, als wirklich der Fall war.

»Natürlich war es jemand aus der Familie, das ist sicher«, sagte der Mann. »Aber ihr werdet nie herausfinden, was er gemacht hat, bevor ihr nicht mit seinem Richter gesprochen habt.«

»Aber der Houngan sagte, daß nie ein Gericht stattgefunden hätte«, erwiderte Rachel und wollte ihn so zum Weiterreden verleiten.

»In so einem Fall muß ein Gericht abgehalten werden«, betonte der Cousin. »Sie müssen den Toten rufen. Sonst können sie die Falle nicht auslegen.«

»Um seine Seele zu fangen?« fragte ich, weil ich mich daran erinnerte, was Clairvius uns auf der Missionsstation berichtet hatte.
»Sie müssen ihn rufen.«
»Seine Schwester sagte, daß der Bokor einen *coup l'aire* anwendete«, sagte Rachel.
»Nein. Der Körper sollte ja arbeiten. Nur ein *coup poudre* konnte ihn dazu bringen.«
»*Coup poudre*?« Ich sah Rachel an.
»Ein Zauberpulver«, erklärte sie.
Der Cousin wußte nicht genau, woraus es bestand. Vielleicht eine große Eidechse, *agamont* genannt, und offensichtlich zwei Kröten, von denen eine *Crapaud bouga*, die andere *Crapaud de mer*, Meereskröte, hieß.
»Wie wird das Gift angewendet?«
»Es gibt kein Gift«, antwortete der Cousin. »Narcisse kam aus der Erde heraus. Hätte er Gift bekommen, er wäre dort liegengeblieben, wo er war.« Der Cousin sah verblüfft drein, und plötzlich verstand ich und kam mir fürchterlich dumm vor. Ich hatte immer nach einem Gift gefragt, aber was ich Gift nannte, war für sie eine Falle oder ein *coup poudre*. Für sie entstand ein Zombie nicht durch eine Droge, sondern durch einen magischen Akt.

Es war zwei Uhr morgens, als die anderen Gäste Marianis Peristyl endlich verließen und als Rachel ins Haus ging und ihren Vater und mich allein auf der Terrasse zurückließ. Nach der Zeremonie und den lebhaften Gesprächen, die sich jedesmal unweigerlich anschlossen, herrschte jetzt willkommene Stille, in der man Dinge wie den zarten Duft der Zitronenbäume oder das hohe Pfeifen einer früchtefressenden Fledermausart wahrnehmen konnte.
»Sie machen heute einen abwesenden Eindruck«, sagte Max und zog mich mit seinen Worten wieder auf den Boden der Wirklichkeit herunter. Eine Fledermaus huschte unter dem Dach des Peristyls entlang und war im nächsten Moment verschwunden.
»Vielleicht«, sagte ich kurz.

»Wollen Sie etwas trinken?«
»Wenn Sie auch etwas nehmen. Rum auf Eis.«
»Wie geht die Arbeit voran?«
»Es geht so. Hat Rachel Ihnen nichts erzählt?«
»Doch, einiges. Das scheint ja ein schönes Pärchen zu sein.«
»Ti Femme?«
»Und der andere.«
»Max, irgend jemand sagt hier nicht die Wahrheit.«
»Was meinen Sie?«
»Ti Femme war nicht unschuldig. Jeder haßte sie. Und bei Narcisse hat die eigene Schwester versucht, ihn aus dem Dorf hinauszuwerfen, nachdem sie ihn achtzehn Jahre lang nicht gesehen hatte.«
»Wahrscheinlich hatte sie Angst vor ihm.«
»Wie kann man vor jemand Angst haben, der überhaupt keinen Willen hat?«
Beauvoir hatte lachen wollen, aber auf meine Worte hin änderte er sein Verhalten. Maskengleich nahm sein Gesicht einen anderen Ausdruck an.
»Und wie«, fuhr ich fort, »kann jemand ohne Willen einen anderen mit voller Absicht umbringen? Denn so haben nach der Darstellung von Narcisse die Zombies ihre Freiheit wiedergewonnen. Das paßt nicht zusammen.«
»Sie glauben ihm also nicht?«
»Ich glaube nicht, daß er ein unschuldiges Opfer war. Keiner von den beiden war das. Narcisse selber sagte, daß es ein Urteil gab, und dasselbe sagte sein Cousin.«
Beauvoir sagte einige Minuten lang nichts, und als er sprach, lag ein neuer Ton in seiner Stimme: »Sie haben mit seinen Schwestern gesprochen?«
»Nur mit der ältesten, mit Angelina. Die anderen haben wir schon früher getroffen.«
»Was für einen Eindruck hatten Sie von ihr?«
»Sie ist stark, völlig beherrscht. Für ihren Bruder hat sie nichts übrig.«

»Ist Ihnen nichts aufgefallen? Denken Sie nach.«
»Nein.« Ich machte eine Pause. »Außer vielleicht, als ich darum bat, ein Photo von der Familie machen zu dürfen.«
»Ja?«
»Sie hat sich als einzige dafür umgezogen.«
»Sie haben also etwas bemerkt.«
»Das schon, aber ich glaube nicht, daß ...«
»Sie ist eine Königin, und Sie haben sie mit Ihrem Besuch überrascht.« Ich wollte ihn unterbrechen, aber er ließ es nicht zu. Er hob sein Glas, bis dessen Rand im Licht aufblitzte.
»Um Haiti verstehen zu können«, sagte er, »müssen Sie sich ein Glas Wasser vorstellen. Sie können nicht vermeiden, das Glas zu berühren, aber es ist nur ein Behelfsmittel. Es ist das Wasser, das Ihren Durst stillt, und es ist das Wasser, nicht das Glas, das Sie am Leben erhält.

Das Glas, das sind auf Haiti die römisch-katholische Kirche, die Regierung, die Staatspolizei und die Armee, die französische Sprache und eine Sammlung von Gesetzen, die man in Paris erfunden hat. Aber wenn Sie einmal genau nachdenken, werden Sie feststellen, daß über neunzig Prozent der Bevölkerung Französisch nicht sprechen, geschweige denn lesen können. Der Katholizismus mag zwar die Staatsreligion sein, doch wir sagen immer, daß fünfundachtzig Prozent des Landes vielleicht katholisch sind, hundertzehn Prozent aber dem Vodoun-Kult angehören. Wahrscheinlich haben wir auch eine westlich geprägte Medizin, aber in einem Land mit über sechs Millionen Einwohnern gibt es nur fünfhundert Ärzte, von denen nur eine Handvoll außerhalb der Hauptstadt praktiziert.

Von außen betrachtet, mag Haiti also jedem anderen verlorenen Kind der Dritten Welt gleichen, das sich ohne Hoffnung abmüht, eine moderne Nation nach westlichem Vorbild zu werden. Aber Sie haben gesehen, daß das nur die Oberfläche ist. Im Innersten des Landes geht etwas ganz anderes vor. Clairvius Narcisse wurde nicht durch einen willkürlichen, kriminellen Akt zum Zombie gemacht. Er hat Ihnen gesagt, daß er verurteilt wurde, und er hat von den Herren des Landes gesprochen. In dieser Hinsicht hat er nicht gelogen. Es gibt diese Herren, und sie müssen Sie suchen, denn die Antworten auf Ihre Fragen liegen allein in den Beschlüssen der Geheimgesellschaft.«

Alles ist Gift, nichts ist Gift

Ich konnte den Horizont sehen, wo Himmel und Meer einander berührten, und die ersten Lichtstrahlen im Osten. Die Luft war kühl und klar. Es war eine besondere Stunde, zu der die Stadt ihre Stimmung veränderte, die Menschen aus ihren Häusern traten, die Engel der Nacht flohen und das Licht die Gebäude erglühen ließ.
Ich wußte seinen Namen noch immer nicht und wollte ihn auch nicht wissen. Er hatte die Eigenart, in den merkwürdigsten Augenblicken zu erscheinen, stets in Leinen gekleidet, mit demselben schwarzen Stöckchen in der Hand, einem Stutzerstöckchen, mit dem er auf die Marmorstufen des Hotels aufschlug.
»Ah, mein junger Freund, Sie schlafen nicht.«
»Heute nacht nicht. Ich bin gerade erst gekommen.«
»Wie steht es mit Ihrer Suche?« Ich hatte ihm nichts über meine Arbeit erzählt. »Ich kann es Ihnen ansehen. Ein Jammer. Bei mir leider auch. Ein schäbiges Geschäft, seine Dollars gegen Träume zu verhökern. Bei den Frauen in der Carrefour-Straße ginge es uns besser.«
Seine dünnen Finger pflückten eine welke Rose aus seinem Revers und ließen sie auf den Tisch neben mir fallen. Einmal hatte ich ihn in der Bar des Hotels gesehen, als er gerade Kopien eines Artikels verteilte, der in einer amerikanischen Zeitung des Mittleren Westens über ihn erschienen war. Es wirkte wie reine Ironie, jemanden, der sich einen solchen Anschein von Wichtigkeit gab, so offensichtlich nach Verruchtheit streben zu sehen.
Wie die ganze Nation hungerte er nach Anerkennung. Und doch war er es gewesen, der mir eines Nachmittags, als die Hitze auf der Veranda glühte, gesagt hatte: »Die Welt reißt sich nicht um Haiti, wie so viele von uns meinen. Die nüchterne Wahrheit vielmehr lautet, daß es der Welt gleichgültig ist, und wenn ein Haitianer etwas haßt, dann das Gefühl, uninteressant zu sein. Es ist nicht wichtig, was über einen gesagt wird, solange man nur im Gespräch

ist. Vielleicht verirrt sich einmal eine internationale Abendgesellschaft beim Small-talk nach Haiti, aber ich zweifle daran.« Man hatte große Lust, ihm aus dem Weg zu gehen, aber in einem Land, in dem man es sich mit der Wahrheit so einfach macht, sie so sehr auf die leichte Schulter nimmt, war er schlicht unwiderstehlich. Als er verschwunden war, trat ich an die Brüstung der Veranda und schaute auf die Stadt hinaus. Ich konnte mir nur schwer vorstellen, daß schon in wenigen Stunden die Hitze und die Helligkeit der Sonne kaum noch zu ertragen sein würden.

Marcel Pierre war der einzige Mensch, von dem ich wußte, daß er das Zombie-Gift herstellen konnte. In den drei Wochen, seit wir seinen Hounfour verlassen hatten, hatte ich seine Mixtur nicht, wie angekündigt, an einem Feind ausprobiert. Ich hatte jedoch etwas über seine Person herausgefunden. Nach den Aussagen mehrerer Informanten war Marcel Pierre ein früher und treuer Gefolgsmann von François Duvalier und ein berüchtigtes Mitglied der Ton Ton Macoute, der ländlichen Miliz, die Duvalier eingesetzt hatte, um sein System zu festigen. Offenbar hatte Marcel in den schrecklichen Tagen der frühen sechziger Jahre, als Duvalier Hunderte von Angehörigen der Mulattenelite getötet hatte, seine Autorität dazu benützt, Informationen von den mit alten Traditionen vertrauten Houngan zu erpressen. Obwohl viele der Houngan selbst Mitglieder der Ton Ton Macoute waren, konnten doch wenige mit Marcel Pierres Skrupellosigkeit mithalten. Um vor seinen Schergen sicher zu sein, nahmen sie ihn widerwillig in ihre Reihen auf und weihten ihn in gewisse Geheimnisse ein. Schließlich wurden aber Marcels Übergriffe unerträglich – er wurde selbst ein Opfer und erhielt eine starke Dosis Gift. Er kam zwar knapp mit dem Leben davon, litt aber für immer an den Folgen der Vergiftung. Jetzt, fast zwanzig Jahre später, war sein Ruf umstritten. Einige sagten, er hätte bereut und sei ein in alle Riten eingeweihter Houngan geworden, andere nannten ihn einen Houngan *macoute*, einen Scharlatan, der kein wirklich spirituelles Wissen besitze. Wieder andere, vielleicht die meisten,

taten ihn als einen gewöhnlichen Schurken ab, einen Unheilstifter. Dieser Einschätzung hatten sich auch die Korrespondenten der BBC angeschlossen.
Obwohl Marcel und seine Anhänger in dem Ruf standen, das Pulver zu verkaufen, war mir doch sofort klar gewesen, daß er mich mit dem Präparat, das er für mich hergestellt hatte, betrogen hatte. Die Pflanzen, die er benützt hatte, gehörten zu botanischen Familien, die bekanntermaßen kaum von phytochemischer Bedeutung waren. Und dann seine Vorgehensweise. Er hatte das angebliche Gift in Anwesenheit kleiner Kinder gemischt und noch dazu unmittelbar neben dem Wohnbereich des Houngan. Das war höchst verdächtig. Biodynamisch wirksame Pflanzenpräparate, seien sie giftig oder halluzinogen, verfügen über bestimmte Zerstörungspotentiale; die Gifte, weil sie heimlich töten, und die Halluzinogene, weil sie die Schwäche des Menschen im Schnittpunkt von Natur, Gesellschaft und Geisterwelt offenbaren. Wenn die Schamanen im Amazonasgebiet ihre hochwirksamen Halluzinogene zubereiten und einnehmen, verlassen sie normalerweise das Dorf und nehmen ihre Patienten mit. Auch Curare, Pfeilgift, wird oft im Urwald zubereitet. Haiti ist nicht das Amazonasgebiet, aber ich war mir sicher, daß Marcel Pierre, wie immer es um seinen Ruf bestellt sein mochte, ein derartig tödliches, topisch wirksames Gift niemals so nahe bei seinem Tempel und den Häusern seiner Nachbarn herstellen würde. Es hätte keinen Sinn. Wenn Marcel aber die richtige Formel wußte, wie konnten wir ihn dann dazu bringen, sie uns zu geben?
Ich hatte einen Vorteil. Andere Forscher hatten angenommen, daß die Formel für das Zombie-Gift ein esoterisches Geheimnis sein müßte. Ich war mir dessen nicht so sicher, und außerdem war ich nicht gekommen, um an Geheimnisse zu glauben. Jahrelang hatte ich im Amazonasgebiet um Kenntnisse gerungen, die zwar nicht ausdrücklich als geheim galten, die aber trotzdem von den Indianerstämmen sorgfältig gehütet wurden. Meiner Erfahrung nach hing der Erfolg weniger von der Bedeutung der einzelnen Kenntnisse ab als von der Beziehung, die man zu einem einge-

weihten Informanten herstellen konnte. Jede Gesellschaft hat bestimmte Gesetze und Regeln, aber ihre einzelnen Mitglieder übertreten sie mit Wonne. Geheimhaltung mag eine Regel sein, aber schließlich ist Verrat eine Sprache, die auf der ganzen Welt gesprochen wird.

Der Zweck von Geheimnissen ist es, die Interessen einer Gemeinschaft gegenüber bedrohlichen Fremden zu schützen. Wenn man eine Beziehung herstellen kann, die einen selbst nicht länger als Bedrohung erscheinen läßt, verschwindet die Notwendigkeit eines solchen Schutzmantels. Es kann manchmal Monate dauern, bis man eine solche Beziehung geknüpft hat. Einmal verbrachte ich zwei Sommer mit dem Versuch, einem alten Tsimshian-Indianer im nördlichen Kanada einige Stammesmythen zu entlokken, um sie aufzuzeichnen. Ich hatte schon völlig aufgegeben und war zu dem Schluß gekommen, den er mir nahegelegt hatte, daß nämlich die Überlieferung verlorengegangen sei. Eines Tages schoß und zerlegte ich einen Elch für ihn, damit er im Winter Fleisch hatte, einfach als eine Freundschaftsgeste. Einem alten Mann Wild zu bringen gilt traditionell als eine Geste des Respekts, und mit dieser Tat war es mir ganz zufällig gelungen, meine Frage in der rechten Weise zu stellen. An jenem Abend begann ich einen ganzen Zyklus von Stammesmythen aufzuschreiben.

Obwohl Vertrauen natürlicherweise langsam wächst, gibt den Ausschlag für eine Beziehung oft ein einziger Augenblick, in dem man lediglich aus Instinkt oder aus einer Inspiration heraus handeln kann. Andrew Weil, ein Ethnobotaniker und Schriftsteller wie ich, erzählte mir eine Geschichte aus seiner Zeit bei den Yaqui, einem als rauh und kriegerisch bekannten Stamm in Nordmexiko. Die Yaqui-Tänze sind entsetzliche Kraftproben, bei denen die Ausdauer der Teilnehmer ohne jede Unterbrechung eine Woche lang auf die Probe gestellt wird. Andrew ist einer der wenigen Weißen, die je eingeladen wurden, daran teilzunehmen. Als er dies zum ersten Mal tat, kam ein rauher, höchst stolzer und anscheinend feindseliger Yaqui auf ihn zu. Sie nahmen die Fäuste hoch, und der Indianer trommelte auf seinen gewaltigen Brustkasten und brüllte: »*Soy Indio*...«, zu deutsch: Ich bin ein Indio. *Indio* ist im Spanischen ein Schimpfwort, so daß der Mann im Grunde sagte: »Ich bin ein Nigger, und was willst du dagegen unternehmen?«

Andrew, der zufällig Jude ist, donnerte plötzlich auf seine eigene Brust und schrie: »*Soy Judeo.*« Darauf antwortete der Yaqui: »Ich bin ein dreckiger Indio«, und Andrew konterte: »Ich bin ein gieriger Jude.« So ging es weiter, bis die beiden alle nur erdenklichen Beschimpfungen strapaziert hatten. Dann brachen sie plötzlich in ein Gelächter aus, und für den Rest des Tanzrituals hatte Andrew diesen Mann als Begleiter und Mentor gewonnen. Der springende Punkt war, daß der Yaqui in irgendeiner Weise sein »Yaqui-Sein« gegenüber dem weißen Besucher zur Schau stellen mußte. Doch dadurch, daß Andrew seine eigene ethnische Provokation dagegengestellt und so die Lächerlichkeit des Ganzen entlarvt hatte, war es ihm gelungen, eine potentiell gefährliche Situation geschickt zu entschärfen und eine echte Verbindung herzustellen.

Meine Herausforderung bestand natürlich darin, eine ähnliche Verbindung zu Marcel Pierre herzustellen.

Die Bar war leer, aber als Max Beauvoir und ich den Hounfour betraten, waren da drei Männer, die mit dem Rücken zu den ockerfarbenen Wänden des Bagi saßen. Marcel verbarg noch immer den Großteil seines Gesichtes und starrte uns mit dem gleichen kalten, ausdruckslosen Blick an. Ich begrüßte ihn. Er machte mir einen Platz neben sich frei, in der Nähe eines Tisches.

»Nun?« sagte er.

»Es hat nicht gewirkt«, erklärte ich. Beauvoir zündete sich eine Zigarette an und wiederholte mit leiser Stimme meine Worte. Ich fügte hinzu: »Zehn Tage habe ich gewartet, und es ist nichts passiert.« Marcel zeigte sich ungläubig.

»Dein Gift ist unbrauchbar«, sagte ich. Dann schaute ich an ihm vorbei seine beiden Gefährten an und fragte sie, ob sie sich nicht zu schade seien, ihre Zeit mit einem solchen Scharlatan zu vertun.

Einer von ihnen machte eine Bewegung auf mich zu. Beauvoir befahl ihm, sitzen zu bleiben.

Marcel wurde rot, und zum erstenmal sprudelten die Worte nur so aus ihm heraus. Er beschimpfte mich in einem Dutzend Variationen als einen Lügner, ehe er empört in den Bagi hineinging. Beauvoir schickte die Zuschauer weg. Marcel kam mit einer Tasche zurück, in der dieselbe weiße Aspirinflasche war, die er uns am ersten Tag gezeigt hatte. Als er an mir vorbeiging, riß ich ihm die Tasche aus der Hand, öffnete den Deckel der Flasche, hielt meine Hände so hoch, daß er sie nicht sehen konnte, und tat so, als schüttete ich das braune Pulver in meine Hand. Es berührte meine Haut nicht, aber Marcel war sicher, daß es sie berührt hatte. Ich gab vor, das Gift zu untersuchen und es dann in die Flasche zurückzuschütten. Ich verschloß sie wieder, gab sie ihm zurück und rieb dann die linke Hand an meinem Hosenbein ab.

»Sägemehl«, sagte ich verächtlich.

Marcel zuckte zurück, einen Augenblick lang blieb er stumm. Fliegen tanzten wie riesige Staubkörner in einem Lichtstrahl, der quer über sein Gesicht fiel. Er sah zuerst mich an, dann Beauvoir. Schließlich sagte er: »Er ist ein toter Mann.«

Langsam stand ich auf. »Sag mir also, wann werde ich sterben?« Marcel erkannte seinen Vorteil. »In einem Tag, einer Woche, einem Monat, einem Jahr. Du wirst sterben, weil du das Pulver berührt hast.«

Ich atmete tief ein und fühlte, wie die heiße Luft in meine Brust einströmte.

Ich mußte die List durchhalten. »Was soll das heißen? Jeder muß irgendwann einmal sterben.«

Zum erstenmal lachte Marcel und entblößte dabei eine Reihe vollkommener Zähne. Er schaute Beauvoir an und sagte: »Dein Weißer da ist ein mutiger Mann.« Und nach einer Pause fügte er hinzu: »Aber er ist auch sehr dumm.« Erst später sollte ich herausfinden, daß die kleine weiße Flasche das echte Gift enthielt. Sekunden später fachte das Thema Geld Marcels Zorn von neuem an. Es war eine Sache, die Qualität seiner Präparate anzuzweifeln, aber es war etwas ganz anderes, das Geld zurückzuverlangen, das er bereits ausgegeben hatte. Inzwischen waren mehrere seiner Frauen in den Hounfour zurückgeschlüpft. Als er diesmal wieder in den Bagi hineinging, kam er mit einer kleinen schwarzen Phiole zurück. Er stellte sie vorsichtig, fast ehrfürchtig zwischen uns auf den Tisch. Der Zorn stand ihm noch im Gesicht, und kleine Schweißbäche rannen ihm über die haarlosen Brauen.

»*Blanc*«, schrie er, »du und deinesgleichen, ihr fahrt tausend Meilen her, um an mein Gift heranzukommen. Jetzt sagst du mir, daß mein Pulver nichts taugt. Warum verschwendest du meine Zeit? Warum beleidigst du uns?« Er lief auf und ab und schlug mit den Armen Löcher in die Luft. Seine Frauen bildeten einen Ring um ihn. Dann blieb er stehen.

»Wenn du meinst, daß ich kein gutes Gift mische«, sagte er und zeigte dabei auf den Tisch, »dann trink das, und ich verspreche dir, daß du nicht mehr lebend hier herauskommst.«

Der Kreis der Gesichter forderte mich heraus. Beauvoir konnte nichts tun. Marcel kam mir so nahe, daß ich seinen Atem spüren, ihn riechen konnte, wie den Atem eines Bussards. Das Schweigen war unerträglich. Dennoch war ich der einzige, der es brechen konnte. »Marcel«, sagte ich schließlich und schlug dabei einen versöhnlichen Ton an, »es geht nicht darum, ob du gutes Gift mischen kannst oder nicht. Ich weiß, daß du es kannst. Aus diesem Grund bin ich tausend Meilen weit gereist, um es zu bekommen. Ich behaupte lediglich, daß das, was du mir gegeben hast, wirkungslos ist.« Ich stand auf, entfernte mich vom Tisch und rieb mir das Gesicht. »Du denkst vielleicht, daß das Geld, das ich dir bezahlt habe, sehr viel war, aber für mich war es nichts, denn es war nicht mein Geld. Für meine Geldgeber war es so wenig, daß sie nicht einmal merken werden, wenn es fehlt. Aber wenn du mich nach New York zurückschickst mit diesem wirkungslosen Pulver, dann läßt du dir die Möglichkeit durch die Lappen gehen, in Zukunft Tausende von Dollars mit uns zu verdienen.«

Sie waren wie vom Donner gerührt. Ein Raunen ging durch den

Raum. Dann schienen alle zu erstarren, und eine Minute lang hielten sie schweigend die Luft an. Einige mochten an das Geld denken, andere die Beleidigung abwägen. Marcel sagte nichts.
»Also denke darüber nach«, sagte ich, »ich komme morgen früh wieder.« Danach verließen Max Beauvoir und ich den Hounfour, indem wir uns langsam einen Weg zwischen den Frauen hindurch bahnten wie Männer, die einen Fluß durchqueren.

Am nächsten Morgen begrüßte Marcel Rachel und mich am Eingang seines Hounfour und lud uns in den Bagi ein. Es war nur eine kleine Kammer – ich konnte in jeder Richtung mit der Hand eine Wand berühren. Die Luft roch nach alten Zeitungen, Kerzenrauch und Erde. Marcel stieß den Laden des einzigen Fensters auf. Ein heller Lichtstrahl fiel auf den Altar und verwandelte die farbigen Flaschen in funkelnde Juwelen. Dann kniete er sich hin und fuhr mit einem Zahnstocher eifrig an seinem glänzenden Kiefer entlang. Er griff nach einer Rumflasche, die neben dem Altar stand und hielt sie ins Licht. Dann reichte er sie mir mit einer herausfordernden Geste. Die Flasche war voller Samen, Holz und anderen organischen Abfällen. Der Geruch war ätzend wie von faulendem Knoblauch. Es gibt ein Sprichwort auf Haiti, das einen warnt, nie aus einer offenen Flasche in einem unbekannten Tempel zu trinken. Ich nahm einen Schluck.
Marcel begann zu lachen und drehte sich ungläubig zu Rachel um. »Woher wußte er, daß nichts drin war?«
»Er wußte es nicht«, antwortete sie.
Marcel war sprachlos. »Warum hat dieser *Blanc* keine Angst vor mir?«
»Weil er vor niemandem Angst hat«, sagte sie trocken. Ich sah sie an. Das war zwar eine Lüge, aber die bestmögliche Antwort.
In diesem Augenblick veränderte sich meine Beziehung zu Marcel Pierre. Als wir den Tempel verließen, sah ich die Ingredienzen zu dem Stoff, der sich als das echte Zombiegift herausstellen sollte, auf der Wäscheleine trocknen. Kurz bevor wir bei unserem Jeep ankamen, sagte Marcel etwas zu Rachel. Sie wandte sich beunru-

higt zu mir herum. »Er will, daß Sie heute abend allein wiederkommen. Er sagt, es sei Zeit, das Gift zu holen.«

Es war ein mondloser Himmel, und die Sterne waren hinter den Wolken verborgen. Ein gewaltiges Gewitter hatte den Himmel bei Anbruch der Dämmerung aufgerissen. Jetzt, kurz nach Mitternacht, am Straßenrand mehrere Meilen nördlich von Saint Marc, hingen die dunklen Wolken noch immer drohend am Horizont. Wir waren zu fünft – Marcel, ich, sein Gehilfe Jean und zwei seiner Frauen. Wir verließen die Straße zu Fuß und folgten einem schmalen Pfad, der sich im Zickzack ein ausgewaschenes enges Tal hinaufwand, durch eine dürre, spröde Vegetation hindurch. Es war stockfinster. Wir hatten zwar eine Taschenlampe, aber ihr glimmendes Licht half uns nur wenig. Marcel trug sie voraus, stolpernd und lachend mit einer morbiden Fröhlichkeit, die gründlich mit Rum durchtränkt war. Hinter ihm ging Matilde, deren langes weißes Kleid beim Gehen in Wellen hinter ihr herfloß. Ich ging hinter ihr, und die andere Frau, Marie, hielt meine Hand. Es half nicht viel, denn sie war in der Dunkelheit ebenso ungeschickt wie ich, aber ich war doch für die menschliche Nähe dankbar. Jean war der letzte und schien in der Dunkelheit sehen zu können. Er bewegte sich langsam, gleichmäßig das Tal hinauf, mit wachen Sinnen, jeden Laut und jede Bewegung registrierend. Über der Schulter trug er eine Schaufel und eine Hacke.

Auf einer trockenen Kuppe, die Hügel umgaben sie wie ein ausgebreitetes Leichentuch, roch die Luft feucht und modrig. Der Regen kam. Wetterleuchten zuckte in der Ferne, und das aufflammende Licht enthüllte Schatten auf Marcels Gesicht. In seiner dunklen Brille, die er bei Nacht ebenso trug wie am Tage, sah ich Spiegelbilder seiner beiden Frauen, Marie in Rot, Matilde in Weiß. Ihre dunkle Haut glühte aus all dem weißen Stoff hervor. Weit unten glitten die Scheinwerfer vorbeifahrender Autos und Lastwagen über die Dächer des Lakou. Die Menschen dort schliefen, während wir dabei waren, einen ihrer Toten zu stehlen.

Das Grab war nicht gekennzeichnet, wir sahen nur eine leichte Erhebung im Boden. Jean schlich sich davon, um mit einem Verbündeten Kontakt aufzunehmen, den er in der kleinen Ortschaft hatte. Wir warteten, ohne zu sprechen, und hielten unsere Arme lose ineinander verschlungen. Die Stille dröhnte mir in den Ohren. Ich fühlte eine Welle fiebriger Hitze und kämpfte die Schauer nieder. Jean kam nach zwanzig Minuten zurück, keuchend, mit leuchtenden Augen, aber seine Lippen blieben versiegelt. Marcel reichte ihm ein paar Zigaretten, und Jean brachte sie in den pechschwarzen Schatten, wo sein Verbündeter sich verborgen hielt. Als Jean ein Streichholz anzündete, flackerte das helle Licht einen Augenblick lang auf ihren Gesichtern.

Die Schaufel grub nicht, sie kratzte die feste Erde vom Grab. Die Hacke brach sie in Klumpen heraus. Tiefer und tiefer drang sie in den Boden ein, und von hinten her klang das gedämpfte Gelächter der Frauen, wie das weit entfernte Krächzen von Raben an der Küste am Ende eines Tages. Aus dem Grab stieg der starke und unverkennbare Geruch von feuchter Erde auf.

Ich hielt die Taschenlampe und verfolgte das Geschehen in ihrem fahlen Lichtschein. In gut einem Meter Tiefe stieß das Schaufelblatt in die Schilfmatte, die die Grabnische auskleidete. Unter der Matte kamen mehrere Schichten von Baumwolltüchern zum Vorschein, deren leuchtende Farben noch kaum verblaßt waren. Dann hörte ich das hohle Geräusch, mit dem Stahl auf einen hölzernen Sarg auftraf. Jean hielt inne, bedeckte sein Gesicht mit einem roten Tuch und rieb alle unbedeckten Stellen seines Körpers mit einem Liniment ein. Wir taten es ihm nach. Marcel trat vor und ließ uns an einem zähflüssigen Gebräu riechen, das nach Ammoniak roch. Vorsichtig kratzte Jean die lose Erde um den Sarg herum fort. Er beugte sich so weit wie irgend möglich vom Grab weg, streckte einen Arm hinein und versuchte, den Sarg mit der Hacke vom Boden hochzustemmen. Der Sarg splitterte. Jean hörte auf und grub noch ein wenig mit der Schaufel. Schließlich kletterte er in das Grab, schlang ein Seil um das eine Ende des Sarges und zog ihn aus dem Erdreich empor.

Der Sarg war kurz, nicht einen Meter lang. Jean brach die Ecke eines schmalen Brettes heraus. Es dauerte eine Weile, bis sich meine Augen an die Farbe von Staub und Tod gewöhnt hatten. Dann spürte ich das Entsetzen in mir aufsteigen. Ich sah einen kleinen, geschrumpften Kopf, Lippen, die über winzigen gelben Zähnen zurückgezogen waren, Augen, die aufeinander zuschielten. Es war ein Kind, ein kleines Mädchen, mit unversehrtem Häubchen, starr und graubraun. Als Jean und Marcel sorgfältig einen großen Hanfsack über den Sarg zogen, wanderte ich zurück zum Grab. Wie eine Wunde zog mich das klaffende Loch mit seltsamer Faszination an. Matilde blieb in meiner Nähe und hielt mich einmal davon ab, meine feuchte Stirn mit dem Saum ihres Rockes abzuwischen. Mir grauste. Leichen zersetzen sich schnell in einem solchen Klima. Das Kind konnte noch nicht einmal einen Monat in der Erde gewesen sein. Jean hob den Sarg auf seinen Kopf und begann, ins Tal hinunterzusteigen. Die anderen schlossen sich ihm an. Ich kam zuletzt und folgte dem schmeichelnden Hüftschaukeln einer Hure.

Niemand widmete uns große Aufmerksamkeit, als wir den Sarg vor der Adlerbar abluden. Ein paar Gäste lehnten über die Betonbrüstung, aber die Musik übertönte unsere Stimmen. Jean nahm den Sarg aus dem hinteren Teil des Jeeps heraus und trug ihn hinüber zu Marcels Bagi. Marcel bestellte alkoholfreie Getränke. Ich kaufte zwei Flaschen Rum. Wir tranken ein paar Gläser miteinander, und als ich wegging, hörte ich, wie Jean hinter mir mit der Schaufel arbeitete. Er verscharrte den Sarg im Hof des Hounfour. Dort sollte er bleiben, bis ich wiederkäme.
Auf diese Weise hatten wir also den ersten und, nach Marcels Aussagen, wichtigsten Bestandteil des Zombie-Giftes gewonnen. Ich fuhr zügig nach Süden, meine Scheinwerfer zerschnitten die letzten Schleier der haitischen Nacht. Unterhalb der steilen Hänge, die bei Carrius bis ans Meer reichen, hellte der pastellfarbene Himmel in der wachsenden Morgendämmerung auf, und leuchtende Wolken umrahmten klaffende Löcher am Himmel.

Ströme von strahlendem Licht ergossen sich über die Berge. Unwillkürlich fuhr ich in Richtung Meer. Der Anblick einer reinen und jungfräulichen Küstenlinie erweckte in mir das unwiderstehliche Verlangen zu baden. An einem Strand oberhalb eines Fischerdorfes legte ich meine Kleider ab und watete in das Wasser hinein, das mich frösteln ließ. In der Dämmerung begannen sich Formen zu zeigen – über dem Wasser der schimmernde Widerschein ferner Korallenriffe, und südwärts am Ufer entlang, auf die Ortschaft zu, die glänzenden schwarzen Körper, wie die von Piraten, die ihre Morgenlieder schmetterten. Ich freute mich, daß mir kalt war. Dann fühlte ich die warme Brise vom Land her, die über meine Wange streichelte. Ich erinnerte mich an etwas, das der Fremde im Ollofson gesagt hatte : » Haiti wird Sie lehren, daß Gut und Böse eins sind. Wir verwechseln beides nie miteinander, wir sondern beides aber auch nie voneinander ab. «

Drei Tage später führte Marcel Rachel und mich durch ein verkommenes Gebiet, an einem Haus aus Flechtwerk und Lehm vorbei, in dem eine alte Frau allein lebte, zu einem Tal, das sich auf ein karges Schwemmland hin öffnete, das mit Kakteen und Gestrüpp übersät war. Jean begleitete uns; er und ein weiterer Gehilfe trugen einen Metallgrill, einen Leinensack, einen Mörser und einen Stößel. Marcel hatte eine Vinylaktentasche bei sich, die an den Nähten aufgeplatzt war. Wir machten halt, als wir eine kleine Ebene erreichten, die teilweise von einem dichten Bestand an Caotchu beschattet wurde, einer scheußlichen Sukkulente mit verdrehten Sprossen und einem spiralförmigen Aufbau. Wie alles andere in dieser Einöde war sie scharf und stachlig, und ihr Saft brannte.

Marcel ließ sich im Schatten nieder und nahm seine Utensilien aus der Aktentasche. Er legte einen Donnerstein – einen *pierre tonnère* – in eine Emailleschüssel und bedeckte ihn mit einer magischen Flüssigkeit. Donnersteine sind dem Vodoun-Jünger heilig, denn sie sind von Sobo und Shango, den Geistern des Donners und des Blitzes, geschaffen. Der Geist schleudert einen Blitzstrahl zur

Erde, trifft auf einen hervorstehenden Felsen und wirft den Stein in den Talgrund hinunter. Dort muß er ein Jahr und einen Tag liegenbleiben, ehe der Houngan ihn berühren darf. Trotz ihres göttlichen Ursprungs sind Donnersteine auf Haiti nicht selten; westliche Forscher halten sie für präkolumbianische Steinbeile und schreiben ihren Ursprung den Arawakan-Indianern zu.

Marcel entzündete ein Streichholz, hielt es an die Schüssel, und die Flüssigkeit ging in Flammen auf. Er tauchte seine rechte Hand hinein und setzte seine eigene Haut mit dem Alkohol in Brand. Dann reichte er die Flamme an jeden von uns weiter, wobei er auf unsere Armgelenke schlug und das Fleisch heftig rieb. Dann band er Seidentücher um unsere Gesichter, um sicherzustellen, daß wir den Giftstaub nicht einatmeten. Als letzte schützende Maßnahme bestrich er alle unbedeckten Hautpartien mit einer aromatischen öligen Emulsion.

Früher am Morgen hatte ich Jean dabei beobachtet, wie er seine dicken Finger in den Sarg hineinzwängte, sie zentimeterweise am Körper des Kindes entlangschob und dann seine Hand wie einen Schraubstock um den Schädel schloß. Der Schädel war eingebrochen und verströmte einen chemischen Geruch, faulig und widerlich. Bebend hatte Jean die zertrümmerten Überreste aus dem Behelfsgrab gehoben und sie vorsichtig in eine Schale gelegt. Jetzt nahm er sie mit gleicher Sorgfalt aus der Schale heraus, wobei seine Hand vor Öl tropfte, und legte sie auf den Boden neben dem Grill. Stück für Stück nahm er die anderen Ingredienzen aus seinem Sack. Die ersten beiden kannte ich nicht – es waren zwei frisch getötete Eidechsen, blau schillernde Tiere. Dann zog er den Kadaver einer großen Kröte hervor, die ich neben anderen Bestandteilen auf der Wäscheleine hatte trocknen sehen. Getrocknet war sie kaum noch zu identifizieren, aber von der Größe her und den paar Worten, die er darüber gesagt hatte, mußte es der *Bufo marinus* sein, der in den amerikanischen Tropen heimisch ist, eine sehr verbreitete und hochgiftige Kröte. An das Bein der Kröte waren die geschrumpften Überreste dessen gebunden, was Jean eine Seeschlange nannte; sie sah aus wie eine Art Polychäte, wie ein borstiger Ringelwurm. Die Kröte und die Seeschlange waren offenbar in einer besonderen Weise präpariert worden: Die Kröte war über Nacht mit dem Wurm zusammen in einen verschlossenen Behälter gesperrt worden, ehe man sie getötet hatte. Jean sagte, daß das die Kröte wütend mache und die Wirkung ihres Giftes noch erhöhe. Das konnte gut stimmen, denn der *Bufo marinus* hat große Drüsen am Hinterkopf, die etwa zwei Dutzend wirksame Chemikalien absondern und deren Produktion steigt, wenn das Tier bedroht oder gereizt wird. Die Pflanzen waren leichter zu erkennen. Eine war eine Art von *albizzia*, die auf Haiti als *tcha-tcha* bekannt ist und als schattenspendender Baum überall im Land angepflanzt wird. Die andere war die *pois gratter*, die Juckerbse, eine Art *macuna*, die ekelhaft brennende Stechhaare auf den Samenhülsen hat, Haare, die einem das Gefühl einflößen, Glassplitter unter der Haut zu haben. Jean legte mehrere Früchte beider Pflanzen direkt in den Mörser. Ich wußte wenig über die Chemie dieser Arten, aber ich fand es interessant, daß sie beide Hülsenfrüchte waren, eine Familie, in der es viele Arten mit toxischen Eigenschaften gibt. Die letzten Bestandteile, die der Tasche entnommen wurden, waren zwei Meeresfische, einer, der recht harmlos aussah, und der andere offensichtlich ein Kugelfisch, ganz ähnlich wie der, den ich an der Wand von Marcels Bagi gesehen hatte.

Meine Aufmerksamkeit wurde von einem jungen Gehilfen abgelenkt, der eine Metallreibe genommen und begonnen hatte, die Spitze eines menschlichen Schienbeins zu reiben, wobei er die Späne in eine kleine Zinnschale fallen ließ. Jean hatte inzwischen die frisch getöteten und die getrockneten Tiere auf den Grill gelegt und röstete sie, bis sie eine ölige Konsistenz hatten. Dann legte er sie in den Mörser. Die Knochen des Kindes blieben auf dem Grill, bis sie beinahe zu Kohle verbrannt waren. Dann kamen auch sie in den Mörser. Als schließlich alle Zutaten so weit vorbereitet waren, daß man sie zerstoßen konnte, war der Rauch, der aus dem Gefäß aufstieg, von einem beizenden Gelb.

Ich sah zu Marcel hinüber, ein wenig verwirrt über seine Rolle. Er berührte zu keiner Zeit das Gift oder irgendeines seiner Bestandteile. Er lag gemütlich im Schatten und rief gelegentlich Anweisungen herüber. Er paßte auf, und seine Augen überwachten den Pfad, um eventuelle Störenfriede rechtzeitig zu entdecken. Einmal kamen zwei kleine Kinder vorbei, und er sprang auf, um sie unter Beleidigungen und Drohungen zu verjagen. Und doch war die ganze Zeit, die wir in diesem Buschland verbrachten, eine Familie in der Nähe, die ihre Felder auf einem nahegelegenen Abhang bestellte und jede unserer Bewegungen beobachtete. Marcel wechselte gelegentlich sogar mit ihnen ein paar Worte, die er über das schmale Tal hinüberrief. Er schien den Anschein des Geheimnisvollen wahren und gleichzeitig etwas zur Schau stellen zu wollen, worauf er besonders stolz war. Ich erkannte, daß darin das Wesen seiner ambivalenten Stellung lag. Wie die Zauberer in Afrika wurde er von allen rechtschaffenen Mitgliedern der Gemeinschaft verachtet, aber auf einer tieferen Ebene wurde seine Anwesenheit geduldet, weil sie wichtig war für das Gleichgewicht des sozialen und des spirituellen Lebens. Der Bokor und all seine anscheinend verbrecherischen Aktivitäten wurden akzeptiert, weil sie in gewisser Weise grundlegend für die Gemeinschaft waren.

Aber was war Marcel? Ein Bokor, ein böswilliger Zauberer, oder ein Houngan, ein wohlgesonnener Priester und Heiler? Beauvoir hatte mich darauf hingewiesen, wie falsch eine solche Unterscheidung war. Marcel war natürlich beides, er selbst jedoch war weder böse noch gut. Als Bokor mochte er den finsteren Mächten dienen, als Houngan der Lichtseite. Und wie wir alle war er fähig, beiden zu dienen. Die Vodoun-Religion hatte diese Dichotomie ausdrücklich anerkannt und sie sogar institutionalisiert. Aus diesem Grund war Marcels *Präsenz* entscheidend. Ohne seine spirituelle Führung hatten unsere Aktivitäten ein völlig ambivalentes Potential für Gut und Böse. Er war derjenige, der letztlich die Verantwortung trug. Es konnte wenig Zweifel daran geben, welcher Macht sich Marcel jetzt zuwandte. *Es war nicht sein Wunsch gewesen, auf den Friedhof zu gehen, sondern meiner.* Ich hatte das Gift in Auftrag gegeben, für das die Knochen benötigt wurden. In jener Nacht – und jetzt in diesem öden Land, wo Kriechpflanzen Netze über Steine woben, wo Pflanzen Blätter hatten, die nachts atmeten und sich bei einer Berührung zusammenfalteten – war es Marcel, der für unsere Sicherheit garantierte. Und so hatte er als Houngan keinen Kontakt mit dem Gift. Eine Substanz von solcher Zerstörungskraft mußte von Jean zubereitet werden, der weder ein Lehrling noch ein eingeweihter Gehilfe war, sondern eher eine physische Stütze. Als die BBC und andere Marcel Pierre als die Inkarnation des Bösen bezeichnet hatten, war ihnen das Entscheidende völlig entgangen.

Meine intuitiven Ahnungen verstärkten sich, als Marcel zu singen begann. Jetzt zerstieß Jean die Ingredienzen im Mörser, und das stete Stampfen des Stößels bestimmte Marcels Rhythmus. Dann hob der junge Gehilfe zwei gewöhnliche Steine auf, schlug sie aneinander, und wir hatten ein Schlagzeug. Dann stimmte Rachel mit ein – denn sie kannte alle die Lieder –, und ihre sanfte Stimme stieg zu höchsten Höhen empor, schwebte auf und nieder in quälender Schönheit. Marcels ganzer Körper verschmolz mit dem Rhythmus, und es sah aus, als könne er jeden Augenblick in Verzückung geraten. Sein breites Lächeln, sein freudiges Einfühlen in die Lieder – all das während der Giftzubereitung: Es war seine Freude, seine reine, unverfälschte Freude, die mich zu der Überzeugung brachte, daß dies nichts Böses sein könnte. Gerade als das Gift beinahe fertig war und Jean den Rückstand aus dem Mörser aussiebte, kam es ganz zufällig zu einem Gespräch, das später eine tiefe Wirkung auf Marcel ausüben sollte. Ich sagte zufällig, aber in Wirklichkeit wurde ich langsam skeptisch gegenüber Zufällen, gegenüber Zufall und Koinzidenz. Auf Haiti schien nichts so zu geschehen, wie es eigentlich sollte, aber nur wenig geschah aus Zufall.

Jedenfalls trug ich ein Messer am Gürtel, und Marcel fragte, ob er es haben könne. Das Messer bedeutete mir viel, ich hatte es vor einigen Jahren im Quellgebiet des Amazonas am Rio Apurimac in Peru ertauscht. Ich erklärte Marcel, es sei mein kostbarster Besitz, von dem ich mich unmöglich trennen könne, ich hätte es bekommen als Belohnung für die Erfüllung eines der wichtigsten Rituale meines Volkes. Das stimmte zwar nicht, aber im Eifer der Lüge verfiel ich darauf, eine wahre Begebenheit zu erzählen, über der das Messer prompt in Vergessenheit geriet.

Zuerst versuchte ich, Marcel einen neuen Begriff von Raum zu vermitteln. Ich sprach von Gebirgstälern in der Nähe meines Heimatortes im nördlichen Kanada, Tälern, die größer waren als ganz Haiti und völlig unbewohnt. Ich beschrieb, wie ich Räume durchstreifte, die sich in alle Richtungen unendlich ausdehnten. Ich sprach von der Tundra-Vegetation zu meinen Füßen, der Fülle von Farben und Tönen, von Pfiffen und Vogelstimmen, von Rostrot und Goldgelb, auf eine Leinwand getupft, die sich bis zum Horizont erstreckte – und dort wieder Wälder von Bergen, die in gefrorene Schneefelder verpackt waren, brodelnde Massen von Fels und Eis in einem Ozean von Wolken. Ich erklärte, daß zwischen diesen beiden Extremen der Flora aus winzigen Pflanzen und den riesigen Bergen Gegenstände menschlicher Größe überhaupt nicht vorkamen. Ich versuchte Marcel die Vision einer Landschaft nahezubringen, in dem Menschen unbedeutend waren. Das war vielleicht das, was für ihn am schwersten zu verstehen war. Dann sprach ich von den Temperaturen, von Seen, die dick vereist waren, von feuchter Kleidung, die – über Nacht im Freien gelassen – am nächsten Morgen knackte wie ein Stock. Ich beschrieb die Jagd auf Tiere, Elche und Karibu, und erzählte, wieviel Kilogramm Fleisch jedes dieser Tiere brachte. Ich sprach von Wölfen und Bären, Mythen und Legenden, die mir alte Jagdhüter erzählt hatten. Dann erzählte ich ihm von meiner Suche nach der Vision.

Ich erklärte ihm, daß ich als junger Mann angewiesen worden war, den höchsten Gipfel des Tales zu erklimmen, während der alte Gitksan-Indianer unten wartete. Ich versuchte, Marcel mit auf diesen Berg hinaufzunehmen, beschrieb den Weg in allen Einzelheiten, die steilen Geröllhalden und die Felsen, auf denen sich Bergziegen tummelten, die schwindelerregenden Abgründe und die wirbelnden Landschaften aus Wasserfällen und Felsen, Fichtenwäldern und Gletschern. Ich ließ ihn Stein für Stein einen Steinhügel mit mir errichten. Ich ließ ihn zusehen, wie ich allein auf dem Gipfel saß, ohne Essen und Trinken, bis das Tier erschien; welche Art von Tier es war, konnte ich nie herausfinden. Ich erklärte Marcel, daß dieses Tier nicht zufällig käme, sondern deshalb, weil es vom Schicksal dazu ausersehen sei, einen zu beschützen – ein spiritueller Wächter, den ich im Laufe meines Lebens fünf- oder sechsmal anrufen könne. Und so erklärte ich Marcel, daß ich mein Tier hatte, und daß das der Grund sei, warum ich keine Angst vor ihm hätte. Daß ich deswegen keinen Menschen fürchtete.

Als Marcel das einmal verstanden hatte, wurde er sichtlich aufgeregt. Ganz zufällig wies meine Suche nach der Vision, die ich erlebt hatte, auffallende Ähnlichkeiten mit grundlegenden Zügen der Vodoun-Initiation auf. Der *hounsis canzo* oder Initiand zieht sich eine Woche lang in die Abgeschiedenheit zurück, während der er oder sie eine bestimmte Diät einhalten und streng vorgeschriebene Tätigkeiten durchführen muß, die alle von einem Älteren überwacht werden. Am Ende einer Woche erhält der Initiand einen spirituellen Namen und begibt sich auf den Weg der *loa*, der göttlichen Reiter. Und so konnte Marcel mich endlich begreifen. Später am selben Tag hörte Rachel zufällig mit, wie er einigen seiner Leute erklärte, ich sei anders als die übrigen Weißen, weil ich initiiert worden sei. Die Art und Weise wäre ihm zwar lächerlich vorgekommen, hatte er ihnen gesagt, aber so hielten es die Leute in jenem unmöglichen Land Kanada nun einmal.

Zwei von Marcels Frauen rekelten sich auf den Stufen zum Eingang der Adlerbar. Er ging einem häßlichen Gewerbe nach, das noch schlimmer wirkte durch die Unschuld der Frauen zur Mittagszeit – ihre Haare auf Lockenwickel gedreht, ihre Nägel in frischen Rot- und Purpurtönen glänzend –, und doch machte Marcels Etablissement irgendwie einen unschuldigen Eindruck.

Man mochte glauben, daß die Männer von Haiti mit ihrem erstaunlichen Serail von Frauen, Geliebten und *maman petits* keinen Mangel an Befriedigung für ihr Begehren litten. Sie kamen aus Neugier zu Marcel, manchmal zwar, um ihre Begierde zu stillen, aber meistens einfach nur, um sich dort zu treffen. Hinter der Fassade der Bar und des Bordells hatte der Ort die Atmosphäre eines Nachbarschaftsklubs, zwanglos und intim.

In der Bar feierten Marcel und ich unser neuerworbenes Vertrauen mit einem gemeinsamen Teller Reis und Bohnen. Gutgelaunt erklärte er mir bis in die kleinsten Details, wie er mich hereingelegt hatte, wobei er als ein meisterlicher Geschichtenerzähler jeden Augenblick unserer ersten Begegnung wieder auferstehen ließ. Er erläuterte mir auch die Anwendungsweise des Giftes. Wie Kline angenommen hatte, streute man es in Form eines Kreuzes auf die Türschwelle des Opfers. Aber Marcel fügte hinzu, man könne es auch jemand in den Schuh geben oder ihm über den Rücken rieseln lassen. Das war der erste Hinweis darauf, daß das Gift direkt mit dem Körper des Opfers in Berührung gebracht wurde. Das war natürlich auch sinnvoll, denn mein Verdacht ging dahin, daß es keinen Weg gab, auf dem das Gift durch die mit einer dicken Hornhaut beschichteten Füße eines haitischen Bauern eindringen konnte. Außerdem würde das Gift, wenn man es einfach auf die Türschwelle der Hütte streute, vermutlich auf jeden wirken, der darauftrat, und nicht nur auf das vorgesehene Opfer.

Nachdem ich nun das Gefühl hatte, mich einigermaßen auf Marcel verlassen zu können, wandte ich meine Aufmerksamkeit dem berüchtigten Gegengift zu. Kline hatte mehrere Berichte angeführt, die darauf hindeuteten, daß dem Zombie-Opfer auf dem Friedhof zum Zeitpunkt seiner Wiedererweckung ein chemisches Gegengift verabreicht würde. Als ich das Thema Marcel gegenüber ansprach, machte er Ausflüchte. Er behauptete, daß es allein die Macht des Bokor sei, die den schlafenden Zombie auferwecke. Der Bokor betrat stets mit zwei Gehilfen den Friedhof und rief dann das Opfer beim Namen. Der Zombie entstieg angeblich ohne jede Hilfe dem Grab, wurde gleich darauf geschlagen und gefesselt und dann in die Nacht hinausgeführt. Diese Beschreibung entsprach ziemlich genau dem, was Clairvius Narcisse erzählt hatte. Marcel fügte dann jedoch hinzu, daß es allerdings ein Präparat gebe, das bei richtiger Anwendung die Wirkungen des Giftes vollkommen aufheben würde. Als ich ihn fragte, ob er es für uns herstellen könne, sah er einen Augenblick lang ganz verdutzt drein. Selbstverständlich, antwortete er, würde man niemals das Gift mischen, ohne auch für das Gegengift zu sorgen. Marcel sah zu Rachel hinüber, als wäre ich der dümmste Mensch auf Gottes weiter Erde.

An diesem Nachmittag grub Jean das kleine Mädchen noch einmal aus. Nachdem er die Gefäße mit dem Gift sorgfältig in den Sarg gestellt hatte, deckte er ihn wieder zu und zog sich in eine Ecke des Hounfour zurück. Seine Arbeit war fürs erste beendet. Das Gift mußte drei Tage bei der Leiche bleiben. Es konnte mich nicht mehr überraschen, daß Marcel und nicht Jean die Ingredienzen des Gegengiftes mischte. Zu Beginn gab er einige Handvoll frische und getrocknete Pflanzen in einen anderen und größeren Mörser: Aloe (*Aloe vera*), Gaiac (*Guaicum officinale*), Cedre (*Cedrela odorata*), Bois Ca-ca (*Capparis cynophyllophora*), Bois Chantelle (*Amyris maritima*), und Cadavre Gate (*Capparis sp.*). Diese Pflanzen wurden mit einer viertel Unze Steinsalz zerstoßen, dann in eine Emailleschüssel gegeben, in der sich bereits zehn zerkleinerte Mottenkugeln befanden sowie eine Tasse Meerwasser, mehrere Unzen Clairin oder Zuckerrohrschnaps, eine Flasche Parfüm und ein Viertelliter einer Flüssigkeit, die beim ortsansässigen Apotheker gekauft worden war und als *magie noire* – schwarze Magie – bekannt war. Weitere Zutaten waren gemahlene Menschenknochen, Späne vom Schienbein eines Maultiers und von einem Hundeschädel, verschiedene farbige Pulver mit magischen Namen, gemahlene Streichholzköpfe und Schwefelpulver. Es war ein unkompliziertes Verfahren, ohne Rituale oder Gefahren. Das Endprodukt war eine grüne Flüssigkeit, die stark nach Ammoniak roch, ähnlich der Substanz, mit der uns Marcel schon die ganze Zeit über eingerieben hatte.

Unter dem Boden des offenen Hofes des Hounfour ruhte das Kind mit den Glasgefäßen voll Gift auf seinem Schoß. Oben auf der Erde stellte einer der Gehilfen brennende Kerzen an den beiden Enden des vergrabenen Sarges auf, dann zeichnete er mit Maismehl ein kabbalistisches Muster, das das neue Grab des Kindes mit dem Altar des Bagi verband. In dem Staub des Hofes deutete er die Umrisse eines zweiten Sarges an und teilte ihn in vier Felder auf, indem er ein Kreuz in ihn hineinmalte. In jeden Quadranten zeichnete er das Symbol eines Totengeistes ein. Marcel schüttete das Gegengift in eine Rumflasche und stellte sie aufrecht auf das Grab, wobei er sie mit dem Boden in die Erde eingrub, so daß ihre Öffnung zum Himmel zeigte.

Seltsamerweise enthielt das Gift viele Bestandteile, deren pharmakologische Wirksamkeit bekannt war, während das Gegengift vom chemischen Standpunkt her vollkommen uninteressant war. Die meisten Bestandteile waren entweder chemisch unwirksam oder von der Menge her unzureichend. Noch wichtiger aber war die Art, in der das Gegengift verabreicht wurde. Sie legte die Vermutung nahe, daß es nur wenig mit der tatsächlichen Wiedererweckung des Zombie zu tun hatte. Erst wenn jemand schon wußte, daß er oder sie das Opfer des Giftes geworden war, wurde das Gegengift verabreicht, und zwar einfach als eine örtlich wirksame Einreibung. Das Gegengift diente nicht dem Zweck, das Opfer von den Toten zu erwecken, es sollte nur verhindern, daß es schließlich doch noch den Wirkungen des Giftes erlag. Und das geschah nach einem bestimmten Stundenplan. Wenn das Opfer wußte, daß es nicht länger als fünfzehn Tage dem Gift ausgesetzt gewesen war, konnte man einfach das Gegengift anwenden. Wenn man jedoch länger als fünfzehn Tage unter der Wirkung des Giftes gestanden hatte, mußte das Gegengift durch eine aufwendige Zeremonie verstärkt werden, bei der das Opfer symbolisch bei lebendigem Leibe begraben wurde. Mit anderen Worten war es in schweren Fällen nicht das Gegengift, sondern eine Kombination von Ritual und Glauben, die für das Überleben den Ausschlag gab. Man mochte vielleicht noch ein pharmakologisch wirksames Gegengift entdecken, aber gewiß war es nicht das, was Marcel zusammengebraut hatte. Und das bestritt er auch gar nicht. Für ihn war das Gegengift die Macht seiner eigenen Zauberkräfte.

Die Interpretation dieser neuen Erkenntnisse ließ deutlicher werden, was ein Vodoun-Anhänger unter einem Gift versteht. Kline, die BBC und andere hatten offensichtlich Berichte über ein Gegengift zu wörtlich genommen und waren so zu der Annahme gelangt, daß es eine Substanz sein müsse, die dazu benützt wurde, den Zombie vom augenscheinlichen Tod wiederzuerwecken. Einem so geradlinigen Denken in Ursache und Wirkung hatte ich mit der Calabar-Hypothese zu entsprechen versucht, und das war mir auch vernünftig erschienen. Es war logisch und linear – gerade das, was das Geisterreich Haitis nicht ist. Aus purer Neugier bat ich Marcel, mir das stärkste Gift zu nennen. Es könne keinen Zweifel geben, antwortete er, daß weit tödlicher als das Gift, das er gemischt hatte, viel gefährlicher sogar als menschliche Überreste, eine simple Limonelle war, die der Bokor entsprechend präpariert hatte. Nach Marcels Auskunft und nach den Aussagen vieler anderer Houngan, die ich später befragte, muß ein Bokor nur eine Limonelle quer durchschneiden, solange sie noch am Baum hängt, und der Teil, der über Nacht am Ast hängen bleibt, verwandelt sich in ein höchst aggressives Gift. Die andere Hälfte wird, wenn man sie in den Tempel bringt, zum ebenso wirksamen Gegengift. Die Lektion war klar. Die Limonelle, die am Baum hängen bleibt, bleibt im Bereich der Natur – unzivilisiert, bedrohlich, giftig. Die andere Hälfte, die an die Stätte des religiösen Heiligtums gebracht wird, wird gebannt und humanisiert und erlangt dadurch ihre starke Heilkraft. Wie der Mensch selbst ein ambivalentes Potential für Gut und Böse besitzt, gilt dies offenbar auch für die Dinge der Natur. Im Falle der Limonellen ist es allein der Eingriff des Menschen, der ihre ruhenden Kräfte freisetzen kann. Für den Vodoun-Jünger scheint es nichts Absolutes zu geben. Nur der Houngan verkörpert alle kosmischen Kräfte und kann sie in der Balance halten.

Es war also der Mensch, der das haitische Weltbild beherrschte, und es war die Macht des Menschen, die das Giftopfer behandelte. Ähnlich, so schloß ich daraus, war es wahrscheinlich ein Mensch und nicht ein Gift, das den Zombie schuf.

Nachdem ich dem Gift und seinem angeblichen Gegengift auf die Spur gekommen war, hatte ich nur noch sehr wenig Zeit zur Verfügung, bis ich wieder in Cambridge erwartet wurde. Aber in diesen letzten Tagen ereignete sich etwas Seltsames. Damals maß ich ihm große Bedeutung zu.
Eines Nachmittags kamen in Saint Marc zwei Männer auf Max Beauvoir und mich zu. Sie trugen merkwürdige Uniformen und flache Hüte, die aussahen wie die der US-Marineinfanteristen, als sie Haiti in den ersten Jahren dieses Jahrhunderts besetzt hatten. Die Männer gehörten zu einer paramilitärischen Reitertruppe aus der Stadt Desdunnes im Artibonite-Tal. Das machte sie zu angeblichen Nachkommen der legendären Straßenräuber, die Lendenschurze trugen und Schwerter führten, an denen selbst Kugeln abprallten, und die zur Zeit der französischen Kolonisation die Karawanen terrorisiert hatten. Viel später, während der amerikanischen Besatzung, schlossen sich viele Männer aus Desdunnes den *cako* an, den Widerstandskämpfern, die von Verstecken tief in den Bergen des nördlichen Haiti aus einen Guerillakrieg führten. Es geht noch immer die Sage, daß der Kommandeur der US-Marineeinheiten von den *cako* zum Zombie gemacht wurde. Heutzutage gehören die Bewohner von Desdunnes zu den Bevölkerungsteilen auf Haiti, die ihre Unabhängigkeit am entschlossensten verteidigen.
Die beiden Männer hatten gehört, daß Beauvoir in der Hauptstadt Einfluß hatte, und sie wollten wissen, ob er es vielleicht arrangieren könnte, daß sie ihre Reitkünste dem Präsidenten vorführen durften. Sie boten Beauvoir an, in der folgenden Woche eine private Demonstration in Desdunnes für ihn zu veranstalten.
Einen Tag bevor ich Haiti verlassen sollte, fuhren Max Beauvoir, Rachel und ich nach Desdunnes und trafen dort über fünfzig

Männer zu Pferd an, die beim Haus ihres Anführers warteten. Gemessen an amerikanischen Pferden, waren die Tiere klein, aber alle schienen gut trainiert zu sein, und die Männer führten ein eindrucksvolles Schauspiel auf. Am Spätvormittag, als alles vorüber war und die Männer sich auf der Plaza versammelten, um mit uns und dem Kommandeur zu trinken, erwähnte ich zufällig, daß ich ein Pferdenarr sei. Der Kommandant faßte diese beiläufige Bemerkung als ein Zeichen auf, daß ich mit seinen Leuten reiten wollte. Innerhalb von wenigen Minuten saß ich auf einem schon erschöpften Tier. Der Kommandant fragte Beauvoir, ob sie das Pferd am Halfter führen sollten, aber in diesem Augenblick waren zwei Männer und ich schon dabei, die Plaza im Trab zu verlassen. Als die Männer dann feststellten, daß ich wirklich reiten konnte, fielen sie in Galopp, und die anderen, die nicht beritten waren, begannen »Savandier« zu rufen. Später erfuhr ich, daß sich in diesem Moment der Kommandeur zu Max Beauvoir umgedreht und gesagt hatte: »Ein Mann, der so reitet, wurde in der Savanne geboren. Sie sind also, mein Freund, zu uns gekommen, um nach uns zu schauen, und haben Ihren eigenen Reiter mitgebracht.« Dann, nach einer Pause, fuhr er fort: »Wir wollen einmal sehen, was er kann. Wir haben hier ein Pferd, das nicht gerade tanzen kann, aber es läuft.«

Wir banden unsere Pferde fest, und nach ein paar Getränken verlangte der Nachmittag sein Recht. Wir hatten etwa eine Stunde gesessen, als zwei Männer mit einer ausgeruhten braunen Stute zurückkamen.

Die ganze Stadt war inzwischen in Aufruhr. Es war Ostern, und die Rara-Kapellen waren aus den Tempeln ausgeschwärmt, um das Ende der Fastenzeit zu feiern. Ihre Prozessionen fluteten durch die Straßen, sie wirbelten aneinander vorbei, drangen in Gärten und Häuser ein, schwemmten Müßiggänger mit sich fort, und Tänzer reihten sich in immer länger werdenden Schwänzen hinter ihnen. Aus der Ferne erschienen sie wie eine Fata Morgana, nur die Musik war wirklich – ein einziges Lied auf vier Noten. Den Grundton erzeugten vier lange Bambusrohre. Zinnbüchsen, die in

Trompeten und Posaunen verwandelt worden waren, bildeten die blinkende Abteilung der Blechbläser, Gummischläuche, in Blasrohre verwandelt, bildeten eine weitere. Ein Schlagzeug ist in der Hand eines Haitianers alles, womit man Lärm machen kann – zwei Stöcke, Radkappen, ein Hammer oder eine Blattfeder von einem Lastwagen.

Der Anführer der Kapelle war ein bösartig aussehender Possenreißer, ein leicht femininer Typ. Die anderen Anführer glichen allesamt der Herzkönigin aus *Alice im Wunderland*, nur wollüstiger waren sie, in ihren langen Satinkleidern mit unzüchtigen Dekolletés, die sie stolz zur Schau trugen. Es waren lauter Männer. Am Kopfende der Prozession rannte eine bedrohliche Figur hin und her. Sie schwenkte eine Sisalpeitsche und schlug damit in Richtung Publikum. Aber es war nur ein symbolisches Schauspiel, und niemand wurde verletzt. Trotzdem bleibt die Rara irgendwie ein furchteinflößendes, ja hinterhältiges Spektakel. Es ist eine verblüffende sexuelle Travestie und ein außergewöhnlicher Triumph des Geistes. Kein Wunder, daß es diesen Kapellen durch politischen Beschluß überall verboten ist, die großen Städte zu betreten.

Also stieg ich auf das Pferd, vor einer Zuschauerschar von Bauern mit staubigen Gesichtern, die durchsetzt war von den kunterbunt leuchtenden Farben der Rara-Kapellen. Zwei Männer zu Fuß machten das Halfter los, und vier weitere Reiter geleiteten mich von der Plaza hinweg zur Haupteinfallstraße der Stadt. Als unser Trab in einen versammelten Galopp überging, blieben zwei der Reiter zurück. Dann begannen wir zuzulegen, und plötzlich sah ich mich mit dem letzten Reiter aus meiner Begleitung in einen unerwarteten Wettkampf verwickelt. Mit kaum versteckter Herausforderung führte er mich auf einem weiten Rundritt durch die Stadt, an strohgedeckten Hütten vorbei und über die bevölkerten Plazas hinweg. An einer Stelle, an der ich den falschen Weg einschlug, hielt er an und drehte sich lachend zu mir um. Dann, als ich wieder aufholte, ließ er die Zügel locker und stieß ein lautes Geheul aus. Jetzt wurde das Rennen ernst. Frauen griffen ihre

Kinder oder jagten die Hühner aus dem Weg, und die Hauptstraße der Stadt verwandelte sich in einen staubigen Wirbelsturm. Als wir auf der *plaza central* um den Kapok-Baum herumritten, ging mein Pferd in Führung. Die Bauern begannen »*Blanc, Blanc*« zu rufen, als der Schaum vom Maul meines Pferdes in mein Gesicht wehte.

Obwohl ich die Linie ein paar Längen vor meinem Gefährten kreuzte, war es sichtlich weniger wichtig, wer gewonnen, als daß das Rennen überhaupt stattgefunden hatte. Mit sichtlichem Vergnügen hielt der Kommandeur mir die Zügel, als ich abstieg, und führte mich in den Innenhof seines Hauses. Umgeben von den übrigen Reitern seiner Truppe, posierten wir für den ortsansässigen Photographen. Schließlich führte er mich zum Mittagessen ins Haus, wo ich wieder mit den Beauvoirs zusammentraf.

Erst später sollte Max Beauvoir mir erzählen, daß der Kommandeur der Präsident einer Geheimgesellschaft war, daß ich jetzt als ein Mitglied seiner Reitertruppe betrachtet wurde und die Mahlzeit aus diesem Grund von drei Königinnen seiner Geheimgesellschaft zubereitet und serviert worden war.

Am selben Nachmittag verließen wir Desdunnes und fuhren weiter nach Norden zu einem bedeutenden rituellen Zentrum im Artibonite-Tal. Dort, wiederum zufällig, stieß ich auf einen wichtigen Hinweis, aber es war eine Entdeckung, die wie so viele, die ich während der ersten Phase meiner Forschungen machte, das Rätsel nur vergrößerte. In der Abenddämmerung fand ich auf den Feldern hinter diesem heiligsten aller Orte ein ganzes Feld von Daturapflanzen. Am nächsten Tag verließ ich Haiti und kehrte zurück in die Vereinigten Staaten.

Teil II

Zwischenspiel in Harvard

Tabellen an einer Tafel

Am Ostersonntag passierte ich auf dem Kennedy-Flughafen in New York den Zoll der Vereinigten Staaten. Ich trug einen kaleidoskopfarbenen Koffer aus Haiti in der Hand, der aus unzähligen Limonadedosen zusammengelötet war. Zu den darin befindlichen Dingen zählten Eidechsen, ein Ringelwurm der Ordnung Polychaeta, zwei Meeresfische und mehrere Taranteln – alle in Alkohol konserviert – sowie mehrere Beutel mit getrockneten Pflanzen. Zwei Rumflaschen enthielten das Gegengift, während sich das Gift selbst in einem Glasgefäß befand, das in roten Satin eingehüllt war. Weiterhin hatte ich eine getrocknete Kröte, mehrere Halsketten aus Samenkörnern, ein Dutzend nicht identifizierte Pulver und zwei *vodoun wangas*, schützende Amulette, bei mir. Zwei Schienbeinknochen und ein Schädel lagen ganz unten im Koffer. Ein Karton war angefüllt mit Herbariumproben, und in einem Stück Stoff hatte ich ein lebendes Exemplar der Aga-Kröte verborgen. Der Zollbeamte öffnete den zweiten Koffer, warf einen kurzen Blick hinein und sagte, er wolle nichts hören über den Inhalt. Die Kröte entdeckte er erst gar nicht.

Als ich Nathan Kline vom Flughafen aus anzurufen versuchte, meldete sich niemand bei ihm zu Haus, also hinterließ ich eine Nachricht auf seinem Anrufbeantworter und nahm das nächste Flugzeug nach Boston. Ich erreichte Cambridge kurz nach Einbruch der Dämmerung. Das Botanische Museum lag verlassen da. Ich war müde, und als ich mein Arbeitszimmer betrat, stellte ich den Blechkoffer auf den Schreibtisch und legte mich, ohne das Licht einzuschalten, in eine Hängematte, die ich über Eck gespannt hatte. Es bereitete mir Vergnügen, den bunten Koffer zu betrachten, der als Symbol für eine ganze Nation stehen konnte. Haiti, so sagt man, ist das Land, in dem man entdecken kann, wieviel aus wie wenig zu machen ist. Reifen werden in Schuhe verwandelt, Konservendosen in Posaunen, Lehm und Flechtwerk in hübsche, elegante Häuschen. Da materielle Güter so knapp sind, schmückt der Haitianer seine Welt mit Phantasie. War jedoch der Koffer selbst ein wenig komisch, so galt das ganz und gar nicht für seinen hochkarätigen Inhalt. Wenn man das Rätsel des Zombie-Phänomens lösen wollte, dann waren diese Proben die wichtigsten Hinweise. Ohne sie hatte man nichts Konkretes in der Hand. Mit ihnen konnte ich die Forschungsmöglichkeiten der Universität voll ausnutzen.

Ich stand auf, packte den Koffer aus und stellte die Proben in einer langen Reihe entlang der hinteren Schreibtischkante auf. Dann nahm ich ein Stück Kreide zur Hand und zeichnete je eine Spalte an beiden Enden einer großen Tafel, die den Großteil einer Wand bedeckte. Auf der linken Seite listete ich die Bestandteile von Marcels Gift auf: menschliche Überreste, die beiden Pflanzen, den Meereswurm, die Kröte, die Eidechsen und die Fische. Auf der rechten Seite trug ich die Krankheitssymptome von Clairvius Narcisse zur Zeit seines Todes ein, Verdauungsstörungen mit Erbrechen, starke Atembeschwerden, Urämie, Unterkühlung, rascher Gewichtsverlust und erhöhter Blutdruck. Nach kurzem Nachdenken fügte ich Zyanose und Parästhesie hinzu, denn sowohl Narcisse als seine Schwester hatten erwähnt, daß seine Haut sich blau verfärbt und er im ganzen Körper ein Kribbeln gespürt hatte. Zwischen diesen beiden Spalten war eine große Fläche leer geblieben.

Früh am nächsten Morgen durchschritt ich die dunklen Korridore des Museums für vergleichende Zoologie und übergab die Tierproben den verschiedenen Spezialisten des Museums zur Identifizierung. Dann kehrte ich zum Botanischen Museum zurück, um mich mit den Pflanzen zu befassen. Ich hatte drei Ausgangsfragen: Hatten die Pflanzen pharmakologisch aktive Bestandteile, die zu einem dramatischen Absinken der Stoffwechseltätigkeit führen konnten? Wenn ja, waren dann die Wirkkraft und die Konzentration dieser Bestandteile in den Dosen, die Marcel Pierre verwendete, ausreichend, um die entsprechende Wirkung hervorzurufen? Und schließlich, waren sie äußerlich wirksam, oder mußten sie dem Körper oral zugeführt werden? Alle drei Fragen waren überlagert von einer wichtigen Überlegung. Häufig steigern bei volkstümlichen Mitteln unterschiedliche Chemikalien in relativ schwacher Konzentration einander sehr wirksam und erzielen so eine enorme synergistische Wirkung – das ist die biochemische Variante der Erkenntnis, daß das Ganze mehr ist als die Summe seiner Teile. Daher bestand mein Hauptanliegen darin, herauszufinden, ob irgendeine der Ingredienzen interessante chemische Bestandteile aufwies oder nicht. Waren die Proben erst einmal identifiziert, würde ich den Großteil der für den Anfang notwendigen Informationen in der Bibliothek finden.

Am Spätnachmittag desselben Tages unterbrach mich die Sekretärin des Museums in meiner Arbeit mit einer Nachricht von Kline, der mich bat, so bald wie möglich nach New York zurückzukehren.

Die Wohnungstür stand offen. Ich ging hinein, wartete einen Augenblick lang ziemlich verloren in der Diele und trat dann ins Wohnzimmer. Die Einrichtung war unverändert, aber die Sonne des Spätnachmittags erhitzte die Luft, machte sie stickig und ließ alle Gegenstände farbig leuchten.

»Es scheint Ihnen gut zu gehen.« Ich drehte mich um und erblickte Klines Tochter Marna hinter mir. Sie lehnte lächelnd in der offenen Küchentür. »Willkommen. Schön, daß Sie wieder da sind.«

»Hallo, Marna. Verzeihung, daß ich so hereinplatze.«

»Schon in Ordnung. Vater hat mir gesagt, daß Sie kommen würden. Wie war es auf Haiti?«

»Ein angenehmes Land.«

»Und die Arbeit?«

»Okay.«

»Hatte er recht?«

»Ihr Vater?«

Sie nickte. »Nein, verraten Sie es nicht, erzählen Sie mir gar nichts. Warten Sie, bis er zurückkommt. Möchten Sie etwas trinken?«

»Ja, gern.«

»Einen Rum, oder haben Sie davon genug?«

»Ich werde einen Whisky nehmen.« Marna kehrte in die Küche zurück, um Eiswürfel zu holen, und ging dann zur Bar hinüber. »Wissen Sie, er hat sich Sorgen gemacht.«

»Ihr Vater? Warum?«

»Sind Sie nicht eine Woche zu spät zurückgekommen?«

»Ich glaube nicht.«

»Er hat Sie schon vor mehreren Tagen erwartet.«

»Es gab ein paar Verzögerungen«, sagte ich. »Wo ist Ihr Vater jetzt?«

»Oh, es tut mir leid. Er ist nur kurz weggegangen. Er sollte gleich wieder dasein. Bo Holmstedt ist mit ihm unterwegs. Kennen Sie ihn?«

»Ach ja? Doch, ich kenne ihn.« Das war eine Überraschung. Bo Holmstedt ist Professor am Karolinska Institut in Stockholm und einer der besten Toxikologen der Welt. Er und Schultes waren gute Freunde und hatten bei mehreren Projekten im Amazonasgebiet zusammengearbeitet.

Marna und ich waren gerade beim zweiten Glas, als ihr Vater und Holmstedt zurückkamen. Nathan Kline schien im Vergleich zu unserer ersten Begegnung ein anderer Mensch zu sein – so freundlich, sogar herzlich war er, als er mich begrüßte.

»Da sind Sie ja. Und vollkommen gesund, das freut mich. Kennen Sie Bo Holmstedt?«

»Herr Professor.«

»Hallo, Wade.«

»Bo war schon unterwegs zum Flughafen, aber ich habe ihn überredet, zu bleiben, bis er Ihren Bericht gehört hat.«

»Komm, Nathan, überfall den jungen Mann doch nicht so«, sagte Holmstedt. »Marna, schenken Sie einem alten Alkoholiker schnell etwas zu trinken ein?« Er sprach mit dem Akzent eines Skandinaviers, der eine englische Ausbildung genossen hat. Schon ein älterer Mann, klein und gedrungen, war er konservativ in graue Flanellhosen und einen Blazer gekleidet. Zwanglos plauderten wir, bis wir es uns alle bequem gemacht hatten. Dann begann ich mit meinem Bericht. In einer notgedrungen anekdotenhaften Weise und unterbrochen von vielen Fragen, teilte ich meine Eindrücke von dem Land, seiner Geschichte und seiner einzigartigen sozialen Struktur mit, wobei ich wiederholt die Bedeutung der Vodoun-Religion betonte, die im Zentrum so vieler Dinge im Leben auf Haiti steht. Dann erzählte ich von den Begebenheiten, die dazu geführt hatten, daß ich das Präparat von Marcel Pierre bekommen hatte. Schließlich drehte sich das Gespräch um das Gift selbst.

»Ich habe noch nicht alle Bestimmungen der Tiere, aber die Pflanzen habe ich identifiziert. Eine ist eine Liane, die auf Haiti unter dem Namen *pois gratter*, Juckerbse, bekannt ist. Dann haben wir die *Mucuna pruriens*, und wie bei praktisch allen anderen Pflanzen dieser Familie bedecken ekelhaft brennende Stechhaare ihre Früchte.«

»Ist irgend etwas über ihre chemische Zusammensetzung bekannt?« fragte Kline.

»Nicht viel. Ich habe mit Professor Schultes gesprochen, und er neigt wohl zu der Ansicht, daß die Samen psychoaktiv sind. Er hat gesehen, daß sie in Kolumbien medizinische Verwendung finden, um Cholera und Parasiten im Leibesinnern zu behandeln.«

Holmstedt schaltete sich nun in das Gespräch ein. »Es gibt eine Art von *Mucuna*, die heißt ... Verdammt, wie heißt sie noch mal? Ach ja, *flagellipes*. Sie wird in Zentralafrika als Pfeilgift verwendet. Sie enthält etwas Ähnliches wie Physostigmin. Sie kennen natürlich die Literatur über die Calabarbohne?«

Es war ein Glück, daß ich sie kannte, denn Holmstedt hatte einen Großteil davon selbst geschrieben. Ich führte kurz die Hypothese an, die ich aufgestellt hatte, und erklärte, daß es keine Anzeichen dafür gab, daß die Pflanze nach Haiti gekommen war.

»Eine gute Hypothese ist nie umsonst. Was haben Sie noch?«

»*Albizzia lebbeck*. Die Haitianer nennen sie *tcha-tcha*. Sie stammt aus Westafrika und wurde vor einigen Jahren als schattenspendender Zierbaum in die Karibik eingeführt.«

»Das könnte eine Spur sein. Was haben Sie darüber herausgefunden?«

»Die Rinde und die Samenhülsen enthalten Saponine. In kleinen Dosen sind sie recht wirksam als Wurmmittel. Aber die Dosierung ist kritisch.«

»Ist das nicht immer so?« fragte Kline.

»Einige westafrikanische Stämme benutzen die Pflanze als Insektizid oder Fischgift«, sagte ich.

» Wie wirkt es auf die Fische?« fragte Marna.

»Sie streuen die zerstoßenen Samen in flache Gewässer. Die Saponine wirken auf die Kiemen und lähmen die Atmung. Die Fische ersticken, treiben an die Oberfläche, und die Leute sammeln sie ein. Das Fischfleisch wird davon nicht beeinträchtigt.«

»Sie werden feststellen, daß es etwas schwieriger ist, Säugetiere mit Saponinen zu töten«, sagte Holmstedt. »Aber es ist möglich. In Ostafrika macht man aus den Wurzeln der *Albizzia versicolor* ein verdammt gutes Pfeilgift. Aber es reicht nicht, es jemand ins Essen zu tun. Saponine werden von den Verdauungsorganen nicht aufgenommen. Man muß das Zeug ins Blut bringen.«

»Aber tun sie das nicht auf Haiti?« fragte Marna.

»Doch«, sagte ich, »durch die Haut. Herr Professor Holmstedt, welche Symptome ruft eine Saponinvergiftung hervor?«

»Bei ausreichender Dosierung Übelkeit, Erbrechen, später übermäßige Sekretion in den Atemwegen. Einfacher ausgedrückt, das Opfer ertrinkt in seinen eigenen Säften.«

»Mit Lungenödem als Zwischenstadium?« fragte ich.

»Ja, natürlich.« Das war der Befund, der ganz oben auf meiner Liste der Symptome von Clairvius Narcisse zur Zeit seines Todes stand.

»Die *Albizzia* hat noch ein anderes Geheimnis«, fuhr Holmstedt fort. »Viele Arten der Gattung enthalten eine besondere Gruppe von Bestandteilen, die Sapotoxine heißen und vom Verdauungsapparat aufgenommen werden. Sie wirken in einer ziemlich häßlichen Weise, nämlich so, daß sie die Zellatmung im ganzen Körper angreifen. Sie töten, indem sie jede einzelne Zelle schwächen. Übrigens benutzten die Efik-Händler von Alt-Calabar die Rinde der *Albizzia zygia* in einem Trank namens *ibok usiak owo*, was in ihrer Sprache ›Medizin für das Nennen von Leuten‹ heißt – eine Art Wahrheitstrank der Eingeborenen, würde ich sagen. Sie verabreichen ihn oral als Gift bei ihren Gottesurteilen. Sie sehen, Wade, der Kreis schließt sich, und Sie landen wieder genau bei Ihrer Hypothese.«

»Wissen Sie schon irgend etwas über diese Eidechsen und Kröten und was sie sonst noch hineintun?« fragte Kline.

»Nichts Ermutigendes«, antwortete ich. »Es ist ein Wurm der Ordnung Polychaeta dabei, den Marcel zusammen mit der Kröte einsperrt. Er hat Borsten, und manche sagen, daß sie eine leichte Lähmung verursachen können. Sie könnten giftig sein, aber die Auskünfte darüber sind sehr vage. Die Reptilienspezialisten im Museum erkannten die Eidechsen sofort. Keine von beiden ist als giftig bekannt. In der Dominikanischen Republik sagt man, der Verzehr einer von ihnen könne dazu führen, daß einem die Haare ausgehen und die Haut grün wird. Aber die Leute dort essen sie trotzdem. Eine andere Art derselben Gattung soll eine verheerende Wirkung bei Hauskatzen in Florida gezeigt haben, bringt sie aber nicht um. Aber das, was Narcisse umgeworfen hat, war auf jeden Fall keine Eidechse, das steht fest.«

»Wie sieht es mit der Kröte aus?« fragte Holmstedt.

»*Bufo marinus*.«

»Sind Sie sicher?«

»Es gibt keinen Zweifel. Die Leute von der Reptilienabteilung haben es bestätigt.«

Holmstedt legte eine Pause ein und dachte nach. »Ja, doch«, sagte er schließlich und schaute mir ins Gesicht: »Wade, ich glaube, Sie haben da eine Spur.«

Als ich am nächsten Morgen nach Cambridge zurückkehrte, lagen keine neuen Informationen für mich vor. Die ersten botanischen Bestimmungen hatten gezeigt, daß Marcel Pierre Pflanzen benutzte, die sowohl pharmakologisch aktive Bestandteile als auch nachgewiesene Verbindungen nach Afrika hatten, aber einzelne Berichte, die aus mehr als einem halben Kontinent zusammengeholt waren, erklärten sehr wenig. Die Calabar-Hypothese hatte mich, trotz der ermutigenden Worte Holmstedts, allem Anschein nach an kein Ende geführt. Ich hatte keinerlei Anzeichen für das Vorkommen der Calabarbohne auf Haiti gefunden. Datura-Arten gab es zwar, aber ob sie in Verbindung mit dem Zombie-Phänomen standen, war völlig offen.

Es schien alles ziemlich entmutigend, aber am Ende dieses Tages sollte sich das Glück wenden. Je mehr ich über die große Aga-Kröte las, den Bestandteil, der so sehr Holmstedts Interesse geweckt hatte, um so besser wurde meine Stimmung. Ich fand heraus, daß die paratoidalen Drüsen auf ihrem Rücken geradezu Sammelbecken toxischer Stoffe sind.

Obwohl der *Bufo marinus* ursprünglich in der Neuen Welt zu Hause ist, gelangte er offenbar sehr bald nach Kolumbus' Reisen nach Europa und wurde dort von Völkern, die seit langem mit Krötengift vertraut waren, als nützliches Tier aufgenommen. Die Europäer glaubten, daß Kröten ihr Gift aus der Erde bezogen, und zwar dadurch, daß sie Pilze fraßen – daher heute noch der englische Name *toadstool* für Giftpilz, von *toad*, die Kröte. Bereits zur Zeit der Römer benutzten Frauen Kröten, um ihre Ehemänner zu vergiften. Im Mittelalter glaubten Soldaten, daß man einen Feind unauffällig dadurch verwunden konnte, daß man seine Haut mit dem Sekret des *Bufo vulgaris*, der gewöhnlichen europäischen Art, einrieb. Und nicht lange nachdem der *Bufo marinus* die Alte Welt erreicht hatte, entdeckten Giftmischer, daß man die Kröte nur in siedendes Olivenöl werfen mußte, damit man die Drüsensekrete mühelos von der Oberfläche abschöpfen konnte. In Italien erfanden im frühen 16. Jahrhundert Giftmischer ausgeklügelte Methoden, um Krötengifte zu extrahieren und in Salz zu binden, das man dann dem vorgesehenen Opfer auf das Essen streuen konnte. Man sah die Wirksamkeit des Krötengiftes sogar als so groß an, daß man es zu Anfang des 18. Jahrhunderts auf Patronenhülsen auftrug. Wahrscheinlich meinten die damaligen militärischen Befehlshaber, wenn schon die Kugeln die Feinde nicht töteten, dann würden das schon die Krötengifte erledigen.

Die toxischen Eigenschaften der Kröten waren den Eingeborenen der beiden amerikanischen Kontinente mit Sicherheit nicht entgangen. Die Choco-Indianer im westlichen Kolumbien etwa lernten, giftige Kröten zu melken, indem sie sie in Bambusröhren setzten, die über eine offene Flamme gehängt wurden. Die Hitze brachte die Tiere dazu, eine gelbe Flüssigkeit auszuscheiden, die dann in ein kleines Keramikgefäß tropfte, wo sie zu der Konsistenz gerann, die man für das Curare, das Pfeilgift, brauchte. Nach einem frühen und vielleicht übertriebenen Bericht waren diese Mittel außerordentlich wirksam; Rotwild, das von einem Pfeil getroffen wurde, soll höchstens noch zwei bis vier Minuten, ein Jaguar vielleicht zehn gelebt haben. Natürlich wirken Pfeilgifte auf vielerlei Weisen. Diejenigen, die auf Lianen des nordwestlichen Amazonasgebietes basieren, wirken muskelentspannend und führen zum Tod durch Erstickung. Die Haut des *Bufo marinus* dagegen enthält chemische Substanzen, die Ähnlichkeiten mit den stärksten afrikanischen Pfeilgiften aufweisen. Diese werden aus einer Pflanze gewonnen, der *Strophanthus kombe*, und wirken auf eine ganz andere Weise. Der aktive Grundbestandteil ist ein heftiges Reizmittel für die Herzmuskeln. In mittleren Dosierungen wird es heute dazu verwendet, akutes Herzversagen zu behandeln. In hohen Dosierungen führt es dazu, daß das Herz verrückt spielt und wild schlägt, bis es zum Kollaps kommt.

Es ist deshalb nichts Überraschendes, daß europäische Ärzte Krötengift schon sehr früh in die Liste der Heilmittel aufnahmen, und tatsächlich war pulverisiertes Krötengift ein vielbenutztes Therapeutikum und blieb es fast das ganze 18. Jahrhundert hindurch. Aber wie auf so vielen anderen Gebieten hatten auch hier die Chinesen einen großen Vorsprung. Schon jahrhundertelang hatten sie das Gift zu runden, weichen, dunklen Scheiben geformt, die sie *ch'an su*, »Krötengift«, nannten. Nach dem *Pentsao Kang Mu*, einem berühmten Pflanzenbuch, das Ende des

16. Jahrhunderts geschrieben worden ist, wurde das Gift dazu benutzt, Zahnschmerzen, Mund- und Lippengeschwüre, Zahnfleischbluten und Entzündungen der Kiefer- und Stirnhöhlen zu behandeln. Wenn man es in Form einer Pille einnahm, sollte es angeblich gewöhnliche Erkältungen kurieren.

Betrachtet man diese Liste eher geringfügiger Beschwerden, so möchte man kaum glauben, daß die Chinesen hier mit einem hochgiftigen Mittel umgingen. Als man das *ch'an su* zu Beginn dieses Jahrhunderts analysierte, stellte man fest, daß es neben anderen Wirkstoffen zwei stark herzanregende Mittel enthält, nämlich Bufogenin und Bufotoxin.

»Stark« ist dabei eher untertrieben. Heutzutage hängt fast jedes Opfer einer Herzerkrankung von einer täglichen Dosis Digitalis ab, einem Mittel, das aus dem gewöhnlichen europäischen Fingerhut gewonnen wird. In England wird diese Pflanze schon seit dem 10. Jahrhundert als herzanregendes Mittel verwendet. Bufotoxin und Bufogenin haben sich als fünfzig- bis hundertmal wirksamer als Digitalis herausgestellt. Was bedeutet das? Als einer Katze bei einem Versuch lediglich ein fünfzigstel Gramm reines *ch'an su* gespritzt wurde, verdreifachte sich ihr Blutdruck fast augenblicklich und kollabierte dann in Folge schweren Herzversagens. Wenn ein Mensch in der entsprechenden Weise reagieren würde, hieße das, schon die winzige Menge eines halben Gramms des getrockneten Giftes hätte, intravenös gespritzt, bei einem 135 Pfund schweren Mann dieselben Folgen. Trüge man es auf die Oberfläche des Körpers auf, müßte man zumindest mit einem raschen Anstieg des Blutdrucks rechnen. Ein kurzer Blick auf die Liste der Symptome von Narcisse ermöglichte mir, einen Zusammenhang zwischen dem *Bufo marinus* und Bluthochdruck herzustellen.

Wenn man die Giftigkeit dieser Verbindung betrachtet, ist es vielleicht schwierig, eine Kontroverse zu verstehen, die sich in den letzten Jahren darüber entwickelt hat, ob der *Bufo marinus* von den Indianern der Neuen Welt als Halluzinogen benutzt wurde oder nicht. Das Problem besteht darin, daß die Drüsen der Kröte noch eine andere Chemikalie absondern, die als Bufotenin bekannt ist, ein Stoff, der in einem halluzinogenen Schnupfpulver enthalten ist, das die Indianer am Oberlauf des Orinoco in Venezuela aus einer Pflanze herstellen. In Mittelamerika scheint die Kröte in der Maya-Ikonographie eine große Rolle zu spielen, und an einer post-klassischen Stätte der Maya auf der mexikanischen Insel Cozumel stellte ein Archäologe fest, daß fast alle Amphibienüberreste vom *Bufo marinus* stammen. Dieser Bericht paßte gut zu einer früheren und ähnlichen Entdeckung in San Lorenzo, die einen prominenten Archäologen zu der Vermutung brachte, daß die Kultur der Olmeken *Bufo marinus* als Narkotikum verwendete. Es hat sich herausgestellt, daß der Bufo die vorherrschende amphibische Komponente in sämtlichen prähistorischen Abfallgruben Mittelamerikas ausmacht, was andere Archäologen zu der Meinung veranlaßte, daß die vorkolumbischen Indianer sich nicht mit der Kröte berauschten, sondern sie erst aßen, nachdem sie die Haut und die paratoidalen Drüsen sorgfältig weggeschnitten hatten. In Peru zum Beispiel wird die Kröte von den Campa, einem Stamm am oberen Amazonas, in dieser Weise verzehrt. Das scheint die vernünftigste Verfahrensweise zu sein, besonders wenn man bedenkt, zu welch starkem Rausch der Genuß der Kröte führen kann. Es ist unwahrscheinlich, daß die Maya ein Interesse daran gehabt hätten, ausgerechnet ihre Priester, noch dazu in großer Zahl, zu vergiften, die für den Verzehr der Droge wohl als erste in Frage gekommen wären. Nur wenn man ein sehr kompliziertes Verfahren entwickelt hätte, das die toxischen Bestandteile des *Bufo marinus* selektiv herausgefiltert hätte, wäre man in der Lage gewesen, die Kröte als ein Halluzinogen zu rituellen Zwecken einzusetzen.

Allerdings war ein solcher Prozeß nicht unvorstellbar. Vor einigen Jahren schickte ein Kollege von Professor Schultes einen unerschrockenen jungen Anthropologen namens Timothy Knab aus, der in den entlegenen Gebieten von Mexiko erforschen sollte, ob sich nicht vielleicht ein Kult, der das alte Wissen bewahrt hat, bis in unsere Tage erhalten hätte. Nach monatelangem Suchen machte Knab schließlich einen alten Curandero in den Bergen südlich von Cruz ausfindig, der das Rezept eines bestimmten Mittels wußte, das sein Stamm allerdings seit fünfzig Jahren nicht mehr benutzt hatte. Der alte Mann zerrieb die Drüsen von zehn Kröten zu einer dicken Paste, der er Kalkwasser und die Asche bestimmter Pflanzen zufügte. Das Gemisch wurde die ganze Nacht lang gekocht, bis es aufhörte zu stinken, und dann in Maisbier gegeben und durch Palmenfasern gefiltert. Die Flüssigkeit vermischte man mit Maismehl und stellte sie dann mehrere Tage zum Fermentieren in die Sonne. Schließlich erhitzte man das Gemisch, damit die restliche Feuchtigkeit verdampfen konnte, um dann den übriggebliebenen harten Teig tief im Wald zu verstecken.

Obwohl Knab den Curandero dazu gebracht hatte, die Droge herzustellen, konnte er den widerspenstigen alten Mann unter keinen Umständen dazu bewegen, eine Probe davon zu nehmen. Nur sehr widerwillig erklärte er sich einverstanden, Knab eine kleine Dosis zu geben. Die späteren Ereignisse legen nahe, daß er etwas wußte, was dem Anthropologen unbekannt war. Knabs Intoxikation erzeugte Gefühle von Feuer und Hitze, konvulsivische Muskelkrämpfe, hämmernde Kopfschmerzen, erschreckende Halluzinationen und ein Delirium. Sechs Stunden lang lag er bewegungsunfähig in einer eigens für ihn gegrabenen Mulde vor dem Feuer des Curandero.

Knab konnte niemals herausfinden, ob das Mittel tatsächlich irgendeinen der giftigsten Bestandteile des Drüsensekrets der Kröte neutralisierte oder nicht. Aber selbst wenn das der Fall war, reichte Bufotenin allein offensichtlich aus, um das Bewußtsein lahmzulegen. In den späten fünfziger Jahren erhielt der Arzt Howard Fabing die Erlaubnis, einigen Insassen der staatlichen Strafanstalt von Ohio Bufotenin intravenös zu spritzen. Bei der kleinsten Dosis klagte einer der Insassen über ein prickelndes Gefühl im Gesicht, Übelkeit und leichte Atembeschwerden. Bei einer höheren Dosis verstärkten sich diese Symptome, und Gesicht und Lippen verfärbten sich bläulich. Die stärkste verabreichte Dosis rief leichte Halluzinationen und ein Delirium hervor. Die Haut nahm die Farbe von Auberginen an, ein Hinweis darauf, daß die Droge verhinderte, daß genügend Sauerstoff ins Blut gelangte. Weitere Experimente führten den kühnen Arzt zu dem Schluß, daß die von Bufotenin hervorgerufenen Symptome auffällig mit den Zuständen des *berserkus* der norwegischen Sage übereinstimmen. Unser Ausdruck *wie ein Berserker*, wie ein Rasender, erinnert noch heute an diese Krieger, die nach Fabings Meinung eine psychoaktive Substanz einnahmen, um sich in einen Zustand rasender Wut und rücksichtsloser Waghalsigkeit zu versetzen und gleichzeitig ihre Körperkraft zu steigern. Ob dies nun zutraf oder nicht, es lohnte sich auf jeden Fall, diese Ergebnisse im Hinblick auf die Zombie-Forschung zu bedenken. Die Beschreibungen, die Fabing von seinen Versuchspersonen gab, entsprachen weitgehend denjenigen von Zombies, wenn sie gerade dem Grabe entstiegen waren. Marcel Pierre hatte gesagt, daß man bis zu drei Männer brauche, um den Zombie zu bändigen, und Narcisse hatte erwähnt, daß man ihn geschlagen und gefesselt habe, sobald er dem Grabe entstiegen war.

Noch einmal überdachte ich die Symptome von Narcisse zur Zeit seines Todes und stellte zu meiner Befriedigung fest, daß sowohl Zyanose (Blaufärbung des Gesichtes) als auch Parästhesie (Prikkeln) dazugehörten. Am Ende des Tages begannen sich einige interessante Muster an der Tafel zu zeigen. Mit einiger Sicherheit hatte ich die beiden Eidechsen ausgeschlossen. Der Wurm der Ordnung Polychaeta war problematischer, denn ich hatte nur sehr geringe Kenntnisse über die Art seines angeblichen Giftes. Die beiden Berichte, die ich dazu gefunden hatte, waren unstimmig. Ich neigte bereits dazu, die Deutung der Vodoun-Anhänger selbst zu akzeptieren, die erklärt hatten, der Wurm habe lediglich die Aufgabe, die Kröte zu reizen und dadurch die Menge der giftigen Absonderungen zu erhöhen. Eine der Pflanzen enthielt bekannte Giftstoffe, die örtlich wirksam waren und zu Lungenödemen führten. Und natürlich hatte die Kröte eine Menge pharmakologisch aktiver Bestandteile, die alle äußerlich wirkten, und einige von ihnen konnten starken Bluthochdruck, Zyanose, Parästhesie

und auch Verhaltensveränderungen verursachen, deren Merkmale Delirium und ein verwirrter Zustand künstlicher Wut waren.
Und doch genügte es offensichtlich nicht, einfach die chemischen Eigenschaften der Ingredienzien zu untersuchen und sie mit den Symptomen von Narcisse zu vergleichen. Die *Albizzia lebbeck* etwa kann ein Lungenödem hervorrufen, aber das können ein Dutzend anderer Substanzen ebensogut. Was ich bei all diesen Fakten vermißte, war irgendein Hinweis auf einen hochwirksamen Bestandteil, der das eigentlich kritische erforderliche Symptom auslösen konnte – eine drastische Reduktion des Stoffwechsels, die dafür sorgte, daß man das Opfer für tot hielt.

Bis zur Mitte der Woche hatte ich noch immer nichts von den Fischexperten gehört. Also beschloß ich, einmal bei ihnen im Labor vorbeizuschauen, um zu sehen, was los war. Ich fand den Mann, der an meinen Probeexemplaren arbeitete, in einer dunklen Ecke der Kellergewölbe, als er gerade einem unglaublich häßlichen Geschöpf in das winzige Mäulchen starrte. Ich glaubte, er zählte die Zähne.
»Haben Sie schon irgend etwas über die Fische von Haiti herausgefunden?« Er schaute von dem Kadaver auf, besann sich mühsam, wer ich war, und mußte sich offensichtlich sehr anstrengen, um seine Aufmerksamkeit wieder einem Menschen zu widmen.
»Ach, ja. Die Fische von Haiti. Garstige kleine Biester.« Er verschwand in einem Hinterzimmer und kam mit meinen Exemplaren zurück. »Läßt Schultes Sie für den CIA arbeiten oder was?« Er lachte laut auf.
»Wie meinen Sie das?«
»Ich meine die Kugelfische.« Er ratterte eine Liste von wissenschaftlichen Namen herunter, mit denen ich nichts anfangen konnte.
»Was hat es mit ihnen auf sich?«
»Mein Gott, ich dachte, ihr da oben seid die Drogenexperten. Und in der Filmliteratur sind Sie anscheinend auch nicht besonders

bewandert.« Ich muß ziemlich verdutzt ausgesehen haben. »James Bond. Letzte Szene in *Liebesgrüße aus Moskau*, einer der großen Augenblicke der Ichthyotoxikologie. Der britische Scheinagent 007 völlig hilflos, gelähmt und bewußtlos aufgrund einer winzigen Verletzung durch ein verstecktes Messer.« Er stand auf und durchforschte sein Bücherregal, wobei es ihm irgendwie gelang, sogar dann noch gelehrt auszusehen, als er das kleine Taschenbuch zwischen dichten Reihen unbekannter Zeitschriften herauszog.

»Wußte ich doch, daß es hier irgendwo ist. Da haben wir's.« Er zitierte: »›Der Stiefel mit seiner winzigen Stahlzunge blitzte auf. Bond fühlte einen scharfen Schmerz in der rechten Wade... Ein taubes Gefühl kroch in Bonds Körper hoch... Er konnte kaum noch atmen... Bond drehte sich langsam auf den Fersen und sank auf den weinroten Boden...‹« Er stellte das Taschenbuch ins Regal zurück. »007 hatte nicht den Hauch einer Chance«, klagte er. »Auch sehr geschickt von Fleming. Man muß das nächste Buch lesen, um dahinter zu kommen. Die Klinge war mit Tetrodotoxin vergiftet«, teilte er mir vertraulich mit. »Er verrät es im ersten Kapitel von *Dr. Mo.*«

»Was ist das?«

»Ein Nervengift«, antwortete er, »es gibt kein stärkeres.«

Ich brauchte nicht lange, um festzustellen, daß die ursprünglichen Vermutungen von Kline und Lehmann sich als richtig herausgestellt hatten: Das Zombiegift enthielt eine der giftigsten Substanzen, die in der Natur vorkommen. Marcel hatte zwei Arten von Fischen genannt, den *fou-fou*, der sich als *Diodon hystrix* erwies, und den *crapaud de mer* oder die Meereskröte, wissenschaftlich *Sphoeroides testudineus*. Im Englischen heißen sie Kugelfische, weil sie immer, wenn sie bedroht werden, große Mengen Wasser schlucken können und dadurch eine runde Form annehmen, so daß es für den Angreifer schwieriger wird, sie zu verschlingen. Dabei sollte man bei ihnen einen so passiven Verteidigungsmechanismus kaum für nötig halten. Beide Arten gehören zu einer großen pan-tropischen Familie von Fischen, von denen viele Tetrodotoxin in der Haut, der Leber, den Ovarien und den Eingeweiden haben. Dieses tödliche Nervengift ist eine der giftigsten nicht proteinhaltigen Substanzen, die man kennt. Laboruntersuchungen haben gezeigt, daß es 160000mal stärker ist als Kokain. Als Gift ist es nach vorsichtiger Schätzung ungefähr 500mal wirksamer als Zyanid. Eine einzelne tödliche Dosis des reinen Giftes wäre etwa die Menge, die auf dem Kopf einer Stecknadel Platz hätte.

Die Rolle von Tetrodotoxin in der Geschichte der Menschheit geht buchstäblich bis zu den Anfängen der Zivilisation zurück. Die Ägypter wußten schon vor fast 5000 Jahren von dem Gift, die Abbildung eines Kugelfisches erscheint auf dem Grab von Ti, einem Pharao der fünften Dynastie. Der tödliche Kugelfisch des Roten Meeres war die Ursache für das biblische Verbot, schuppenlose Fische zu essen, das im 5. Buch Mose erscheint. In China wurde die Giftigkeit des Fisches im *Pentsao Chin* festgehalten, dem ersten der großen amtlichen Arzneibücher, das vermutlich während der Regierungszeit des legendären Kaisers Shun Nung (2838–2698 v.Chr.) entstand. Im Osten gibt es fortlaufende Aufzeichnungen, die die zunehmend detaillierteren Kenntnisse der Biologie und der Toxikologie des Fisches widerspiegeln. Zur Zeit der Han-Dynastie (202 v.Chr. – 220 n.Chr.) wußte man bereits, daß das Gift konzentriert in der Leber vorkam. Vierhundert Jahre später, in der Sui-Dynastie, erscheint eine genaue Beschreibung der Giftigkeit der Leber, Eier und Ovarien in einer bekannten medizinischen Abhandlung. Das letzte der *Großen Pflanzenbücher*, das *Pentsao Kang Mu* (1596 n.Chr.), führt aus, daß die Giftigkeit von Art zu Art verschieden ist und daß auch innerhalb einer Art jahreszeitlich bedingte Schwankungen auftreten können. Es liefert auch eine knappe, aber anschauliche Schilderung der Folgen, die sich einstellen, wenn man die Leber und Eier ißt: »Im Mund zersetzen sie die Zunge, und wenn man sie schluckt, zersetzen sie die Eingeweide«, eine Krankheit, »die kein Mittel heilen kann.« Das ist nur eine der Mahnungen des Pflanzenbuches, die vor den Gefahren des Fisches warnen. Aber das *Pentsao Kang Mu* enthüllt auch eine überraschende Entwicklung, die in der Mandarin-Gesellschaft stattgefunden hat. Ungeachtet der offenkundigen Risiken war der Fisch um 1596 zu einer Art kulinarischer Delikatesse geworden. Mehrere Rezepte beschreiben in allen Einzelheiten Verfahren, den Fisch zuzubereiten und zu kochen, die angeblich einen Teil des Giftes neutralisieren und das Fleisch genießbar machen sollten. Eine Darstellung empfiehlt, daß man auch den Rogen über Nacht in Wasser einlegen soll, ein anderer verkündete die Freuden des Genusses von »gesalzenen Eiern«. Wieviel Spielraum diese Methoden dem Irrtum einräumten, ist ungewiß. Das Pflanzenbuch gibt auch ein beliebtes Sprichwort wieder, das in China und Japan noch heute gern angeführt wird: »Wenn du dein Leben wegwerfen willst, iß Kugelfisch.«

Die Fertigkeit, einen Kugelfisch so zuzubereiten, daß er ungefährlich ist, war den ersten europäischen Entdeckern, die den Fernen Osten erreichten, gänzlich unbekannt. Das Ergebnis davon waren einige höchst farbige Schilderungen der möglichen Wirkungen dieser Gifte. Bei seiner zweiten Weltumseglung schlug Kapitän James Cook eine Warnung seiner beiden Naturkundler an Bord in den Wind und ließ sich zum Abendessen die Leber und den Rogen eines Kugelfisches zubereiten. Cook beharrte darauf, daß er den Fisch ohne Schaden an irgendeinem anderen Ort im Pazifik bereits gegessen habe, und lud dann in der bescheidenen Art eines Kapitäns der Britischen Königlichen Marine die beiden Naturkundler ein, mit ihm zu speisen. Zum Glück nahmen die drei Männer von dem Leckerbissen nur eine winzige Kostprobe. Trotzdem befiel sie zwischen drei und vier Uhr morgens »eine außerordentliche Schwäche in allen Gliedmaßen, begleitet von einer Taubheit der Empfindungen, wie man sie erleben kann, wenn man Hände oder Füße ans Feuer hält, nachdem man völlig durchgefroren ist«. Cook schrieb: »Ich hatte meinen Tastsinn fast gänzlich verloren, konnte auch nicht mehr zwischen leichten und schweren Gegenständen unterscheiden... ein Literkrug voll Wasser wog in meiner Hand ebensoviel wie eine Feder.« Cook und seine Naturkundler hatten Glück. Zwei Seeleute, die etwa siebzig Jahre später auf der holländischen Brigg *Postilion* das Kap der Guten Hoffnung umsegelten, trafen es schlechter. Der folgende Bericht stammt von einem mitreisenden Arzt, der bei den Männern eintraf, noch ehe zehn Minuten verstrichen waren, seit sie den Fisch gegessen hatten (eine Art *Diodon*, wie sich später herausstellte).

> Der Bootsmann lag auf dem Zwischendeck und konnte sich nur mit allergrößter Anstrengung aufrichten; sein Gesicht war etwas gerötet, seine Augen glänzten, die Pupillen waren ziemlich zusammengezogen, der Mund stand offen, und da die Schlundmuskeln in einem Krampf erstarrt waren, floß der Speichel ungehemmt heraus. Die Lippen waren geschwollen und bläulich angelaufen, die Stirn war schweißbedeckt, der Puls ging schnell, schwach und unregelmäßig. Dem Patienten war höchst unwohl, und er litt große Pein, war aber noch bei Bewußtsein. Sein Zustand ging schnell in Lähmung über; seine Augen blickten starr in eine Richtung, er atmete schwer, und als Begleiterscheinung weiteten sich die Nasenlöcher, das Gesicht wurde blaß und war von kaltem Schweiß bedeckt, die Lippen wurden fahl, Bewußtsein und Puls schwanden, der rasselnde Atem hörte auf. Der Patient starb, kaum 17 Minuten nachdem er von der Leber des Fisches gegessen hatte.

Der andere Seemann litt an den gleichen Symptomen, erbrach sich aber mehrmals, was ihm eine momentane Erleichterung verschaffte. Er hoffte davonzukommen, bis »eine einzige konvulsivische Bewegung der Arme erfolgte, worauf der Puls verschwand und die bläuliche Zunge zwischen den Lippen hervortrat«. Bei ihm trat der Tod etwa eine Minute später ein als bei seinem Kameraden. Während Cook und die übrigen Europäer auf hoher See mit ihren Problemen kämpften, hatten die Japaner die chinesische Leidenschaft für den Kugelfisch übernommen und seine Zubereitung auf die Ebene der Kunst gehoben. Die Begeisterung, mit der die Japaner ihren *fugu* verspeisten, verblüffte frühe europäische Beobachter. Engelbert Kaempfer, ein Arzt, der zu Beginn des 18. Jahrhunderts an der holländischen Handelsniederlassung in Nagasaki tätig war, notierte: »Die Japaner halten diesen Fisch für sehr delikat und sie mögen ihn sehr, aber der Kopf, die Eingeweide, die Gräten und aller Abfall müssen weggeworfen und das Fischfleisch muß gründlich gewaschen werden, ehe man es essen kann. Und auch so sterben noch viele Menschen daran...« Er stellte ferner fest, daß der Fisch so gefährlich und trotzdem so beliebt war, daß sich der Kaiser veranlaßt gesehen hatte, einen speziellen Erlaß herauszugeben, der es seinen Soldaten verbot, den Fisch zu essen. Obwohl Kaempfer offenbar häufig beobachtet hat, daß Leute den Kugelfisch aßen und mochten, schloß er seltsamerweise mit dem Satz: »Das Gift dieser Art ist absolut tödlich, kein Waschen oder Säubern kann es entfernen. Es verlangt daher niemand danach, außer jenen, die sich aus dem Leben zurückziehen wollen.« Diesem Holländer entging, wie zahllosen Generationen von westlichen Besuchern nach ihm, das Entscheidende beim Kugelfischessen völlig. Die Japaner haben es in Verse gebracht: »Wer Fugu ißt, ist dumm. Wer aber keinen Fugu ist, ist auch dumm.«

Heutzutage ist die Leidenschaft der Japaner für den Kugelfisch so etwas wie eine nationale Institution. Allein in Tokio verkaufen über 1800 Fischhändler Kugelfisch. Er wird in fast allen Restaurants der Spitzenklasse serviert, und um den Anschein einer gewissen Kontrolle aufrechtzuerhalten, erteilt die japanische Regierung eigens Lizenzen für speziell ausgebildete Köche, die allein die Erlaubnis haben, Fugu zuzubereiten. Im allgemeinen wird er als *sashimi* gegessen, also roh und in Streifen geschnitten. In dieser Form ist das Fischfleisch relativ ungefährlich. Das sind auch die Hoden, nur besteht die Gefahr, daß sie manchmal selbst von den erfahrensten Küchenchefs mit den tödlichen Eierstöcken verwechselt werden. Aber viele Feinschmecker essen lieber ein Gericht namens *chiri*, das sind halbgare Filets, die aus einem Topf kommen, der die giftigen Anteile Leber, Haut und Eingeweide enthält. Liebhaber von *chiri* fallen regelmäßig unter die hundert oder mehr Todesfälle, die sich jedes Jahr ereignen.

Die Japaner bevorzugen vier Arten von Kugelfischen und bezahlen hohe Preise dafür. Alle gehören der Gattung *ugu* an und sind, wie jedermann weiß, hochgiftig. Was kann jemanden bewegen, mit so einem Geschöpf Russisches Roulette zu spielen? Die Antwort lautet natürlich, daß der Fugu zu den seltenen Genußmitteln zählt, die auf der Grenzlinie zwischen Nahrungsmittel und Droge liegen. Für den Japaner bedeutet der Verzehr des Fugu ein erlesenes ästhetisches Erlebnis. Die hohe Kunst der Fuguköche besteht nicht so sehr darin, das Gift zu entfernen, als vielmehr darin, dessen Konzentration zu verringern und gleichzeitig sicherzustellen, daß der Gast trotzdem noch die anregenden physiologischen Nachwirkungen genießen kann.

Zu ihnen zählen eine leichte Taubheit von Zunge und Lippen, ein Gefühl der Wärme, eine Rötung der Haut und eine allgemeine Empfindung von Euphorie. Wie bei so vielen stimulierenden Mitteln gibt es auch hier Menschen, die des Guten zuviel wollen. Obwohl es gesetzlich ausdrücklich verboten ist, bereiten einige Küchenchefs für unersättliche Gäste ein spezielles Gericht aus der ganz besonders giftigen Leber. Dieses Organ wird gekocht, zerdrückt und dann immer wieder gekocht, bis von dem Gift nicht mehr viel übrig ist. Es war dieses Gericht, das 1975 den vieldiskutierten Tod von Mitsugora Bando VIII. herbeiführte, der zu den besten Kabuki-Schauspielern Japans gehörte und von der japanischen Regierung sogar zu einem lebenden nationalen Kunstschatz erklärt worden war. Er gehörte, wie alle, die die gekochte Leber essen, zu den Menschen, die nach den Worten eines Fugu-Kenners »gefährlich leben«.

Wegen seiner Beliebtheit als Nahrungsmittel und der relativ hohen Anzahl versehentlicher Vergiftungen hat der Fugu eine Flut von medizinischer und biomedizinischer Literatur ausgelöst. Als ich diese Literatur auf klinische Beschreibungen und Fallgeschichten hin durchforstete, stieß ich sofort auf verblüffende Parallelen zum Zombie-Phänomen. Als mir Clairvius Narcisse seine Erlebnisse schilderte, konnte er sich daran erinnern, daß er die ganze Zeit über bei Bewußtsein gewesen war, und obwohl völlig bewegungsunfähig, hatte er gehört, wie seine Schwester zu weinen anfing, als man ihr sagte, er sei tot. Sowohl während als auch nach seiner Beerdigung war sein vorherrschendes Gefühl das eines Schwebens über dem Grab. Er erinnerte sich auch daran, daß sein erstes Anzeichen von Unwohlsein vor seiner Aufnahme ins Krankenhaus Atembeschwerden gewesen waren. Seine Schwester entsann sich, daß seine Lippen blau angelaufen, also zyanotisch geworden waren. Obwohl er nicht wußte, wie lange er im Grab gelegen hatte, bis die Zombie-Erwecker kamen, um ihn zu befreien, verlautete aus anderen Quellen, daß man einen Zombie bis zu 72 Stunden nach seiner Beerdigung wiedererwecken könne. Die erste Wirkung des Giftes ruft nach der Beschreibung mehrerer Houngan in dem Opfer das Gefühl hervor, daß »unter seiner Haut Insekten krabbeln«. Ein Houngan bot ein Gift an, das bewirken sollte, daß sich die Haut des Opfers abschält. Volkstümliche Berichte über lebende Tote behaupten, selbst weibliche Zombies sprächen mit tiefen, heiseren Stimmen und alle Zombies hätten glasige Augen. Einige Houngan sagten auch, daß der Bauch des Opfers anschwillt, nachdem es vergiftet wurde.

Erinnern wir uns noch einmal an die Liste der Kranheitssymptome auf der rechten Seite der Tafel. Zur Zeit seines angeblichen Todes litt Narcisse an Verdauungsbeschwerden mit Erbrechen, starken Atembeschwerden, einem Lungenödem, Urämie, Unterkühlung, rapider Gewichtsabnahme und Bluthochdruck. Hier gilt es zu beachten, daß diese Symptome präzise faßbar und ganz gewiß merkwürdig sind.

Nun vergleiche man die Kombination der Symptome von Narcisse mit der folgenden Beschreibung der spezifischen Wirkungen von Tetrodotoxin:

> Der Beginn und die Art von Symptomen bei einer Kugelfischvergiftung variieren erheblich je nach der betroffenen Person und dem Quantum Gift, das konsumiert wurde.

Aber es stellen sich bald *Unwohlsein*, Blässe, Schwindel, *Parästhesie* der Lippen und der Zunge sowie Ataxie ein. Die Parästhesie, die das Opfer gewöhnlich als *kribbelndes oder prickelndes Gefühl* beschreibt, kann sich später auf Finger und Zehen ausdehnen, dann andere Teile der Extremitäten befallen und allmählich zu erheblicher Gefühlstaubheit führen. In einigen Fällen kann sich diese Taubheit auf den ganzen Körper erstrecken, und in solchen Fällen haben die Patienten berichtet, sie hätten sich gefühlt, als ob *ihr Körper schwebe*. Erhöhter Speichelfluß, starkes Schwitzen, extreme Schwäche, Kopfschmerzen, *zu niedrige Körpertemperatur*, absinkender Blutdruck und ein schneller, schwacher Puls treten im allgemeinen früh auf. Gastrointestinale Symptome wie Übelkeit, Erbrechen, Durchfall und Schmerzen im Oberbauch kommen gelegentlich hinzu. Anscheinend sind die Pupillen während der ersten Phase verengt und weiten sich später. Während der Prozeß fortschreitet, werden die Augen starr und der Pupillen- sowie der Hornhautreflex fallen aus *Atembeschwerden* sehr stark zu, und ... *die Lippen, die Extremitäten und der Rumpf werden intensiv zyanotisch.* Die Muskelzuckungen werden fortschreitend stärker und gehen schließlich in eine *ausgedehnte Lähmung* über. Die ersten Körperteile, die gelähmt werden, sind normalerweise der Rachen und der Kehlkopf, was zum Verlust der Stimme, *Schluckbeschwerden* und *völliger Schluckunfähigkeit* führt. *Die Muskeln der Extremitäten werden gänzlich gelähmt, und der Patient kann sich nicht mehr bewegen.* Wenn der Tod herannaht, werden *die Augen des Opfers glasig. Das Opfer kann bewußtlos werden, bleibt aber in den meisten Fällen bei Bewußtsein, und die geistigen Kräfte bleiben intakt bis kurz vor dem Tod.*« (Siehe Halstead in der Bibliographie.)

Mehrere Ärzte berichten über diesen höchst merkwürdigen Zustand völliger Lähmung, während der die meisten geistigen

Fähigkeiten erhalten bleiben. Ein Arzt schreibt: »Die Auffassungsgabe des Patienten ist nicht einmal in den schwersten Fällen beeinträchtigt. Wenn man ihn nach seinen Erfahrungen fragt, nachdem er wieder gesund ist, kann er alles genau berichten.« Weitere dokumentierte und dargestellte Symptome der Vergiftung mit Tetrodotoxin schließen Lungenödem, Hypotension, Zyanose, Unterkühlung, Übelkeit und Erbrechen ein. Atembeschwerden sind fast immer das erste Anzeichen der Vergiftung, und bei vielen Opfern schwillt der Bauch an. Am dritten Tag nach der Einnahme von Tetrodotoxinen können große Hautblasen auftreten, und etwa am neunten Tag beginnt die Haut, sich abzuschälen. Ein chinesischer Patient, der in das Queen's Hospital von Honolulu eingeliefert wurde, klagte darüber, daß er sich von Kopf bis Fuß taub gefühlt habe und ihm gewesen sei, als wären Ameisen auf ihm herumgekrabbelt und hätten ihn gebissen.

Diese Liste ist noch nicht erschöpfend. Alles in allem litt Narcisse an einundzwanzig, also praktisch allen hervorstechenden Symptomen, die bei bekanntgewordenen Tetrodotoxinvergiftungen dokumentiert wurden.

Es blieb nicht dabei, daß die einzelnen Symptome der Zombie-Metamorphose und die der Tetrodotoxinvergiftung bemerkenswert ähnlich klangen. Ganze Fallgeschichten der japanischen Literatur lesen sich wie Berichte von den lebenden Toten. Ein japanischer Hausierer aß mit mehreren Kollegen zusammen *chiri* und litt an allen klassischen Symptomen der Kugelfischvergiftung. Die Ärzte gaben ihn auf, überzeugt, daß der Mann tot sei, aber er erholte sich wieder, und keine vierzehn Stunden nachdem er die giftige Mahlzeit zu sich genommen hatte, verließ er zu Fuß das Krankenhaus. Ein koreanischer Bergarbeiter und sein Sohn aßen die Eierstöcke einer Art der *Sphoeroides* und wurden innerhalb einer Stunde ins Krankenhaus gebracht. Der Vater blieb bei »klarem Bewußtsein«, bis er starb, der Sohn litt etwa zwei Stunden lang an völliger Bewegungsunfähigkeit, erholte sich dann aber von selbst ohne eine weitere Behandlung.

Diese beiden Berichte illustrieren eines der unheimlichsten Merkmale der Kugelfischvergiftung. Tetrodotoxin führt zu einem Zustand tiefster Paralyse, die eine vollständige Bewegungsunfähigkeit mit sich bringt. Während dieser Zeit ist die Grenze zwischen Leben und Tod selbst für erfahrene Ärzte nicht mehr mit Sicherheit feststellbar. Ich brauche kaum zu betonen, was das für die Zombie-Forschung bedeutet. Es wurde mir immer klarer, daß Tetrodotoxin auf pharmakologischem Wege den Körper in einen Zustand versetzen kann, der die Möglichkeit in sich birgt, daß ein Mensch lebendig begraben werden kann.

In Japan war das allem Anschein nach auch schon geschehen. Ein Arzt berichtet uns:

> Ein Dutzend Spieler verschlangen gierig Fugu bei Nakashimamachi in Okayama in Bizen. Drei von ihnen erlitten eine Vergiftung, zwei starben bald daran. Einer von ihnen war in dieser Stadt zu Hause und wurde sofort beigesetzt. Der andere stammte aus einer entfernten Provinz, ... die der Zuständigkeit des Shogun unterstand. Daher wurde die Leiche aufbewahrt und von einem Wächter bewacht, bis ein Regierungsbeamter sie in Augenschein nehmen konnte. Nach sieben oder acht Tagen kam der Mann wieder zu sich und wurde schließlich wieder völlig gesund. Als man ihn nach seinen Erlebnissen befragte, konnte er sich an alles erinnern und berichtete, er habe sich gefürchtet, daß man auch ihn lebendig begraben würde, als er hörte, daß der andere Mann beigesetzt worden war.

Was mit diesem Unglückseligen geschah, der begraben worden war, wird nicht weiter erwähnt. Ein zweiter Fall war nicht weniger dramatisch.

> Ein Mann aus Yamaguchi in Boshy erlitt in Osaka eine Fuguvergiftung. Man dachte, er sei tot, und brachte seine Leiche zu einem Krematorium in Sennichi. Als man den Körper vom Wagen hob, erholte sich der Mann und ging zu

Fuß nach Hause. Wie in dem soeben zitierten Fall konnte er sich an alles erinnern.

Diese beiden Fälle waren keineswegs die einzigen. Tatsächlich sind solche Vorkommnisse offenbar so häufig, daß man in manchen Gebieten Japans eine Person, bei der man Tod durch Kugelfischvergiftung festgestellt hat, traditionell drei Tage lang neben ihrem Sarg aufbahrt, ehe man sie bestattet. Am Heiligen Abend des Jahrs 1977 wurde ein vierzigjähriger Einwohner von Kyoto aufgrund einer Fuguvergiftung in ein Krankenhaus eingeliefert. Der Patient hörte bald auf zu atmen, und alle Symptome wiesen auf Gehirntod hin. Die Ärzte begannen sofort mit künstlicher Beatmung und anderen Rettungsmaßnahmen. Nichts half, doch nach 24 Stunden fing der Patient ganz von allein wieder zu atmen an. Nach und nach wurde er wieder völlig gesund und erinnerte sich später daran, wie seine Familie über seinem reglosen Körper geweint hatte. Seine Sinneswahrnehmung war unbeeinträchtigt geblieben. Er hatte verzweifelt gewünscht, ihnen ein Lebenszeichen geben zu können, war aber nicht dazu imstande gewesen. »Das war wirklich die Hölle auf Erden«, äußerte er später gegenüber medizinischen Forschern.

Diese Berichte warfen ein völlig neues Licht auf die Zombie-Forschung. Plötzlich erschien es nicht mehr nur möglich, sondern sogar wahrscheinlich, daß Marcels Gift einen Scheintod herbeiführen konnte. Jetzt kamen mir ein Dutzend exaktere Fragen in den Sinn. Enthielten die Arten des Kugelfisches, die Marcel verwendete, das fragliche Gift? Wenn ja, würde es sich nicht durch die Zubereitung verändern? Man erinnere sich daran, daß Marcel die getrockneten Fische auf einen Holzkohlengrill gelegt und sie so lange gebraten hatte, bis sie eine ölige Konsistenz angenommen hatten. Hitze zerstört viele chemische Verbindungen. Wie stand es um die Art und Weise, in der das Zombie-Gift angeblich angewendet wurde? Wie konnte der Bokor sicherstellen, daß das Opfer nicht an dem Gift starb? Auch von diesen Fragen konnten viele mit Hilfe der Literatur beantwortet werden. Marcel gab seinem Gift zwei Arten von Kugelfisch bei – den *Diodon hystrix* und *Sphoeroides testudineus* –, und von beiden weiß man, daß sie Tetrodotoxin enthalten. Es war eine Art des *Diodon*, die die holländischen Seeleute auf der *Postilion* vergiftete, als sie auf ihrer Fahrt um das Kap der Guten Hoffnung war. Vertreter der Gattung *Sphoeroides* sind nahe Verwandte des japanischen Fugufisches, und man weiß, daß ihr Gift besonders bösartig ist. Mitte der fünfziger Jahre aß eine ältere Touristin im südlichen Florida die Leber eines *Sphoeroides testudineus*. Fünfundvierzig Minuten später starb sie, nachdem sie all die schrecklichen Symptome der Vergiftung durchlitten hatte. Kein Zweifel, die Arten, die Marcel verwendet hatte, konnten Tetrodotoxin enthalten.

Weitere Antworten ließen sich einem bemerkenswerten Bericht entnehmen, den der mexikanische Historiker Francisco Javier Clavijero überliefert hat. Im Jahre 1706 stießen vier spanische Soldaten, die auf der Suche nach einer neu eingerichteten Missionsstation in Südkalifornien auf ein Lagerfeuer, an dem eingeborene Fischer ein gebratenes Stück Leber eines Botete (*Sphoeroides lobatus*) zurückgelassen hatten. Trotz der Warnungen ihrer Hauptleute teilten sich die Soldaten das Fleisch. Einer von ihnen aß ein kleines Stück, ein weiterer kaute seinen Anteil, ohne ihn zu schlucken, und der dritte berührte ihn nur. Der erste starb innerhalb von dreißig Minuten, der zweite kurz danach, und der dritte blieb bewußtlos bis zum folgenden Tag. Zwei fragliche Punkte wurden nun klar. Daß die Soldaten sich mit gebratenem Fleisch vergifteten, bewies die wichtige Tatsache, daß Hitze – Braten, Kochen, Backen oder Dämpfen – das Tetrodotoxin nicht zerstört. Zweitens ist Tetrodotoxin zwar eine der giftigsten Chemikalien, die man kennt, dennoch hängt seine Wirkung, wie bei allen Drogen, von der Dosierung und der Art der Anwendung ab. Die japanischen Forscher Fukada und Tani untersuchten über hundert Fälle von Tetrodotoxinvergiftungen und unterschieden danach vier Stadien der Intoxikation. Die ersten beiden charakterisierten sie durch fortschreitendes Taubheitsgefühl und den Verlust der motorischen Kontrolle; ein Zustand, als würde einem der ganze Körper »einschlafen«. Das dritte Stadium schließt eine Lähmung des gesamten Körpers, Atembeschwerden, Zyanose und niedrigen Blutdruck ein – wobei das Opfer bei vollem Bewußtsein bleibt. Im letzten Stadium tritt der Tod sehr rasch ein infolge eines völligen Zusammenbruchs der Atmung. Wenn das Gift konsumiert wird, setzt gewöhnlich sehr schnell das dritte Stadium ein. Die beiden Seeleute auf der *Postilion* starben charakteristischerweise innerhalb von siebzehn Minuten. Wenn Tetrodotoxin auf irgendeinem Weg direkt in den Blutstrom gelangt, verstärkt sich seine Wirkung um das Vierzig- bis Fünfzigfache. Tetrodotoxin ist jedoch auch äußerlich wirksam, und einige der ersten Symptome haben sich auch bei Personen eingestellt, die die giftigen Organe lediglich in die Hand nahmen. Ob das Opfer das Zombiegift überlebte, hing mit anderen Worten also davon ab, wie ihm das Gift zugeführt wurde.

Marcel hatte die Wirksamkeit seines Mittels energisch behauptet, doch zumindest implizit die Bedeutung der richtigen Anwendung und Dosierung zugegeben. Er hatte äußerst nachdrücklich betont, daß man es niemals in das Essen des Opfers gab. Jetzt verstand ich den Grund. Wenn man es schluckte, würde es höchstwahrscheinlich das Opfer töten, wenn man es aber wiederholt auf die Haut oder offene Wunden auftrug oder es dem Opfer ins Gesicht blies, damit es eingeatmet wurde, konnte es einen todesähnlichen Zustand hervorrufen.

Ein letzter Punkt blieb noch zu klären. Menschen, die eine Tetrodotoxinvergiftung erleiden, erreichen im allgemeinen nach höchstens sechs Stunden eine kritische Phase. Wenn das Opfer diese Krise übersteht, kann es mit einer vollständigen Genesung rechnen, zumindest was die Wirkung des Tetrodotoxins betrifft. Dadurch war es zumindest theoretisch möglich, daß ein Vergiftungsopfer, das allem Anschein nach tot war, voreilig beigesetzt wurde und dann im Sarg wieder zu sich kam.

Die Folgerungen aus diesen Ergebnissen waren aufsehenerregend. Hier schien eine handfeste Erklärung des ganzen Zombie-Phänomens in Sicht – ein im Volke bekanntes Gift, das bekannte

Toxine enthielt, die eindeutig die Wirkkraft besaßen, auf pharmakologischem Wege einen Scheintod herbeizuführen. Daß die einzelnen Symptome, die Clairvius Narcisse beschrieben hatte, so genau den doch sehr spezifischen Symptomen einer Tetrodotoxinvergiftung entsprachen, wies darauf hin, daß ihm dieses Gift zugeführt worden war. Wenn dies auch noch nicht bewies, daß er ein Zombie gewesen war, so verlieh es seinem Fall doch deutlichen Nachdruck. Und da war noch eine weitere, besonders eindrucksvolle Tatsache. Alles deutete darauf hin, daß Narcisse die ganze Zeit über bei Bewußtsein geblieben war. Vollständig gelähmt, hatte er vielleicht seinem eigenen Begräbnis als passiver Zuschauer beigewohnt.

Sobald ich zu diesen Ergebnissen gelangt war, nahm ich Verbindung mit Nathan Kline auf und schickte auf seine Anweisung hin eine unbeschriftete Probe des Giftes an einen gewissen Professor Leon Roizin am Psychiatrischen Institut des Bundesstaates New York. Der nächste Schritt war schon vorgezeichnet. Bevor eine Serie teurer chemischer Untersuchungen in Auftrag gegeben wurde, wollte Roizin herausfinden, welche Reaktionen das Pulver bei Versuchstieren auslöste. Um jede mögliche Beeinflussung der Experimente auszuschalten, sagte ich Roizin weder, was das Pulver enthielt, noch, wofür es angeblich verwendet wurde. Er bekam lediglich den Auftrag, eine Emulsion herzustellen und sie den Tieren äußerlich aufzutragen. Ich hörte schon nach einer Woche von ihm. Er hatte sehr schnell gearbeitet und war bereit, mich zu empfangen.
Der Aufzug öffnete sich, und ich betrat einen vollgestopften Flur, der nach Labor roch. Ich ging ein paar Schritte den kurzen Gang hinunter und blieb stehen; rechts und links von mir hingen Photomontagen von Affen, die unter dem Einfluß von Überdosen verschiedener Drogen standen. Es war nicht meine Aufgabe, hier zu richten, aber ich mußte zugeben, daß diese Photographien grausiger waren als alles, was ich je zwischen den Utensilien eines Bokor gesehen hatte.

Roizin arbeitete in einem hoffnungslos überfüllten Arbeitszimmer. Er war klein, in seinem weißen Laborkittel wirkte er beinahe wie ein Zwerg. Wir sprachen in klinisch sachlichem Ton über seine Experimente.

»Was Sie da haben«, begann er, »ist eine sehr starke neurotrope Substanz. Sehr merkwürdig. Sie haben keine Ahnung, was sie enthält?«

Ich schüttelte den Kopf. Ich täuschte ihn ungern, aber ich wollte zuerst erfahren, was er entdeckt hatte. Erklärungen konnte ich später abgeben.

Roizin griff in einen Aktendeckel und reichte mir zwei Photographien von weißen Ratten. Beide schienen tot zu sein. »Zuerst rasierten wir ihnen einen Teil des Rückens und trugen dort dann eine dickflüssige Emulsion auf, die das Pulver enthielt. Innerhalb einer Viertelstunde nahm die spontane Aktivität der Tiere ab, und nach vierzig Minuten bewegten sie sich nur noch, wenn man sie reizte. Bald danach klang jegliche Mobilität ab, und die Ratten behielten drei bis sechs Stunden lang dieselbe Stellung bei. Die Atmung wurde flach. Wir konnten noch einen Herzton hören und beobachteten eine schwache Reaktion auf Geräusche und Hornhautreizung. Nach sechs Stunden kam alle Bewegung völlig zum Stillstand. Die Tiere sahen bewußtlos aus und zeigten keinerlei Reaktion mehr auf irgendwelche Reize. Und doch konnten wir auf dem EKG-Gerät noch einen Herzschlag feststellen. Auch Gehirnwellen konnten wir empfangen. Vierundzwanzig Stunden blieben sie in diesem Zustand.«

»Und sie waren am Leben?«

»Ja, aber völlig ruhiggestellt. Doch wir haben noch viel mehr herausgefunden. Die meisten Tranquilizer wirken nicht betäubend. Dieser aber wohl. Schauen Sie sich das zweite Photo an.«

Ich sah es mir an. »Wir haben den Tieren mit einer Nadel in den Schwanz gestochen, ohne eine Reaktion festzustellen. Was immer Sie da haben, es wirkt peripher als Betäubungsmittel. Und es wirkt sehr schnell, ohne das Herz anzugreifen, selbst im toxischen Stadium.«

»Gab es sonst noch irgendwelche Verhaltensveränderungen?«
»Ja, eine fällt mir ein. In einer frühen Phase des Experiments, als die Ratten sich noch ein wenig bewegten, drängten sie sich eng aneinander, und ihre Extremitäten waren spürbar kühl. Es sah aus, als würden sie versuchen, sich gegenseitig warm zu halten.«
»Wieviel von dem Pulver wurde auf jedes Tier aufgetragen?«
»Fünf Milligramm pro hundert Gramm Gewicht. Aber ich möchte Ihnen noch etwas zeigen.« Roizin nahm den Hörer von der Gabel, um zu telefonieren. Ich nutzte die Gelegenheit, um unbeobachtet auf meinem Notizblock eine Berechnung der Giftdosis anzustellen, die jedem Tier verabreicht worden war. Wenn man sie auf das Gewicht eines durchschnittlich schweren Menschen umrechnete, hatte Roizin das Äquivalent zu 3,5 Gramm an reinem Gift verwendet.
»Der Techniker im Studio unten ist bereit«, sagte er, als er einhängte. »Als wir diese Ergebnisse von den Ratten erhielten, beschloß ich, aufzuzeichnen, was mit den Affen passierte.« Er stand auf und forderte mich mit einer Geste auf, mit ihm das Arbeitszimmer zu verlassen. »Haben Sie jemals mit Rhesusaffen gearbeitet?« fragte er, während er mir vorausging.
»Nein, das war nie nötig«, antwortete ich.
»Da haben Sie großes Glück gehabt. Aber Sie sollten die Tiere wenigstens einmal sehen, ehe Sie den Film anschauen.« Roizin führte mich durch ein Labyrinth von Korridoren aus Hohlblocksteinen, die zur Tierabteilung des Instituts führten. Der Lärm, der uns empfing, als wir uns dem Raum mit den Affenkäfigen näherten, war ohrenbetäubend. Das letzte Mal, daß ich einen Affen gehört hatte, war im Regenwald des nordwestlichen Amazonasgebietes gewesen. Aber das war der tiefe Schrei eines Brüllaffen gewesen, frei und majestätisch und furchterregend. Hier rasselte eine ganze Wand von Metallkäfigen unter dem rasenden Toben von Tieren, die sich niemals gepaart hatten. Unter den Dutzenden von sterilen Schreihälsen wählte Roizin einen aus und klopfte drohend an seinen Käfig. Der Gefangene machte einen wilden Satz nach vorn und schlug die Zähne an die dünnen Gitterstäbe.

»Passiv sind sie nicht gerade«, sagte Roizin laut und nahe an meinem Ohr. Nachdem er mir das demonstriert hatte, verließ er den Raum.

»Was Sie sehen werden, sind natürlich nur vorläufige Ergebnisse«, meinte er, als wir das Studio betraten. »Wir haben genau dasselbe Verfahren angewendet wie bei den Ratten.« Ein Techniker drehte die Lichter herunter, und verschwommen tauchte das Bild von Roizin auf dem Videobildschirm auf. Neben ihm stand ein einzelner Käfig mit einem Rhesusaffen, der ebenso aggressiv war wie die, die wir soeben gesehen hatten. Roizins Stimme auf dem Tonband war nur schwer zu verstehen, aber die Bilder sprachen für sich. Zwanzig Minuten nach dem Auftragen der Emulsion wirkte derselbe Affe merklich ruhiger. Selbst wenn man ihn mit einem Stock anstieß, sprang er nicht gegen das Gitter. Statt dessen zog er sich langsam in eine Ecke des Käfigs zurück und nahm, wie Roizin erklärte, eine typisch katatonische Haltung ein. Wenn man ihn reizte, reagierte er höchstens passiv, indem er in hilfloser Nachahmung seiner normalen Drohgebärde das Maul aufmachte. Drei Stunden lang blieb der Affe in dieser Stellung. Zu dieser Zeit waren der Techniker und Roizin weggerufen worden und hatten sich anderen Aufgaben zugewandt. Als sie sechs Stunden später zurückkamen, war der Affe noch immer in derselben Stellung.

»Jetzt könnten wir die Dosis erhöhen und jede Menge weiterer Tests machen«, erläuterte Roizin, als wir wieder in seinem Büro saßen, »aber ich glaube, für den Augenblick wissen wir das Wichtigste. Was immer dieses Pulver enthält, es wirkt außerordentlich schnell und verändert das Verhalten vollständig.« Roizin lehnte sich in seinem Stuhl zurück. »Eines kann ich Ihnen mit Sicherheit sagen: Ich habe jahrelang für Professor Kline gearbeitet, und einige höchst merkwürdige Drogen sind durch dieses Labor gegangen. Diese ist aber zweifellos die seltsamste.«

»Haben Sie irgendeine Vorstellung, wofür man sie gebrauchen könnte?« fragte ich.

»Das kann man jetzt noch nicht wissen.«

»Haben Sie keinerlei Vermutungen?«
»Vielleicht für Herz- und Gefäßoperationen. Es ist interessant, daß das Herz unbeeinträchtigt bleibt, während der Körper vollständig anästhesiert wird. Auch in der Psychiatrie könnte man die Droge vielleicht zur Behandlung psychotischer Erregungszustände anwenden.«
»Und als Tranquilizer?«
»In gewisser Weise, ja. Da ist noch etwas. Hat Nate Kline je mit Ihnen über experimentellen Winterschlaf gesprochen?«

Diese vorläufigen Laborergebnisse hätten mich begeistern müssen. Bewiesen sie doch experimentell, was alle Literatur nur als eine Möglichkeit vorbringen konnte. Marcels Pulver enthielt eindeutig pharmakologisch wirksame Bestandteile, die sehr schnell dazu führten, den Stoffwechsel des Opfers absinken zu lassen. Und doch war ich, selbst als Glückwunschbriefe und -anrufe von Kline und Lehmann und auch von Schultes eintrafen, verunsicherter denn je. Vor diesen Ergebnissen war die ganze Vorstellung von Zombies im Grunde genommen nur eine Idee, eine Kuriosität, eine Abstraktion gewesen. Voller Skepsis war ich nach Haiti gefahren, ohne etwas über das Land und die Leute zu wissen, und meine Aufgabe hatte mich in ein verzaubertes Land geführt, dessen Spiritualität mich völlig überraschte und zutiefst berührte. Trotzdem, oder vielleicht gerade deswegen, hatte ich nie auch nur einen Moment innegehalten, um zu überlegen, ob es Zombies wirklich gab oder nicht. Es war weder so, daß ich nicht daran glaubte, noch so, daß ich daran glaubte. Ich hatte darüber einfach kein Urteil gefällt. Die Formel des Giftes, die Übereinstimmungen zwischen der Literatur und dem Fall Narcisse und jetzt die vorläufigen, aber konkreten Laborergebnisse veränderten alles. Jetzt mußte ich mich der Einsicht stellen, wie wenig ich dieses Phänomen eigentlich verstand, das plötzlich erschreckend wirklich erschien. Es gab so viele offene Fragen. So hatte beispielsweise jeder Bericht aus Haiti von einem Gegenmittel gesprochen. Und doch hatte Marcel zwar ein Gebräu hergestellt, von dem er meinte, daß es die Wirkungen des Giftes neutralisierte, aber die Art, in der es angewendet wurde, und die Zutaten selbst legten nahe, daß es pharmakologisch unwirksam war. Für Tetrodotoxin gibt es kein in der Medizin bekanntes Gegenmittel. Doch bräuchten die Zombie-Erwecker auch keines, wenn man die Wirkungsweise des Giftes in Betracht zog. Die Opfer von Kugelfischvergiftungen überleben oder sterben, und wer am Leben bleibt, wird von selbst wieder gesund. Das traf wohl auch für die lebenden Toten zu. Und doch verlangten, ungeachtet dieser Kenntnisse, die hartnäckigen Gerüchte über ein Gegenmittel nach weiterer Aufklärung. Kollegen haben mich oft darauf hingewiesen, daß der Mangel an Beweisen für eine Sache noch lange nicht beweist, daß es sie nicht gibt. Aber ich verlor bei meiner Besessenheit von der Droge und ihrem so schwer faßbaren Gegenmittel in gewissem Sinne ganz den springenden Punkt aus dem Auge. Alles, was die Formel für das Gift erklärte, war doch nur, wie man einen Menschen tot erscheinen lassen konnte. Offensichtlich geschah dasselbe in Japan, wenn auch seltener, aber ebenso offensichtlich wurden diejenigen, die eine Fuguvergiftung erlitten, keine Zombies; sie waren einfach Opfer einer Vergiftung. Jede psychoaktive Droge birgt ein ambivalentes Potential. Pharmakologisch gesehen, führt sie einen bestimmten Zustand herbei, aber dieser Zustand ist nur das Rohmaterial, mit dem besondere kulturelle sowie psychologische Kräfte und Erwartungen arbeiten. Experten nennen das »Set« und »Setting« bei jeder Drogenerfahrung. *Set* ist dabei die Erwartung des einzelnen, was die Droge bei ihm auslösen wird; das *Setting* die Umgebung – sowohl die äußere als auch, wie in diesem Fall, die soziale – in der die Droge genommen wird. So ist zum Beispiel in den nordwestlichen Regenwäldern von Oregon eine bestimmte Art von halluzinogenen Pilzen beheimatet. Wer nun mit dem entschiedenen Vorsatz in den Wald geht, diese Pilze zu essen, erlebt normalerweise einen angenehmen Rausch. Wer sie aber versehentlich verzehrt, etwa auf der Suche nach eßbaren Pilzen, landet unweigerlich im nächsten Krankenhaus in der toxikologischen Abteilung. Der Pilz selbst ist dabei immer der gleiche.

Das führte mich nun nicht zu der Vermutung, daß das Zombie-Gift vielleicht nichts weiter sei als ein angenehmes Halluzinogen. Aber wie bei dem Pilz war seine Macht latent. Das japanische Opfer, das gelähmt, doch bei vollem Bewußtsein erlebt, wie seine Familie über seinen Tod trauert, kann nach seiner Genesung diese schreckliche Erfahrung im Rahmen des Erwartungshorizonts seiner Gesellschaft rationalisieren. Jedermann kennt die Symptome einer solchen Fuguvergiftung. Ohne Zweifel hatte in der phantasmagorischen kulturellen Landschaft von Haiti Clairvius Narcisse seine eigenen Vorstellungen, die er buchstäblich mit ins Grab nahm und mit denen er auch wieder unter die Lebenden zurückkehrte. Ich hatte keine Ahnung, was in seinem Kopf vor sich ging, und solange sich daran nichts änderte, würde ich nichts über Zombies wissen. Andererseits hatte ich ausreichend Literatur zur Hand – und auch Gelegenheit genug, sie vor meiner Rückkehr nach Haiti zu studieren –, die mir den Weg ebnen konnte, zu verstehen.

Der Voodootod

Graf Karnice-Karnicki war ein Mann voller Mitgefühl, und seine Erfindung machte in ganz Europa Furore. Er war ein russischer Aristokrat, Kammerherr des Zaren, doch seine Inspiration wurde ihm in Belgien zuteil, als er der Beisetzung eines jungen Mädchens beiwohnte. Als die ersten Schaufeln Erde auf den hölzernen Sarg fielen, stieg ein mitleiderregender Schrei aus der Gruft empor, der den Priester in seinem Amt stutzen und mehrere junge Frauen in Ohnmacht fallen ließ. Es war ein Schrei, den der Graf nie mehr vergessen sollte. Von nun an fühlte er sich, wie so viele Menschen seiner Generation in allen Winkeln des viktorianischen Europas, von der Gefahr einer vorzeitigen Bestattung bedroht. Seine Erfindung, die er knapp vor der Jahrhundertwende machte, war eine einfache, wirkungsvolle Konstruktion und billig genug, um für arm und reich gleichermaßen erschwinglich zu sein. Für die Allerärmsten gab es den Apparat sogar zur Miete. Er bestand aus einem hermetisch verschlossenen Kasten und einer langen Röhre, die an einer Öffnung im Sarg angebracht wurde, sobald man ihn in die Erde hinunterließ. Auf die Brust des Toten legte man eine große Glaskugel, an der eine Feder befestigt war, die mit dem geschlossenen Kasten verbunden war. Bei der leisesten Bewegung der Glaskugel, wie sie zum Beispiel bei einsetzender Atmung entsteht, mußte sich die Feder lösen, wodurch der Deckel des Kastens aufspringen und sofort Licht und Luft in den beigesetzten Sarg einlassen würde. Gleichzeitig setzte die Feder eine mechanische Kettenreaktion in Gang, die eines Rube Goldberg würdig war. Mehr als einen Meter über der Erde rollte eine Fahne aus, eine Glocke begann zu schlagen und hörte dreißig Minuten lang nicht wieder auf zu lärmen, und ein elektrisches Licht flammte auf. Die lange Röhre hatte nicht nur den Zweck, Sauerstoff ins Innere des Sarges zu leiten, sondern sollte gleichzeitig als Megaphon dienlich sein, die vermutlich schwache Stimme eines beinahe Toten zu verstärken. Vor weniger als hundert Jahren, zu

Beginn dieses Jahrhunderts, wurde dieses eigentümliche Gerät als ein technischer Durchbruch gefeiert. Tausende von Franzosen fügten ihren Testamenten genaue Anweisungen bei, um sicherzustellen, daß der Apparat in ihrem Grab angebracht würde. In den Vereinigten Staaten war er so beliebt, daß sich Gesellschaften bildeten, die eine Unterstützung der öffentlichen Hand für seinen Gebrauch erkämpfen wollten.

Die Bürger, die Graf Karnice-Karnickis Erfindung so freudig begrüßten, antworteten damit auf eine Epidemie von vorzeitigen Beisetzungen, die die Phantasie der Boulevardpresse beflügelt und die medizinischen Autoritäten verwirrt hatte. Ein typischer Bericht erschien im *London Echo* im März 1896. Nicephorus Glycas, der griechisch-orthodoxe Metropolit von Lesbos, wurde in seinem achtzigsten Lebensjahr für tot erklärt. Gemäß den Gepflogenheiten seiner Kirche wurde er sogleich in seine bischöflichen Gewänder gekleidet und auf einen Thron gesetzt, wo sein Leichnam, der ständig von Priestern bewacht wurde, Tag und Nacht für die Gläubigen zu sehen war. Am zweiten Abend wachte der alte Mann plötzlich auf und starrte mit Staunen und Schrecken auf die Prozession von Trauernden zu seinen Füßen. Seine Priester waren laut dem Bericht nicht weniger verblüfft, als sie begriffen, daß ihr Oberhaupt nicht tot, sondern nur in einen Zustand todesähnlicher Trance gefallen war. Voller Empörung fragte der Korrespondent des *Echo*, was wohl geschehen wäre, wenn der Erzbischof ein Laie gewesen wäre, und kam zu dem Schluß, daß man ihn dann sicher lebendig begraben hätte.

Eine zweite verbreitete Geschichte war die von Hochwürden Schwartz, einem Missionar im Orient, den angeblich sein Lieblingshymnus vom Scheintod erweckt hatte. Die Gemeinde, die gerade einen Abschiedsgottesdienst für ihn feierte, war völlig entgeistert, als plötzlich eine Stimme aus dem Sarg ertönte und in den Refrain einfiel.

Obwohl beide Fälle heute grotesk anmuten mögen, wurden sie zu ihrer Zeit nicht nur ernsthaft diskutiert, sondern auch geglaubt und trugen mit dazu bei, eine Welle hysterischer Angst vor einer vorzeitigen Beisetzung zu verstärken, die das spätviktorianische Europa überrollte. 1905 gab ein englischer Arzt, Mitglied der Königlichen Akademie für Chirurgie, ein Buch heraus, das 219 Fälle dokumentierte, in denen ein Mensch nur knapp einer vorzeitigen Beisetzung entronnen war. Außerdem stellte es 149 Fälle dar, in denen jemand tatsächlich bestattet worden war, obwohl er noch lebte. Zusätzlich führte es noch zehn Beispiele an, bei denen versehentlich an noch Lebenden Autopsien vorgenommen worden waren, und schließlich zwei Fälle, in denen die »Leiche« wieder zu Bewußtsein kam, während sie gerade einbalsamiert wurde.

Viele Menschen waren nicht gesonnen, in dieser Frage irgendein Risiko einzugehen. Hans Christian Andersen trug stets einen Zettel in der Tasche, auf dem geschrieben stand, was im Todesfall mit seiner Leiche geschehen sollte. Der englische Romanschriftsteller Wilkie Collins legte zur Vorsicht jeden Abend beim Schlafengehen einen ähnlichen Zettel auf den Nachttisch. Dasselbe tat Dostojewski, der inständig darum bat, mit seiner Beisetzung mindestens fünf Tage zu warten, für den Fall, daß er nur scheintot sei. Einige führende Angehörige des britischen Hochadels griffen allerdings zu drastischeren Mitteln, die übrigens den haitianischen Praktiken bemerkenswert nahekamen und von den Briten jener Zeit zweifellos verurteilt worden wären. Der Vodoun-Gläubige, der befürchtet, daß ein Familienmitglied als Zombie wiedererweckt werden soll, durchbohrt angeblich das Herz des Toten mit einem Messer. Furcht vor einem verfrühten Begräbnis veranlaßte den bekannten viktorianischen Altertumsforscher Francis Douce, in seinem Testament festzulegen, daß dem Chirurgen Sir Anthony Carlisle gestattet werden möge, ihm den Kopf vom Rumpf zu trennen. Dieselbe Bestimmung verfügte eine gewisse Harriet Martineau. Eine bekannte Schauspielerin dieser Zeit, Ada Cavendish, ordnete in ihrem Testament an, daß man ihr die Kehle durchschneiden solle. Lady Burton, die Witwe des berühmten Afrikaforschers und Schriftstellers Sir Richard Burton, wollte ihr Herz mit einer Nadel durchbohrt wissen. Bischof

Berkeley, Daniel O'Connell und Lord Lytton hegten ähnliche Befürchtungen und ordneten an, daß man ihre Beisetzung möglichst lange aufschieben und ihnen eine oder mehrere Venen öffnen sollte, damit das Blut herausfließen konnte und somit sichergestellt war, daß sie wirklich nicht mehr lebten.
Um die Jahrhundertwende war die Furcht vor einer verfrühten Beisetzung zu einem dringenden öffentlichen Anliegen angewachsen. Sie wurde in allen anspruchsvollen medizinischen Fachzeitschriften diskutiert, und in England führte sie zu Anfragen im Parlament, die das Bestattungsgesetz von 1900 zur Folge hatten. Zu seinen vielen Statuten gehörte eine Bestimmung der Zeitspanne, die zwischen der Feststellung des Todes und der Beisetzung zu verstreichen hatte. Auf dem Kontinent setzte man Preise auf die Entdeckung eines unfehlbaren Todesmerkmals aus. In Frankreich erhielt ein gewisser Dr. Maze 1890 den prestigeträchtigen Prix Dusgate sowie 2500 Francs für die einfache Feststellung, daß der einzige zuverlässige Beweis für den Tod die Verwesung sei. Das ernsthafte wissenschaftliche Interesse daran, den Unterschied zwischen Scheintod und Tod herauszufinden, beweist ein akademisches Lehrbuch zu dem Thema, das 1890 erschien und dessen Bibliographie nicht weniger als 418 Eintragungen aufweist.
Tatsächlich hat die Frage nach einer zuverlässigen Bestimmung des Todes den Menschen seit frühesten Zeiten stark beschäftigt, ohne je eine endgültige Antwort darauf gefunden worden wäre. Natürlich hat man die grundlegenden Merkmale des Todes schon immer gekannt, und sie haben sich auch nicht geändert. Dazu gehören das Aufhören der Atmung und der Stillstand des Herzens, Veränderungen im Auge, Gefühllosigkeit, Totenstarre, Blässe und Verfärbung aufgrund der Zersetzung des Blutes. Wie Kline bei unserer ersten Begegnung so nachdrücklich betont hatte, war das Problem seit jeher gewesen, daß keines dieser Anzeichen narrensicher ist. Und wenn man das erst einmal festgestellt und zugegeben hat, eröffnet sich eine wahre Flut von Möglichkeiten. Aber in den Köpfen der Viktorianer ging noch etwas anderes vor.

Wie groß die Gefahr einer vorzeitigen Beisetzung im späten 19. Jahrhundert wirklich war, vermag heute niemand zu sagen. Selbst damals behaupteten viele Menschen, daß die Berichte reichlich übertrieben seien. Aber allein die Tatsache, daß die Debatte selbst im Parlament und in den Hallen der Königlichen Akademie Blüten treiben konnte, war ebenso bedeutsam wie ihre Folgeerscheinung. Eine bereits beunruhigte Öffentlichkeit nahm zur Kenntnis, daß das Thema ernsthaft in Institutionen diskutiert wurde, die geradezu die Säulen der viktorianischen Gesellschaft bildeten und darüber hinaus die Vernunft schlechthin verkörperten. Während Ärzte die Schwierigkeit beschrieben, den Tod sicher festzustellen, Politiker darüber debattierten, wie lange man die Toten besser nicht beisetzen sollte, und Kaufleute die Erfindung von Graf Karnice-Karnicki anpriesen, wurde die Stimmung in der Öffentlichkeit noch weiter angeheizt durch verschiedene weitverbreitete Geschichten. Eine von ihnen galt dem berüchtigten Fall des Oberst Townsend. Nach den Aussagen mehrerer Ärzte, die Townsend aufgefordert hatte, als Zeugen seinem Experiment beizuwohnen, hatte dieser Offizier absichtlich seine Herzfrequenz herabgesenkt und sich in eine selbst herbeigeführte Trance versetzt oder, wie manche es nannten, in einen Scheintod. Der Herzschlag hörte auf, die Atmung kam zum Erliegen, und der ganze Körper nahm die eisige Kälte und die Starre des Todes an. Die Farbe wich aus Townsends Gesicht, seine Augen wurden glasig und starr. Nachdem er etwa eine halbe Stunde lang bewußtlos gewesen war, stellten ihm die Ärzte einen Totenschein aus und bereiteten sich schon auf den Heimweg vor. Als sie gerade im Begriff standen zu gehen, kam Townsend allmählich wieder zu sich und fühlte sich am nächsten Tag bereits ausreichend wohl, um das Kunststück zu wiederholen. Dieser Fall wurde häufig zitiert, nicht nur in der Presse, sondern auch in akademischen Lehrbüchern der Rechtsmedizin, und er verlieh zweifellos zeitgenössischen Behauptungen Nachdruck, die meinten, daß »ein Großteil der Menschheit den Unterschied zwischen Trance und Tod niemals wirklich verstanden hat«.

Diese Ansicht brachte das Dilemma der Viktorianer genau zum Ausdruck. Die Wurzel der hysterischen Angst vor einer verfrühten Beisetzung waren einige besondere Krankheitsbilder, die die Ärzte anerkannten und die auf eine ganze Reihe von Patienten zutrafen. Hierzu gehörten Bewegungsunfähigkeit, Gefühllosigkeit, Katalepsie, Kataplexie und Scheintod. In den Augen der Öffentlichkeit konnte jede dieser klinischen Diagnosen das bedrohliche Vorspiel zu einem versehentlichen Begräbnis sein. Viktorianische Ärzte stellten fest, daß ein Merkmal der Katalepsie der auffallende Mangel an Willen oder Willensäußerungen war; der Körper des Patienten behielt jegliche Stellung bei, die man ihm gab. Die Trance betrachtete man als einen Zustand, der dem Winterschlaf der Tiere nahekam und bei dem der Patient an völliger geistiger Reglosigkeit litt. Die Kataplexie galt als eine Sonderform derselben Krankheit, nur daß der Patient dabei schlaff zu Boden sank, mit geschlossenen Augen und völlig bewegungslos, unfähig zu sprechen und doch bei Bewußtsein und alles wahrnehmend, was um ihn herum vorging. Verfasser medizinischer Schriften aus jener Zeit diskutierten sogar noch ein viertes klinisches Erscheinungsbild, das durch Bewegungsunfähigkeit charakterisiert war und das sie Ekstase nannten, aber dieser Zustand konnte kaum zu einer vorzeitigen Beisetzung führen. Der ekstatische Patient hatte der Beschreibung nach typischerweise einen »strahlenden, visionären Gesichtsausdruck und pflegte häufig statuenhafte Stellungen einzunehmen, während er sich auf einen Gegenstand seiner Anbetung konzentrierte«.

Man braucht nicht zu betonen, daß diese Krankheitsbilder von den Medizinern heute nicht mehr anerkannt werden. Bestimmte Aspekte der Katalepsie wurden unter die »katatone Schizophrenie« subsumiert, während die Trance zu einem Phänomen der Hypnoseforschung reduziert wurde. Ekstase und Kataplexie sind als klinische Diagnosen verschwunden. Aber für die Viktorianer gab es diese Krankheiten, und sie wurden von führenden Autoritäten der Medizin eben deshalb ernsthaft diskutiert, weil die Menschen an diesen Leiden erkrankten. Woher kam das? Von der

Kataplexie heißt es beispielsweise in alten medizinischen Lehrbüchern, daß sie »von starken Gefühlen heraufbeschworen wird und so lange anhält, bis die Gefühle unter Kontrolle sind«, was sehr an ein weiteres verbreitetes Merkmal des viktorianischen Alltags erinnert, das inzwischen verschwunden ist – den Ohnmachtsanfall. In jüngster Zeit wurden Stimmen laut, die behaupteten, die Frauen jener Zeit hätten einfach an den physischen Folgen ihrer unerträglich eng geschnürten Korsetts gelitten, aber diese Interpretation geht am Wesentlichen vorbei. In Ohnmacht fallen war eine gesellschaftlich konditionierte Reaktion; in bestimmten, einhellig festgelegten und vorhersagbaren Situationen wurde es geradezu erwartet. Vor allem junge Frauen der Oberschicht sahen in der Ohnmacht ein bequemes Mittel, unwillkommene gesellschaftliche Anlässe zu umgehen oder zu beeinflussen. Manche lernten es, ihre Wünsche einfach durch geschickte Täuschung durchzusetzen, andere fielen tatsächlich in Ohnmacht, und in einigen Fällen nahmen Ärzte sogar an, sie seien tot. Mit anderen Worten, ein gesellschaftlich konditioniertes Verhalten wurde zu einer physiologischen Realität.

Wie der Ohnmachtsanfall waren Katalepsie, Kataplexie, Trance und Ekstase gesellschaftlich bedingte Krankheiten, und ihre Ursache lag irgendwo tief in der Psyche des Zeitalters verborgen. Ihr Auftreten war konkret faßbar und zugleich auf eine bestimmte Epoche beschränkt. Die Angst davor, lebendig begraben zu werden, wuchs sicherlich auch dadurch, daß die Menschen einen solchen Scheintod ernsthaft für möglich hielten. Und eben weil er für die Viktorianer existierte, mag es wohl sein, daß einige Unglückselige tatsächlich in die Gruft fuhren und sich sehnlichst wünschten, ihre Verwandten wären Kunden bei Graf Karnice-Karnickis gewesen.

Ein Teil dessen, was im viktorianischen England vor sich ging, war mit einem Phänomen verwandt, das westliche Anthropologen in »primitiven« Gesellschaften gesehen, in ihrer eigenen Kultur jedoch ignoriert hatten. Denn ebenso, wie die Krankheit einer einzelnen Person psychosomatische Gründe haben kann, ist es in einer Gesellschaft möglich, daß sie körperliche Leiden und Zustände hervorbringt, die nur in den Köpfen ihrer Mitglieder einen Sinn haben. In Australien etwa tragen die Zauberer der Eingeborenen Knochen bei sich, die aus dem Fleisch von Rieseneidechsen herausgeschält werden. Wenn dieser Knochen auf einen Menschen gerichtet und dabei gleichzeitig ein Todesfluch ausgestoßen wird, dann wird der Betroffene unweigerlich krank und stirbt auch meistens. Ein wissenschaftlicher Bericht beschreibt, daß das Opfer

> entsetzt stehenbleibt, den heimtückischen Bannknochen anstarrt, die Hände erhoben, als wolle es die tödlichen Wellen abwehren, von denen es glaubt, daß sie in seinen Körper fließen. Seine Wangen erbleichen, und seine Augen werden glasig, sein Gesichtsausdruck verzerrt sich schrecklich ... es versucht zu schreien, aber meist bleibt ihm die Stimme im Halse stecken, und alles, was der Beobachter zu sehen bekommt, ist manchmal Schaum vor dem Mund. Der Körper beginnt zu zittern ... das Opfer schwankt und stürzt rückwärts zu Boden ... wobei es sich wie im Todeskampf windet. Nach einer Weile wird es sehr ruhig und kriecht zu seiner Hütte. Von diesem Zeitpunkt an ist dieser Mensch krank und grämt sich, weigert sich zu essen und hält sich vom Alltagsleben seines Stammes fern.

Ist es so weit gekommen, kann nur noch der *nangarri* oder Medizinmann diesen Menschen durch ein kompliziertes Ritual retten. Wenn sich der Medizinmann weigert, ihm zu helfen, stirbt das Opfer mit an Sicherheit grenzender Wahrscheinlichkeit.

Was mit diesem australischen Eingeborenen geschieht, veranschaulicht beispielhaft ein Phänomen, das in vielen Kulturen auftritt. Es ist genauso real und ebenso rätselhaft wie die Krankheiten, die der viktorianische Geist hervorbrachte. Das Grundmuster ist durchgängig das gleiche. Eine Person verstößt gegen einen gesellschaftlichen oder religiösen Kodex, verletzt ein Tabu oder hält sich aus irgendeinem Grunde für das Opfer eines vermeintlichen Zaubers. Von Kindheit an dazu konditioniert, eine Katastrophe zu erwarten, agiert die Person dann etwas aus, was letztlich auf eine *self-fulfilling prophecy*, eine sich selbst erfüllende Prophezeiung, hinausläuft. Oft wird die Totenglocke von einem Zauberspruch geläutet oder, wie in Australien, von einer einfachen Geste, die mit einer schlimmen Bedeutung besetzt ist. Zauberer können auch Hilfsmittel als Medium verwenden: Afrikanische Medizinmänner benutzen Fingerknöchel, und europäische Hexen haben sich hölzerne Puppen geschnitzt. Oder die Übertragung verläuft auf direktem Weg. Selbst heute braucht in Griechenland der Verkünder des Todes nur jemanden mit dem »bösen Blick« anzusehen.

Auf Haiti gibt es buchstäblich Dutzende von Methoden, und das ist vielleicht der Grund dafür, daß Anthropologen das ganze Phänomen als Voodootod bezeichnet haben.

Über den Voodootod ist so viel berichtet worden, und so viele wissenschaftliche Beobachter haben ihn dokumentiert und überprüft, daß er als ein existierendes Phänomen nicht länger zur Debatte steht. Selbstverständlich würde kein Wissenschaftler glauben, daß ein direkter Kausalzusammenhang zwischen dem Tod eines Opfers und beispielsweise dem physischen Zeigen mit einem Knochen besteht. Es ist eindeutig der Geist des Opfers, der den Fluch des Zauberers vermittelt und zu den fatalen Folgen führt. Was noch zu erforschen bleibt, ist der Mechanismus, der erlaubt, daß all dieses tatsächlich stattfindet. Drei mögliche Erklärungen wurden bisher angeboten.

Die ersten Wissenschaftler, die sich ernsthaft mit dem Phänomen des Voodootodes auseinandersetzten, waren nicht Anthropologen, sondern Ärzte, von denen viele beeindruckt waren von den merkwürdigen Todesfällen, die sie auf den Schlachtfeldern Europas während des Ersten Weltkrieges zu sehen bekamen. Der Alptraum von Tod und Verzweiflung an der Westfront hatte zur Folge, daß einige traumatisierte Soldaten, die keinerlei Verwundung davongetragen hatten, aus unerklärlichen Gründen an einem Schock starben. Das geschieht normalerweise nur, wenn der Blutdruck infolge starker Blutungen plötzlich zu weit absinkt.

Als diese Ärzte später mit Fällen des Voodootodes bekannt wurden, erblickten sie darin etwas Ähnliches. Sie nahmen an, daß Personen, die von einem Zauberspruch erschreckt wurden, ebenso wie die Soldaten eine Überreizung des sympathisch-adrenergen Systems erlitten, die zu einer Art tödlichem Schock führte. Furcht kann demnach tatsächlich physiologische Veränderungen auslösen, die buchstäblich zum Tode führen.

Viele Anthropologen, die mit der komplexen Funktionsweise des vegetativen Nervensystems weniger vertraut sind, haben den Voodootod als einen psychischen Prozeß betrachtet und die Macht der Suggestion hervorgehoben. Wenn der Glaube heilen kann, so meinen sie, kann Furcht auch töten. Die Psychologen haben beispielsweise eine Erscheinung untersucht, die die meisten von uns als selbstverständlich betrachten – nämlich daß die Wahrscheinlichkeit einer Erkrankung oder sogar des Todes in hohem Maße von unserer geistigen Verfassung abhängt. Gefühle der Depression, Hoffnungslosigkeit oder Verzweiflung verursachen zwar nicht unmittelbar eine Krankheit, machen uns aber irgendwie anfälliger. Einsamkeit würde man kaum als ein tödliches Leiden ansehen, und doch stirbt ein ungewöhnlich hoher Prozentsatz von Witwen und Witwern innerhalb eines Jahres nach dem Tod des Partners. Psychologen bezeichnen das als den »Selbstaufgabe-Komplex«. Nach dieser Theorie gerät das Opfer des Voodootodes in einen Teufelkreis von Überzeugungen, die es indirekt umbringen; möglicherweise dadurch, wie manche meinen, daß sein Körper für Krankheiten anfällig wird. Seine psychische Verfassung kann man sich gut vorstellen. Es wurde von einem schrecklichen Fluch, an den es selbst und alle Menschen in seiner Umgebung zutiefst glauben, zum Sterben verurteilt. Es wird mutlos, verzagt und ängstlich. Seine Resignation wird von den übrigen Mitgliedern der Gesellschaft sowohl erkannt als auch erwartet. Sie spekulieren mit ihm zusammen darüber, wie lange es wohl noch zu leben hat oder wer den Fluch ausgestoßen haben mag. Und dann geschieht etwas Seltsames. Man kommt zu der gemeinsamen Überzeugung, daß das Ende nahe ist. Freunde und

Verwandte ziehen sich zurück, als scheuten sie den Geruch des Todes. Sie kommen wieder, aber nur, um über dem Körper dieses Menschen, den sie bereits als tot betrachten, zu singen und zu jammern. Physisch ist das Opfer noch am Leben, psychisch stirbt es gerade, sozial ist es bereits tot.

Eine dritte Gruppe von Anthropologen stimmt dieser Ansicht zu, nimmt aber darüber hinaus an, daß ein nachhelfender Mechanismus für den physischen Tod verantwortlich ist. Sie weisen darauf hin, daß in vielen Fällen das Opfer des Voodootodes nicht mehr ein gutartiges Mitglied der Gemeinschaft ist, sondern per definitionem bereits in das Reich der Geister hinübergegangen und dadurch zu einer Bedrohung geworden ist, die man beseitigen muß. Und im Falle der australischen Ureinwohner trifft das auch zu. Geschwächt von seiner langen Leidensprüfung, erhält das Opfer eines Zaubers nicht einmal von seinen nächsten Verwandten mehr Beistand. Ganz im Gegenteil nehmen ihm diese früheren Helfer sogar Nahrung und Wasser weg, weil in ihrer Vorstellungswelt ein Toter weder das eine noch das andere braucht, und zwar nach einem Grundsatz, der einmal einem Arzt erklärt wurde: »Wenn das Ende wirklich da ist, nimm das Wasser weg, und der Geist geht.« In den Wüsten Australiens, wo die Tagestemperaturen durchschnittlich über vierzig Grad Celsius im Schatten betragen, tritt der Tod durch Wasserentzug nach etwa vierundzwanzig Stunden ein.

Nicht alle Fälle des Voodootodes sind so leicht zu erklären wie diese Beispiele aus Australien, wo aufgrund des heißen Klimas eine relativ einfache Handlung der Verwandten dem Opfer die Lebensgrundlage entzieht. Beim Voodootod ist es häufiger so, daß das Opfer stirbt, *obwohl* die Familie des Opfers Hilfe leistet, was die Sache wieder rätselhafter macht.

Mit Sicherheit kann man lediglich sagen, daß es den Voodootod gibt und daß er als Prozeß mehrere, einander ergänzende Faktoren erfordert. Angst setzt wahrscheinlich gewisse physiologische Veränderungen in Gang. Auf jeden Fall macht sie das Opfer psychisch verletzlich, und das wirkt sich wiederum auf die physische Gesundheit aus. Neurophysiologen verstehen den Prozeß zwar noch nicht vollständig, aber die Reaktion der Familie und der Gesellschaft des Opfers dürfte wohl unausweichlich sein psychisches und physisches Wohlbefinden beeinträchtigen. Obwohl man also bisher keinen universellen Mechanismus entdeckt hat, der für den Voodootod verantwortlich wäre, ist die Grundannahme eindeutig. Ein Forscher fand dafür die Formulierung, daß das Gehirn die Macht hat, den Körper, der es birgt, zu töten oder zu verstümmeln.

Die Verwandlung des Clairvius Narcisse von einem Menschen in einen Zombie war ein ganz besonderer Fall von Voodootod. Der Bann eines Zauberers leitete einen langen Prozeß ein, der die tiefsten Ängste des Opfers mobilisierte, als Verstärker die Überzeugungen der Gesellschaft auf den Plan rief und schließlich zu seinem Tod führte. Für die haitianischen Bauern starb Narcisse wirklich, und das Wesen, das mit Hilfe der Magie aus der Erde zurückkam, war kein Mensch mehr. Wie viele Zauberer auf der ganzen Welt hatte der Bokor, der seinen Tod ausgeheckt hatte, ein Hilfsmittel – in diesem Fall ein raffiniertes Gift, das als Projektionsleinwand diente, auf der die schlimmsten Ängste des Opfers sich in zehntausendfacher Vergrößerung darstellten. Und doch war es letzten Endes nicht das Pulver, das das Schicksal von Narcisse besiegelte, sondern sein eigener Geist.

Man muß sich einmal kurz vor Augen führen, was er durchgemacht hat. Als haitianischer Bauer war er von Kindheit an dazu erzogen worden, an die Existenz der lebenden Toten zu glauben. Diese Überzeugung war sein ganzes Leben lang ständig verstärkt worden; einerseits durch ein dichtes Netz volkstümlicher Erzählungen, andererseits, und das war noch wichtiger, durch das direkte Zeugnis von Freunden und Familienangehörigen. Auf Haiti hat praktisch jeder eine eindrucksvolle Zombiegeschichte zu erzählen. Für Narcisse war ein Zombie ein Lebewesen ohne eigenen Willen, beheimatet in der Randzone der natürlichen Welt, ein Geschöpf, das entweder als Geist oder als Mensch in

Erscheinung treten konnte. Zombies sprechen nicht, können nicht allein mit dem Leben zurechtkommen, wissen nicht einmal ihren Namen. Ihr Schicksal ist die Sklaverei. Da aber billige Arbeitskräfte jederzeit zur Verfügung standen, gab es wohl keinen wirtschaftlichen Anreiz, ein Heer von gedungenen Arbeitern zu schaffen. In Anbetracht der Kolonialgeschichte hat die Vorstellung von Sklaverei dazu geführt, daß der Bauer ein bestimmtes Schicksal fürchtet und der Zombie es tatsächlich erleidet, ein Schicksal, das hundertmal schlimmer ist als der Tod – den Verlust der physischen Freiheit, den die Sklaverei bedeutet, sowie das Ende der persönlichen Autonomie, das mit dem Verlust der Identität einhergeht. Das Entscheidende war für Narcisse, wie für alle Bauern Haitis, nicht die Furcht, daß ihm ein Zombie Schaden zufügen wollte, sondern daß er selber einer werden könnte. Und um dieses furchtbare Schicksal zu verhindern, verstümmeln die Hinterbliebenen der Toten manchmal widerwillig die Leichen, wenn sie auch nur den leisesten Verdacht hegen, daß etwas nicht stimmen könnte – sofern natürlich nicht die Famile selbst an der Verwandlung in einen Zombie beteiligt war.

Narcisse glaubte nicht nur an Zombies, er wußte zweifellos auch, wie und warum sie geschaffen wurden. Als seine Welt über ihn hereinzubrechen begann, war er bereits als Person isoliert. Innerhalb seines Lakou war er wegen seines unsozialen Verhaltens geächtet; innerhalb der eigenen Familie war er in einen heftigen Streit mit seinem Bruder verwickelt, in dem es um die Frage des Verkaufs von Erbgrund ging. Schließlich war es, allem Anschein nach, eben dieser Bruder, der ihn an den Bokor verkaufte. Wenn Narcisse im Recht gewesen und ohne die Unterstützung der Gemeinschaft von seinem Widersacher in einen Zombie verwandelt worden wäre, könnte man sich nur schwer vorstellen, daß man den Bruder beinahe zwanzig Jahre lang in der Gemeinde geduldet hätte. Tatsächlich war das aber der Fall, und Narcisse wird selbst heute noch nicht von ihr geduldet. Aller Wahrscheinlichkeit nach hatte Narcisse zur Zeit seines Todes weder die Unterstützung seiner direkten Umgebung noch die seiner Familie; seine nächsten Anverwandten könnten seine größten Feinde gewesen sein. Und da Familienmitglieder in die Sache verwickelt waren, machten ohne Zweifel auch Klatsch und Gerüchte die Runde, besonders, als Narcisse an körperlichen Symptomen zu leiden begann, die er vorher nie gehabt hatte. Als diese Symptome nach und nach immer schlimmer wurden, erkannte er wohl, daß er das Opfer eines Zaubers geworden war. Und er wußte sicher auch, warum.

Seine Symptome waren echt und greifbar, und sie wurden stärker. Er bat verschiedene Houngan um Rat, aber sie unternahmen nichts. Verzweiflung befiel ihn, und er begab sich in die fremde Umgebung des Schweitzer-Krankenhauses. Er wußte etwas, was die Ärzte nicht wußten. Sein Zustand verschlechterte sich rasch, und dann geschah etwas noch Ungewöhnlicheres. Wir haben die vernichtende Wirkung geschildert, die der soziale Tod auf Voodoo-Opfer in der ganzen Welt ausübt. Das haitianische Modell geht noch einen Schritt weiter. Narcisse wurde sogar in einem Krankenhaus für tot erklärt, und zwar von westlich ausgebildeten Ärzten. Noch unglaublicher ist die Annahme, daß aufgrund der bekannten Wirkungsweise der Toxine des Giftes und nach seinen eigenen Aussagen viele Gründe dafür sprechen, daß er die meiste Zeit bei Bewußtsein war. Er hörte, daß er für tot erklärt wurde, hörte seine Schwester weinen und sah das Tuch, das über sein Gesicht gezogen wurde. Wie die japanischen Opfer von Tetrodotoxin bemühte er sich verzweifelt, ein Zeichen von sich zu geben, aber das lähmende Gift machte es ihm unmöglich.

Dann betrat Narcisse ein anderes Reich. Nachdem das Gift ein dramatisches, ja praktisch vollständiges Absinken des Stoffwechsels verursacht hatte, führte es sein Opfer buchstäblich bis an die Schwelle des Todes. Tatsächlich hat es ihn beinahe umgebracht ... wie es schon viele andere umgebracht haben mag. Seine Symptome blieben unverändert, aber an einer Stelle scheint eine qualitative Veränderung eingetreten zu sein. Vielleicht ist es nicht überraschend, daß die fortgeschrittenen Stadien der bekannten Tetrodotoxinvergiftung mit einem Phänomen verschmelzen, das

westliche Ärzte als autoskopisches Nahtod-Erlebnis bezeichnet haben. Erinnern wir uns noch einmal an die Beschreibung von Narcisse. Er hatte das Gefühl, die ganze Zeit über seinem Körper zu schweben. Als man ihn auf den Friedhof brachte, blieb er über seinem Grab, noch immer schwebend, wobei er ständig alles wahrnahm, was gerade geschah. Er war zufrieden, er hatte keine Angst. Er fühlte, daß seine Seele im Begriff stand, eine lange Reise anzutreten, und sie machte diese Reise auch, wie er beharrlich behauptete, führte ihn weite Strecken über Land, zeitlose Strecken, immateriell und doch eindringlich wirklich. Seine Reisen waren vieldimensional, aber sie brachten ihn immer wieder an seine Grabstätte zurück. Er hatte jegliches Zeitgefühl verloren. Sein Grab war der einzige Angelpunkt seiner Existenz.
Seltsame Dinge geschehen mit uns, wenn wir sterben, zumindest, wenn wir den Worten derjenigen glauben, die zurückgekommen sind. Menschen, die dem Tode nahe waren, sprechen von einer unbeschreibbaren Dimension, in der alles intuitive Zeitgefühl verlorengeht. Wie eine Traumlandschaft ist diese Dimension ohne jede Zeit, aber im Gegensatz zu einem Traum ist sie ungeheuer wirklich, ein Raum kristallklarer Bewußtheit, in dem der Prozeß des Sterbens als etwas Positives erkannt wird, etwas Ruhiges, ja sogar Schönes.
Wie Narcisse erfährt im Grunde jeder Patient, der auf der Schwelle zum Tod stand, eine tiefgehende Trennung zwischen seinem stofflichen Körper und einem unsichtbaren, nicht-stofflichen Teil seiner selbst, der oft über dem Körper schwebt. In fast allen Fällen identifiziert sich der Patient nicht mit dem Körper, sondern mit dem Geist. Eine ältere Frau, die in einem Krankenhaus von Chicago im Gefolge einer schweren Operation den Komplikationen fast erlag, schrieb an ihren Arzt: »Ich fühlte mich leicht, luftig, durchsichtig.« Oft erinnern sich Patienten deutlich daran, daß sie über ihren Körpern schwebten und auf ihr stoffliches Selbst hinunterblickten. Ein Herzpatient gab an: »Ich hob mich allmählich in die Höhe, es war wie ein Schweben ... ich schaute von oben herunter ... sie haben wie die Wahnsinnigen an

mir gearbeitet.« Typisch ist auch das Staunen eines Bauarbeiters aus Georgia im Anschluß an einen Herzstillstand: »Ich sah *mich* da liegen... [es war,] als schaute ich auf einen toten Wurm herab oder so etwas. Ich verspürte keinerlei Wunsch, dorthin zurückzukehren.« Manchmal können sich Überlebende eines autoskopischen Nahtod-Erlebnisses an Gespräche zwischen den behandelnden Ärzten und Krankenschwestern erinnern. Oft beschreiben sie ihre quälende Enttäuschung darüber, daß sie nicht mit denjenigen in Verbindung treten können, die physisch an ihrem Bett zugegen sind. »Ich versuchte etwas zu sagen«, erinnerte sich ein Patient, »aber sie [die Krankenschwester] sagte nichts ... sie sah aus, als schaue sie auf eine Filmleinwand, die weder Antwort geben noch erkennen kann, daß man da ist. Ich war der Wirkliche und sie die Unwirkliche. So kam es mir vor.« Manche Überlebende beschreiben eine außergewöhnliche Fähigkeit, durch Raum und Zeit zu »reisen«. »Es war einfach ein gedanklicher Prozeß«, erklärte ein Patient. »Ich hatte das Gefühl, ich könnte mich überall hindenken, wo ich in diesem Augenblick gerade sein wollte. Ich konnte tun, was ich wollte ... es ist im Grunde wirklicher als das Hier.«
Und noch etwas haben alle Menschen gemeinsam, die eine Grenzerfahrung dieser Art machen und dann weiterleben: Sie alle behalten die klare Wahrnehmung in Erinnerung, daß zu einer bestimmten Zeit ihr nicht-stofflicher Teil in ihren Körper zurückkehrte. Viele erinnern sich auch, daß sie genau in diesem Augenblick wieder zu Bewußtsein kamen. Bei Krankenhauspatienten geschieht das oft blitzschnell, im Zusammenhang mit einer bestimmten Wiederbelebungsmaßnahme. Ein Herzpatient reagierte so auf einen Elektroschock: »Sie [die Krankenschwester] nahm diese Schockdinger in die Hand ... ich sah meinen Körper hinplumpsen ... es war, als wäre ich da oben und es schnappte mich und meinen Körper und zwang mich zurück, stieß mich zurück.« Eine weitere Erfahrung dieser Art endete mit der plötzlichen Ankunft eines geliebten Menschen. Der Patient erklärte: »Ich schwebte oben an der Decke. ... Als dann

ein Verwandter in die Tür trat und meinen Namen rief, ... war ich auf der Stelle wieder in meinem Körper.«

Das ist genau das Ereignis, an das sich auch Clairvius Narcisse erinnert. In einem bestimmten Augenblick schwebte er über dem Grab, und dann hörte er jemanden rufen. Aber für Narcisse war es nicht die Stimme eines geliebten Menschen, und als er in seinen Körper zurückkehrte, lag er nicht in einem Krankenhausbett, sondern in einem Sarg. Und sein Leidensweg sollte erst beginnen.

Teil III

Die Geheimgesellschaften

Im Sommer wandern die Pilger

»So, wie du mich hier sitzen siehst, bin ich durch die Erde gegangen«, vertraute mir Marcel an, während wir in seinem kleinen Schlafzimmer in der Adlerbar noch ein Glas miteinander tranken. »Es war dasselbe Pulver, das ich dir gegeben habe. Es kann Hunderte von Leiden verursachen. Ich litt an Hitze. Ich schwitzte sogar im Meer. Die Krankheit kochte mein Blut, bis mir die Adern austrockneten, und dann stahl sie mir den Atem aus den Lungen.« Er schilderte mir seine eigenen Erfahrungen mit dem Gift.

Aus einem der Räume wurde es unruhig. Marcel stand vom Bett auf und ging in die Bar zurück. Sein Etablissement sah gut aus. Er hatte ein neues Schild am Eingang, und die meisten Räume waren frisch gestrichen. Rachel beugte sich vor, um mein Glas zu füllen. »Irgendeine Party«, sagte ich. Der Rum wärmte mir die Zunge und den Rachen. Wir waren beide noch schweißnaß. Marcel hatte sich gefreut, daß wir ihn besuchten, sobald ich wieder auf Haiti war, und als er herausfand, daß sein Pulver gewirkt hatte, machte sich seine Erregung in einem spontanen Fest Luft. Eine seiner Frauen hatte die Musikbox angeworfen, und es war ganz schön heiß hergegangen. Marcel und Rachel hatten eine wilde Salsa miteinander getanzt, während ich von den Frauen und einigen der Männer herumgeschwenkt wurde. Zum Dröhnen der Musikbox und der drückenden Sommerhitze war der Betonfußboden von unserem Schweiß bald ganz glitschig geworden. Jetzt war wieder Ruhe eingekehrt, aber es hing noch immer ein Hauch von Ausschweifung in der Luft, der stärker war als gewöhnlich.

»Ist es komisch für Sie, wieder dazusein?«

»Ich glaube nicht.«

»Wie meinen Sie das?«

»Das ist schwer zu erklären. Wenn man viel unterwegs ist, türmen sich die Landschaften manchmal so schnell übereinander, daß man jedes Gefühl für Raum verliert.«

»Und für Gesichter?«
»Auch.«
Rachel begann mit dem Absatz eines ihrer billigen Schuhe zu spielen. »Wissen Sie, man sagt, daß Marcel fünfzehntausend Dollar bezahlt hat, um wieder gesund zu werden«, sagte sie.
»Wo hätte er so viel Geld auftreiben können?«
»Früher hatte er schon Geld. Er arbeitete unten in den Docks. Irgendein einträgliches Geschäft mit den Touristenbooten. Marcel war ein großer Ton Ton und genoß ziemliches Ansehen im Hafen.«
»Aha«, sagte ich.
»Dann ist er zu weit gegangen. Zu viele Prügel, zu viele im Gefängnis.«
»Woher weißt du das alles?«
»Das meiste von meinem Onkel. Er war der Präfekt.«
»Ah, ja«, sagte ich.
»Niemand dachte, daß er davonkommen würde. Sie haben ihm das Pulver gegeben, und drei Tage lang glaubten sie, er sei tot. Es wurde sogar eine Totenwache gehalten. Sein Gesicht war ganz aufgedunsen, und sein Bauch schwoll an. Mein Onkel sagte, wenn man in seine Haut stach, wäre nicht Blut, sondern Wasser herausgekommen.«
Marcel kam zurück und brachte eine ominös aussehende Flasche mit einem zähflüssigen Inhalt mit. »Siehst du«, sagte er, »es lebt immer noch. Das war mein Blut. Als sie mir das Pulver schickten, kamen alle Tiere in mich hinein und legten Eier. Eine Küchenschabe kroch mir aus der Nase, und hinten kamen zwei *mabuya* heraus.«
»Konntest du nichts dagegen unternehmen?«
»Nein. Wenn du viel Kraft hast, kannst du einem *coup l'aire* widerstehen, aber mit dem Pulver ist es anders. Wenn du verkehrt bist, erwischt es dich, und wenn du richtig bist, erwischt es dich.«
»Aber wie können sie es allein gegen dich richten?«
»Die Knochen. Es ist nur die Seele vom Friedhof, die diese Macht hat. Deswegen sind die Knochen so gefährlich.«

»Aber du hast es überlebt.«
»Ich bin durch die Hände von dreizehn Houngan gegangen. Sie haben alles Blut aus meinem Fuß herausgezogen. Ich bin immer noch nicht gesund. Schau mein Gesicht an. Ich lebe nur wegen der Macht des Geistes, der mich zurückgerufen hat.«
Marcel erzählte, wie viele Behandlungen man versucht hatte und daß ihn erst die letzte gerettet habe. Eine Mambo, eine Priesterin im Artibonite-Tal, hatte sie vorgenommen. In der entscheidenden Nacht hatte sie seinen Kiefer hochgebunden, Watte in seine Nasenlöcher gesteckt und ihn in ein Totengewand gehüllt. Seine Füße waren gefesselt, ebenso seine Hände, und man legte ihn in eine enge Vertiefung, die man in den Boden des Hounfour gegraben hatte. Ein weißes Tuch bedeckte seinen ganzen Körper. Ein Donnerstein sowie die Schädel eines Menschen und eines Hundes wurden auf das Tuch gelegt, der Schößling einer Bananenstaude neben ihn. Sieben Kerzen, die in Orangenschalen standen, umgaben das »Grab«, und Kalebassen ruhten neben seinem Kopf, seinem Bauch und seinen Füßen. Diese drei Opfergaben, so erklärte Marcel, versinnbildlichten die heiligen Begriffe des Wegkreuzes, des Friedhofes und des Grans Bwa, des Geists des Waldes. Die Mambo stellte sich rittlings über das Grab und rief mit einem schrillen Wehklagen Guede, den Geist der Toten, an. Sie nahm ein lebendiges Hühnchen und führte es langsam an seinem Körper entlang. Dann brach sie dem Vogel ein Glied nach dem anderen, um den Totengeist aus dem entsprechenden Glied des Patienten herauszulocken. Danach nahm sie den Kopf des Hühnchens in den Mund und biß ihn ab, damit sie Marcel mit dem Blut besprengen konnte. Als nächstes spürte Marcel, wie das Fleisch des Kürbisses in seine Haut einmassiert wurde, Wasser spritzte auf sein Gesicht, heißes Öl und Wachs von den Lampen wurde auf seine Brust aufgetragen. Er hörte das Krachen, mit dem der Wasserkrug zerbrach, und fühlte die Stücke aus hartem Lehm in das Grab fallen. Schließlich, während er immer noch reglos dalag, zählte er mit, wie sieben Handvoll Erde auf sein Leichentuch geworfen wurden, die von Wegkreuzen, Friedhöfen und aus

dem Wald stammten. Ein scharfer Anruf der Mambo befahl ihm, heraufzukommen, und zwei Männer rissen Marcel aus dem Grab, während die übrigen hastig die lockere Erde hineinstießen. Er wurde noch einmal mit Blut eingerieben und verbrachte die Nacht im heiligen Bereich des Tempels.
»Das Blut hat mein Leben zurückgekauft«, schloß Marcel. »Die Bananenstaude ist niemals gewachsen.«
»Aber wer hat dir das angetan?« fragte ich.
»Ich hatte Feinde. Man hat immer welche, wenn man vorankommt.«
»Die Geheimgesellschaft?«
»Nein.« Er sah zu Rachel hinüber. »Die Leute.«
»Aber du bist verurteilt worden.«
»Ja. Nein. Im Prinzip, ja.«
»Was soll das heißen?«
»Der Teller braucht den Löffel, und der Löffel braucht den Teller. Es ist das Geheimnis der Houngan.«

Ich freute mich, Marcel wiederzusehen, und seine eigene Geschichte war eine unerwartete Enthüllung gewesen. Aber ich hatte nicht vor, mit ihm noch irgendwelche Geschäfte zu machen, zumindest im Augenblick nicht. Ich hatte mehrere Dinge vor, als ich in diesem Juli nach Haiti zurückkehrte, nachdem ich zwei Monate in den Vereinigten Staaten verbracht hatte. Meine Betreuer wollten noch andere Proben von dem Gift haben. Vor allem Kline befürchtete, daß Marcel Pierre, angestachelt von meiner forschen Taktik, einfach ein halbes Dutzend der erstbesten hochgiftigen Substanzen zusammengeworfen und daraus ein Präparat improvisiert haben könnte. Ich teilte seine Zweifel nicht, denn erstens vertraute ich Marcel und fand unsere Beweise überzeugend, und zweitens stellte ich fest, daß die Hauptbestandteile seines Pulvers dieselben waren wie bei der »Gaunerei«, der Narcisse nach den Aussagen seines Cousin zum Opfer gefallen war. Außerdem war die pharmakologische Wirksamkeit bei den Labortests hinlänglich nachgewiesen worden.

Trotzdem sah ich die Notwendigkeit weiterer Proben ein. Aber während meine Partner immer den Nachweis einer einzigen Chemikalie erhofften, die die Verwandlung in einen Zombie erklären konnte, hatte ich mich immer mehr von einem Volk beeindrucken lassen, das diese Besessenheit der rationalen Kausalität in keiner Weise teilte. Ich wollte *den Zauber* entdecken, ich wollte herausbekommen, was er bedeutete, besonders für seine Opfer. Und wenn das Gift erklärte, wie man eine Person zu Fall bringen konnte, so wollte ich jetzt erfahren, warum diese Person ausgesucht wurde.

Meinen ersten neuen Hinweis bekam ich achtundvierzig Stunden nach meinem Besuch in der Adlerbar – durch eine Verbindung in der Hauptstadt, die einer von Max Beauvoirs Angestellten, ein gewisser Jacques Belfort, hergestellt hatte. Beauvoir hatte Jacques niemals richtig eingestellt. Vor mehreren Jahren war er einfach am Eingang des Peristyls in Mariani aufgetaucht, und der Zufall wollte es, daß Max gerade etwas besorgt haben wollte. Jacques bot an, es für ihn zu erledigen, dann kam er wieder und erledigte noch mehr. Besorgung um Besorgung eroberte er sich allmählich einen Platz im Leben des Hounfour. Inzwischen erschien er jeden Morgen um acht, nicht, um irgendeine festgelegte Arbeit zu beginnen, sondern um auf besondere Aufgaben zu warten. Er wußte, daß er alles fertigbrachte. Jacques hatte viele Frauen, und eine von ihnen war aus Petite Rivière de Nippes, einem kleinen Fischerdorf im Süden. Dort, erklärte mir Jacques, kannte sie eine Mambo, die uns mit den Leuten zusammenbringen könnte, die wissen, wie man die Pulver macht, das Gift wie auch das angebliche Gegenmittel, und sie sei bereit, uns zu ihnen zu führen.

Die Mambo wohnte ein Stück weit von der Küste entfernt auf einem kleinen Hügel, der sich aus einer traurigen Landschaft erhob: über steinigen Feldern mit dürren Bäumen und Büschen, die weder als Viehfutter noch als Brennholz taugten. Es war ein weiteres Gesicht von den vielen Gesichtern Haitis, ein Ort, an dem der Hunger wohnte.

Der Hounfour war verlassen bis auf zwei Patienten, die auf

Behandlung warteten, und eine alte Frau, die sich um sie kümmerte. Unter einer Strohmatte, die sie vor der Sonne schützte, saß ein wunderschönes Mädchen mit tiefen, mandelförmigen Augen und langen, dichten Wimpern. Sie litt an Tuberkulose und war dem Tode nahe. Neben ihr saß ein kleiner Junge. Die Gelenke von Mutter und Sohn standen wie Knoten hervor. Ihnen schräg gegenüber lag neben dem Eingang des Bagi ein Mann mittleren Alters, dessen rechter Unterschenkel von Elephantiasis befallen war.

Trotz ihrer offenkundigen Leiden wirkten diese Menschen keineswegs elend. Der Mann lachte und begrüßte uns freudig, die alte Frau bot uns im Schatten Platz an und eilte dann an ihren Herd, um Kaffee zu holen. Der schwerkranke Mann humpelte heran und forderte uns auf, von seinem Teller mitzuessen, als sei ihm die fehlende Vorbereitung auf unsere Ankunft peinlich. Ich nahm sein Angebot an und aß langsam und bedächtig, in der Hoffnung, daß er meine Dankbarkeit spüren würde. Ich wollte alles mögliche sagen, aber vor lauter Respekt gab ich einfach nur den Teller weiter. Es war keine Überraschung, so viele Kranke in einem Hounfour anzutreffen, der ja auch eine Heilstätte ist. Aber trotz solcher Kargheit dieser Großzügigkeit und Freundlichkeit zu begegnen bezeugte die ganze Größe des haitianischen Bauern.

Wir blieben fast den ganzen Nachmittag bei ihnen. Die Mambo tauchte nicht auf, aber Jacques hatte eine endlose Geduld, und seine Frau verkürzte sich die Zeit damit, Nachrichten aus der Hauptstadt zu erzählen. Etwa gegen vier Uhr war Mme. Jacques' Vorrat an Geschichten zu Ende, und sie schlug vor, daß wir nach Petite Rivière de Nippes zurückkehren und den Sohn der Mambo aufsuchen sollten, einen Houngan namens LaBonté, zu deutsch »die Güte«. Wir fanden seinen Hounfour ohne Mühe und mußten noch einmal lange warten. Schließlich, weit nach Einbruch der Dunkelheit, erschien LaBonté und führte uns in den Vorraum seines Tempels, ein kleines Zimmer mit einer einzigen, staubigen Glühbirne, die von einer rissigen Decke herabhing. Er behauptete, nichts über Zombie-Pulver zu wissen, bot uns aber dafür eine

Vielfalt von wohltätigen Mitteln an, die uns Liebe, Reichtum und Fruchtbarkeit bescheren sollten.

Rachel war unerbittlich. »Nein. Wir wollen nur dieses eine Mittel.«

LaBonté konterte mit der Aufforderung, wir sollten ein bestimmtes Amulett kaufen. Das würde alles vollbringen, was wir mit dem Pulver vorhatten. Während dieser ganzen Unterhaltung stand Jacques ruhig an der Tür, mit seinen glänzenden Schuhen und dem gebügelten Leinenanzug, und wischte sich fortwährend den Schweiß von der Stirn und der Brust. Seine Frau saß neben ihm und musterte LaBonté mit prüfendem Blick. Plötzlich trat sie zwischen ihn und Rachel.

»Hör mal«, sagte sie ungeduldig, » es ist ganz einfach. Dieser *Blanc* will jemand umbringen. Wenn du es uns nicht geben kannst, gehen wir woandershin.« Energisch drehte sie sich um, faßte Rachel am Arm und ging auf die Tür zu. LaBonté war vor ihr dort.

»Man könnte etwas arrangieren«, sagte er leise. »Aber ich werde mit einigen Leuten reden müssen. Kommt morgen wieder.«

Der Jeep hatte am nächsten Tag eine Panne, so daß wir aufgehalten wurden und erst einen Tag später wieder in das Fischerdorf zurückkehren konnten. Der Hounfour war leer, und wir konnten LaBonté erst nach einer Stunde ausfindig machen. Er begrüßte uns voller Mißtrauen und rief dann drei Kumpane herbei.

»Ihr solltet gestern wieder hier sein«, begann er, als wir schließlich alle versammelt waren. »Merkt euch eines: Wir können süß wie Honig oder bitter wie Galle sein. Wenn das klar ist, können wir zum Geschäft kommen.« Das war ein überraschender und für einen Haitianer ungewöhnlicher Sinn für Pünktlichkeit.

Um die Wirksamkeit ihres Giftes zu beweisen, bot einer der Helfer namens Obin an, eine vorbereitete Probe an einem Huhn auszuprobieren. Es gab ein amüsantes Intermezzo, als wir versuchten, ein Huhn zu finden, das für den Test gesund genug war. Mme. Jacques wies die ersten vier kategorisch zurück mit der Behauptung, ein Windstoß würde genügen, um jedes von ihnen umzublasen. Schließlich akzeptierte sie einen robusten jungen Hahn.

LaBonté geleitete Rachel und mich in das innere Heiligtum des Tempels. Es gab dort keine Fenster; das einzige bißchen Licht warf ein dünner Sonnenstrahl, der durch das strohgedeckte Dach drang. Einer nach dem anderen kamen die übrigen nach, erschienen kurz im Licht und verschwanden dann im Dunkeln. Die letzte Gestalt schloß die Tür hinter sich und nahm ihren Platz in unserer Mitte ein. Ein Streichholz wurde angezündet, die Flamme bewegte sich nach vorn und entzündete erst eine, dann zwei weitere Kerzen. Ihr sanfter Schein beleuchtete die Umrisse eines Kreuzes, hinter dem der Houngan saß. LaBonté erhob die Hände zum Altar und begann ein Schutzgebet für uns zu sprechen. Einer der Männer ließ eine Schale herumgehen, die eine beißend riechende Lösung enthielt, und forderte uns auf, uns die Haut mit der Flüssigkeit einzureiben. Als LaBonté von unserer Sicherheit überzeugt war, sprengte Obin ein wenig von dem Gift in eine Ecke des Raumes. LaBonté hob einen Tonkrug mit Wasser vom Altar hoch und befahl mir, etwas davon dem Hahn in den Schnabel zu gießen. Kurz darauf nahm mir Obin das Tier vom Schoß, setzte ihn auf das Gift und bedeckte beide mit einem Reissack.

In einer dunklen Ecke erhoben sich zwei Stimmen, eine rauh, die andere seltsam sinnlich, und vereinten sich zu einem volltönenden Gesang, der die Kammer ganz ausfüllte. Neben mir begann der Mann, der die Schale herumgereicht hatte, den Knochen von einem menschlichen Schienbein zu reiben. Schweiß trat ihm auf die Stirn und durchnäßte das Seidentuch, das um seinen Kopf gebunden war, als auch er zu singen begann:

> *Mache den Zauber, Gran Chemin, Ogoun,*
> *über das, was ich sehe, kann ich nicht sprechen.*
> *Laßt mich gehen,*
> *laßt mich gehen, Leute!*
> *Laßt mich gehen.*
> *Lieber als unglücklich sterben*
> *will ich als junger Mann sterben.*
> *Laßt mich gehen.*

Ich bin ein Verbrecher,
ich will keine Menschen mehr essen.
Das Land hat sich verändert
der Verbrecher sagt,
ich will keine Menschen mehr essen.

Zum Klang der Bittgesänge und seiner *asson* wählte LaBonté die Flasche aus, die angeblich den lebenswichtigen Trank enthielt, der mich beschützen sollte, wenn ich jemandem das Gift verabreichte. Eine Machete schlug dreimal gegen einen Stein. Obin zog vier Federn aus einem Flügel des Hahns und forderte mich auf, sie in Kreuzform zusammenzubinden und dabei ihren Segen für mein Vorhaben zu erbitten. Die Machete tönte noch einmal. Obin führte mich zu dem Kreuz und sagte, ich solle eine Opfergabe darbringen. Ich legte ein paar Münzen auf den Boden. Dann, während ich niederkniete, stellte er eine Flasche Clairin auf den Kopf, der dadurch zu perlen anfing – ein sicheres Zeichen, so sagte man mir, daß meine Wünsche in Erfüllung gehen würden. Ein Streichholz, das man in die Flasche fallen ließ, ging in Flammen auf, die einen Augenblick den ganzen Raum erleuchteten.

Mme. Jacques begleitete einen der Männer, die den Hahn an den Strand brachten, um sein linkes Bein zu baden. Sobald sie zurückkamen, schüttete Obin Schwefelpulver in eine Flamme, so daß Funken mit beißenden Rauchschwänzen in alle Ecken des Raumes schossen. Dann ließ er den Hahn los.

In der Zwischenzeit hatte der Mann mit dem Seidentuch das Holz vom *cadavre gâté*, einem der wichtigsten Heil-Bäume des Vodounglaubens, zermahlen und den Staub mit kleinen Stückchen eines verwesten menschlichen Leichnams vermischt, einschließlich der Partikel des Schienbeins. LaBonté füllte dieses Pulver in meine Schutzflasche, fügte weißen Zucker, Basilikumblätter, sieben Tropfen Rum, sieben Tropfen Clairin und ein klein wenig Maismehl hinzu. Dann raspelte er einen Menschenschädel und gab weitere Zutaten hinein, die einer der Männer brachte, der am Friedhof wohnte. LaBonté überreichte mir drei Kerzen, drei

Pulver und ein Paket Schießpulver. Er forderte mich auf, diese Pulver mit dem weichen Wachs zu verkneten und dann die drei Kerzen zu einer zusammenzuflechten. Noch ein drittes Mal schlug die Klinge der Machete auf den Stein, diesmal noch härter, und von der Klinge sprühten Funken.

Die Geister antworteten und fuhren zuerst in den Mann mit dem Kopftuch, dann in Obin und LaBonté. LaBonté füllte meine Schutzflasche und hielt sie an meine Lippen, wobei er mich liebevoll ermunterte, zu trinken und zu atmen. Ich tat es. Der Geist führte mich und meine Begleiter aus dem Bagi hinaus in einen anderen Raum, wo er uns aufforderte, uns zu entkleiden. Einer nach dem anderen, ich allen voran, wurden wir gebadet. Der Geist wickelte meinen Kopf in ein rotes Tuch, und als ich nackt in einem großen Becken voll Kräuter und Öle stand, reinigte er meine Haut, in breiten, sanften Strichen, wobei er den Hahn als Schwamm benutzte. Die Energie des Vogels würde auf mich übergehen, versprach er, und mit dem Ende des Bades würde er den Atem des Lebens verlieren. Nach mir stieg Rachel in das Becken, dann Jacques, und als auch Mme. Jacques rein war, lag der Hahn am Boden, ein schlaffer, lebloser Körper.

»Es ist gut«, sagte Mme. Jacques. »In Port-au-Prince ist das Becken schrecklich. Hier riecht man selbst dann nach Schönheit, wenn man gerade jemand töten will.«

Jetzt, da wir sicher geschützt waren, führte uns der Geist in den Bagi zurück, zur Zubereitung des Giftes selbst. Ein neues Lied rief Simbi, den Gott der Giftpulver, an.

> *Simbi en Deux Eau,*
> *Warum mögen mich die Leute nicht?*
> *Weil meine Zauberkraft gefährlich ist.*
> *Simbi en Deux Eau,*
> *warum können sie mich nicht leiden?*
> *Weil meine Zauberkraft gefährlich ist.*
> *Sie lieben meine Zauberkraft, um der Geheimgesellschaft zu entfliehen.*

Sie lieben meine Zauberkraft, damit sie bei Nacht umherziehen können.

Es gab vier Zutaten: Die erste war eine Mischung aus vier Arten von farbigem Talk, die zweite die gemahlene Haut eines Frosches, die dritte Schießpulver und die vierte eine Mischung aus Talk und zu Staub zerriebener Gallenblasen eines Maultiers und eines Menschen. Einen Fisch oder eine Kröte gab es darin nicht.
Ich blickte rasch zu den andern hinüber, zuerst zu Rachel, dann zu Jacques. Beide saßen ruhig und unverändert da, aber Mme. Jacques hatte ihre Jahre abgestreift wie Wasser. Ihr Kleid fiel über eine ihrer Schultern herunter, und sie hatte die Beine so gekreuzt, daß ein bloßer Fuß weit oben auf ihrem Schenkel ruhte. Vorher eine drahtige, harte Bäuerin, war sie jetzt eine glühende, verführerische Frau. Ihre Lippen umschlossen fest eine Zigarette, aber sie hatte sie verkehrt herum in den Mund gesteckt – das brennende Ende zischte auf ihrer Zunge.
Ihr Mann merkte, wie ich sie anstarrte. »Das macht nichts«, vertraute er mir an. »Wenn sie von den Geistern besessen ist, reibt sie ihre Scheide oft mit dem Saft von Chili-Schoten ein. Aber höre.«
Der Körper, der Mme. Jacques gewesen war, hatte begonnen zu singen. »Wir versammeln uns, wir scharen uns um die Schale, wir gehen an die Arbeit. Wir wissen nicht, wie es werden wird, aber wir werden die Arbeit tun.« Die ineinander fließenden Sätze dieses hohen, klagenden Gesanges verschmolzen mit der Rassel, der Pfeife und den Glocken zu einer furchterregenden Kakophonie.
Mit einer Stimme, die nicht die ihre war, verlangte sie dann ein zweites Gift. Ohne Widerrede brachte einer der Männer einen kleinen Lederbeutel herbei und schüttete den Inhalt in einen Mörser.
»Das sind die Häute des weißen Frosches«, tönte der Geist. »Der Bauch deines Opfers wird anschwellen, und wenn sie hineinstechen, wird ein Strom von Wasser herausbluten.«

Ich nahm eine der Häute aus dem Mörser und hielt sie nahe an die Kerze. Selbst ich konnte sie als die Haut eines gewöhnlichen Baumlaubfrosches erkennen. Kleine Drüsen unter seiner Haut scheiden ein Sekret aus, das zwar aggressiv, aber kaum giftig ist. Bei der Anwendung des Giftes, so wurde mir gesagt, sei es sowohl für meine eigene Sicherheit als auch für den Erfolg des Unternehmens entscheidend, daß ich den Anweisungen aufs genaueste folgte. Am Abend vor der Tat sollte ich die geflochtene Kerze anzünden, sie dem Abendstern entgegenhalten und warten, bis der Himmel dunkel würde. Um den Todesgeist herbeizurufen, mußte ich zuerst den Stern anflehen mit den Worten:

> *Bei der Macht des heiligen Sterns,*
> *Gehe, finde,*
> *Schlaf, ohne zu essen.*

Nachdem ich eine lange Reihe von Sternen angerufen hatte, sollte ich dann die brennende Kerze in eines von zwei Löchern stecken, die ich zuvor unter der Tür meines Opfers graben müßte. Als nächstes sollte ich aus meiner Schutzflasche trinken, um die Macht des Friedhofes in mich aufzunehmen. Um meine Falle zu stellen, mußte ich lediglich das Pulver auf die eingegrabene Kerze streuen, wobei ich sorgfältig darauf zu achten hätte, daß der Wind von hinten blies, und gleichzeitig müßte ich den Namen meines auserkorenen Opfers flüstern. Wenn das Opfer dann über das Gift schritt, würde es auf der Stelle sterben. Als letzte Vorsichtsmaßnahme trug mir der Geist auf, mit dem Kreuz aus Federn unter dem Kopfkissen zu schlafen. Auf diese Weise konnten die Mächte unserer Zeremonie mich weiterhin schützen. Nach diesen abschließenden Worten verließ uns der Geist.

»Das wird deinen Feind zu Fall bringen«, versicherte mir Obin, als wir uns anschickten, den Hounfour zu verlassen. In der Hand hielt er ein kleines Gefäß, das das zweite Mittel enthielt.

»Und wenn ich ihn wieder erwecken will?« fragte ich, immer noch mit dem Gedanken an ein Gegenmittel beschäftigt.

»Das ist ein anderer Zauber. Für das, was du hast, gibt es keine Rettung. Es tötet ganz und gar.«
»Und das andere Pulver?« fragte Mme. Jacques Obin.
»Das ist genauso«, sagte er. »Mit diesen beiden tötet man. Wolltest du das nicht?«
»Da ist noch mehr.«
»Das, was du bekommen hast, ist *explosiv*. Beide Pulver werden für deinen Feind nur noch eine Zuflucht übriglassen, die Erde, die ihn aufnimmt.«
»Ich will seine Leiche haben«, sagte ich.
»Dafür mußt du noch einmal wiederkommen.«
»Wann?«
»Wenn er tot ist und du bereit bist.«
Es war schon dämmrig draußen, und ein junger Mond stand über dem Meer, aber es war noch immer heiß. Jacques köpfte eine Flasche Rum, und wir tranken, während wir uns auf den Weg machten. Eine Zeitlang sagte niemand etwas. Unsere Kleidung klebte uns auf der Haut, und wir rochen nach Markt – eine Mischung aus Schweiß, Jasmin und verfaultem Obst. Draußen arbeiteten die Fischer, in zwei Reihen den ganzen Strand entlang, und wir schauten zu, wie die Rollen der Taue zu ihren Füßen wuchsen, als sie die Enden der großen halbkreisförmigen Netze einholten, die sich über Bergen von Treibgut schlossen.
»Natürlich gibt es Dutzende von Pulvern«, erklärte Mme. Jacques, als wir bei unserem Jeep angekommen waren. »Sie wirken in unterschiedlicher Weise. Manche töten langsam, manche verursachen Schmerzen, andere sind still.«
»Und die, die wir gekauft haben?«
»Sie *verkohlen* deinen Feind. Aber es ist der Zauber, der dich zum Meister macht.«
»Was ist mit den anderen Mitteln?«
»Die sind einfacher. Man tut sie ins Essen. Oder man ritzt die Haut mit einem Dorn. Manchmal tun sie Glas in den Mörser. Es ist eine Frage der Macht. Wenn du lernen und dich mit den Pulvern auskennen willst, mußt du dich bei Nacht aufmachen.«

Mme. Jacques nahm die Rumflasche. »Aber jetzt«, sagte sie, »hast du das Gesicht der *convoi* gesehen. Die Gesellschaft hat dich berührt.«
»Woher weiß sie diese Dinge?« fragte Rachel schelmisch und schlang die Arme um Jacques' Hals.
»Oh!« rief er, verschluckte sich an einem Mundvoll Rum und brach in schallendes Gelächter aus. »Woher sie das weiß! Wir nennen sie Shanpwel. Diese Männer sind ihre Vettern. Obin ist der Präsident. Sie ist die Königin!«

An diesem Abend erwarteten mich bei Beauvoir zwei Männer. Einer war der Polizeichef einer Stadt im Norden. Den anderen hätte ich allein nach dem Gehör erkannt – an seinem dröhnenden, kehligen Lachen, von tausend Zigaretten gefiltert, bis es so rauh wie ein Reibeisen war. Es war derselbe Mann, der mit drei anderen zusammen am Abend meines zweiten Tages auf Haiti auf uns gewartet hatte, als wir mit dem falschen Präparat von Marcel Pierre zurückkamen. Damals hatte er das Pulver höhnisch auf seine Hand geschüttet. Diesmal erfuhr ich seinen Namen – Herard Simon. Er war diesmal nicht weniger offenherzig.
Es gab mindestens vier Mittel, mit denen man Zombies machen konnte, und für die entsprechende Menge Geld konnte ich alle bekommen. Es war eine stattliche Summe. Ich rief von Max Beauvoirs Telefon aus New York an und erhielt die Anweisung, zunächst nur ein Pulver zu nehmen, und wenn es bei den Laboraffen wirkte, sollte ich zurückfahren und die übrigen kaufen. Ich kehrte zu Simon zurück und halbierte den Preis. Er stimmte zu, und ich gab ihm eine Anzahlung. Er sagte mir, ich solle ihn drei Tage später im Norden treffen. Dann ging er fort.
Unsere Begegnung hatte kaum länger als mein Ferngespräch gedauert, aber mein Eindruck von Herard Simon hielt noch bis tief in die Nacht an und ließ mich keinen Schlaf finden. Äußerlich wirkte er ruhig, beinahe träge, denn schon vor langer Zeit waren die Ecken seines Körpers unter Bergen von Fleisch verschwunden. Aber wie bei Buddha, dem er ähnlich sah, hatte seine Leibesfülle

einen Zweck; unter ihr schlummerte etwas, das gleichzeitig schrecklich weise und schrecklich wild war, wie die Seele eines Mannes, der sich schon einmal hatte töten müssen. Es sollte noch sehr viel Zeit verstreichen, bis jemand es mir sagte, aber ich wußte es bereits an diesem Abend: Als ich Herard Simon traf, war ich auf die Quelle gestoßen.

»Es war ein schlimmer Schlag«, sagte Rachel. Ihre Worte schlossen das ganze Chaos von Staub und Schutt ein, das die Atmosphäre von Gonaives kennzeichnete. Der Strom war ausgefallen, und in der Dunkelheit wirkte die Stadt mit den halb zerfallenen Häusern und den dennoch von lärmenden Menschen erfüllten Straßen beinahe gespenstisch. Auf dem Marktplatz kauerten die Treibnetzfischer und die Händler um kleine Feuer, umwimmelt von Knäueln von Kindern. Jedermann schien auf der Straße zu leben, wie Überlebende eines Unglücks auf einer Ruine kampieren.
»Sie haben den Hafen geschlossen«, sagte Rachel.
»Als die Straße fertig war?«
»Schon vorher. Duvalier wollte alles in der Hauptstadt haben.«
»Und darauf zogen die Geschäftsleute fort?«
Sie nickte. »Kommen Sie hierher«, sagte sie plötzlich. Wir bogen in eine Schotterstraße ein, die von Schlaglöchern übersät war.
»Früher war es in Gonaives so, daß sich die Mulatten nicht neben einen Schwarzen setzen wollten.«
»Und Duvalier hat das geändert?«
»Die Revolution hat das geändert. Jetzt gibt es hier kaum noch Mulatten.«
»Das trifft sich gut«, murmelte ich.
»Was?«
»Nichts. Sag mal, sind wir hier nicht schon einmal gewesen?«
»Erinnern Sie sich nicht?«
Plötzlich fiel es mir ein. Selbst in der Dunkelheit konnte man die Meerjungfrau nicht übersehen, die die blau-grüne Wand entlangschwamm. Die Frau, die den Clermezine Nachtclub betrieb und

sich so schlecht über Ti Femme geäußert hatte, war Herard Simons Frau.
Unvermittelt bog ich in die kurze Einfahrt ein, und einen Augenblick lang bannte das Licht der Scheinwerfer die Schatten der immer gleichen Gruppe von Müßiggängern an das Tor des Grundstücks.
»Hélène ist fort auf Pilgerreise, aber Herard ist wahrscheinlich da.« Rachel setzte an, um etwas zu den Männern zu sagen, die dort herumsaßen, stockte dann aber, zögerte, schnappte ihre Zigaretten und stieg aus dem Jeep. Ein paar der jungen Männer scharten sich um sie. Sie sprach einen von ihnen an und bat ihn um Feuer. Als sie wieder im Jeep saß, sagte sie: »Er ist nicht da. Sie haben gesagt, er hätte zu tun.«
»Wo könnte das sein?«
»Überall. Vielleicht in der Stadt. Manchmal treibt er sich am Kai herum. Was sollen wir machen?«
»Warten.«
Ich stieß die Tür auf, setzte einen Fuß gegen das Scharnier und lehnte mich zurück. Einige der Jugendlichen drängten sich um uns. Man sah ihnen an, daß sie Durst hatten, also teilten wir mit ihnen unseren restlichen Rum. Es war schön, die Flasche kreisen zu sehen. Das ist eine Besonderheit von Haiti – jeder trinkt dort gern, aber nie sieht man einen Betrunkenen.
Wir plauderten eine Weile, doch allmählich zogen sich die Jugendlichen wieder an das Tor zurück; sie hatten genug von uns gesehen und wollten sich wieder ihrer allabendlichen Gewohnheit überlassen.
»Merkwürdig«, sagte Rachel, als wir wieder allein waren. »Ist Ihnen der Mann auf der linken Seite aufgefallen, ich meine den, der mir die Zigarette angezündet hat?«
»Hast du ihn wiedererkannt?«
»Nicht gleich. Aber dann habe ich mich erinnert. Er war in L'Estère bei der Schwester von Narcisse. Ich bin ganz sicher.«
»Was macht er hier?«
»Er ist von hier. Die Frage ist, was hatte er dort zu suchen?«

Es war ungefähr neun Uhr, als eine schlanke Gestalt neben dem Jeep auftauchte. Rachel erschrak. Ohne sich zu erkennen zu geben, raunte der Mann: »Der Kommandant erwartet Sie zu Hause.« Dann ging er weg.
»Der Kommandant?« fragte ich, als wir aus der Einfahrt herausfuhren.
»Alle nennen ihn so. Er war früher der Chef der Miliz, der V.S.N..« Sie benutzte das offizielle Kürzel für die Ton Ton Macoute.
»Von Gonaives?«
»Nein, vom ganzen Artibonite-Gebiet.«
»Wann war das?«
»Ganz am Anfang. Er ist jetzt nicht mehr im Dienst, aber er hält noch immer die Fäden in der Hand. Mein Vater sagt, daß seine Leute uns beobachtet haben, seit Sie hier angekommen sind.«

Herard Simon hatte uns nicht viel zu sagen. Er saß allein auf der Veranda eines einfachen Hauses und scheuchte geistesabwesend die Fliegen von seinem Gesicht. Erst als ich auf ihn zutrat, gaben wir uns die Hand. Manchmal, wenn sich Fremde begegnen und keiner etwas sagt, ist das Schweigen ehrlich. Aber hier war das nicht der Fall. Es war vielmehr Ausdruck seiner Autorität, und ich mußte in mir den Drang besiegen, es zu brechen. Als er endlich sprach, tat er es mit einer Stimme, die jedes seiner Worte doppeldeutig klingen ließ.
»Was gehen Sie die lebenden Toten an?«
»Ich bin neugierig.«
»Neugierig? Sie geben all das viele Geld aus, nur weil Sie neugierig sind?«
»Jemand anderes zahlt es.«
»Juden. Natürlich sind Sie keiner. Sie schicken Sie hierher, weil sie die Arbeit selbst nicht tun wollen. Und wer soll das Geld verdienen?«
»So, wie es nach unserem Arrangement aussieht, offenbar Sie«, sagte ich und ignorierte seinen Seitenhieb auf Kline und meine

übrigen Auftraggeber. So ging es noch eine Zeitlang weiter; er war derjenige, der die Fragen stellte, wobei er mich mit Kenntnissen aus meiner Vergangenheit zu irritieren versuchte.
»Die *blancs* sind blind«, sagte er, »außer für Zombies. Die sehen sie überall.«
»Zombies sind ein Tor zu einem anderen Wissen«, sagte ich.
»Zum Tod und nur zum Tod!« rief er mit plötzlich scharfer Stimme. »Vodoun ist Vodoun, und Zombies sind Zombies.« Seine Ruhe kehrte ebenso schnell auch wieder zurück. »Sie haben also Narcisse gesehen.«
»Ja, und seine Familie auch.«
»Und?«
»Er lebt.«
»Ja, einer, der aus der Erde kommt, kann ganz normal sein. Aber sagen Sie, *blanc*, wenn Sie eine Frau wären, würden Sie ihn zum Tanzen auffordern?« Die Frage amüsierte ihn, und wieder hörte ich sein rauhes Lachen.
»Ich habe gehört, daß er einen Anwalt genommen hat und versucht, sein Land zurückzubekommen, um es wieder zu bebauen.«
Auch das brachte ihn zum Lachen, diesmal noch heftiger. »Narcisse ist nicht recht gescheit. Als ob er in der Hauptstadt Schutz vor seinen eigenen Leuten finden könnte.« Er wandte sich an Rachel. »Beauvoir! Das reicht. Komm morgen früh wieder her und bring diesen *blanc malfacteur* mit. Dann werden wir uns an die Arbeit machen.«
In dieser Nacht, während Rachel und die anderen im Nachtclub schliefen, lag ich im Bett und zerbrach mir den Kopf über eine Antwort, die alles erklären würde. Es hatte mich weder überrascht noch beunruhigt, daß Herard Simon so viel über unsere Aktivitäten wußte; wir hatten sie nicht geheimgehalten, und ihm standen eine Menge Informationsquellen zur Verfügung. Was mich beschäftigte, war der Mann selbst. Ich kam nicht von ihm los. Und dabei kannte ich ihn kaum, das war das Merkwürdige. Er hatte eine ungewöhnliche Ausstrahlung und besaß ein Charisma, das

man mit Händen greifen zu können glaubte. Er hatte etwas Furchterregendes an sich, eine latente Gewalttätigkeit, die uralt und stammesbedingt war. Er erweckte den Eindruck, als trüge er die explosive Energie einer ganzen Rasse in sich, als könnte seine Haut, die so dünn über seinen massigen Körper gespannt war, jederzeit platzen und irgendeine schreckliche Katastrophe in Gang setzen. Er strömte Macht aus. Ich spürte es an diesem Abend ebenso, wie ich es bei unserer ersten Begegnung gespürt hatte und wie ich es am nächsten Morgen wieder erleben sollte.
Die Gruppe aus Petite Rivière de Artibonite kam kurz vor Mittag an, aber der Ruf ihrer Heimat eilte ihnen voraus. Unter anderem hatte man mir erzählt, daß es auf ihrem öffentlichen Friedhof kaum noch einen Knochen gäbe. Sie kamen zu fünft. Die beiden, die in der Fahrerkabine des kleinen Lieferwagens saßen, trugen eine Uniform und traten wie Amtspersonen auf. Die drei, die auf der Ladefläche hockten, hätten Bergbauern sein können. Einer von ihnen hatte einen nahezu kahlen Schädel, der nur noch mit kleinen Haarbüscheln übersät war – ein Berufsrisiko des *malfacteur*, wie man mir sagte, des Mannes, der das Pulver mahlt.
Herard Simon dirigierte uns in den äußeren Raum seines Hounfour. Die Verhandlungen liefen über mehrere Vermittler, aber niemand stellte sich vor. Herard sprach zuerst einige wenige, gemessene Worte, die jedermann auf seinen Willen zu verpflichten schienen. Nachdem er sich auf diese Weise als der wichtigste Mittelsmann durchgesetzt hatte, sagte er nicht mehr viel. Der Militärbeamte strich mit dem Gehabe eines Patriarchen um die Bauern herum, aber sie sprachen für sich selbst, in einem schwerfälligen Kreolisch, das verriet, daß sie tief in den Bergen beheimatet waren. Sie hätten einen Zombie, so behaupteten sie, und sie wollten auch eine Probe des Giftes herstellen. In der Diskussion flogen Angebote und Gegenangebote hin und her, wobei der kahlköpfige Anführer mit bravouröser Geschwindigkeit kühne Zahlen herunterrasselte, als könne die bloße Nennung solch astronomischer Summen sie auch auf magische Weise wahr werden lassen. Seine beiden Kameraden hatten sichtlich Freude an

der ganzen Sache; sie hüpften auf ihren Sitzen herum und feuerten ihn an. Als ich den Preis drastisch senkte, reagierten sie mit frommer Entrüstung.
Die ganze Zeit über saß Herard Simon schweigend an der Wand, auf einem Holzstuhl und vornübergebeugt. Er stützte sein Gewicht auf den Knien ab und blieb fast vollkommen reglos. Eine Mentholzigarette glomm in seiner Rechten. Gerade durch seine Gleichgültigkeit beherrschte er das Gespräch. Schließlich, vielleicht war er des unergiebigen Gerangels müde, hob er beide Arme und wandte sich an den Soldaten.
»Wo ist er?« fragte er.
»Sie haben ihn dabei.«
»Dann bringt ihn her. Vielleicht kann ein Zombie den Geldbeutel des *blanc* öffnen.«
Der Uniformierte sagte etwas zu dem Anführer der Bauern. Er begann Einwände zu machen, hielt dann aber inne, griff in eine staubige Tasche und zog ein kleines Keramikgefäß heraus, das in rote Seide eingehüllt war. Herard begann zu lachen, aber sein Lachen hatte einen ärgerlichen Unterton.
»Dummköpfe!« rief er. »Nicht *so etwas*. Sie wollen Fleisch und Blut!«
Die Bedeutung seiner Worte ging für den Augenblick in der Woge seines Zornes unter. Er begann zu fluchen und vertrieb uns alle aus dem Hounfour. Die Bauern flohen, die Amtspersonen sackten in sich zusammen, und mit tödlicher Verachtung ging Herard über den Hof zu seinem Haus zurück.
Sein Lachen klang leicht belustigt, als wir ihn eingeholt hatten.
»Stell dir vor, *blanc*«, sagte er zu mir, »sie haben dir einen *zombi astral* mitgebracht, weil sie dachten, du würdest einen leibhaftigen nicht durch den Zoll bringen!«
»Einen Augenblick ...«, begann ich.
Der Ausdruck auf Herards Gesicht zeigte mir, daß er sich von Dummköpfen umgeben glaubte, zu denen er zweifellos auch mich zählte. »Drei Tage«, sagte er, »kommt in drei Tagen wieder.«
Noch einmal wollte ich etwas sagen, aber seine dicken Finger

fuhren einmal vor seinem Gesicht vorbei, um mir das Wort abzuschneiden.
Es gibt also zwei Arten von Zombies, dachte ich. Das veränderte alles.

Im Sommer wandern auf Haiti die Geister, und die Menschen ziehen mit ihnen. Den ganzen Juli hindurch sind die Straßen von Pilgern bevölkert, und wir folgten ihnen nach. Nachdem wir Gonaives verlassen hatten, fuhren Rachel und ich Richtung Norden, quer durch das Gebirge, in die üppige Küstenebene. Wir machten zuerst an der heiligen Quelle und den Moorbädern von Saint Jacques halt und fuhren dann weiter in das Dorf Limonade zum Fest der heiligen Anna. Hier hatten sich die Menschen buchstäblich zu Tausenden versammelt. Gekleidet in die leuchtenden Farben und Gewänder der Geister, verschmolzen sie zu halluzinatorischen Wellen, die über den Platz wogten.
Die brodelnde Brandung der Menge umflutete uns, sobald wir den Jeep verließen. Leib an Leib gequetscht, wurden wir mitgerissen von der kollektiven Erregung. Es war, als würden wir durch den vollgestopften Bauch eines Tieres gezwängt. So rasch wir konnten, bahnten wir uns einen Weg durch das Gedränge zum nächsten erreichbaren Zufluchtsort. Es waren die steinernen Stufen der Kirche, die sicher wie ein Leuchtturm aus dem tollen Treiben herausragten.
Mit betäubten Sinnen betraten wir die Kirche. Wir standen schon mitten im Hauptschiff, als wir sahen, was hier vorging. Es wurde ein Gottesdienst für die Kránken abgehalten, und zu unseren Füßen lag die erbärmlichste Ansammlung von Menschen, die man sich nur vorstellen kann. Aussätzige ohne Gesichter, Opfer der Elephantiasis mit Gliedmaßen, so dick wie Baumstämme, viele Dutzende sterbender Menschen, zusammengeholt aus allen Ecken des Landes, damit sie Almosen und Erlösung empfangen konnten am Altar dieser Kirche. Es war eine Szene von so unaussprechlichem Grauen, daß wir nur an Flucht denken konnten.
Rachel ging vor mir her auf eine offene Tür zu, als sie plötzlich den

Atem anhielt. Dort, im Schatten eines Kreuzes, den Kopf von einem schwarzen Schal bedeckt, saß abseits eine Frau, und quer über ihre Beine hatte sie ihre Tochter gebettet, ein Mädchen im Teenageralter, dessen zertrümmerte Beine wie Stöcke überkreuz lagen. Ihre Haut war kohlschwarz und ihr Kopf eine groteske Melone, so aufgetrieben von der Krankheit, daß man die einzelnen Drüsensäckchen der Haare sehen konnte. Es war ein so grausiger Anblick, daß wir nicht an ihr vorbeigehen konnten. Wir machten kehrt und arbeiteten uns durch die braun gekleideten Bettler hindurch, die die Vorderseite der Kirche belagerten. Als wir an ihnen vorbeikamen, zerrten sie an unseren Kleidern, doch wir hatten nichts für sie. Der eigentliche Schrecken dieses Augenblicks lag weniger in ihrem Zustand als in unserer Furcht.
Draußen, auf den Stufen der Kirche, verwandelte sich die Szene in eine Auferstehungsfeier. Eine gesunde Bäuerin, gekleidet in strahlendes, kräftiges Rot und Blau, die Farben Ogouns, des Geistes von Feuer und Wasser, wirbelte zwischen den Bettlern im Kreis, besessen von ihrem Geist. Über die Schulter hatte sie eine leuchtend rote Tasche geschlungen, die mit getrockneten Körnern von goldgelbem Getreide gefüllt war. Sie drehte sich und tänzelte mit göttlicher Anmut. Und mit einem Arm, der sich reckte wie ein Schwanenhals, gab sie ein kleines Häufchen Korn auf jede Bettelschale. Als ihre Tasche leer war, wirbelte sie zum Entzücken aller herum und warf sich mit einem jubelnden Schrei von der Kirchentreppe in die Menge. Rachel und ich sahen zu, wie sie darin unterging. Wo immer sie hinkam, machten ihr die Menschen Platz, damit Ogoun sich ungehindert drehen konnte. Wir folgten ihr mit den Augen, bis sie verschwunden war, und tauchten dann wortlos wieder in die Menschenflut ein.

Unser Weg führte uns am Ende dieses eindrucksvollen Tages durch die Ebene zurück zu der alten Kolonialhauptstadt Cap Haitien, ein hübscher Ort, dessen warme Atmosphäre über seine blutige Geschichte hinwegtäuscht. An einem Haus, das auf einer Ruine erbaut war aus Materialien, die dem Meer entstammten,

drückten wir die Türglocke des Hauses von Richard Salisbury, der auf ganz Haiti als der britische Konsul bekannt war.
Nach allem, was man mir erzählt hatte, interessierte sich Salisbury leidenschaftlich für Vodoun, und wir hofften, er könne uns einige Informationen über die Zeit geben, die Narcisse gleich nach seiner Befreiung in Cap Haitien verbracht hatte. Zuerst rührte sich nichts, aber nach dem zweiten Läuten flogen im zweiten Stock die Läden eines Fensters auf, und die grelle, heiße Nachmittagssonne fiel auf die blasse Haut eines Mannes in mittleren Jahren. Er war gerade erst aufgewacht.
Salisbury empfing uns auf seiner Veranda im Schatten eines riesigen Union Jack. Mit seinem Schnauzbart, einem grünlichen Teint und einem gewölbten Bauch, der nachlässig in einer seidenen Smokingjacke versteckt war, hätte er einem Roman von Somerset Maugham entsprungen sein können. Wie sich bald zeigte, waren seine Kenntnisse der Vodounreligion nur oberflächlich, und bei Licht besehen hatte er auch nichts mit der britischen Regierung zu tun. Er war Buchhalter, und seine bescheidenen Anteile an einer Zuckerrohrmühle des Ortes hatten es ihm bis vor kurzem erlaubt, auf Haiti ein königliches Leben zu führen. Er war weniger ein Diplomat als ein Sinnbild für den Untergang des britischen Weltreiches. Salisbury hatte gerade eine größere persönliche Krise durchzustehen, und wir waren in der beklagenswerten Lage, alles darüber zu erfahren. Korrupte Geschäftspartner und eine schlechte internationale Marktlage hatten zum Bankrott der Mühle geführt, und ihm blieb nun nichts anderes übrig, als nach England zurückzukehren. Dort erwartete ihn dasselbe Leben, das jeder andere mittelmäßige Buchhalter führte, der täglich mit der Untergrundbahn zu einer monotonen, stumpfsinnigen Arbeit fahren muß. Dorthin zurückzugehen war das letzte, was er wollte, und da er gerade die Gelegenheit hatte, wandte er sich an Rachel und bat sie verzweifelt um einen guten Rat. Der Anblick dieses erwachsenen Mannes, dieses kläglichen Europäers, dessen einzige Habe ein kleines Kapital und ein falscher Status waren, den ihm seine Hautfarbe verschaffte, und der

jetzt ein junges haitianisches Mädchen um Hilfe anflehte, bewegte sich auf der schmalen Trennlinie zwischen Komödie und Tragödie.
Kurz bevor es dunkel wurde, gelang es uns, den Problemen von Richard Salisbury zu entkommen, und wir flüchteten an einen Strand, der im Osten der Stadt lag. Dort, unter Palmen und beim Anblick einer kupferfarbenen Sonne, kamen wir endlich zur Ruhe. Der Tag hatte im Hause von Herard Simon mit dem Treffen der Giftmischer begonnen, hatte uns zu den Moorbädern von Saint Jacques und dem grauenvollen Schauspiel von Saint Anne geführt und schließlich zu dem anachronistischen Richard Salisbury. Jetzt endete er an einem unberührten, stillen Strand der Karibik. Ich schaute an den Bäumen vorbei und hörte die schrillen, abgehackten Schreie der Möwen, die dahinsegelten und in die Wellen tauchten, um nach Futter zu schnappen. Weiter unten am Strand waren zwei Kormorane, und auch Pelikane gab es hier. Die Fülle der Wildnis, üppig und ohne Sinn. Und im Wasser Rachel, die wie ein Delphin schwamm.

Drei Tage später trafen wir uns, wie vereinbart, wieder mit Herard Simon in Gonaives. Er war dort, wo man ihn jeden Abend antreffen konnte, am Kai vor einem baufälligen Kino, die Finger am Puls der Stadt. Seine Begrüßung fiel diesmal überraschend herzlich aus. Anscheinend hatte sich mein Status ein wenig verändert – ich war nur nicht sicher, in welcher Richtung –, denn statt mit dem anonymen *blanc* sprach er mich jetzt als seinen »petit malfacteur«, seinen kleinen Bösewicht an. Herard betonte zunächst, daß er als Houngan kein Interesse an Zombies hätte; sie seien bedeutungslos, versicherte er mir, verglichen mit den tiefen Lehren der Vodounreligion. Dem Geschäft zuliebe hatte er jedoch die nötigen Vorkehrungen getroffen. Am nächsten Morgen, so versprach er, würde einer seiner Vertrauten beginnen, das Zombie-Pulver herzustellen.
»Und eines sag' ich dir, *malfacteur*«, erklärte er am Schluß, ehe wir ihn verließen, »mit dem, was ich dir gebe, wird dein Affe

umfallen und nicht wieder aufstehen und nie mehr mit dem Schwanz wedeln.«

Es dauerte eine ganze Woche, das Gift herzustellen.
Zuerst stellte Herard als Houngan das Gegenmittel her, das, wie nicht anders zu erwarten, eine Fülle von Zutaten enthielt, von denen keine eine pharmakologisch ernsthafte Wirkung hatte. Es bestand aus einer Handvoll Bayahond-Blätter (*Prosopis juliflora*), drei Ästen Petiveria (*Petiveria alliacea*), Clairin, Ammoniak und drei rituell vorbereiteten Zitronen. Genau wie bei dem angeblichen Gegengift von Marcel Pierre gab es keinerlei Anzeichen dafür, daß es auf chemischem Wege die Wirkung irgendeines Giftes außer Kraft setzen könnte.
Das Gift selbst hatte dagegen wirksame Bestandteile, und das Entscheidende war, daß die Ingredienzen weitgehende Ähnlichkeiten mit denen von Saint Marc aufwiesen. Herards Leute unterschieden drei Stufen oder Grade des Mittels. Während der ersten wurden eine Schlange und eine Ago-Kröte (*Bufo marinus*) zusammen in ein Gefäß gesperrt, »bis sie vor Wut starben«. Dann wurden gemahlene Tausendfüßler und Taranteln mit vier pflanzlichen Produkten gemischt – den Samen von Tcha-Tcha (*Albizzia lebbeck*), derselben Hülsenfrucht, die auch Marcel Pierre seinem Mittel beigegeben hatte, den Samen von Consigne (*Trichilia hirta*), einem Baum aus der Mahagonifamilie, der keine bekannten wirksamen Bestandteile enthält, den Blättern des *pomme cajou*, des gemeinen Acajubaumes (*Anacardium occidentale*), sowie der Bresillet (*Comocladia glabra*). Die zwei letztgenannten Pflanzen gehören zur Familie der giftigen Efeuarten, und beide, insbesondere die Bresillet, können schwere und gefährliche Hauterkrankungen hervorrufen.
Diese Bestandteile wurden zunächst zu Pulver zerstoßen, dann in ein Gefäß gegeben und zwei Tage in der Erde gelassen. Dann, auf der zweiten Stufe, wurden zwei botanisch nicht identifizierbare Pflanzen hinzugefügt, die regional unter den Namen *tremblador* und *desmembre* bekannt waren. Auf der dritten und letzten Stufe

wurden vier weitere Pflanzen untergemengt, die alle heftige lokale Reizungen hervorrufen können. Zwei waren Mitglieder der Familie der Brennesseln, Maman Guêpes (*Urera baccifera*) und Mashasha (*Dalechampia scandens*). Die hohlen Haare auf der Oberfläche dieser Pflanzen fungieren als winzige Spritzen für subkutane Injektionen und geben einen Stoff ab, der Ähnlichkeit mit der Ameisensäure hat, die Ameisenbisse so schmerzhaft macht. Eine dritte Pflanze war die *Dieffenbachia sequine*, das gemeine »Schweigrohr« von Jamaika. In ihrem Gewebe sind Calziumoxalatnadeln eingelagert, die wie kleine Glassplitter wirken. Der Name stammt von der im 19. Jahrhundert üblichen Praxis her, widerspenstige Sklaven zu zwingen, die Blätter zu essen. Die Nadeln reizen den Kehlkopf und verursachen lokale Schwellungen, die die Atmung behindern und das Sprechen unmöglich machen. Die vierte Pflanze, die Bwa Piné (*Zanthoxylum matinicense*), wurde wegen ihrer spitzen Stacheln beigegeben.

Die Verwendung dieser aggressiv wirkenden Pflanzen erinnerte an Marcel Pierres Beigabe von *Mucuna pruriens*, der Juckbohne. Es war dabei von Interesse, daß einige dieser Ingredienzen so heftige Reize auslösen konnten, daß sich das Opfer, wenn es sich kratzte, leicht selbst Wunden zufügen konnte. Ich wußte von den Ergebnissen der Laborexperimente in New York her, daß das Pulver zwar generell topisch wirksam, jedoch ganz besonders dort effektiv war, wo die Haut sich geöffnet hatte. Mme. Jacques hatte gesagt, daß man auch gemahlenes Glas verwenden konnte. Und ich hatte natürlich auch Grund zu der Annahme, daß bei der Verabreichung des Pulvers die Haut des Opfers absichtlich verletzt wurde. Es war auch erwähnt worden, daß das Pulver mehr als einmal angewendet werden konnte, so daß möglicherweise die Reizstoffe der Pflanzen die Empfindlichkeit für weitere Dosen unmittelbar steigerten.

Es war aber insbesondere die Reihe der Tiere, die auf der dritten Stufe beigegeben wurden, was mir ein Gefühl tiefer Befriedigung gab. Zwei Arten von Taranteln wurden mit den Häuten des weißen Baumfrosches (*Osteopilus dominicensis*) zerrieben. Weitere Zutaten umfaßten noch eine Ago-Kröte und nicht nur eine, sondern vier Arten von Kugelfischen (*Sphoeroides testudineus, S. spengleri, Diodon hystrix, D. holacanthus*). Das Mittel hier hatte also mit dem von Marcel Pierre gemischten Gift die Kröte, die Kugelfische, die Meereskröten und die Samen der *Albizzia lebbeck* gemeinsam.

Im Laufe dieser Woche wurde unser Verhältnis zu Herard Simon spürbar herzlicher. Es gab keinen dramatischen Wendepunkt, wie es ihn bei Marcel Pierre gegeben hatte; dafür war Herard viel zu klug und vorsichtig. Es war eher eine Anzahl beiläufiger kleiner Vorkommnisse, die er schätzte – die Tatsache, daß wir aus seinem Brunnen tranken, daß wir das Essen mit ihm teilten, daß wir uns neben ihn auf den steinigen Boden kauerten.

Aus irgendeinem Grund gab er uns im Laufe der Zeit drei wichtige Informationen. Erstens nannte er mir die Namen von vier Mitteln, die man benutzte, um Zombies zu machen – *Tombé Levé, Retiré Bon Ange, Tué* und *Levé* –, und obwohl er sich weigerte, die spezifischen Formeln preiszugeben, verriet er doch, daß eines der Mittel sofort tötete, ein zweites die Haut abfallen ließ und ein drittes dazu führte, daß das Opfer langsam dahinsiechte. Er erwähnte auch, daß alle diese bösartigen Mittel einen Bestandteil gemeinsam hatten – den *crapaud de mer*, den giftigsten der Kugelfische, die es in den Gewässern Haitis gibt.

Zweitens erzählte mir Herard, daß man die besten Pulver während der heißen Sommermonate herstellte, sie dann aufbewahrte und über das ganze Jahr benutzte. Gleichzeitig warnte er uns, daß einige hochgradig »explosiv« seien, daß sie *ganz und gar* töteten. Von meiner Forschungsarbeit in Cambridge her wußte ich, daß der Tetrodotoxinspiegel der Kugelfische nicht beständig ist. Er variiert nicht nur nach Geschlecht, geographischem Ort und Jahreszeit, sondern auch von Exemplar zu Exemplar bei einer einzigen Population. Ein Kugelfisch aus den Gewässern Brasiliens, *Tetrodon psittacus*, etwa ist nur im Juni und Juli giftig. Bei den japanischen Arten beginnt der Giftgrad im Dezember zu steigen und erreicht im Mai oder Juni seinen Gipfel. Die Arten, die man für die Zombie-Präparate verwendet, weisen ein ähnliches Verhalten auf – *Sphoeroides testudineus*, die Meereskröte, ist im Juni am giftigsten, genau zu der Zeit, zu der nach Herards Worten das Pulver am stärksten sei.

Schließlich sagte uns Herard noch, daß ein Zombie, nachdem man ihn aus dem Grab geholt hat, unter Zwang mit einem Brei gefüttert wird und daß eine zweite Dosis davon am nächsten Tag verabreicht wird, wenn das Opfer den Ort seiner Gefangenschaft erreicht hat. Dieser Brei bestand aus drei Zutaten: Süßkartoffel, Zuckerrohrsirup und, vor allen Dingen, aus *Datura stramonium*. Das war eine Information, die mich verblüffte. Seit Beginn der Untersuchung war mir die wahre Rolle dieser so stark psychoaktiven Pflanze, die im Kreolischen so suggestiv »Zombie-Gurke« heißt, entgangen. Jetzt fügten sich ein Dutzend ungereimter Tatsachen zu einer Idee zusammen. Bisher hatte die Suche nach einem medizinisch wirksamen Gegenmittel gegen das Zombie-Gift nichts von pharmakologischem Interesse ergeben. Jedes Zombie-Pulver hat sein lokal anerkanntes »Gegenmittel«, aber in allen Fällen waren die Bestandteile entweder unwirksam oder in ungenügender Konzentration verwendet. Außerdem gab es keinerlei Übereinstimmung bei den Ingredienzen oder der Art der Zubereitung in den verschiedenen Gebieten. Jetzt, nach Herards Eröffnung, hatte ich Grund zu der Annahme, daß es dann, wenn es überhaupt ein Gegenmittel gab, die Zombie-Gurke war!

Tetrodotoxin ist ein sehr merkwürdiges Molekül. Niemand weiß genau, worin es seinen Ursprung hat. Im allgemeinen tauchen so spezielle Verbindungen nur einmal im Laufe der Evolution auf und sind infolgedessen nur in nahe verwandten Organismen anzutreffen, die vermutlich von einem gemeinsamen Vorfahren abstammen. Sehr lange Zeit schien Tetrodotoxin auf eine einzige Familie von Fischen beschränkt zu sein. Dann tauchte es, zur Überraschung der Biologen, in einer Amphibie auf, dem kalifornischen Wassermolch, einem mit dem Kugelfisch ganz und gar nicht verwandten Tier. Spätere Forschungen ergaben, daß es sich auch in der Meergrundel von Taiwan, den Stummelfußfröschen von Costa Rica und dem blaugeringelten Kraken vom Great Barrier Reef vor Australien findet. Eine so regellose Verteilung ließ einige Wissenschaftler vermuten, daß das Gift an niedrigerer Stelle in der Nahrungskette seinen Ursprung hatte, vielleicht in einem kleinen Meeresorganismus.

Bei den Kugelfischen selbst steht der Giftgrad mit dem Fortpflanzungszyklus in Zusammenhang und ist bei den Weibchen höher. Aber die auffallende Unterschiedlichkeit der Giftpegel bei verschiedenen Populationen derselben Spezies hat zu ähnlichen Vermutungen geführt, daß nämlich die Konzentration des Giftes mit Ernährungsgewohnheiten zusammenhängen könnte. Kugelfische, die man in Fischkulturen züchtet, entwickeln beispielsweise keine Tetrodotoxine, aber es ist möglich, daß der Kugelfisch nicht nur selbst Tetrodotoxine synthetisieren kann, sondern auch zusätzlich als Überträger entweder von Tetrodotoxin oder von Ciguatera-Toxin dienen kann. Letzteres ist ein anderer chemischer Stoff, der in Dinoflagellaten vorkommt und lähmende Schalentiervergiftungen verursacht. Die Symptome einer Ciguatera-Vergiftung gleichen der von Tetrodotoxin. Sie schließen unter anderem ein Kribbelgefühl, Übelkeit, Brechreiz und Verdauungsbeschwerden ein und führen zum Tod durch Lähmung des Atemapparates. In Australien haben die Ureinwohner noch heute, wie in ihrer ganzen Geschichte, eine sehr eigentümliche Pflanze, einen Baum, den sie *ngmoo* nennen. Sie bohren Löcher in seinen Stamm und füllen sie mit Wasser auf, und innerhalb eines Tages gewinnen sie so ein eigenartiges Getränk, das eine leichte Benommenheit auslöst. Legt man die Äste und Blätter in stehende Gewässer, so fanden sie außerdem heraus, dann machen sie Aale betrunken und zwingen sie an die Oberfläche, wo man sie dann leicht töten kann. Die Kenntnis der bemerkenswerten Eigenschaften dieser Pflanze wanderte nach Norden, nach Neukaledonien. Dort entdeckten die Eingeborenen, daß man die Blätter für ein recht wirksames Gegenmittel bei Ciguatera-Vergiftungen verwenden konnte, eine Beobachtung, die die moderne Wissenschaft bestätigt hat. Die Pflanze heißt *Duboisia myoporoides* und weist wie viele Nachtschattengewächse eine ganze Reihe wirksamer chemischer Verbindungen auf, wie etwa Nikotin, Atropin und Skopolamin. Es gibt kein der Medizin bekanntes Gegenmittel für Tetrodotoxin, aber im Labor hat man nachweisen können, daß Atropin, wie bei Ciguatera-Vergiftungen, bestimmte Symptome mildert.

Datura stramonium enthält ebenso wie ihre Verwandte aus Neukaledonien Atropin und Skopolamin und könnte daher als effektives und bewährtes Gegenmittel des Zombie-Giftes dienen.

Der Kreis meiner Forschungen hatte sich geschlossen. Ironischerweise hatte sich herausgestellt, daß die Pflanze, die ich ursprünglich im Verdacht hatte, die eigentliche Droge zu sein, mit deren Hilfe man einen Menschen lebendig begraben konnte, am Ende, sofern ihr überhaupt Bedeutung zufiel, ein mögliches Gegenmittel war. Gleichzeitig trug sie aber dazu bei, einen Zombie zu erschaffen und dessen Metamorphose zu stabilisieren. Denn wenn Tetrodotoxin die physiologische Grundlage schuf, auf der kulturell erzeugte Ängste und Überzeugungen arbeiten konnten, so versprach Datura, diese geistigen Prozesse tausendmal zu verstärken. Für sich allein angewendet, löst es einen Rausch aus, der als künstlich herbeigeführtes psychotisches Delirium charakterisiert worden ist, mit Orientierungsverlust, ausgeprägter Verwirrung und völligem Gedächtnisverlust. Wenn man es einem Menschen verabreicht, der bereits die Folgen einer Tetrodotoxinvergiftung durchlitten hat und lebendig begraben worden ist, kann man sich seine vernichtenden psychischen Wirkungen kaum vorstellen. Und während eben dieses Rausches bekommt der Zombie einen neuen Namen und wird dorthin gebracht, wo er zu einer neuen Daseinsweise umerzogen werden soll.

Weitere Informationen über die Zusammensetzung des Zombie-Giftes erhielten wir zwei Tage später südlich der Hauptstadt, in der Nähe der Stadt Leogane. Schon einige Wochen zuvor hatten wir Verbindung mit einem Houngan namens Domingue aufgenommen. Sein Sohn Napoléon war ein bekannter *malfacteur*, und er brachte eine Botschaft für mich zu den Beauvoirs. Meine Begegnung mit Napoléon war kurz, verschaffte mir aber Kenntnis von zwei bemerkenswerten Giften. Das giftigste war, nach Napoléons Aussagen, allein aus menschlichen Überresten hergestellt. Es bestand aus den gemahlenen Knochen von Beinen, Unterarmen und Schädeln, die mit getrockneten und pulverisierten Teilchen einer getrockneten Leiche vermischt wurden. Es war das erste und einzige Gift, von dem ich erfuhr, das in der angeblich traditionellen Weise verabreicht wurde. Nachdem man seine Hände mit der schützenden Flüssigkeit – wiederum einer Mischung aus Zitronen, Ammoniak und Clairin – eingerieben hatte, streute man das Pulver in Form eines Kreuzes auf den Boden und sprach dabei den Namen seines ausersehenen Opfers aus. Der Empfänger brauchte angeblich nur über dieses Kreuz zu gehen, um von heftigen Krämpfen befallen zu werden. Gab man das Pulver in das Essen des Opfers, trat die Wirkung sofort ein und war mit Sicherheit tödlich.

Das zweite Mittel war eine schon vertrautere Mischung aus Insekten, Reptilien, Tausendfüßlern und Taranteln. Anstelle der Ago-Kröte wurden zwei regional bekannte Arten des Laubfrosches beigefügt. Napoléon gab auch die Meereskröte, *crapaud de mer*, hinzu. Der Beginn der Vergiftung machte sich wieder durch ein Kribbeln unter der Haut bemerkbar, genau wie Narcisse seine ersten Krankheitssymptome beschrieben hatte. Außer dem Hinweis auf noch ein weiteres Mittel, das auf der Grundlage von Kugelfisch gewonnen wurde, machte Napoléon auch erneut auf die Bedeutung der richtigen Dosierung aufmerksam. Er erwähnte, daß das aus diesen Tieren gemachte Pulver am wirksamsten sei, wenn das Opfer es schlucke, und er warnte mich davor, die beiden Präparate jemals zu mischen. Zusammen würden sie eine verheerende Wirkung haben; das Opfer wäre »ganz und gar« tot und könnte nie wieder auferstehen.

Als ich Leogane verließ, sah ich mich in meinem Schluß bestätigt, daß Tetrodotoxin die pharmakologische Grundlage des Zombie-

Giftes war. Diese Überzeugung wurde von weiteren Proben aus verschiedenen Ortschaften entlang der Küste Haitis bestätigt. Schließlich hatte ich das Gefühl, ich könne die Frage des Giftes jetzt beiseite lassen. Es war Zeit, daß ich mich den anderen Dingen zuwandte, die mich seit meiner Rückkehr nach Haiti beschäftigt hatten.

Herard rief früh am nächsten Morgen an und bestand darauf, sich sofort mit Rachel und mir zu treffen. Wir machten uns am selben Nachmittag auf den Weg, holten ihn in Gonaives ab und fuhren direkt nach Petite Rivière de Artibonite. Als es dunkel wurde, kamen wir bei den Militärkasernen an und folgten Herard an den Wachen vorbei in die Privatwohnung des Kommandeurs. Herard schickte den Kommandeur mit einem Auftrag fort und wies dann seine Ordonnanz an, uns etwas zum Essen und eine Flasche Rum zu bringen. Dann warteten wir. Draußen strömte der Regen nieder, und in einer langen Reihe von Zellen konnte ich schwach die Gefangenen erkennen, die sich an die Gitterstäbe klammerten und versuchten, auf diese Weise die Füße im Trockenen zu behalten.

Herard ist kein Mann, der es liebt, wenn man Fragen stellt. Ich versuchte es dreimal. Zuerst fragte ich nach dem *zombi astral*, den die Bergbauern gebracht hatten.

»In der Flasche war die Seele eines Menschen«, antwortete Herard. »Es ist eine unheilvolle Macht, über sie zu herrschen. Es ist ein Geist oder eine Art Traum, er wandert nach dem Willen desjenigen, der ihn besitzt. Es war ein *zombi astral*, der mit Hilfe der Magie des Bokor dem Opfer entrissen wurde.«

»Und was ist mit dem Pulver, das Sie mir gegeben haben?«

»Ein Gift tötet. Man tut es ins Essen. Ich habe Ihnen kein Gift gegeben.«

»Aber das Pulver?«

»Ja. Pulver ist Pulver, Gift ist Gift. Das Pulver ist die Verstärkung des Zaubers. Nur die wirklich Großen können mit Magie allein auskommen. Die Kleinen tun so, als ob, aber wenn man genau

hinschaut, sieht man die Spuren von Pulver. Es gibt ein paar, und ich kenne sie, die jeden Mann einer ganzen Armee in einen Zauberbann schlagen können.«
»Um ihre Seele zu stehlen?«
»Was sonst? Wenn man will, daß der Körper arbeitet, kann man nicht mit ein bißchen Pulverstaub auf dem Boden herumpfuschen. Man nimmt ein Bambusrohr und bläst das Pulver über den ganzen Körper hinweg und reibt es dann in die Haut ein. Nur dann wird die Zombie-Leiche auferstehen.«
Als mir klar wurde, daß es zwei Arten von Zombies gab und zwei Methoden, sie zu erschaffen, fügten sich viele Mosaiksteinchen zusammen. Was LaBonté und Obin mir angeboten hatten, war eindeutig ein Pulver, das, von Zauberei bereits durchdrungen und dann von einem magischen Akt meinerseits zum Einsatz gebracht, meinen Feind töten würde. Das war es, was Mme. Jacques mir gesagt hatte – »der Zauber macht dich zum Meister«. Das war der tatsächliche Voodootod, das haitianische Gegenstück zur Praxis der Eingeborenen Australiens, mit dem Knochen zu zeigen. Er wäre bei der Mentalität der Gesellschaft, aus der ich kam, nicht besonders wirkungsvoll gewesen, aber das war nicht ihr Problem, sondern meines.
Es gab noch eine andere Möglichkeit. Wenn man über große spirituelle Kraft verfügte, so hatte uns Marcel Pierre gesagt, konnte man einem Fluch widerstehen, dem Pulver aber war man auf jeden Fall machtlos ausgeliefert. Mme. Jacques hatte Pulversorten erwähnt, die in die Haut einmassiert oder in Wunden gerieben wurden; sie hatte von Glas gesprochen, das im Mörser zerstoßen, und von Haut, die von Dornen aufgerissen wurde. Das mußten die pharmakologisch aktiven Pulverarten sein, die den Zombie dazu brachten, wieder aufzustehen. Das entsprach dem, was Narcisse gesagt hatte. Am Sonntag vor seinem Tod schleppten sie ihn zu einem Becken, ritzten seine Haut an, und das Wasser verwandelte sich in Blut. Herard hatte recht. Wenn man wollte, daß ein Zombie körperlich auferstand, würde es niemals genügen, ein wenig Pulver auf den Boden zu streuen!

Meine dritte Frage wurde von der Ankunft des Präsidenten der lokalen Geheimgesellschaft unterbrochen. Von diesem Augenblick an durfte uns der Kommandeur, der inzwischen zurückgekommen war, während ich Herard befragt hatte, nur noch Rum und Essen servieren. Herard diskutierte mit mir die Möglichkeit, einen Zombie-Leichnam für medizinische Studienzwecke aufzutreiben. Erst mitten in der Nacht konnten wir uns auf einen Preis einigen. Herard verabredete eine weitere Zusammenkunft mit dem Präsidenten und seinen Leuten für den folgenden Nachmittag. Als wir die Stadt verließen, versuchte ich, eine Zeit auszumachen, zu der wir uns am folgenden Tag treffen konnten.

»Nein, nein«, lachte Herard, »wir fahren morgen nicht noch einmal hin. Ich wollte nur ihre Kraft auf die Probe stellen.«

»Aber wie werden sie die Beleidigung aufnehmen?« fragte ich und erinnerte mich dabei an die etwas unheimliche Warnung von LaBonté in Petite Rivière de Nippes. »Sind die Gesellschaften nicht überall?«

»Ja, sie sind mächtig«, stimmte er zu. »Deswegen mußten Sie mit jemandem hierher kommen, der stärker ist. Auch ich vertrete eine Geheimgesellschaft. Meine Gesellschaft hat nur ein Mitglied!«

Als wolle er mir die Grenzen selbst seiner Macht vor Augen führen, warnte er mich dann, daß mir in der Gegend von Petite Rivière de Artibonite jederzeit etwas zustoßen könne. Die Straße gabelte sich, und er zeigte in die tiefen Schatten.

»Seien Sie besonders vorsichtig an Wegkreuzungen. Verlassen Sie niemals Ihr Fahrzeug nach Einbruch der Dunkelheit. Sie sind nachts unterwegs.«

Als wir uns Gonaives näherten, konnte ich es mir nicht verkneifen, noch eine letzte Frage zu stellen, eine Frage, die mir selbst noch oft gestellt werden sollte. Warum gab er mir alle diese Informationen? Er lachte, aber antwortete nicht, bis wir an seinem Haus angekommen waren. Als er schon aus dem Jeep kletterte, schaute er sich noch einmal nach mir um.

»*Mon petit malfacteur*, Sie sind kein Dummkopf, aber Sie verstehen noch immer nichts. Sie mögen die Pulver bekommen, und ich

werde Ihnen bestimmt alle Pulver geben, die Sie sich wünschen. Sie werden Zombies sehen, Sie werden vielleicht dabeisein, wie Zombies aus der Erde auferstehen, Sie werden sogar glauben, die Zombies zu begreifen. Aber Sie werden niemals einen Zombie machen, und Sie werden auch nicht mit dem Zauber von hier fortgehen.
Eines Tages, wenn Sie aufhören, all diese Fragen zu stellen, werden Sie anfangen zu verstehen. Erst dann werden Sie anfangen, Vodoun zu begreifen, und erst dann können Sie den Pfad der Loa beschreiten.«

Trotz seiner schroffen Art hatte Herard mir mehr Informationen über das Gift gegeben als irgend jemand sonst, und gleichzeitig hatte er von all meinen Kontaktpersonen auf Haiti die größte Verachtung für solche Pulver und das geringste Interesse an Zombies bekundet. Er war ein tief religiöser Mann, im Grunde ein Theologe. Manchmal sagte Herard Dinge, deren Bedeutung ich nicht im mindesten begriff, in anderen Augenblicken erschienen mir seine Worte wie Leuchtfeuer. Es war an der Zeit, daß ich versuchte, die Geisterwelt seines Volkes verstehen zu lernen.

Schlange und Regenbogen

Am 16. Juli 1843, und dann noch einmal am gleichen Tag des Jahres 1881, erschien über einer Palme in der Nähe des Dorfes Ville Bonheur in den zerklüfteten Bergen von Zentralhaiti die Jungfrau Maria. Sie erklärte, die Welt würde bald untergehen. Das kam der katholischen Kirche äußerst gelegen, denn die Palme stand nicht weit vom Fuße eines Felsens entfernt, an der Stelle, wo sich der Fluß La Tombe in Nebelschleier auflöst, in einen Wasserfall namens Saut d'Eau, der seit Jahrzehnten ein heiliger Pilgerort der Vodoun-Religion gewesen war. Die katholischen Priester, die hier wie überall bemüht waren, die Nation von allem zu reinigen, was sie als heidnischen Kult betrachteten, machten sich ihr unerwartetes Glück sofort zunutze. Man errichtete eine Kapelle mit einem Gnadenbild; die kirchlichen Behörden erklärten die Erscheinung für echt, und von da an wurde der Tag der wunderbaren Erscheinung alljährlich mit einer ganztägigen religiösen Feier begangen. Aber die Legende nahm bald eine unerwartete Wende. Immer häufiger fanden die Priester, die dort ihr Amt versahen, kleine Teller mit Lebensmitteln, die neben die Votivkerzen am Gnadenbild der Madonna gestellt wurden. Als ihnen klar wurde, was da geschah, schwand ihre ursprüngliche Begeisterung mit einem Schlag. Sie hatten nicht etwa eine traditionelle Vodoun-Pilgerstätte vereinnahmt, sondern genau das Gegenteil war eingetreten. Für die Bauern war die Erscheinung der Jungfrau Maria nichts anderes als die Erscheinung der Erzulie Freda, der Göttin der Liebe, und ihre Offenbarung war weniger ein Wunder als vielmehr eine erhoffte Gnade, die das Ansehen des heiligen Wasserfalls nur noch mehr förderte.

Das nächste Mal erschien die Heilige Jungfrau zur Zeit der amerikanischen Besatzung, und diesmal zeigte sich die Geistlichkeit vorbereitet. Ein ortsansässiger Priester tat die Erscheinung als bloßen Aberglauben ab und rief einen Hauptmann der Marineinfanteristen, der in der Gegend stationiert war, zu Hilfe, um der

Anbetung ein Ende zu setzen. Der Marineoffizier fand sich dazu bereit und befahl einem haitianischen Sergeanten, in das gleißend helle Licht hineinzuschießen. Als der Soldat den Befehl ausführte, wanderte die Erscheinung zu einer anderen Palme und dann wieder zu einer anderen, bis der gereizte Priester befahl, die Bäume zu fällen. Die Vision erhob sich über den Dachfirst der Kapelle, und als die letzte Palme fiel, verwandelte sie sich in eine Taube. Einen Augenblick lang war der Priester zufrieden, aber gerade, als er sich abwandte, um fortzugehen, erreichte ihn die Nachricht, sein Haus mit all seinem Hab und Gut sei abgebrannt. Dieses Unglück war aber nur der Anfang; noch in derselben Woche starb er an einem Schlaganfall. Den amerikanischen Offizier traf eine ähnliche Strafe. Der haitianische Sergeant wurde verrückt, und einige Zeit später sah man ihn allein in einem Wald in der Nähe des Dorfes umherirren. Nach den Aussagen der Einwohner von Ville Bonheur blieb die Taube mehrere Tage lang in der Umgebung des Ortes und flog dann zum Saut d'Eau, wo sie in den schillernden Wasserschleiern verschwand.

Der Wasserfall von Saut d'Eau hat ein tiefes, verborgenes Becken aus einer Kalksteinwand herausgewaschen, und als ich kurz nach Mitternacht dort ankam, war das ganze Gewölbe vom sanften Schein Hunderter von Kerzen erfüllt. In den Tiefen, die kein Mondstrahl mehr erreichen konnte, waren schon viele Dutzende von Pilgern versammelt, die entweder dicht beieinander kauerten oder immer wieder kurz ins Wasser tauchten, Vodoun-Lieder sangen und an den vielen Altären beteten. Überall fröstelten und zitterten Menschen, die ein Leben lang von Hitze übersättigt waren, und schlangen die Arme um ihre nackte Haut. Hoch oben auf dem Pfad, auf dem auch ich gekommen war, strebten weitere Pilger ihrem Ziel entgegen und zogen am Horizont entlang wie nächtliche Wolken. Über ihnen, jenseits der Krone des hochaufragenden Kapokbaumes, der das Becken überschattete, verästelten sich die Zweige des Himmels, und die Sterne standen so dicht wie Blüten im Frühling des Nordens.

Vodoun sei keine animistische Religion, hatte mir Max Beauvoir gesagt. Die Gläubigen legen den Dingen der Natur keine Seele bei; sie dienen den Loa, die per definitionem die vielfältigen Ausdrucksformen Gottes sind. Da gibt es Agwé, den geistigen Herrscher des Meeres, da gibt es Ogoun, den Geist des Feuers und der Erze. Aber dann gibt es auch Erzulie, die Göttin der Liebe, Ghede, den Totengeist, und Legba, den Geist der Verständigung zwischen allen Sphären. Der Anhänger der Vodoun-Religion verehrt insgesamt Hunderte verschiedener Loa, weil er so alles Leben, alle materiellen Gegenstände und sogar Abstraktes als heilige Erscheinungsformen Gottes mit angemessenem Ernst anerkennen kann. Obwohl Gott als die höchste Kraft an der Spitze des Götterhimmels steht, ist er doch weit entfernt, und es sind die Loa, mit denen die Haitianer in ihrem täglichen Leben verkehren.

Die Geister leben unter dem großen Wasser und teilen ihre Zeit zwischen Haiti und der mythischen Heimat Guinée auf. Aber sie sind auch oft an landschaftlich besonders schönen Orten gegenwärtig. Sie steigen vom Meeresgrund empor, bewohnen die üppigen Ebenen und klettern die Felsenpfade von den Gipfeln der Berge hinab. Sie hausen im Innern von Steinen, in feuchten Höhlen, auf dem Grund tiefer Brunnen. Der Gläubige fühlt sich zu solchen Orten hingezogen, wie wir uns zu Kathedralen hingezogen fühlen. Wir beten nicht die Gebäude an, wir gehen dorthin, um in der Gegenwart Gottes zu weilen. Das ist der Geist der Pilgerschaft.

Ich badete im Wasserfall, machte mich dann auf den Weg zu dem Kapokbaum und fand dort, zwischen den gewundenen, bogenförmigen Wurzeln, Schutz vor dem kalten und feuchten Wind. Das Tosen des Wassers übertönte alle anderen Geräusche, aber bald wurde es schwächer, und zurück blieb nur ein wohltuendes Polster aus Stille, jener hohle Ton, von dem man meint, daß taube Menschen ihn die ganze Zeit hören.

Es gab zwei Schlangen, so warnte man mich, eine grüne und eine

schwarze, die am Fuße des Baumes lebten. Wenn sie tatsächlich da waren, ließen sie mich jedenfalls in Ruhe. Durch meinen unruhigen Schlaf hindurch fühlte ich nur die Wollflechten des Kapokbaumes über meine beiden Wangen streichen und unter meinen Händen die Maserung von Wurzelrinde. Ich kannte alle Einzelheiten dieses Baumes, jedes Gefäß, jede Pore und jedes Haar, den Platz jedes Staubgefäßes und jeden Tropfen seines grünen Blutes. Bei botanischen Studien hatte ich ihn in tausend und mehr Teile zerlegt gesehen, bis jede Faser isoliert dalag, ein hypothetisches Gebilde, das einfach genug war, daß man es den Regeln meiner Ausbildung gemäß erklären konnte. Das war das Vermächtnis meiner Wissenschaft. Jeder von uns stückelte an der Welt herum, beschäftigt mit seinem Teil. Aber was sollte ich von Loco halten, dem Geist der Pflanzenwelt, der den Blättern ihre Heilkraft verleiht? Das hier war sein Zuhause, und der Baum erschien mir plötzlich seltsam lebendig und neu, nicht eine Reihe von Bestandteilen, sondern eine lebendige Einheit, beseelt vom Glauben.
Ich blieb mit einem Fingernagel in der Rinde hängen, und ein Schauer rieselte mir den Rücken hinunter. Ich richtete mich mit einem Ruck auf. Zu meinen Füßen und überall um den Baum herum hatten sich Pilger wie Schäferhunde zusammengerollt, mit steifen Knochen, eingehüllt von der Finsternis. Rings um mich her sah ich in den Verästelungen anderer Wurzeln den schwachen Schimmer von Kerzen, die neue Pilger vor Altären aufstellten, die noch nicht dagewesen waren, als ich mich hingelegt hatte. Hände streckten sich aus und drückten weiches Wachs in einen Riß der glatten Rinde. Die Flammen flackerten, spuckten Rauch und gingen immer wieder aus. Tief unter uns allen der gewaltige Wasserfall. Ich wachte noch zweimal auf, ehe es hell wurde; das erste Mal unter einem kobaltblauen Himmel. Mondstrahlen fielen auf die Büsche, die vor Nässe troffen. Im Schein des Mondes schienen die Wurzeln des Kapokbaumes weiß, reglos und kalt. Beim zweiten Mal waren die Sterne verblaßt, und Licht dämmerte am Horizont. Die Venus war über das ganze Himmelszelt gezogen, und nun verblich auch sie. Ich verfolgte ihre Bahn, bis mir die

Augen schmerzten. Eine graue Wolke kreuzte ihren Weg, und als die Wolke verschwunden war, konnte ich auch den Stern nicht mehr entdecken. Ich schaute und schaute, bis ich nicht einmal mehr den Himmel sehen konnte. Aber es war hoffnungslos. Die Venus war verschwunden. Sie hätte noch dasein müssen. Die Astronomen wissen, wieviel Licht der Planet ausstrahlt; eigentlich müßten wir ihn noch am hellen Tage sehen können. Einige Indianer können das auch. Und noch vor wenigen hundert Jahren richteten die Seeleute unserer eigenen Zivilisation ihre Route nach ihm; sie konnten seinem Lauf bei Tag ebenso mühelos folgen wie bei Nacht. Es ist einfach eine Fertigkeit, die wir verloren haben. Oft habe ich mich gefragt, warum.

Obwohl wir häufig von der enormen Kapazität des Gehirns sprechen, scheinen unsere geistigen Fähigkeiten in der Praxis begrenzt zu sein. Jedes menschliche Gehirn hat die gleichen schlummernden Möglichkeiten, aber aus Gründen, die Anthropologen immer fasziniert haben, entwickeln verschiedene Völker sie in unterschiedlicher Weise. Diese Unterschiede beruhen letztlich auf unbewußten kulturellen Selektionsprozessen. Es gibt eine kleine, isolierte Gruppe von Indianern im nordwestlichen Amazonasgebiet, es sind Halbnomaden, deren technische Entwicklung auf einer so rudimentären Stufe stehengeblieben ist, daß sie bis vor kurzem Steinäxte benutzten. Aber eben diese Menschen besitzen Kenntnisse des tropischen Urwaldes, die fast jeden Biologen beschämen müssen. Als Kinder lernen sie so komplexe Vorgänge wie Blumenbestäubung und die Verbreitung von Früchten zu erkennen, lernen das Verhalten von Tieren zu verstehen und genau vorherzusagen, lernen die Fruchtzyklen Hunderter von Waldbäumen vorauszusehen. Bis zum Erwachsenenalter haben sie ihre Wahrnehmungsfähigkeit auf ein unglaubliches Maß gesteigert; auf vierzig Schritte Entfernung können ihre Jäger zum Beispiel den Urin eines Tieres riechen und aufgrund des Geruches allein unterscheiden, von welcher der vielen Arten er stammt. Diese Sensibilität ist keine angeborene Eigenschaft dieser Menschen, ebensowenig, wie technische Tüchtigkeit notwendigerweise und einzig uns gehört. Beide sind die Folge davon, daß eine Selektion getroffen wurde, die zur Entwicklung hochspezialisierter, aber unterschiedlicher geistiger Fertigkeiten führte, denen offensichtlich andere geopfert werden mußten. Innerhalb einer Kultur bedeutet Veränderung auch Selektion. In unserer Gesellschaft, um nur ein Beispiel zu nennen, denken wir uns nichts dabei, daß wir mit hohen Geschwindigkeiten über Autobahnen rasen, eine Leistung, die unzählige, rasche, unbewußte Sinnesreaktionen und Entscheidungen erfordert, die, um es milde auszudrücken, unsere Urgroßväter geängstigt hätten. Aber bei der Aneignung dieser Geschicklichkeit haben wir andere Fertigkeiten eingebüßt, Fertigkeiten wie die Venus zu sehen, Tiere zu riechen und das Wetter umschlagen zu hören.

Vielleicht haben wir die folgenschwerste Selektion getroffen, als wir vor vierhundert Jahren begannen, Wissenschaftler heranzubilden. Das war nicht unbedingt das Ziel, das unsere Vorfahren angestrebt hatten. Es war die Folge geschichtlicher Umstände, die eine bestimmte Art des Denkens hervorbrachten, die nicht unbedingt besser war als die frühere, nur anders. Jede Gesellschaft, auch die unsrige, wird von einem fundamentalen Streben nach Einheit geleitet, einem Kampf, der Ordnung aus der augenscheinlichen Unordnung schaffen will, Harmonie aus der Vielfalt, Gleichförmigkeit zur Aufhebung der Anomalie. Dieser vitale Drang, durchgängige und verständliche Modelle des Universums zu erstellen, ist die Wurzel jeder Religion, Philosophie und natürlich auch Wissenschaft. Wissenschaftliches Denken unterscheidet sich von dem der herkömmlichen und oft analphabetischen Kulturen im wesentlichen dadurch, daß letztere die Tendenz zeigen, den kürzestmöglichen Weg zu suchen, um zu einem vollständigen Verständnis ihrer Welt zu gelangen. Die Vodoun-Gesellschaft etwa webt ein allumfassendes Glaubensnetz, das die Illusion eines lückenlosen Seinsverständnisses hervorbringt. Gleichgültig, wie ein Außenstehender es betrachtet, für das einzelne Mitglied dieser Gesellschaft ist dies eine tragfähige Illusion, nicht aufgrund eines äußeren Zwanges, sondern einfach aufgrund der Tatsache, daß es keine andere Möglichkeit kennt. Und was noch wichtiger ist: Das Glaubenssystem funktioniert, es verleiht dem Universum Sinn. Wissenschaftliches Denken ist dem genau entgegengesetzt. Wir verneinen solche umfassenden Weltbilder ausdrücklich und teilen statt dessen unsere Welt, unsere Wahrnehmung und unsere Verwirrung bewußt in so viele Partikel auf, wie notwendig zu einem Verständnis sind, das den Regeln unserer Logik entspricht. Wir trennen die Dinge voneinander ab, und was wir dann nicht erklären können, übergehen wir mit beschönigenden Worten. Wir könnten uns doch zum Beispiel fragen, warum ein Baum bei einem Sturm umgestürzt ist und einen Fußgänger erschlagen hat. Der Wissenschaftler wird vielleicht sagen, daß der Stamm morsch und die Windgeschwindigkeit höher als gewöhnlich war. Aber wenn man ihn drängen würde, zu erklären, warum es gerade in dem Augenblick geschah, als dieser Mensch dort vorbeiging, würden wir zweifellos Wörter wie Zufall und Schicksal hören, Ausdrücke, die an sich so gut wie keine Bedeutung haben, aber eine bequeme Möglichkeit bieten, die Sache offenzulassen. Der Anhänger der Vodoun-Religion könnte für jede Einzelheit dieser Ereigniskette eine umfassende, sofort verfügbare und zufriedenstellende Erklärung finden, die sich im Rahmen der Parameter seines Glaubenssystems hält.

Von uns wird selbstverständlich erwartet, daß wir die Schlüsse des Vodoun-Gläubigen anzweifeln, aber das ist überheblich. Erstens funktioniert sein System, zumindest für ihn. Außerdem ist für die meisten von uns die Grundlage, auf der wir die Modelle und Theorien unserer Wissenschaftler akzeptieren, keineswegs solider oder von größerer Objektivität als die des Vodoun-Gläubigen, der die Metaphysik des Houngan akzeptiert. Nur wenige Laien haben eine Ahnung von den Prinzipien, die die Wissenschaft leiten, oder auch nur Interesse an ihnen. Wir nehmen die Ergebnisse im guten Glauben an, und wie die Bauern von Haiti verbeugen wir uns einfach vor den anerkannten Experten unserer Kultur. Aber wir Wissenschaftler unterliegen den Zwängen unserer eigenen Illusionen. Wir nehmen an, daß es uns irgendwie gelingen wird, das

Universum in genügend unendlich winzige Partikel zu teilen und sie im Rahmen unserer eigenen Regeln zu verstehen. Schließlich nehmen wir sogar an, daß diese Teilchen, obwohl sie aus dem Ganzen herausgerissen wurden, sinnvolle Schlüsse über das Ganze zulassen werden. Das Bedenklichste dabei ist, daß wir glauben, wir würden nichts einbüßen, wenn wir uns auf diese Weise entscheiden. Aber das stimmt nicht. Wir können die Venus nicht mehr sehen.

Es war ein herrlicher Morgen. Auf den oberen Kamm des Wasserfalls fielen die ersten Lichtstrahlen, und wie die Erde sich weiterdrehte, erglühten die Baumwipfel des Waldes unten in der Schlucht kupferrot. Vögel schwirrten in Ketten über das Tal; von frisch geschürten Feuern stiegen Gerüche auf, drangen durch den Dunst und die anwachsenden Geräusche, Düfte von Kräutern und süßen Hölzern, die im schwachen Licht der Morgendämmerung verbrannten. Rings um mich her erwachten die Pilger wie Blumen aus dem Schlaf, um kleine Schlückchen Sonne zu trinken. Auch ich tauchte aus dem Schatten empor, hinein in eine seltsame und wunderbare Anonymität, die ich auf Haiti bisher noch nicht erlebt hatte. Zum Teil lag das an meiner Erschöpfung, aber vor allem war die Kraft dieses Ortes der Grund dafür und der freudige Überschwang der Menschen. Hier endlich rief ein einsamer und gebeutelter *blanc* kein großes Interesse mehr hervor. Ich stellte keine Fragen, hatte keine Vergangenheit, ging einfach meines Weges, ein schweigender Zeuge eines heiligen Ereignisses, das mit nichts zu vergleichen war, was ich je erlebt hatte. Den ganzen Morgen lang pulsierte der Pfad, der sich zu den Wasserfällen hinunterwand, vom Zug der Pilger, die kamen und gingen. Es gab keine Ordnung oder Gliederung, es war ein gleichmäßiger Strom – bis zu 15 000 Menschen im Laufe eines dreitägigen Festes –, und das Becken, das sich in die Flanke des Berges schmiegte, schwoll an wie ein Fastnachtszelt, um jedermann aufzunehmen. Es sollte ein Morgen der Freude werden, man sah es den Gesichtern der elfenhaften Kinder an, den jungen Dandys aus der Stadt, die wie

Katzen über die Felsen sprangen, den abgerissenen Bauern, die höhnisch über einen dicken, wichtigtuerischen Regierungsbeamten lachten. Aber für die Ernsthaften war es auch ein Augenblick der Reinigung und der Heilung, die einzige Möglichkeit im Laufe eines jeden Jahres, an der Kraft des Wassers teilzuhaben, zu baden und zu trinken und eine kleine Flasche von dem kalten, dünnen Blut des Göttlichen abzufüllen. Auf dem langen, steinigen Weg, dem sie von Ville Bonheur hierher gefolgt waren, hatten sie schon mindestens einmal am Baum von Legba haltgemacht, dem Hüter der Wegkreuzungen, um eine Kerze anzuzünden und seinen Schutz zu erbitten. Bevor sie jetzt in das Wasser eintauchten, versammelten sie sich alle am Rande des Beckens, wo die Kräuterhändler ihre staubigen Stände aufgestellt hatten und rußgeschwärzte Büchsen, Wurzelstücke, lose Säckchen mit Mombin-Blättern und Kübel mit kräuterhaltigem Wasser feilboten. Die Houngan und Mambo sprachen von einem Zauber, den man mit Tau bewirkte, und banden leuchtend bunte Bänder um unfruchtbare Frauen oder um die runden Bäuche von Matronen. Später würden sie die geweihten Bänder mit Wachs an die Rinde des Kapokbaumes kleben und flattern lassen, um den Segen der Götter zu erhalten. In der Gabelung zweier Wurzelstränge stand ein kleiner Junge mit hängendem Kopf und wartete darauf, von der Mambo eingerieben zu werden. Ein wenig abseits massierte ein Houngan die Brust einer alten Frau. Wie bunte Tupfer in den langen Reihen der heiligen Männer und Frauen priesen die Straßenhändler Lebensmittel für die Opfergaben, Blechmedaillen, Heiligenbilder und Kerzen an. Ein junger Glücksspieler, der mit seinen Göttern zufrieden war, packte ein Spielbrett und Würfel aus und eröffnete seinen Stand.

Man brauchte das Wasser nur zu berühren, um seiner Gnade teilhaftig zu werden, und manchen reichte es, kurz in die flachen, silbrigen Lachen zu tauchen und ihre Opfergaben an Mais und Reis und Cavassa in kleinen Häufchen hinzulegen. Aber die meisten gingen direkt zum Wasserfall, Frauen und Männer, jung und alt. Mit entblößter Brust kletterten sie das nasse, schlüpfrige

Gesteinsbett hinauf, das in mehreren Stufen zum Fuße der höchsten Kaskaden anstieg. Am Rande des Felsvorsprungs teilte sich der Fluß zweimal, so daß nicht einer, sondern drei Wasserfälle über dreißig Meter in die Tiefe stürzten. Das Wasser, das sich nicht in dem Dunstschleier auflöste, traf mit ungeheurer Wucht auf die Felsen, teilte sich wieder in kleinere Sturzbäche, und jeder von ihnen wurde eine heilige Stätte für die Pilger. Die Frauen legten ihre schmutzigen Kleider ab, warfen sie ins Wasser und standen mit ausgestreckten Armen da, um die Geister anzuflehen. Ihre Gebete gingen unter im donnernden Tosen der Wasserfälle, den gellenden Schreien, dem Kreischen der Kinderscharen. Alles war in Fluß. Keine Begrenzung, keine Trennung – die Geräusche und die Bilder, die Leidenschaften, die üppige, hoch aufragende Vegetation, urzeitlich und wie von einer anderen Welt. Junge Männer standen direkt unter dem Schwall des Wasserfalls, dessen Wucht ihnen die Kleider vom Körper riß und ihre tauben Körper gegen den Felsen schlug, aber ihre Hände hielten fest.

»*Ayida Wedo*«, rief eine Stimme, und der Schrei war wie ein Flüstern. Ja, es war wahr. Dunstschleier schwebten über dem Becken, und das Wasser brach das Sonnenlicht, so daß sich ein Regenbogen über die ganze Breite des Wasserfalls wölbte. Das war die Göttin der Farben, zart und zerbrechlich, die gekommen war, mit ihrem Gefährten zu frohlocken. *Ayida Wedo*, die Regenbogengöttin, und *Damballah*, der Schlangengott, Vater des fallenden Wassers und Gefäß aller spirituellen Weisheit. Man brauchte nur in dem kalten, klaren Wasser zu baden, um sich Damballah zu öffnen, und schon waren am Fuße des Wasserfalls, im Schatten des Regenbogens, mehr als hundert Pilger von dem Geist besessen und glitten über die nassen Felssteine.

Im Anfang, so sagt die Überlieferung, gab es nur die Große Schlange, deren siebentausend Windungen unter der Erde lagen und sie festhielten, damit sie nicht in die Abgründe des Meeres stürzte. Mit der Zeit jedoch begann sich die Schlange zu regen und rollte ihren wogenden Leib auseinander, der sich langsam zu einer

Spirale aufrichtete, die das Universum umschloß. Am Himmel ließ sie die Sterne aufziehen und alle Himmelskörper, und auf Erden erweckte sie die Schöpfung zum Leben. Sie wand ihren Weg durch geschmolzene Hügel, um Flußbette in sie einzufräsen, die, Adern gleich, als Kanäle dienten, durch die die Essenz allen Lebens floß. In der sengenden Hitze schmiedete sie Metalle, und als sie wieder zum Himmel emporstieg, schleuderte sie Blitze zur Erde herab, die die heiligen Steine gebaren. Dann legte sie sich entlang dem Pfad der Sonne nieder, um Teil zu haben an ihrem Wesen. In den vielen Schichten ihrer Haut bewahrte die Schlange den Frühling des ewigen Lebens, und vom Zenit ließ sie das Wasser herabströmen, das die Flüsse füllte, um die Menschen zu tränken. Als das Wasser die Erde berührte, erhob sich die Regenbogengöttin, und der Schlangengott vermählte sich mit ihr. Ihre Liebe verflocht sie zu einer kosmischen Spirale, die sich über das Himmelszelt spannte. Nach einiger Zeit entsprang ihrer Vermählung der Geist, der dem Blut das Leben spendet. Die Frauen lernten, diese göttliche Essenz durch ihre Brüste zu lenken, um Milch hervorzubringen, und die Männer leiteten sie durch ihre Hoden, um Samen zu schaffen. Der Schlangengott und die Regenbogengöttin wiesen die Frauen an, dieser Segnungen einmal im Monat zu gedenken, und sie lehrten die Männer, den Strom einzudämmen, so daß der Leib anschwellen und neues Leben gebären konnte. Dann, als ein letztes Geschenk, lehrten sie die Menschen, am Blut als dem göttlichen Sakrament teilzuhaben, damit sie Geist werden und die Weisheit der Schlange umfangen konnten.

Für den Ungläubigen liegt etwas zutiefst Beunruhigendes in der Besesssenheit durch Geister. Ihre Gewalt ist roh, unmittelbar und von nicht zu leugnender Realität; ja sie ist sogar vernichtend für diejenigen unter uns, die unsere Götter nicht kennen. Wenn man Zeuge wird, wie gesunde und in jeder Hinsicht ehrenwerte Menschen mit dem Göttlichen direkt in Verbindung treten, dann reagiert man entweder mit Furcht, die ihren natürlichen Ausweg im Unglauben findet, oder mit tiefem Neid. Die Psychologen, die versucht haben, Besessenheit aus einer wissenschaftlichen Perspektive zu verstehen, fallen überwiegend in die erste Kategorie und sind, vielleicht aus diesem Grund, zu einigen befremdlichen Schlüssen gelangt, die sie teilweise aus gänzlich ungesicherten Prämissen abgeleitet haben. Zum einen verhält es sich so, daß die mystische Vorstellungswelt des Vodoun-Gläubigen Dinge beinhaltet, die sich dem Forschungsansatz der Psychologen entziehen, wie etwa die Existenz oder Nichtexistenz von Geistern. Das führt dann dazu, daß die tatsächlichen Überzeugungen des Individuums, das die Besessenheit erfährt, als Äußerlichkeiten abgetan werden. Für den Gläubigen ist die Persönlichkeitsspaltung, die die Besessenheit kennzeichnet, das Wirken der göttlichen Gnade; für den Psychologen ist sie nur ein Symptom einer »überwältigenden psychischen Zerrüttung«. Ein prominenter haitianischer Arzt, der anerkannte, daß Besessenheit unter den strengen Bedingungen des Rituals vorkommt, gelangte nichtsdestoweniger zu dem Schluß, sie sei das Ergebnis einer »weitverbreiteten pathologischen Tendenz auf dem Lande, die nicht etwa das Ergebnis individueller oder sozialer Erfahrung ist, sondern mit dem ererbten Charakter des haitianischen Volkes zu tun hat«, einer Rassenpsychose eines Volkes also, wie er an anderer Stelle schreibt, »das vom Nervenkitzel lebt«. Selbst Wissenschaftler, die der Vodoun-Religion im allgemeinen wohlwollend gegenüberstehen, haben erstaunliche Aussagen gemacht. Dr. Jean Baptiste, einer der frühen intellektuellen Vorkämpfer dieser Religion, betrachtete Besessenheit als das Verhalten von »psychisch unausgeglichenen Menschen mit einer mythisch-manischen Disposition«, wobei er »mythisch-manisch« definiert als »eine bewußte pathologische Neigung zum Lügen und Erfinden eingebildeter Geschichten«.

Diese wortreichen Erklärungen klingen außerordentlich hohl, wenn man sie in Beziehung setzt zu bestimmten unabweisbaren physischen Merkmalen des Besessenen. Während eine andere anerkannte medizinische Autorität von Haiti zum Beispiel bestätigt, daß der Gläubige seine Hände ohne Folgen in kochendes Wasser tauchen kann, bemerkt er weiter, daß »Primitive sich ungerührt chirurgischen Eingriffen ohne Anästhesie unterziehen, die uns einen entsetzlichen Schock zufügen würden«. Eher versuchsweise setzt er hinzu, es sei bekannt, daß sich in Irrenhäusern Patienten schon schwerste Verbrennungen zugezogen und sie dennoch nicht gespürt hätten, selbst als ihnen das Fleisch abfiel. Was diesem wohlmeinenden Arzt unter anderem entging, ist die stets gleiche Tatsache, daß der Körper des Besessenen keinen Schaden nimmt.

Diese psychologischen Interpretationen sind potentiell destruktiv, weil ihnen die Annahme anhaftet, daß Besessenheit ein abnormes Verhalten sei. Mit dieser Prämisse haben Anthropologen, zu ihrer Ehre sei es gesagt, unwiderlegbar aufgeräumt. Eine ethnologische Übersicht über 488 Gesellschaften auf der ganzen Welt hat ergeben, daß Besessenheit in irgendeiner Form bei 360 von ihnen vorkommt, und Besessenheit, die durch Trance gekennzeichnet ist, bei mehr als der Hälfte (nebenbei bemerkt auch in unserer eigenen Gesellschaft). Vom Delphischen Orakel im alten Griechenland bis zu den Schamanen des nördlichen Eurasien hat man die Besessenheit durch Geister als ein normales Phänomen angesehen, das auftritt, wann und wo es angebracht erscheint, im allgemeinen im Zusammenhang mit religiöser Verehrung. Und doch sind letztlich auch die Ergebnisse der Anthropologen nur Beobachtungen und keine Erklärungen. Sie haben das Phänomen Besessenheit zutreffend so charakterisiert, daß es als eine Art Spaltung, Transformation und Reintegration verschiedener Aspekte der menschlichen Psyche zu betrachten sei. Und sie haben gewiß auch recht mit der Feststellung, daß Besessenheit durch Geister ein Stück weit eine kulturell erlernte und verstärkte Reaktion ist, die als spirituelle Läuterung einen therapeutischen Wert haben kann.

Und doch bleiben die zentralen und beunruhigenden Fragen offen. Wie kommt es zum Beispiel, daß ein Mensch, der bei Vodoun-Ritualen vom Geist besessen ist, einen völligen Gedächtnisverlust erleidet, andererseits aber die vorhersagbaren und oft komplexen Verhaltensweisen eines bestimmten Loa manifestiert? Denn in Haiti gibt es selten Unstimmigkeiten über die Identität der Geister. Legba ist ein schwacher alter Mann, der mühsam humpelt und sich auf eine Krücke stützt. Erzulie Freda ist eine Königin, unendlich anspruchsvoll und eitel. Ogoun hat die Leidenschaft des Kriegers für Feuer und Stahl, schwingt gewöhnlich eine Machete und hält oft glühende Kohlen in der Hand. Und wie kommt es, daß dann, wenn Ogoun durch die Flammen geht, der Besessene unverletzt bleibt? Gerade angesichts dieser ungelösten Fragen geriet meine Logik ins Wanken. Es könnte zwar tatsächlich eine natürliche Erklärung für diese außergewöhnlichen Fähigkeiten geben, aber wenn das zutrifft, dann ist sie in Bereichen des Bewußtseins und der Interaktion von Körper und Geist zu suchen, in die unsere westliche Psychiatrie und Medizin soeben erst einzudringen beginnen. Da wissenschaftliche Erklärungen fehlen und wir selbst uns nur unserer Unkenntnis gewiß sein können, scheint es mir eine Torheit zu sein, die Meinungen derer außer acht zu lassen, die die Besessenheit am besten kennen.

Ich saß fast den ganzen Tag am Fuß des Kapokbaumes. Nach wochenlangem Herumreisen und wiederkehrenden Spannungen tat es gut, einmal stillzusitzen und einfach nur zuzusehen, denn ich wußte, daß die Dinge sich ändern würden. Bald würde ich nach New York zurückkehren, um Kline Bericht zu erstatten, und ich wußte nicht, ob und wann ich jemals nach Haiti zurückkommen würde. Offensichtlich war Kline mit den neuerlichen Proben zufrieden und wartete nun ungeduldig darauf, weitere Laboruntersuchungen in Angriff zu nehmen. Aus seiner Perspektive war die Anfangsphase des Projektes abgeschlossen: Man hatte eine pharmakologisch aktive Substanz identifizieren können, die er als die materielle Grundlage des Zombie-Phänomens präsentieren konnte. Alles, was aus seiner Sicht noch zu tun übrigblieb, war die Dokumentierung und medizinische Untersuchung eines Opfers, das aus der Erde gekommen war.

Zur Vervollständigung der Beweiskette reizte mich außerordentlich die Möglichkeit, einer regulären Friedhofszeremonie beiwohnen zu dürfen, und ich hatte schon damit angefangen, diskrete Anfragen in Klines Namen zu machen. Aber von Anfang an hatte ich das als eine Art Nebengleis betrachtet. Die Erfolgschancen waren gering, das Risiko groß, und selbst wenn man die offenkundigen ethischen und praktischen Schwierigkeiten überwinden konnte, würde uns das doch nicht näher an das heranbringen, was ich als den Kern des Rätsels betrachtete. Die Beweise im Umfeld des Falles Clairvius Narcisse waren mehr als ausreichend, um allem Unglauben den Boden zu entziehen. Jetzt konnten zum ersten Mal die allerwichtigsten Fragen angegangen werden, und keine von ihnen ließ sich dadurch beantworten, daß man auf ganz Haiti herumrannte und nach weiteren Zombies suchte. Wir hatten die Formel des Pulvers, und mit Hilfe der Informationen, die uns Herard Simon gegeben hatte, waren wir in der Lage, in der Frage, wie die Droge verabreicht wurde, einen entscheidenden Schritt weiterzukommen. Aus den verstreuten Hinweisen, die wir von verschiedenen Informanten gesammelt hatten, ging ziemlich eindeutig hervor, daß Narcisse eine Art Voodoo-Tod erlitten hatte. Aber ich war noch immer nicht so weit in das Glaubenssystem eingedrungen, daß ich begreifen konnte, was die eigentliche Magie war oder was sie für Clairvius Narcisse bedeutet hatte.

Die Schwelle zum Tod. In den ersten Worten, die Lehmann an mich gerichtet hatte, war der entscheidende Tatbestand angesprochen worden. Ein Zombie steht an der Schwelle zum Tod, und für alle Völker ist der Tod der größte Lehrer, der größte Schmerz, die Grenze, an der das Leben, so, wie wir es kennen, aufhört, und das Ungewisse beginnt. Das Wesen des Todes ist die Trennung eines unfaßbaren, lebenspendenden Prinzips vom sterblichen Körper, und wie eine Kultur diese unerbittliche Trennung versteht oder zumindest erträgt, bestimmt in hohem Maße ihr mystisches Weltbild. Wenn es Zombies gibt, dann müssen die Glaubensgrundsätze, die dieses Phänomen ermöglichen, im innersten Wesen des haitianischen Menschen verwurzelt sein. Und wenn ich versuchen wollte, dorthin zu gelangen, die Keimzelle des haitianischen Volkes bloßzulegen, dann gab es dazu keinen besseren Weg, als eine Nacht und einen Tag am Saut d'Eau zu verbringen, meine Augen dem Staunen zu öffnen und den Worten der Houngan zu lauschen.

Für den Haitianer ist die Leichtigkeit, mit der eine Person in die Welt der Geister hineingeht und wieder herauskommt, nur die einleuchtende Folge des ungemein engen Dialogs, der zwischen Menschen und Loa existiert. Die Geister sind mächtig, und wenn man sie beleidigt, können sie großen Schaden anrichten. Aber man kann ihr Verhalten auch voraussagen, und wenn man sie gut behandelt, werden sie dankbar alle Güter wie Gesundheit, Fruchtbarkeit und Reichtum gewähren. Aber ebenso wie ein Mensch die Geister ehren muß, sind die Loa von den Menschen abhängig, denn der menschliche Körper ist ihr Gefäß. Für gewöhnlich kommen sie während einer religiösen Zeremonie und steigen die Achse des Poteau-mitan entlang auf, gerufen vom Rhythmus der Trommeln oder dem Klang einer Glocke. Wenn sie erst einmal von einer Person Besitz ergriffen haben, verliert diese jedes Bewußtsein und Gefühl ihrer selbst; sie verwandelt sich in den jeweiligen Geist und nimmt dessen Persönlichkeit und Fähigkeiten an. Das ist natürlich auch der wahre Grund, weshalb der Körper des Besessenen unverletzlich ist.

Aber die menschliche Gestalt ist keineswegs nur ein leeres Gefäß für die Götter. Sie ist vielmehr der entscheidende und einzige Ort, an dem mehrere heilige Kräfte zusammenströmen, und innerhalb des gesamten Vodoun-Strebens nach Einheit ist sie der Brennpunkt, in dem Harmonie und Gleichgewicht wirklich erreicht werden können. Die Spieler in diesem Drama sind die Grundkomponenten des Menschen: *z'étoile*, *gros bon ange*, *ti bon ange*, *n'âme* und *corps cadavre*. Der letztere ist der Körper selbst, das Fleisch und das Blut. Die *n'âme* ist der Geist des Fleisches, der für das Funktionieren jeder einzelnen Körperzelle sorgt. Es ist zum Beispiel die zurückbleibende Kraft der *n'âme*, die einer Leiche noch lange nach dem klinischen Tod des Körpers Form verleiht.

Die *n'âme* ist ein Geschenk Gottes, das nach dem Sterben des *corps cadavre* langsam beginnt, in die Organismen der Erde überzugehen; die allmähliche Verwesung des Leichnams ist das Ergebnis dieser schrittweisen Energieübertragung, ein Prozeß, der insgesamt achtzehn Monate dauert. Weil das so ist, darf kein Sarg angerührt werden, ehe er nicht so lange in der Erde war.

Der *z'étoile* ist die einzige spirituelle Komponente, die nicht im Körper, sondern am Himmel beheimatet ist. Er ist der Schicksalsstern der individuellen Person, und er wird als eine Kalebasse betrachtet, die alle Hoffnungen in sich birgt und die vielen Ereignisse, die für das nächste Leben der Seele vorgesehen sind, ein Plan, der eine Funktion im Verlauf des vorhergehenden Lebens darstellt. Wenn die Sternschnuppe strahlt, dann gilt das auch für die Zukunft dieses Menschen.

Die beiden Aspekte der Vodoun-Seele, *ti bon ange* und *gros bon ange*, erklärt man am besten mit Hilfe eines Vergleichs, den die Haitianer auch selbst benutzen. Wenn man in der späten Nachmittagssonne steht, wirft der Körper manchmal einen doppelten Schatten, einen dunklen Kern in der Mitte und einen helleren Halbschatten außen herum, so schwach wie der Hof, der bisweilen den Vollmond umgibt. Diese kurzlebige Einrahmung ist der *ti bon ange*, der »kleine gute Engel«, während der Umriß im Zentrum der *gros bon ange*, der »große gute Engel« ist. Der letztere ist die Lebenskraft, die alle fühlenden Wesen teilen; sie tritt bei der Empfängnis in die Person ein und dient nur dazu, den Körper lebendig zu erhalten. Sobald der klinische Tod eintritt, kehrt diese Kraft sofort zu Gott zurück und wird wieder Teil des großen Vorrates an Energie, der alles Leben trägt. Aber während der *gros bon ange* undifferenzierte Energie darstellt, ist der *ti bon ange* der Teil der Seele, der direkt die Individualität betrifft. Wie der *gros bon ange* jeden Menschen mit der Kraft zum Handeln ausstattet, ist es der *ti bon ange*, der die persönlichen Gefühle in jedem einzelnen gestaltet. Er ist die Aura der Person, die Quelle aller Persönlichkeit, allen Charakters, aller Willenskraft.

Als die Quintessenz der Individualität ist der *ti bon ange* das logische Angriffsziel der Zauberei, eine Gefahr, die dadurch verstärkt wird, daß er sich so leicht und häufig vom Körper trennt. Denn es ist beispielsweise der *ti bon ange*, der während des Schlafes auf Reisen geht und Träume erlebt. Ähnlich ist das kurze Gefühl der Leere, das unmittelbar auf einen plötzlichen Schrecken folgt, seiner zeitweiligen Flucht zuzuschreiben. Und wie nicht anders zu erwarten, ist es der *ti bon ange*, der während der Besessenheit verdrängt wird, wenn der Gläubige die Persönlichkeit des Loa annimmt.

Gleichzeitig ist es aber auch der *ti bon ange*, der das Leben erfährt, und deshalb stellt er eine wertvolle Ansammlung von Wissen dar, die nicht verschwendet werden oder verlorengehen darf. Wenn er vor Zauberei geschützt wird und seinen eigenen Zyklus ungestört vollenden darf, dann, aber nur dann kann der *ti bon ange* beim Tode des Menschen gerettet und sein Erbe bewahrt werden. Nur auf diesem Wege läßt sich die Weisheit vergangener Leben so lenken, daß sie den dringenden Notwendigkeiten der Lebenden dienen kann. Man muß daher große rituelle Mühen aufwenden, um die sichere und mühelose Metamorphose des *ti bon ange* zu gewährleisten. Bei der Initiation etwa kann er aus dem Körper herausgenommen und in einem *canari*, einem Tongefäß, aufbewahrt werden, das in das innere Heiligtum des Hounfour gestellt wird. Auf diese Weise kann der *ti bon ange* den Lebenden weiter beseelen und gleichzeitig in der schützenden Obhut des Houngan verweilen. Aber selbst hier gibt es keine Garantien. Obwohl es schwierig ist, jemanden zu töten, dessen *ti bon ange* in einem solchen *canari* aufbewahrt wird, kann ein besonders mächtiger Zauber, der gegen die Person eingesetzt wird, ein so großes Elend nach sich ziehen, daß der Betreffende den Houngan bittet, seine Seele freizugeben, damit die Qualen ein Ende finden. Und selbst wenn die Individualität das Leben überlebt, ist sie immer noch im Tod einem Risiko ausgesetzt, denn beim Sterben des *corps cadavre* muß der Houngan den *canari* zerbrechen, so daß der *ti bon ange* noch sieben Tage lang über dem Körper des Verstorbenen schweben kann. Da der Vodoun-Anhänger nicht an eine Auferstehung des Fleisches glaubt, muß sich dann die Seele endgültig vom Körper trennen. Dies geschieht beim *dessounin*, dem großen Totenritual. Während dieser ganzen Zeit ist der *ti bon ange* außerordentlich verletzlich, und erst wenn er vom Fleisch befreit ist und in die dunklen Abgründe des Wassers hinabsteigen kann, ist er relativ sicher.

Der *ti bon ange* bleibt für ein Jahr und einen Tag in der Unterwelt der *invisibles*, der Unsichtbaren. Dann wird er in einer der wichtigsten Vodoun-Zeremonien – dem *wete mo nan dlo* – von den Lebenden zurückgefordert und erhält eine neue Gestalt. Anstelle des verwesten Körpers wird die Seele, die jetzt als ein »esprit« betrachtet wird, in einem anderen Tongefäß untergebracht, das man *govi* nennt. Für die Haitianer ist dieses Zurückfordern der Toten kein isolierter, sentimentaler Akt, sondern es wird im Gegenteil als ein ebenso fundamentaler und unausweichlicher Vorgang angesehen wie die Geburt. Wir kommen als Tiere zur Welt, die spirituelle Geburt bei der Initiation verwandelt uns in Menschen, aber es ist dieses letzte Wiedererscheinen, das unsere Geburt als Ausfluß des Göttlichen kennzeichnet. Die Geister in den *govi* werden gespeist und gekleidet und dann im Wald freigelassen, wo sie in Bäumen und Grotten leben und darauf warten, wiedergeboren zu werden. Nach der letzten von sechzehn Inkarnationen geht der *esprit* zu Damballah Wedo ein, wo er ein ununterscheidbarer Teil des *djo* wird, des kosmischen Atems, der das Universum umhüllt.

Dieser lange Weg des *ti bon ange* entspricht der Verwandlung des individuellen Menschen in reine, spirituelle Energie. Daher wird im Laufe mehrerer Generationen das Individuum, das mit dem *esprit* im *govi* identifiziert wurde, von einem Vorfahren einer bestimmten Abstammungslinie in den allgemeinen Urvater der ganzen Menschheit transformiert. Und selbst diese reine spirituelle Energie muß dienen, und damit sie eine Funktion übernehmen kann, muß sie sich manifestieren. So steigen aus dem Becken der Vorfahren Archetypen auf, und das sind die Loa. Die Besessenheit, die Rückkehr der Geister in den Körper des Menschen vollendet den heiligen Zyklus: vom Menschen zum Urahn, vom Urahn zum kosmischen Prinzip, vom Prinzip zur Persönlichkeit eines Loa, und die Persönlichkeit kehrt zurück, um die Identität des Menschen zu verdrängen. Daher dient der Vodoun-Gläubige einerseits seinen Göttern, aber er bringt sie andererseits auch hervor, und das wird niemals vergessen; wie der Geist die Quelle des Fleisches ist, läßt umgekehrt das Fleisch den Geist erstehen. Statt eines Gegensatzes besteht zwischen beiden eine wechselseitige Abhängigkeit. So wird die regelmäßige Ankunft des Göttlichen nicht als ein Wunder betrachtet, sondern als zwangsläufige Erscheinung.

Innerhalb dieses kosmischen Austausches besteht der schwierigste und wichtigste Beitrag des Menschen darin, daß er sein eigenes Gleichgewicht beibehält, denn ohne dieses ist das Gefäß der Götter in Gefahr. Der Idealzustand des Menschen ist deshalb eine ausgewogene Verfassung, in der alle heiligen Bestandteile des Individuums ihren angemessenen Platz haben. Die Aufrechterhaltung oder Wiederherstellung dieses Gleichgewichtes ist die Aufgabe des Houngan und erklärt seine einzigartige Rolle als Heiler. In unserer säkularisierten Gesellschaft werden Leben und Tod in den streng klinischen Begriffen von Ärzten definiert, und das Schicksal der Seele wird den Spekulationen der Religionsspezialisten überlassen, die bezeichnenderweise nichts zum körperlichen Wohlbefinden des Menschen zu sagen haben. In der Vodoun-Gesellschaft jedoch ist der Arzt auch der Priester, denn der Zustand der Seele ist ebenso wichtig wie der Zustand des Körpers, ja er bestimmt ihn sogar. Gute oder schlechte Gesundheit resultiert nicht aus der Anwesenheit oder Abwesenheit von Krankheitserregern, sondern aus dem richtigen oder gestörten Gleichgewicht der Person. Krankheit ist Zerrissenheit, Unausgeglichenheit und die Manifestation bösartiger Kräfte im Körper. Gesundheit ist ein Zustand der Harmonie, und für den Vodoun-Gläubigen ist sie darum etwas Heiliges, eine Art von vollendetem Dienst an den Göttern.

Das hat zur Folge, daß die Vodoun-Medizin auf zwei ganz unterschiedlichen Ebenen arbeitet. Es gibt eine Vielfalt von kleineren Beschwerden, die symptomatisch behandelt werden, ähnlich wie bei uns, allerdings mit Heilpflanzen und Hausmitteln, von denen viele pharmakologisch wirksam sind. Grundkenntnisse der Heilpflanzen für solche profanen Behandlungen gehören zur traditionellen Erziehung praktisch jedes Haitianers, der auf dem Land aufwächst. Obwohl es auch anerkannte Spezialisten gibt, die man *dokte feuilles*, Blätterdoktor, nennt, hält man ihr Wissen eher für trivial. Viel ernster sind die Leiden, die entstehen, wenn die Harmonie der Seelenkomponenten gestört wird. Hier ist es die Quelle des Leidens, nicht seine besondere Ausdrucksform, die behandelt werden muß, und die Verantwortung dafür fällt unangefochten in die Zuständigkeit des Houngan. Da Disharmonie alle Lebensbereiche eines Menschen beeinträchtigt, schließen die Probleme, mit denen man zum Houngan kommt, psychische ebenso wie körperliche Leiden ein, und auch solche Nöte wie chronisches Pech, Ehestreitigkeiten und Geldsorgen. Jeder Fall wird als einzigartig angesehen. Als eine Form der Medizin läßt der Houngan bei der Behandlung die Frage der Krankheitserreger durchaus nicht außer acht. Lapidar stellt er fest, daß Krankheitserreger ständig und überall um uns her sind, und fragt, warum bestimmte Personen ihnen zu bestimmten Zeiten zum Opfer fallen.

Einen Patienten wieder gesund zu machen kann mehrere Techniken erfordern. Auf der materiellen Ebene gehören dazu Kräuterbäder und Massage, die körperliche Isolierung des Kranken im Hounfour, die Verabreichung medizinischer Heiltränke und, was vielleicht am wichtigsten ist, ein Opfer, damit der Patient ein Geschenk der vitalen Lebensenergie an die Erde zurückgibt. Aber es ist das Eingreifen auf der spirituellen Ebene, das letztlich über das Schicksal des Patienten entscheidet, und dabei fungiert der Houngan nur als ein Diener der Loa. Der Geist wird angerufen, in den Kopf des Houngan oder eines Gehilfen zu fahren, und wie ein Orakel verkündet sodann der stoffliche Körper eines Menschen das Wissen der Götter.

Wie es nicht anders sein kann, gibt es Fälle, da sind die Kräfte, die sich gegen die Person gerichtet haben, einfach übermächtig. Wenn Disharmonie im Herzen des Menschen zur Krankheit führt, dann wird die unwiderrufliche Trennung der seelischen Komponenten den Tod bringen. Aber der Tod erstreckt sich, ebenso wie das Leben, weit über die zeitlichen Grenzen des Körpers hinaus. Das Leben beginnt nicht mit der physischen Empfängnis, sondern zu einem früheren Zeitpunkt, wenn Gott beschließt, daß dieser Mensch existieren soll. Der Tod wird nicht einfach als das Hinscheiden des Körpers betrachtet, sondern als der Augenblick, in dem alle seelischen Komponenten ihre eigentliche Bestimmung erreichen. Daher fürchtet der Vodoun-Anhänger, der an die Unsterblichkeit der Seele glaubt, den Tod nicht wegen seiner Endgültigkeit, sondern weil er ein kritisches und gefährliches Übergangsstadium ist, in dem sich die fünf lebenswichtigen Aspekte des Menschen voneinander trennen, und vor allem den *ti bon ange* für die Gefangennahme durch den Zauberer anfällig macht.

Aber der körperliche Tod bringt noch weitere, ebenso bedrückende Sorgen mit sich, denn es gibt zwei mögliche Todesursachen, und ihre Folgen sind grundverschieden. Selten, wie im Falle eines alten Mannes, der im Schlaf stirbt, kann man den Tod als natürlich betrachten, als einen Ruf von Gott (*mort bon Dieu*), der sich dem menschlichen Einfluß entzieht. Als unnatürlicher Tod werden alle die Formen angesehen, die wir als »vorzeitigen Tod« bezeichnen würden, und ziemlich häufig hat dabei ein Zauberer die Hand im Spiel. Nach der Definition der Vodoun-Religion kann aber jeder, der eines unnatürlichen, magischen Todes stirbt, als Zombie wiedererweckt werden. Manchmal kann es im Interesse des Bokor liegen, einen unnatürlichen Tod herbeizuführen, und es gibt unzählige Wege, das zu tun. Aber ein unnatürlicher Tod macht noch keinen Zombie, er bringt das Opfer nur unmittelbar in diese Gefahr. Wenn man das einmal begriffen hat, wird deutlich, daß unsere ganze Untersuchung auf einer unhaltbaren Annahme beruhte.

Da wir wußten, daß die Zombie-Pulver auf pharmakologischem

Weg einen Scheintod herbeiführen können, hatten wir alle angenommen, daß die Bokor eine explizite Beziehung von Ursache und Wirkung zwischen dem Pulver und der Auferstehung aus dem Grab anerkannten. Wie mir jetzt klar wurde, sah der Vodoun-Gläubige die Sache offensichtlich nicht als einen so unausweichlich linearen Prozeß an. Für ihn beinhaltete die Verwandlung in einen Zombie zwei nur indirekt miteinander verbundene Ereignisse: den unnatürlichen Tod und die Friedhofszeremonie. Nach seiner Überzeugung töten die Pulver einfach, und wie im Falle eines jeden unnatürlichen Todes kann das Opfer als Zombie wieder auferweckt werden. Es nicht nicht das Gegengift oder ein Pulver, das den Zombie macht, es ist die magische Kraft des Bokor. Das war der Grund, weshalb Herard Simon so sicher sagen konnte, daß ich das Zombie-Phänomen niemals wirklich verstehen würde. Ich kannte die Magie nicht, und er selbst kannte sie auch nicht, und er glaubte erst recht nicht, daß irgend jemand mich in diese Geheimnisse einweihen würde.

Für den Vodoun-Gläubigen werden Zombies also durch Zauberkraft geschaffen, und es ist der Glaube an die Magie, der die Verwandten der Toten mit Besorgnis erfüllt. Aus guten Gründen unternehmen sie große Anstrengungen, um sicherzustellen, daß die Toten auch wirklich tot oder zumindest vor einem so schrecklichen Schicksal geschützt sind. Das ist der Grund dafür, daß der Leichnam ein zweites Mal getötet werden kann, indem man ihm entweder ein Messer ins Herz stößt oder ihn enthauptet. Und das erklärt auch, warum man manchmal Samenkörner in den Sarg legt, denn das zwingt jeden, der den Leichnam stehlen will, sie zu zählen, eine Aufgabe, die ihn gefährlich nahe an die Morgendämmerung heranbringen kann.

Um einen Zombie zu erschaffen, muß der Bokor den *ti bon ange* des vorgesehenen Opfers gefangennehmen. Das geschieht in einem magischen Akt, der auf mehrere Arten vollzogen werden kann. Ein besonders mächtiger Bokor etwa kann durch Zaubersprüche die Herrschaft über den *ti bon ange* eines Seemanns gewinnen, der gerade auf hoher See stirbt, oder über den eines

Haitianers, der in einem fremden Land getötet wird. Oder aber der Bokor kann den *ti bon ange* eines Lebenden fangen und somit indirekt den unnatürlichen Tod verursachen: Der Betreffende, der ohne Intelligenz oder Willen zurückbleibt, geht langsam zugrunde. Ein Verfahren, den *ti bon ange* zu fangen, besteht darin, Giftpulver in Form eines Kreuzes auf die Türschwelle des Opfers zu streuen. Das magische Geschick des Bokor sorgt dafür, daß nur das Opfer davon betroffen wird. Das war natürlich das Angebot, das mir LaBonté und Obin in Petite Rivière de Nippes gemacht hatten. Eine dritte Möglichkeit, die Herrschaft über den *ti bon ange* zu erlangen, liegt darin, daß man ihn sofort nach dem Tod des *corps cadavre* fängt, während der sieben Tage, die er über dem Leichnam schwebt. Daher kann also der Bokor für den unnatürlichen Tod eines Opfers verantwortlich sein oder nicht, und der *ti bon ange* kann mit Hilfe der Magie vor oder nach dem Tod des *corps cadavre* gefangengenommen werden.

Wie immer die Umstände beschaffen sein mögen, die Gefangennahme des *ti bon ange* bewirkt eine Aufsplitterung der seelischen Komponenten des Opfers und führt nicht zu einer, sondern zu zwei komplementären Arten von Zombies. Das war genau das, was Herard Simon mir gezeigt hatte. Der Geist-Zombie, oder der Zombie des *ti bon ange* allein, wird sorgfältig in einem Gefäß aufbewahrt und kann später mit Hilfe der Magie in ein Insekt, ein Tier oder in einen Menschen verwandelt werden, um die speziellen Arbeitswünsche des Bokor zu erfüllen. Die übrigen spirituellen Komponenten eines Menschen, die *n'âme*, der *gros bon ange* und der *z'étoile*, machen zusammen den *zombi cadavre* aus, den körperlichen Zombie.

Nun verlangt die Wiedererweckung eines *zombi cadavre* auf dem Friedhof eine besonders tiefe Kenntnis der Magie. Vor allem muß der Bokor die Transformationen der verschiedenen seelischen Komponenten verhindern, die normalerweise mit dem Tod des Körpers einsetzen. Zuerst muß der *ti bon ange*, der wie ein phosphoreszierender Schatten über dem Körper schweben kann, gefangen und daran gehindert werden, in den Körper des Opfers zurückzukehren. Eine Methode, das zu erreichen, besteht darin, daß man das Opfer brutal schlägt, wie es bei Narcisse geschah. Zweitens muß man den *gros bon ange* davon abhalten, zu seiner Quelle zurückzukehren. Drittens muß die *n'âme* zurückgehalten werden, damit das Fleisch nicht in Verwesung übergeht. Der *zombi cadavre* mit seinem *gros bon ange* und *n'âme* kann noch weiter funktionieren, aber getrennt von seinem *ti bon ange* ist der Körper nur ein leeres Gefäß, unterworfen der Herrschaft des Bokor oder eines anderen, der den *ti bon ange* des Zombie – Herards *zombi astral* – unter Kontrolle hat. Es ist diese Vorstellung, daß fremde, böswillige Mächte Herrschaft über die Person gewinnen können, die dem Vodoun-Gläubigen einen solchen Schrecken einflößt. In Haiti fürchtet man sich weniger davor, daß einem ein Zombie Schaden zufügt, als davor, daß man selbst einer wird. Der *zombi cadavre* ist also ein Körper ohne eine vollständige Seele, Materie ohne Moral.

Immerhin konnte die Lösung dieses Aspektes des Zombie-Rätsels eine gewisse Eleganz für sich in Anspruch nehmen. Für den Vodoun-Anhänger ist die Erschaffung eines Zombie wesentlich ein magischer Prozeß. Aber der Bokor kann, wenn er einen *zombi cadavre* machen will, den erforderlichen unnatürlichen Tod statt durch das Einfangen des *ti bon ange* vom lebendigen Opfer auch durch ein langsam wirkendes Gift herbeiführen, das dem vorgesehenen Opfer direkt verabreicht wird. In eine Wunde gerieben oder eingeatmet, tötet das Gift den *corps cadavre* langsam, zuverlässig und unauffällig. Das Gift enthält Tetrodotoxine, die den Stoffwechsel des Opfers drastisch herabsetzen, fast bis an die Grenze des klinischen Todes. Von den zuständigen Ärzten für tot erklärt, von den Familienmitgliedern und sogar vom Bokor selbst als physisch tot betrachtet, wird das Opfer tatsächlich lebendig begraben. Ohne Zweifel stirbt es in vielen Fällen entweder an dem Gift selbst, oder es erstickt im Sarg. Der weitverbreitete Glaube, daß es auf Haiti wirklich Zombies gibt, beruht jedoch auf den Fällen, in denen das Opfer die richtige Dosis Gift erhalten hat, im Sarg erwacht und vom Bokor aus dem Grab geholt wird. Das Opfer, das noch unter der Einwirkung der Droge steht, das traumatisiert ist von »set« und »setting« seiner ganzen Erfahrung, wird gefesselt und vor ein Kreuz geführt, um einen neuen Namen zu bekommen. Nach dieser Taufe, manchmal auch am nächsten Tag, muß das Opfer einen Brei essen, der eine hohe Dosis einer psychoaktiven Droge, und zwar der Zombie-Gurke, enthält, die einen Zustand von Desorientierung und Gedächtnisverlust herbeiführt. Und im Zustand dieses Rausches wird der Zombie in die dunkle Nacht entführt.

Eine quälende Frage blieb noch offen. Wenn die Formel des Giftes und der Bann des Zauberers erklären konnten, wie ein Zombie zustande kam, so sagten sie nichts darüber aus, warum gerade er ausgewählt wurde. Viele Personen, einschließlich der Gesetzgeber auf Haiti, sind der Auffassung, daß die Verwandlung in einen Zombie eine willkürliche kriminelle Handlung sei, lediglich eine von zahllosen Formen furchteinflößenden Bandenwesens, die vermeintlich zum gewöhnlichen Los des Bauern gehöre. Aber je länger ich auf Haiti war und je mehr ich über die Vodoun-Gesellschaft lernte, desto mehr war ich von ihrer inneren Konsistenz beeindruckt. Zauberei war gewiß eine einflußreiche Macht, mit der man nicht leicht fertig wurde, aber sie war in weitreichendem Maße institutionalisiert als entscheidender Teil des Weltbildes. Wenn man fragt, warum es auf Haiti Zauberei gibt, stellt man die Frage, warum es das Böse in der Welt gibt, und die Antwort, wenn sich eine finden läßt, lautet genau so, wie alle großen Religionen sie verkünden: Das Böse ist die Kehrseite des Guten, die notwendige Ergänzung, die das Ganze der Schöpfung vollendet. Die Haitianer sind sich ebensogut wie jedes andere Volk dieser heiligen Balance bewußt.

Daher widersprach die Ansicht, daß die Verwandlung in einen Zombie ein wahllos auftretendes Phänomen sei, meinen bisherigen Befunden. Als ich die verschiedenen Giftmittel erwarb, war ich in direkten Kontakt mit einigen Geheimgesellschaften getreten, und in mehreren Fällen waren es deren Anführer gewesen, die das Pulver unter Kontrolle hatten. Es gab viele Indizienbeweise dafür, daß sowohl Narcisse als auch Ti Femme in ihren Heimatgemeinden äußerst unbeliebt waren, und aus mehreren Quellen wurde deutlich, daß die Verwandlung in einen Zombie ein Prozeß war, der irgendein Urteil von einem Gericht voraussetzte. Max Beauvoir war sogar so weit gegangen, mir anzudeuten, die Antwort auf das Rätsel sei in den Sitzungen der Geheimgesellschaften zu suchen. Aber was hieß das? Bei meiner Suche nach dem Gift hatte mir meine Intuition, die nicht von Vorurteilen belastet war, gute Dienste geleistet, aber als ich weiter in die Tiefe vordrang, wurde diese Intuition zunehmend von meiner Unkenntnis verdunkelt. Die Geheimgesellschaften – wer waren diese Gruppen, welcher Art war ihre Organisation, und wie hingen sie mit den übrigen nationalen Behörden zusammen? Ebensosehr aus dem Drang, diesen Fragen auf den Grund zu gehen, wie auf Klines Geheiß hin kehrte ich wieder zurück nach Amerika. Ich mußte die Zeit zurückverfolgen bis in die frühen und rauhen Tage der französischen Kolonialzeit.

Tell My Horse

Es geschah um 1740 auf einer Plantage bei Limbé.
Zunächst bemerkte nicht einmal der Mann selbst, wie sich die eisernen Walzen der Zuckerrohrpresse von seinem eigenen Blut leuchtend rot färbten. Als der Schrei des Kindes dann den Pferdeführer alarmierte und dazu veranlaßte, in aller Eile die ledernen Riemen zu kappen, die das Pferd mit dem Schaft der Presse verbanden, war der Arm bereits bis zur Schulter zerquetscht, und ein Blutstrom vermischte sich mit dem süßen Saft des Zuckerrohrs. Schmerzen waren für den Sklaven nichts Neues, und was er jetzt an Schmerzen spürte, wurde durch das schier unerträgliche Gefühl der Machtlosigkeit betäubt, das in ihm raste. Mit der freien Hand rüttelte er an der Presse und zog mit der ganzen Kraft seines kräftigen Körpers, bis sich die Walzen zurückdrehten und Teile seines zermalmten Armes wieder freigaben. Dann fiel er in ein Delirium, in dem er Halluzinationen einer Reise hatte, die ihn zurück ins Land seiner Geburt führte, zu den Königreichen der Fula und Mandingo, zu den großen Städten Guineas, den Festungen, den riesigen Märkten, die die Kaufleute eines ganzen Kontinents und darüber hinaus anzogen, und den Tempeln, neben denen die dürftigen Bauwerke, in denen die Franzosen ihren schwächlichen Gott verehrten, lächerlich wirkten. Der Mann merkte nicht, wie ihm mit Hilfe eines Seiles ein Druckverband um die Schulter angelegt wurde, um das unaufhörlich fließende Blut abzubinden, und genausowenig hörte er, wie jemand nach einer Machete rief, mit der das grausame Werk der Presse zu Ende geführt werden sollte. Er fühlte nur, wie sich ein Laut in ihm formte, eine einzige Silbe, die vom unteren Ende seiner blutverschmierten Beine her aufstieg und sich durch die Höhle seiner Eingeweide wühlte, bis zuletzt das, was über seine Lippen drang, nicht mehr ihm gehörte. Es war Haß, der sich zu einem zornigen Schrei verdichtet hatte, einem Schrei nach Rache, nicht für den Mann selbst, sondern für ein ganzes Volk, das man aus Afrika

geraubt und in Ketten nach Amerika verschleppt hatte, wo es das Land, das man den Indianern gestohlen hatte, bearbeiten sollte. Eigentlich hätte François Macandal sterben müssen, aber der Mandingue-Sklave war kein gewöhnlicher Mann. Schon vor dem Unfall war er ein Führer der Sklaven des nördlichen Distriktes um Limbé gewesen. Tagsüber hatten sie gesehen, wie er die Grausamkeiten der Aufseher mit Gleichgültigkeit ertrug und mit seinen blutunterlaufenen Augen verächtlich auf die Peitschen aus geknoteten Schnüren oder dem langgezogenen und getrockneten Penis eines Stieres blickte. Nachts hatte er seine Redegewandtheit darauf verwendet, die Leute zu beruhigen; er hatte alte Geschichten aus Guinea erzählt, die sogar den niedergeschlagensten Männern wieder Mut einflößten. Wenn er sprach, galt es als eine Ehre, neben ihm zu sitzen, und wenn er schlafen ging, wetteiferten die Frauen um die Gunst, das Bett mit ihm zu teilen, denn seine Träume waren Offenbarungen, die es ihm und allen, die bei ihm waren, ermöglichten, in die Zukunft zu schauen. Aber erst die furchtlose Art, mit der Macandal den Unfall an der Walzenpresse durchstand, bestätigte die Leute in ihrem schon immer gehegten Verdacht. Nur ein Weißer konnte übersehen, daß Macandal unsterblich war, ein Gesandter der Götter und unbesiegbar.

Nach dem Unfall konnte Macandal sich frei bewegen. Da er die Arbeit auf den Feldern nicht mehr verrichten konnte, wurde er zum Hirten gemacht und täglich im Morgengrauen ausgeschickt, das Vieh auf die Weiden in den Bergen zu treiben. Niemand wußte, womit er die lange Zeit, die er von der Plantage abwesend war, eigentlich verbrachte. Einige sagten, daß er auf der Suche nach Blättern, die ähnlich aussahen wie die Kräuter, die er in Afrika gekannt hatte, die Zauberkraft der Pflanzen entdeckt habe. Anderen zufolge machte er die alten, in Höhlen wohnenden Meister ausfindig, deren Schritte bereits die Erde erbeben ließen. Nur eines war sicher: Macandal war auf seinen Wanderungen nicht allein, denn die Berge um Limbé waren eine der Zufluchtsstätten Tausender von Afrikanern, die von den Plantagen geflohen waren, fortgelaufene Sklaven, auf die ein Kopfgeld ausgesetzt war und die von den Franzosen Maronneger genannt wurden.

Die Kolonisten auf den Pflanzungen Saint Domingues machten, aufgeblasen durch einen Reichtum, wie er seit den ersten Tagen der spanischen Eroberung nicht mehr vorgekommen war, grausamste Praktiken zur alltäglichen Gewohnheit. Arbeiter, die auf dem Feld dabei überrascht worden waren, wie sie Zuckerrohr aßen, mußten während der Arbeit einen Maulkorb aus Blech tragen. Entlaufenen Sklaven, die man wieder eingefangen hatte, wurden die Kniesehnen durchgeschnitten. Das Aufbrennen von Brandzeichen, willkürlich verabreichte Prügelstrafen, Vergewaltigungen, Mord und Totschlag waren an der Tagesordnung, und schon aufgrund geringfügigster Verstöße wurde ein Mann an einem Nagel aufgehängt, den man ihm durchs Ohr trieb. Sklaven waren wie das Zuckerrohr Futter für die Presse, und die Zahl der Todesopfer stieg in wenigen Jahren auf achtzehntausend. Die dokumentierten Exzesse mancher Plantagenbesitzer sind kaum zu glauben. Ein Sklave wurde fünfundzwanzig Jahre lang in Ketten gehalten. Von einem berüchtigten Pflanzer war bekannt, daß er ständig einen Hammer und Nägel mit sich herumtrug, um jederzeit die abgeschnittenen Ohren der Sklaven, die er bestraft hatte, an einen Baum heften zu können. Zu weiteren gebräuchlichen Foltermethoden gehörte das Bespritzen nackten Fleisches mit kochendem Zuckerrohrsirup, das Zusammennähen der Lippen mit Messingdraht, Kastration und andere sexuelle Verstümmelungen von Männern wie von Frauen, Begräbnisse bei lebendigem Leib, das Aussetzen gefesselter Menschen, deren Haut man mit Zuckerrohrsirup glasiert hatte, auf Ameisenstraßen, das Einschließen in Fässer mit nach innen stehenden Nägeln und das Vollstopfen des Afters mit Schießpulver, das dann angezündet wurde. Die Mißhandlung der Sklaven wurde so systematisch durchgeführt, daß ein eigener Berufsstand von Henkern davon leben konnte, dessen Gebühren gesetzlich geregelt waren. Die Gebühr, einen Mann bei lebendigem Leib zu verbrennen, war zum Beispiel auf sechzig französische Pfund festgesetzt. Hängen kostete nur dreißig Pfund, und für bloße fünf Pfund konnte man einen Sklaven mit einem Brandmal versehen und ihm die Ohren abschneiden lassen.

Solche Grausamkeiten waren die Regel, nicht die Ausnahme, und die Tatsache, daß vor den Schwarzen zuerst Indianer und dann Tausende von unter Vertrag genommenen Weißen – kleine Diebe, Sträflinge oder einfach Hungerleider aus den Städten, die man in den Häfen Europas gekidnappt hatte – in derselben Sklaverei geschuftet hatten, vermochte kaum den rasenden Zorn der Afrikaner zu besänftigen. Zwangsarbeit bildete die Grundlage eines Wirtschaftssystems, für das die Hautfarbe keine Grenze bedeutete; wie eine offene Wunde wucherten die Plantagen der Karibik aus, und als die Indianer starben und der Nachschub an weißem Gesindel dem Bedarf nicht mehr genügte, drangen die Händler immer tiefer auf afrikanischem Boden vor und verschleppten Männer und Frauen, nicht weil sie Schwarze, sondern weil sie billig, unendlich viele und bessere Arbeiter waren. Die europäische Klassengesellschaft, deren Elite sich nichts dabei dachte, in England ein Kind wegen eines geringfügigen Diebstahls aufzuhängen oder vertraglich gedungene Arbeiter, waren sie nun weiß oder schwarz, wie Heringe in den fauligen Bauch eines Schiffes zu stopfen, war weniger daran interessiert, wo ihre Arbeitskräfte herkamen, als daran, wie effektiv sie ihre Arbeit taten. Sklaverei ist nicht aus Rassismus entstanden; vielmehr war Rassismus die Folge der Sklaverei. In den ersten Tagen des Kolonialismus, als die Händler mit ihren Schiffen die abgeschlossene Welt Europas verließen, war ihnen die Hautfarbe eines Arbeiters genauso unwichtig wie den Königen Afrikas, die über Tausende eigener Sklaven verfügten und gegen einen entsprechenden Profit nur zu gern bereit waren, diese zu verkaufen. All das kümmerte natürlich die Männer und Frauen, die auf Saint Domingue als Sklaven an Land gingen, wenig. Für sie hatte der Feind ein Gesicht, und über dessen Farbe gab es keinen Zweifel. Angesichts der ständigen Einschüchterungen und Foltern blieb den Sklaven kaum eine Wahl. Jene, die es vorzogen, sich mit ihrer Lage abzufinden, taten, was sie konnten, um ihr Unglück erträglich zu machen: Wunden, die sie sich selbst zufügten, ermöglichten einen kurze Erholung von der brutalen Feldarbeit, Frauen gaben sich willig den Aufsehern hin und ersparten ihren ungeborenen Kindern ein ähnliches Los, indem sie sie abtrieben. Andere suchten einen unmittelbaren Ausweg im Selbstmord. Diejenigen aber, die sich nicht brechen ließen und die ihr Verlangen nach Freiheit zu verzweifelten Maßnahmen trieb, flohen im Schutz der Dunkelheit von den Plantagen. Einige blieben in der Nähe, versteckten sich bei Tag und waren auf ihre zurückgebliebenen Familien und Freunde angewiesen, mit denen sie sich heimlich trafen. Andere, darunter besonders die gelernten Arbeiter, die fließend Kreolisch sprachen, tauchten in der Anonymität der Städte unter, gaben sich als Freigelassene aus und suchten in der gesichtslosen Menge der Märkte und Docks nach Arbeit. Wieder andere versuchten, über Land durch Savannen, Gebirge und die dichten Wälder, die die Insel damals noch bedeckten, die spanische Grenze von Santo Domingo zu erreichen. Diese entlaufenen Sklaven waren wie Vieh, das sich verirrt hatte, für die Pflanzer nur ein Ärgernis, und in solchen Fällen standen schnell professionelle Kopfgeldjäger mit ihren Hunden bereit. Wenn ein Sklave schon am Rand der Plantage wieder geschnappt wurde, brachte man ihn einfach zurück, um ihn dann mit Prügel zu bestrafen und öffentlich zu demütigen, indem man ihn zwang, vor der Kirche des weißen Mannes zu knien und dafür um Vergebung zu bitten, daß er sich »gegen das ihm von Gott zugewiesene Los aufgelehnt« hatte. Wenn der Entlaufene das Pech hatte, erst in einiger Entfernung von der Plantage entdeckt zu werden, oder wenn er sich seiner Festnahme widersetzte, wurde er ohne Ausnahme umgebracht – erschossen oder von den Bluthunden zerfleischt –, nachdem man ihm das Brandmal, das ihn kennzeichnete, aus der Haut geschnitten hatte.

Es gab allerdings noch einen anderen Typ von Maronnegern, Männer wie Macandal, die sich nicht damit abfanden, wie Tiere ein Leben im Dämmerlicht zu fristen oder in den aus Sandsteinfelsen ausgewaschenen Löchern und Höhlen, die über das ganze Land verteilt waren, dahinzuvegetieren. Es waren Afrikaner, die ihr Schicksal selbst in die Hand nehmen wollten, für die es nicht nur darum ging, zu überleben, sondern zu kämpfen und Rache zu nehmen für die erdrückende Ungerechtigkeit, mit der ihr Volk gequält wurde. Wenn diese Männer und Frauen die Plantagen verließen, nahmen sie alles mit, was irgendwie brauchbar war und dessen sie habhaft werden konnten – ein Maultier, ein Messer, eine Machete, Geräte für die Feldarbeit, Kleider – und schlossen sich organisierten Banden in abgelegenen heiligen Orten tief im Hinterland an. Dort wohnten sie in befestigten Lagern, die von Palisaden und breiten Gräben umschlossen wurden, in deren Grund zugespitzte Pfähle eingerammt waren. Sie rodeten Land für Gärten und waren zum größten Teil autark. Was sie nicht selber anbauten, holten sie sich auf gelegentlichen Raubzügen von den Plantagen. Vereinzelte Ausreißer waren für die Franzosen nur ein Ärgernis, die Schlupfwinkel dieser unabhängigen Maronneger aber waren regelrechte Ausbildungslager für Guerillakämpfer, die die Ordnung und Stabilität der gesamten Kolonie bedrohten.

Das französische Regime antwortete darauf mit einem permanenten Ausrottungskrieg. Es unterhielt speziell ausgebildete Truppen, die sogenannte *marche haussée*, die auf zahlreiche kostspielige Streifzüge in die Berge ausgeschickt wurden. Einige dieser Expeditionen hatten einen gewissen Erfolg und brachten Gefangene mit zurück, denen dann öffentlich auf dem Rad die Knochen gebrochen wurden. Andere Expeditionen verschwanden dagegen spurlos. Und nicht eine war in der Lage, in die Hauptbollwerke der Schwarzen vorzudringen oder sie gar zu zerstören. Denn die Franzosen konnten nicht überall zugleich sein, wohl aber die Maronneger – sie waren in den Bergen, die hinter den Plantagen des Flachlands bei Cap Francis im Norden aufsteigen, im Cul-de-Sac bei Port-au-Prince und in den welligen Tälern bei Cayes im Süden. Die Folge davon war, daß um die Mitte des 18. Jahrhun-

derts ganze Regionen für die Weißen völlig unzugänglich waren. Ein Aufstand, der in einem riesigen Bergmassiv des Südens ausbrach, dauerte hundert Jahre, bis die Franzosen das Gebiet zu guter Letzt ganz aufgaben. Weiter nördlich blühte in den Bahoruco-Bergen eine Maronnegergemeinde fünfundachtzig Jahre lang, bis die Franzosen einen Waffenstillstand vorschlugen, dessen Bestimmungen zufolge die Maronneger ein unabhängiges Gemeinwesen einrichten durften. Als der Führer eben dieser Rebellengruppe zu den Verhandlungen eintraf, stellte sich heraus, daß er schon seit über fünfundvierzig Jahren zu den Entlaufenen gehörte.
Da die militärischen Expeditionen der Franzosen in die Berge zumeist fehlschlugen, unternahmen die Kolonialbehörden alles, was in ihrer Macht stand, um das geheime Verbindungsnetz zu zerstören, über dessen Kanäle Güter und Nachrichten zwischen den Plantagen und den Maronnegern ausgetauscht wurden. Die Furcht vor den Rebellen stand auch hinter dem ununterbrochenen Erlaß neuer Gesetze, die die Bewegungsfreiheit und den alltäglichen Kontakt der Sklaven untereinander einschränken sollten. Schwarzen war es verboten, nachts auszugehen, benachbarte Plantagen zu besuchen und Boote zu benutzen; sie durften nicht einmal ohne die Erlaubnis ihres Herrn miteinander reden. Oft gab es nächtliche Durchsuchungen, und jeder, der dabei erwischt wurde, daß er Waffen trug oder einem Ausreißer half, wurde in aller Öffentlichkeit brutal bestraft. Zu einer Zeit, in der auf den Plantagen hundert Sklaven auf einen Weißen kamen, blieb den Franzosen kaum noch ein Ausweg. Denn auch wenn einige der Sklaven mit der Zeit den Zorn und die Aggression der Maronneger nicht weniger fürchteten als die Peitsche der Pflanzer, so bestand doch kein Zweifel, daß die Rebellen für die Freiheit kämpften, und als Folge davon wuchs ihre Legende mit jeder neuen Generation. Die Guerillas hatten immer weniger Strafe zu fürchten, wenn sie aus den Bergen kamen und Läden ausraubten, Plantagen plünderten und dabei immer mit dem Terror auch die Idee der Freiheit verbreiteten. 1770 hatte nach einem zeitgenössi-

schen Bericht die Zahl der Maronneger ein solche Größe erreicht, daß »es keine Sicherheit mehr gab« und es nicht mehr ratsam war, sich allein in die Berge zu wagen.

Wer genau sich allerdings entschied, diesen verzweifelten Weg in den Kampf einzuschlagen, und wie viele es waren, läßt sich nicht mit Bestimmtheit sagen. Die Akten der Behörden geben immerhin einige Hinweise. Für die Zeit zwischen 1764 und 1793 zum Beispiel läßt sich allein aus Zeitungsanzeigen auf etwa achtundvierzigtausend geflohene Sklaven schließen. Wie viele davon sich zu den Enklaven der Maronneger durchschlugen, ist unbekannt, aber die Zahl gibt eine Vorstellung von der Größe des Problems, dem die Franzosen sich gegenübersahen.

Bezeichnenderweise hatte ein großer Prozentsatz derer, die tatsächlich flohen, noch kein Jahr in der Kolonie gelebt, und viele entkamen gleich bei ihrer Ankunft an den Docks. Ein Aktenstück der Kolonialbehörden listet auf der Grundlage nur eines Hafens und für einen Zeitraum von fünfzehn Tagen im Januar 1786 dreiundvierzig neuangekommene Sklaven auf, die geflohen waren oder wieder eingefangen wurden. 1788 entkamen von 10 573 Sklaven, die in einem Zeitraum von zehn Monaten bei Cap Francis an Land gingen, zweitausend. Entscheidend war, daß die frisch aus Afrika Angekommenen, anders als die kreolischen Maronneger, die unauffällig in den Eingeweiden der Großstadt untertauchen konnten, in jedem Fall in die Berge flohen. Ein großer Teil des Zulaufs zu den Gemeinden der Maronneger bestand deshalb aus Leuten, die mit der Gesellschaft und dem Regime der Weißen noch kaum in Berührung gekommen waren. In ihre neue Heimat brachten sie deshalb nicht die niederdrückenden Erfahrungen der Sklaverei mit, sondern ihre angestammte afrikanische Lebensweise.

Abgeschirmt durch strengste Geheimhaltung, die allein ihnen das Überleben ermöglichte, entwickelten diese Maronnegergemeinden eigenständige politische, wirtschaftliche und religiöse Gemeinwesen. Deren Führer rekrutierten sich aus der »neuen Sklavenklasse« (wie zeitgenössische Beobachter sie nannten), die im Verlauf des 18. Jahrhunderts in der Kolonie eintraf. Dabei handelte es sich häufig um Männer königlichen Blutes, die oft zusätzlich zur Erziehung in ihren eigenen mündlichen Traditionen arabische Lehrer gehabt hatten und von Geburt mit Intelligenz, moralischer Kraft und dem Ruf einer kriegerischen Vergangenheit ausgestattet waren. Auch bei ihrem Gefolge handelte es sich um ausgewählte Leute, großenteils junge Männer zwischen siebzehn und fünfunddreißig, von denen ein jeder aus einem langwierigen Auswahlprozeß hervorgegangen war. Allein um zu den Camps der Maronneger zu gelangen, mußte man zunächst einmal die grausame Überfahrt von Afrika überleben, die Ausbeutung auf den Plantagen durchstehen und die Bluthunde der Kopfgeldjäger überlisten, um dann freiwillig ein Leben täglicher Gefahren, physischer Entbehrungen und fortwährender Not auf sich zu nehmen.

Die Aufnahme in die Reihen der Maronneger unterlag einer strengen Kontrolle. Nur Freiwillige wurden genommen, und selbst diese nur, nachdem man sich vergewissert hatte, daß es sich nicht um Spione der Kolonisten handelte. Neger, die man auf Raubzügen gefangennahm, wurden manchmal zu Sklaven gemacht und beim kleinsten Anzeichen von Verrat getötet. Neu angekommene Flüchtlinge mußten zuerst ihre Vergangenheit austilgen, indem sie ihre Brandzeichen mit Messern oder dem Saft giftiger Planzen – *acajou* oder Bresillet – verstümmelten. Sie mußten harte Aufnahmeprüfungen überstehen, in deren Verlauf sie geheime Erkennungszeichen wie Händedruck und Losungen lernten, mit denen sie während eines Raubüberfalls Freund und Feind unterscheiden konnten. Öffentlich schworen sie der Gemeinschaft Treue und ließen sich in anschaulichen Beschreibungen schildern, was passierte, wenn sie die Geheimnisse der Gruppe verrieten. Wenn also Geheimhaltung dem Zusammenhalt dieser Gemeinden zugrunde lag und ihn bewahrte, so lag es nahe, für ihre interne Organisation die Geheimgesellschaften als Vorbild zu nehmen, denen zumindest einige der früheren Sklaven in ihrer Jugend in Afrika angehört haben müssen.

In der Zeit des Kolonialismus waren Geheimgesellschaften – dasselbe gilt auch heute noch – eine dominante soziale Kraft in weiten Teilen Westafrikas, besonders aber bei den im Regenwald der Küste lebenden Völkern, die in Gefangenschaft nach Saint Domingue gebracht wurden. Die Parallelen zwischen diesen Stämmen und den Strukturen, die sich später in den Gemeinden der Maronneger entwickelten, sind verblüffend. Die Aufnahme als Mitglied erfolgte in einem Initiationsverfahren, das sich über eine längere Zeit hinzog, während der die Anwärter hohen physischen Belastungen ausgesetzt und ihre Ausdauer und Widerstandskraft beim Ertragen von Schmerzen geprüft wurden. In einem zweiten Teil lernten sie dann die geheimen Parolen, Symbole und Handzeichen der Gesellschaft. Wie in Saint Domingue war es die Kenntnis dieser geheimen Zeichen, die die Gruppe definierte; in praktisch jeder anderen Hinsicht waren die Gesellschaften nicht geheim, ja ihr Funktionieren erforderte es sogar, daß alle von ihrer Existenz wußten. Denn diese Gesellschaften waren nicht bloße Randerscheinungen in der Kultur Westafrikas; sie waren im Gegenteil eine zentrale Einrichtung und sowohl vor wie nach der Epoche des Kolonialismus die militanten Hauptverfechter einer traditionellen Lebensweise. Die Poro-Gesellschaft in Sierra Leone zum Beispiel prägte das gesamte Leben der Mende in praktisch all seinen Verrichtungen, indem sie die Verantwortung für die Erziehung innerhalb des Stammes übernahm, Regeln für das sexuelle Verhalten aufstellte, die politischen und ökonomischen Angelegenheiten überwachte und außerdem soziale Leistungen bot, zu denen auch Erholung und ärztliche Fürsorge gehörten. Eine Grundvoraussetzung für die Stärke der westafrikanischen Geheimgesellschaften – und zugleich ein Umstand, der in besonderem Maß den Bedürfnissen der Maronneger entgegenkam – war die Tatsache, daß ihre Interessen und Tätigkeiten sich von der Gemeinde her definierten und nicht von einer Familie oder Sippe her. So konnten sie für die Banden der Maronneger ein unschätzbares Vorbild werden, als es darum ging, die unterschiedlichen kulturellen Herkunftsbedingungen der einzelnen Sklaven einzuebnen.

Unter den wichtigsten Schutzfunktionen für die Kultur nahm bei den westafrikanischen Geheimgesellschaften die Rechtsprechung eine zentrale Rolle ein. Wie im Fall der Leopardengesellschaft bei den Efik von Alt-Calabar hing das Urteil der Gerichte vom Ausgang der Giftprobe ab. Die Rechtsprechung aufgrund einer solchen Probe konnte sich auf alle beliebigen Verbrechen im persönlichen oder gesellschaftlichen Bereich erstrecken, und sie wurde unweigerlich angerufen, sobald der Verdacht auf Hexerei lautete. Es überrascht daher nicht, daß die Geheimgesellschaften sich ein besonders breites Wissen in der Herstellung von Giften aneigneten und dabei nicht nur verschiedene Pflanzen- und Tierarten kennenlernten, mit denen sie experimentieren konnten, sondern auch über die richtige Dosierung, die Art der Verabreichung und sogar über die psychologische Verfassung etwaiger Empfänger Kenntnisse sammelten.

Der Gebrauch von Giftgemischen war allerdings so wenig auf die Geheimgesellschaften beschränkt, wie er innerhalb dieser auf die Gerichte beschränkt war. Die Giftmischerei ist wohl im selben Grad wie jeder andere materiell faßbare Charakterzug afrikanischer Kulturen ein durchgängiges Merkmal. In manchen Gebieten etwa werden Verbrecher hingerichtet, indem man ihnen mit in den Saft giftiger Pflanzen getauchten Speeren oder Nadeln die Haut ritzt. In Teilen Westafrikas mußte der Nachfolger eines verstorbenen Königs sich mindestens zweimal der Giftprobe unterziehen, um seine übernatürliche Stärke unter Beweis zu stellen; wenn er versagte und starb, war die Thronfolge seiner Familie abgebrochen, und der Thron wurde als frei betrachtet. Auch einzelne Zauberer benützten natürlich giftige Tränke. Eine völlig außergewöhnliche Entwicklung aber führte dahin, daß Gift in systematischer Weise von den regierenden Machthabern verwendet wurde in dem vergeblichen Versuch, ganze Bevölkerungsgruppen von bösen Geistern zu reinigen. Die Führer der Völker der Casamance und Balante in Westafrika etwa gebrauchten ein Gemisch, das unter anderem die Rinde eines Baumes enthält, der *tali* genannt wird (*Erythrophleum guineense*, Leguminosen oder

Hülsenfrüchtler). Weitere Ingredienzen waren ein Pulver, das man aus den getrockneten Herzen früherer Opfer gewonnen hatte, und eine Reihe weiterer Zusätze, die an jene erinnern, die heute noch auf Haiti verwendet werden – zerriebenes Glas, Eidechsen, Kröten, zerdrückte Schlangen und Überreste von Toten. Das alles wurde zusammen in einem Bottich aufbewahrt, in dem es ein Jahr lang gären konnte. Dann wurde das Giftgemisch an einem Tag, der mit großen Festlichkeiten gefeiert wurde, in einer besonderen Zeremonie zur Schau gestellt und jedem Untertan verabreicht. Jedes Jahr waren es an die zweitausend Menschen, die daran starben. Als der Sklavenhandel in Gang kam, entdeckten die westafrikanischen Herrscher allerdings ein noch besseres Mittel, die Gesellschaft zu reinigen. Nach Moreau de Saint-Mery, der wichtigsten Autorität in der frühen Kolonialgeschichte, benutzten einige Könige ihre Verträge mit den europäischen Kaufleuten, um gefährliche Untertanen loszuwerden, indem sie sie zur Deportation nach Saint Domingue verurteilten.

Als Macandal schließlich von der Plantage geflohen war, verbarg er seine Rachegefühle in seinem Herzen. Eine Gefangennahme fürchtete er nicht; kein Pflanzer würde den Preis eines wertvollen Jagdhundes riskieren, um einen Sklaven zur Strecke zu bringen, der nur einen Arm hatte und obendrein ein Mandingue war, also zu einem Stamm gehörte, dessen Name gleichbedeutend für Rebellion stand. Macandals Sorge galt dem Zeitpunkt – wann und wie er sich am besten rächen konnte. Zu töten war keine Schwierigkeit. Musketen und Schießpulver waren in den Städten für Geld von den freien Sklaven zu haben, und sogar nur mit Knüppeln und einigen Macheten bewaffnet konnten ein Dutzend Maronneger leicht eine Plantage überrennen und die Ställe, die Trockenschuppen und die verfluchten Pressen niederbrennen, wonach sie dann immer noch Zeit hätten, der Frau des Besitzers ihre Aufmerksamkeit zu erweisen, bevor die Miliz eintraf. Aber Plantagen zu plündern und Herrenhäuser auszurauben war für Macandal jetzt wenig verlockend, und für den Plan, den er im Kopf hatte, gab es in der ganzen Kolonie nicht genug Gewehre. Als man ihn einmal aufforderte, einen seiner Träume zu erklären, ließ er sich einen Tonkrug geben und tat drei Halstücher hinein. Zuerst zog er ein gelbes heraus und erklärte der Menge, daß dies die Farbe derer sei, die in diesem Land geboren waren. Das nächste Halstuch war weiß und stand für die jetzigen Herrscher. Und hier schließlich, sagte er, sind die, die in Zukunft die Herren der Insel sein werden: Die Farbe des Halstuches war schwarz.

Sechs Jahre lang wurden die Fäden des Netzes gesponnen, und die Weißen hatten nicht die leiseste Ahnung von der Gefahr, in der sie schwebten. Macandal war überall, er bewegte sich mit der Unantastbarkeit eines Gottes, häufte Vorteil auf Vorteil und weckte im Volk Begeisterung. Er wählte seine Spitzel sorgfältig aus und wies ihnen Plätze in jeder Ecke der Kolonie zu. Die Spitzel wiederum gaben ihm Informationen über mögliche Überläufer weiter – etwa von einem Kutscher, dessen Frau vor kurzem von seinem Herrn vergewaltigt worden war, oder einem Küchenjungen, den man bis aufs Blut ausgepeitscht hatte, weil er Brot gestohlen hatte. Auf Pergament und Rinde zeichnete er mit Holzkohle Zahlen und listete in Symbolen, die nur er verstand, die Namen der Plantagen und der Anführer jeder einzelnen Arbeiterkolonne auf, die sich unter der erbarmungslosen Sonne abquälte – jeden Mann und jede Frau, die auf seine Seite überlaufen würden. Er wollte jeden; sie sollten von ihm halten, was sie wollten, solange er in ihren Augen Angst sah – ob Angst vor Gott oder vor einem Menschen, war ihm gleich, es mußte Angst sein, damit das Geheimnis gewahrt blieb. Vor allem aber brauchte er die Sklaven, die im Innern des Getriebes arbeiteten, die Kutscher, Köche und Hausangestellten, diejenigen also, deren vertraute Nähe zu den Weißen keinen Verdacht aufkommen lassen würde. So konnte Macandal sicher sein, daß die Sklavenhalter bei jedem angsterfüllten Atemzug, der sie dem Tod näher brachte, in die Gesichter ihrer engsten Vertrauten starrten und dort nur das Spiegelbild ihres eigenen bösartigen Lächelns sahen.

Nachts zog Macandal umher, tagsüber aber hielt er Schule, und seine Schüler lagen vor ihm im dichten Gras. Ihre Hände strömten den Geruch von modrigen Pilzen und feuchtem Humus und den stechenden Duft zerquetschter Giftschlangendrüsen aus. Ehrfürchtig sahen die Männer zu Macandal auf, durchkämmten auf sein Geheiß die Insel und brachten ihm Kräuter, deren Saft übel stank, böse aussehende Seeungeheuer, Schlangen und Kröten. Zusammen tauchten sie tief in ihr kollektives Gedächtnis ein und kämpften mit von langer Vernachlässigung ganz taub gewordenen Sinnen, um sich an den Unterricht zu erinnern, den sie in ihrer Jugend bekommen hatten, an die Formeln und Mixturen und Zutaten, die sich vielleicht in Entsprechungen unter den Pflanzen und Tieren des neuen Landes wiederfanden. Macandal war ihr Lehrer, aber zugleich war er wiederum der Lehrling anderer, der alten Frauen und Männer, die allein unter tropfenden Stalaktiten in Höhlen hausten und auf Lagern von Fledermausmist schliefen. Sie waren es, die sich noch der uralten Weisheit entsannen, die einige von ihnen in Afrika erlernt hatten, andere erst auf der Insel von den Nachfahren derer, die noch mit den letzten Arawakan zusammengelebt hatten, den gefolterten Söhnen der *caciques*, die vor der Ankunft der Weißen über das Land geherrscht hatten. In den Höhlen prüften diese Alten die Funde Macandals, betasteten die Früchte, die rot bluteten und die Luft schwärzten, die verschrumpelten Eidechsen und die giftigen Insekten. Was sie schließlich nach jahrelanger Prüfung billigten, gab Macandal in die Mulde eines Mörsers, von dem die Kanten abgebrochen waren und der vom langen Gebrauch ganz abgenutzt war. Vor ihren Augen mahlte er dann den lautlosen Tod, der eines Tages über die Felder ziehen und in jede Küche des Landes eindringen würde.

Mit der Zeit sickerte das Gift, wie Tinte auf einem Blatt Löschpapier, in das Leben der Weißen. Zuerst starb das Vieh, Stück für Stück, bis das nördliche Flachland mit starren Leichen übersät war. In ihrer Verzweiflung riefen die Pflanzer die besten Köpfe der Wissenschaft herbei, Pflanzenkenner, die ihre Gärten mit Heilpflanzen in der Hauptstadt verließen, um auf der Suche nach einer verderbenbringenden Pflanze, die die Felder verseuchte, über die Weiden zu marschieren. Tage- und wochenlang durchkämmten sie das Gras. Als sie gerade dachten, sie hätten die Pflanze des Übels gefunden, und Arbeiterkolonnen schon anfingen, die Weiden nach ihr abzugrasen, starb der erste Hund, und das Gerücht kam auf, daß das Gift in die Häuser eingedrungen sei. Zu ihrem Entsetzen sahen sich die Weißen in einer Falle, die sie selbst aufgestellt hatten: Sie waren abhängig von eben den Leuten, die jetzt ihre Todesengel waren. Das Gift lauerte überall. Es war eingebacken in Brot, verborgen in Arzneifläschchen und in den Bierfässern, die, wie sie von den Schiffen kamen, ausgetrunken wurden, weil man dem Brunnenwasser nicht mehr trauen konnte. Ganze Bankette waren davon betroffen, manchmal war es die Suppe, vielleicht auch der Tee, der Wein oder sogar das Obst, das man frisch von den Bäumen gepflückt hatte. Die Angst der Weißen schlug um in Wut, und manchem Sklaven wurde bei lebendigem Leib die Haut abgezogen. Der leiseste Verdacht auf eine Verbindung zu den Giftmördern zog einen grauenhaften Tod nach sich. Aber der Gegner blieb verborgen; nur die Wirkung war zu sehen, sie traf unterschiedslos alle Weißen und in gleichem Maße jeden Schwarzen, der in den Augen von Macandals Agenten Zeichen des Verrats erkennen ließ. Die Kolonialbehörden riefen den Belagerungszustand aus und ließen sämtliche Garnisonstruppen mit geschulterten, aber gegen den unsichtbaren Feind nutzlosen Gewehren auf den Straßen der Hauptstadt patrouillieren. Die Gerichte verurteilten alle, von denen sie auch nur glaubten, daß sie schuldig sein könnten, und ganze Arbeiterkolonnen schrumpften zusammen, als man versuchte, die Namen der Anführer der Verschwörung herauszubekommen. Noch einmal kamen Naturforscher und Pflanzenkundler zusammen zu einem letzten Versuch, die Ursache der Seuche zu entdecken, sei es ein Tier oder eine Pflanze oder womöglich ein Gemisch aus der Apotheke oder ein Trank, den die elenden Teufel aus Afrika mitgebracht hatten. Ein königlicher Erlaß verbot es jedem Sklaven, sich selber eine Arznei zu mischen oder zu versuchen, Krankheiten zu heilen mit der Ausnahme von Schlangenbissen. Aber keine Maßnahme der Regierung konnte der Seuche Einhalt gebieten. Hunderte von Sklaven und ebenso viele Weiße starben. Bis zu Macandals Ende sollten es mindestens sechstausend Tote sein.

Es war ein Kind, das ihn schließlich verriet, ein kleines Mädchen, das zusammen mit drei Männern als Giftmörderin verhaftet und dazu verurteilt worden war, bei lebendigem Leibe verbrannt zu werden. Einer nach dem anderen mußten sie den Todeskampf ihrer Leidensgenossen zusehen, wie die Flammen vom Fuß des Scheiterhaufens emporzüngelten, bis eine helle Stichflamme aus dem beißenden Rauch aufschlug und die mit Kreosot getränkten Lumpen entzündete. Der Geruch verbrannten Fleisches verursachte dem Mädchen Übelkeit. Als sie aber versuchte, wegzusehen, drehte man ihr Gesicht dem höllischen Schauspiel wieder zu und hielt es fest, bis sie sehen mußte, wie sich die Bäuche der Männer aufblähten und Blasen warfen, wie Flüssigkeit austrat, bis die zum Äußersten gespannte Haut platzte und die dampfenden Eingeweide herausquollen. Als die Reihe an das Mädchen kam, quälte der Henker sie mit einer Fackel aus Kiefernspänen, die er vor ihr hin und her wirbelte und dabei mit dem brennenden Ende dicht über ihre Haut fuhr. Mit dem Zorn und der Angst wuchs ihr Grauen, und als der Befehl kam, den Scheiterhaufen anzuzünden, brach sie zusammen und gab die Namen von fünfzig weiteren Personen preis, die sorgfältig aufgeschrieben wurden, bevor der Henker, ohne sich um den ungläubigen Schrei des Mädchens zu kümmern, fortfuhr und mit einem brennenden Scheit den Scheiterhaufen entfachte.

Die Schlingen des Verrats breiteten sich aus, bis auch Macandal selbst darin gefangen wurde. Als er aber an der Reihe war und mit entblößtem Oberkörper im Triumphzug der in der Hauptstadt versammelten Menschenmenge präsentiert wurde, den Bürgern in ihren seidenen Westen unter festlichen Sonnenschirmen und den Sklaven mit feierlichen Gesichtern, die so schwarz waren wie Ebenholz, begleitet von wachsamen Soldaten, die zum Rhythmus des Todes, der auf in schwarzen Tüchern eingewickelten Trommeln geschlagen wurde, da geschah etwas Seltsames. Macandal zeigte keine Angst, nicht einmal Trotz, als man ihn an den Pfahl band und die Fackel anzündete; er schien gleichgültig, fast gelangweilt, während er darauf wartete, daß das vom Gouverneur so sorgfältig inszenierte Schauspiel vorüberging. Und als die Sklaven ihn in dieser Verfassung sahen, ging ein Raunen durch ihre Reihen, und ihre sonst so undurchdringlichen Gesichter begannen erwartungsvoll zu strahlen, eine Beunruhigung für die Weißen, die feinfühlig genug waren, sie zu bemerken. Als dann die ersten Flammen zu seinen Füßen auflodereten, hob Macandal das Gesicht zur Sonne und schrie. Sein Körper fing an, sich heftig zu schütteln, sein Rumpf bog sich vom Pfahl weg, und der freie Stumpf seines Armes schlug durch die Luft, bis er sich mit einem einzigen gewaltigen Ruck, der der Menge den Atem verschlug, losriß und mit einem Satz aus den Flammen sprang. In der Menschenmasse brach die Hölle aus. Inmitten von Schreien »Macandal ist frei!« flohen die Weißen von der Plaza, und die Wachen rannten auf den Scheiterhaufen zu. Später behaupteten sie, daß sie den Sklaven wieder eingefangen, an ein Brett gebunden und in die Flammen geworfen hätten. Aber keiner der Schwarzen hatte es gesehen, und obwohl der Gouverneur sogar die Asche vorzeigen ließ, um die Sorgen der Weißen zu beschwichtigen, nützte das wenig. Die gesamte nördliche Provinz, die sich nach der Gefangennahme Macandals schon selbstgefällig in Sicherheit gewiegt hatte, war aufs höchste alarmiert, und wieder kamen die Pflanzer sich wie Gefangene vor, verbarrikadiert im eigenen Haus. Für die Schwarzen gab es keine großen Zweifel darüber, was vorgefallen war. Wenn er einmal erwischt würde, so hatte Macandal ihnen immer gesagt, würde er sich einfach in eine Fliege verwandeln. Keiner zweifelte daran, daß er dazu imstande war, zumal das Gift auch nach seinem angeblichen Tod unverändert seine Opfer forderte.

Macandals Revolte war nicht der erste und vor allem nicht der letzte Aufstand der Maronneger, der die Kolonie bis in ihr Fundament erschüttern sollte. Schon 1681, noch ehe die Spanier die

Kolonie an Frankreich abgegeben hatten und zu einer Zeit, als es bei einer Gesamtbevölkerung von nur sechstausend Einwohnern genauso viele zur Arbeit verpflichtete Weiße gab wie Afrikaner, war Maroonage ein Wort, das für eine gefürchtete Drohung stand. Zwei Jahre zuvor hatte in einer der frühesten belegten Revolten ein Sklave namens Padrejean seinen Herrn umgebracht und eine Bande von zwanzig Afrikanern um sich geschart mit dem Ziel, jedem Weißen im Land den Hals umzudrehen. Die Revolte schlug fehl, aber Vorfälle solcher Art erregten die Aufmerksamkeit des Königs und führten zu dem Edikt von 1685, einem Gesetz, das neben anderen Bestimmungen verfügte, daß jedem gefangenen Maronneger die Ohren abgeschnitten und die königliche Lilie in die Schulter eingebrannt werden sollte; bei einer Wiederholung des Vergehens sollten die Kniesehnen durchgeschnitten und ein zweites Zeichen auf die andere Schulter eingebrannt werden. Die Veröffentlichung dieses Erlasses war symptomatisch für die wachsenden Sorgen der freien Weißen, eine Angst, die in Hysterie umschlagen sollte, als die Zahl der Sklavenbevölkerung in die Höhe schnellte. Seit den frühen Jahren des 18. Jahrhunderts wurden aufrührerische Verschwörungen, geheimnisvolle Morde und Gerüchte einer bevorstehenden Katastrophe zu einem Hauptthema des Lebens in der Kolonie. Giftmischerei war schon 1798, also noch zwei Jahre bevor Macandal überhaupt von der Plantage floh, so weit verbreitet, daß sie durch einen besonderen Erlaß des Königs verboten wurde. Die politische Bedeutung von Gift als Waffe der Sklaven und heimtückische Bedrohung der Pflanzer wurde offenkundig, als man Medor, einen Führer der Maronneger, gefangennahm. »Wenn Schwarze Giftmorde begehen«, erklärte er seinen Häschern, »dann mit dem Ziel, die Freiheit zu erlangen.«

In den letzten Jahren der französischen Herrschaft war es allen völlig klar, daß die Gier des ganzen Systems die Kolonie auf einen Weg gebracht hatte, der sie am Ende zerstören mußte. Nur die Aussicht auf riesige Gewinne kann der Grund dafür gewesen sein, daß die Weißen so völlig blind waren angesichts der Katastrophe, die da auf sie zukam. Pflanzer, die gar nicht mehr auf ihrer Plantage wohnten, versuchten, immer mehr Besitztümer zusammenzuraffen, bis die Grenzen der Plantagen aneinanderstießen und sich dann, insbesondere um den steigenden Bedarf an Kaffee decken zu können, immer höher in die Berge hinaufschoben, wo sie Banden von Maronnegern aufschreckten und ironischerweise dazu zwangen, immer mehr vom Plündern zu leben. In der Zwischenzeit hatte der unersättliche Verbrauch an Arbeitskräften die Zahl der Sklaven in nur fünfzehn Jahren verdoppelt. Glaubten die Weißen tatsächlich, noch viel länger nahezu eine halbe Million Schwarze unter Kontrolle halten zu können? Schwarze Sklaven, von denen die überwiegende Mehrheit in Afrika geboren und tief von ihrer kriegerischen Tradition durchdrungen war, die sie Königreiche von der Größe eines halben Kontinents hatte aufrichten lassen.

Wie Macandal bereiteten die Sklaven ihre entscheidende Revolte sorgfältig vor. Sie spannen ihre Fäden, Deserteure ließen die Reihen der Maronneger anschwellen, und die Nächte hallten wider von den dröhnenden Klängen der Rebellion. 1786 berichtete ein Informant von geheimen Treffen, die auf den Plantagen abgehalten wurden und an denen zweihundert und mehr Sklaven teilnahmen. Ein zeitgenössischer Bericht führt aus, daß »viel über den Aberglauben und die Geheimgesellschaften der Sklaven gesagt wurde, und die Ränke und Verbrechen, für die sie ein Vorwand waren – Giftmord, Kindermord ... Weiße waren zu diesen geheimen Treffen nicht zugelassen, und schriftlich fixierte Gesetze wurden gewöhnlich geheimgehalten oder vernichtet.«

Ausgehend von diesen nächtlichen Versammlungen und über die Ekstase der Vodoun-Rituale verbreitete sich die Idee der Freiheit. Die Banden der Maronneger nahmen an Zahl und Umfang zu, und die Namen ihrer Anführer – Hyacinthe, Macaya, Romaine La Prophétesse – verbreiteten sich in den Reihen der Sklaven. Die Krise kam im Sommer 1791, und der Funke entzündete sich bei einer Vodoun-Zeremonie, zu der Gesandte aller Plantagen des nördlichen Flachlands gekommen waren.

Die historische Versammlung war von einem der Anführer der Maronneger, Boukman Dutty, einberufen worden und wurde auf einer versteckten Bergkuppe beim Bois Caiman in der Nähe von Morne-Rouge abgehalten. Dort stand am 14. August 1791, als Windböen über den Boden fuhren und zu allen Seiten mit lautem Krachen gezackte Blitze niederfuhren, unter den dürren Ästen einer schwankenden Akazie eine alte Frau wie versteinert in der Nacht und zitterte unter den Anfällen der Besessenheit. Die Stimme Ogouns des Kriegers, des Gottes des Feuers und der Erze, verlangte nach dem langen Messer und trennte mit einem einzigen Hieb den Kopf des schwarzen Schweines von Afrika ab, so daß das Blut schäumend herausspritzte. Die Namen derer, die führen sollten, wurden genannt – Boukman selber, Jean François, Biassou und Jeannot –, und einer nach dem anderen schworen die vielen hundert anwesenden Sklaven Treue. Dann stand Boukman auf und rief mit einer Stimme, die dem rasenden Wind nicht nachstand: »Gott, der die Sonne über uns leuchten läßt, der das Meer aufwühlt und den Donner rollen läßt, hört mich an, ihr alle, dieser erhabene Gott sieht jetzt, in den Wolken verborgen, auf uns herab. Er sieht die Taten der Weißen. Der Gott der Weißen will Blut; unser Gott will nur Segen. Aber dieser Gott, der so gut ist, führt euch jetzt den Weg der Rache! Er wird unsere Waffen lenken, er wird uns beistehen. Stürzt das Bildnis des Gottes der Weißen zu Boden, der nach unseren Tränen dürstet, und hört auf die Stimme der Freiheit, die zu unseren Herzen spricht.« So wurde das Bündnis für den entscheidenden Aufstand besiegelt, im Schatten der Loa und mit dem Blut des Opfers.

Zwei Tage später brannte die erste Plantage, und in der Nacht des 21. August erhoben sich die Sklaven von fünf Plantagen im Umkreis von Macandals ehemaligem Wirkungsbereich und marschierten auf das Zentrum von Limbé zu. Am nächsten Morgen stand Acul in Flammen und Limbé war zerstört. Den ganzen folgenden Tag über wurde der Aufstand vom Klang der Muscheltrompeten begleitet, während im Norden eine Siedlung nach der anderen fiel – Plaine du Nord, Dondon, Marmelade, Plaisance. In

einer einzigen Nacht unbeschreiblichen Grauens wurden tausend Weiße getötet und zweitausend Anlagen zerstört, die der Kaffee- und Zuckerrohrverarbeitung gedient hatten. Tagelang standen schwarze Rauchsäulen über einer Flammenwand, die die ganze nördliche Hälfte der Kolonie abtrennte. Feuer regnete aus Wolken brennenden Strohs herab, das man eilig auf den Feldern geschnitten und mit sogenannten Feuerkugeln in die Luft katapultiert hatte. Asche bedeckte das Meer, und der Widerschein eines ganzen Landes in Flammen rötete noch auf den entfernten Bahamas die Wolken.
Als nach den ersten Wochen der Erhebung die Zerstörungswut erst einzelnen Scharmützeln und dann regelrechten Schlachten mit der kolonialen Miliz wich, sammelten sich die Sklaven um bestimmte Anführer, die ihre Inspiration von den Göttern selbst bezogen. In der westlichen Provinz marschierte Romaine La Prophétesse zur Musik von Trommeln und Muschelhörnern, an der Spitze eines Gefolges von Houngan, die im Singsang verkündeten, daß die Waffen der Weißen, ihre Kanonen und Musketen, nur aus Bambus bestünden und ihr Schießpulver nichts als Staub sei; seine Leibwache trug nur lange Kuhschwänze, die von den Geistern gesegnet waren und deshalb die Kugeln der Weißen ablenken konnten. Das Gefolge Biassous bestand aus Zauberern und Magiern, und in seinem Zelt wurden viele heilige Dinge, Amulette und Gegenstände der Anbetung, verwahrt. In seinen Lagern brannten nachts große Feuer, in deren Licht Frauen die Geister anriefen und dabei Worte sangen, die man nur in »den Wüsten Afrikas« gekannt hatte. Triumphierend zog Biassou über das Land. Seine Leute feuerte er damit an, daß er ihnen erzählte, sie würden, wenn sie das Glück hätten, in der Schlacht zu fallen, in ihrer afrikanischen Heimat wieder auferstehen, um ihre alten Stämme neu zu befruchten. Ein zeitgenössischer Bericht von Cap Francis spricht davon, daß die schwarzen Frauen der Hauptstadt nachts ins Freie traten und in einer den Weißen unverständlichen Sprache zu singen begannen. Eine Zeitlang »trugen sie fast alle dieselbe Kleidung, ein um den Bauch geschlungenes Tuch, haupt-

sächlich rot ... Der Voodoo-König habe eben den Krieg erklärt (sagten sie), und begleitet von der Königin, die ein rotes Kopftuch trug und kleine Glöckchen klingeln ließ, mit denen die Kiste verziert war, in der sich die Schlange befand, marschierten sie zum Angriff auf die Städte der Kolonie«.

Wenn der Aufstand vom Vodoun-Kult die Kraft erhielt, um überhaupt loszuschlagen, so stammten Taktik und Organisation der Rebellenbanden direkt von dem Vorbild der Maronneger her. Immer kühnere Rebellenscharen kamen aus den Bergen, um die Plantagen zu verwüsten, die Verkehrswege zu unterbrechen und Versorgungszüge zu plündern. Die Überfälle erfolgten bei Nacht, und die Aufständischen ließen Feuer, Gift und Leichen zurück, wenn sie sich im Morgengrauen wieder in die zahllosen unzugänglichen Schluchten und Klammen des Landes zurückzogen. Dort lebten sie, wie sie es schon immer getan hatten, beschützt von Palisaden, einem Ring von Wachposten und, was ganz entscheidend war, der wirkungsvollen Magie ihrer Zauberer. Eine französische Armee von rund zweitausendvierhundert Mann, die Anfang Februar 1792 aufgebrochen war, um die Lager der Rebellen zu überfallen und zu zerstören, berichtete, daß »man erstaunt war, entlang der Marschroute lange Stangen in den Boden gesteckt zu sehen, an die tote Vögel geheftet worden waren ... Auf der Straße lagen in Abständen aufgeschlitzte Vögel, um die herum Steine angeordnet waren, sodann ein Dutzend zerbrochene Eier, um die man große Kreise gezogen hatte. Man stelle sich unsere Überraschung vor, als wir plötzlich Neger herumhüpfen sahen und über 200 Frauen, die sich vollkommen sicher fühlten und tanzten und sangen ... Die Voodoo-Priesterin war nicht geflohen ... sie sprach aber kein Kreolisch ... Die Männer wie auch die Frauen sagten, daß es keine menschliche Gewalt über sie gebe ... sie gehörte dem Voodoo-Glauben an.« Überall stieß der Anführer der französischen Expedition auch auf den Mantel der Geheimhaltung, der die Rebellen schützte wie schon die Maronneger. Von einer Frau, die zu den Eingeweihten gehörte, erfuhr er, daß es »eine Parole gab, aber sie wollte sie mir unter keinen Umständen verraten ... Sie zeigte mir allerdings das Handzeichen zur Erkennung: In gewisser Hinsicht ähnelte es dem der Freimaurer. Sie erzählte mir davon wie von einem Geheimnis und versicherte mir ... daß ich umgebracht oder vergiftet würde, wenn ich den Versuch unternahm, in das große Geheimnis der Sekte einzudringen.«

Vielleicht war es das Unglück der ehemaligen Sklaven, daß nicht nur sie von der Freiheit träumten. Schon seit einiger Zeit herrschten Spannungen zwischen den weißen Pflanzern und den freigelassenen Mulatten. Obwohl letztere zahlenmäßig den Weißen gleichkamen und nach dem Gesetz die gleichen Rechte beanspruchen konnten wie die französischen Bürger, wurden sie in Wirklichkeit als eigene Klasse behandelt. Soziale Diskriminierungen gröbster Art hatten sie verbittert, während zur gleichen Zeit die nachdrückliche Ausübung ihres Rechts auf Eigentum sie außerordentlich reich und mächtig gemacht hatte; für die Franzosen war das eine gefährliche Kombination, vor allem, als sich die Freigelassenen auch noch von den aufständischen Ideen aufstacheln ließen, die den Revolutionen in Amerika und Frankreich entsprangen. Noch vor der Erhebung der Sklaven hatte eine Streitmacht von Mulatten die Regierung bedroht und die volle Verwirklichung des von der revolutionären Versammlung in Paris ausgearbeiteten Abkommens gefordert. Zwar erstickte ihr Aufstand schon im Keim, ihre Anführer wurden später grausam gefoltert, aber es war dies das erste Anzeichen eines Kampfes, der Weiße und Mulatten gegeneinander ausspielen sollte, Weiße gegen Mulatten, die mit den Schwarzen verbündet waren, und Mulatten gegen Weiße, die manchmal für, manchmal gegen die Interessen der Schwarzen arbeiteten. Das Ergebnis war eine Periode heilloser Verwirrung, von Chaos und Zerstörung. Zwei Jahre später waren die Franzosen nur noch im Besitz der Städte, die Schwarzen hatten sich auf dem Land festgesetzt, während die Mulatten noch immer zwischen beiden Stühlen saßen.

Im Februar 1793 veränderte sich die Lage der Revolution auf Haiti von Grund auf durch den Krieg, der in Europa zwischen dem republikanischen Frankreich und dem mit Spanien verbündeten England ausbrach. Zu den Problemen der Kolonialbehörden, die bereits über die politischen Ereignisse in Paris in Sorge und durch die Erhebung der Sklaven gelähmt waren, sodann durch den Machtkampf zwischen den Pflanzern auseinandergerissen wurden, kam jetzt noch zusätzlich die Bedrohung durch eine feindliche Armee hinzu, die von der spanischen Kolonie Santo Domingo auf dem Landweg anmarschierte. Wie vorauszusehen war, verbündeten die Maronneger sich mit den Invasoren, und ihre Anführer Biassou und Jean François – Boukman war damals bereits tot – wurden Offiziere der spanischen Armee. Genauso handelte Toussaint, ein ehemaliger Sklave, der erst einige Monate nach dem Aufstand der Sklaverei entronnen war, jetzt allerdings am Anfang eines kometengleichen Aufstiegs zur Macht stand.

Schon vor der spanischen Invasion in harter Bedrängnis, waren die Franzosen jetzt gezwungen, mit den Maronnegern zu verhandeln, und im Sommer 1793 schafften die Kolonialbehörden unter dem Druck der Rebellenführer die Sklaverei ab. Bald erkannten die Maronneger aber, was diese Erklärung bedeutete – nicht mehr als einen verzweifelten Versuch, die explosive Stimmung unter den Schwarzen zu entschärfen und zugleich die Struktur der kolonialen Wirtschaftsordnung im wesentlichen aufrechtzuerhalten. Biassou und Jean François wiesen das französische Angebot zurück und blieben als Antwort Verbündete der Spanier, die ihnen bedingungslose Gleichberechtigung zugesichert hatten. Toussaint allerdings wechselte aus Gründen, die erst im Licht der folgenden Ereignisse deutlich werden sollten, wieder zur französischen Partei über. Damals, zu einer Zeit also, in der er fraglos gegenüber den prominenten Anführern der Maronneger der Schwächere war, lauerten Toussaint und seine Truppen Biassou und Jean François auf deren Lagerplätzen auf, töteten viele von ihren Gefolgsleuten und lieferten die Überlebenden den französischen Behörden aus.

Toussaint handelte schnell, um seine Position zu festigen, und 1797 schließlich, nach dem Sieg über zwei ausländische Armeen sowie eine rivalisierende Streitmacht der Mulatten, war der ehemalige Sklave, der getauft jetzt Toussaint L'Ouverture hieß, unumschränkter Herrscher von ganz Saint Domingue. In der folgenden Zeit arbeitete er daran, unter französischer Herrschaft Ordnung und Wohlstand der Kolonie wiederherzustellen. Es konnte keinen Zweifel geben, an welche Art Kolonie dabei gedacht war. Obwohl das Volk theoretisch frei war, wurde es in einer Weise zur Arbeit gezwungen, die an genau das System erinnerte, für dessen Umsturz es so verzweifelt gekämpft hatte. Toussaints selbstherrliche Erlasse verboten den Kontakt der Plantagen untereinander und zwangen alle, die keinem Handwerk in der Stadt nachgingen, auf die Felder, wo unter militärischer Überwachung gearbeitet wurde. Es stimmt, daß Toussaint die schlimmsten Auswüchse an Grausamkeit aus der Zeit der Kolonisten beseitigte, aber die eigentliche Struktur des Plantagensystems blieb dieselbe, wie die Franzosen es beabsichtigt hatten. Was den traditionellen Glauben des Volkes anging, so hatte Toussaint als überzeugter Katholik keinerlei Interesse an einer Religion, die für ihn heidnischer Aberglaube aus Afrika war.

Wenn es noch Zweifel über die Ziele der neuen schwarzen militärischen Elite gab, so sollten sie durch die Ereignisse getilgt werden, die auf die Invasion der französischen Armee Leclercs 1801, den Verrat Toussaints durch Napoleon und seine schmachvolle Deportation nach Frankreich folgten. Die Franzosen hatten natürlich nie im Sinn gehabt, eine schwarze Regierung in der Kolonie zu dulden, und schon zu der Zeit, als Toussaint damit beschäftigt war, die Plantagen wieder aufzubauen, wurden in Paris Pläne für seinen Sturz ausgearbeitet. Napoleon selber sah mit klarem Blick, wer sein wirklicher militärischer Gegner in der Kolonie war, und beauftragte seinen Schwager damit, seine Bemühungen nach der Deportation Toussaints auf die Vernichtung der letzten Banden der Maronneger zu konzentrieren. Wie in Paris vorausgesehen, konnte der französische Befehlshaber diese Aufgabe ortsansässigen Generälen überlassen, die vor gar nicht so langer Zeit noch unter Toussaint gedient hatten – insbesondere Dessaline und

Christophe, die sich geschichtlichen Quellen zufolge mit ihren Truppen bereitwillig in das Gemetzel stürzten.
Auch jetzt noch leisteten die Maronneger Widerstand. Als der Druck auf sie stieg, nahm ihre Armee endlich auch schwarze Freigelassene sowie Mulatten in das Bündnis auf, in dem sie gemeinsam den Unabhängigkeitskrieg führen wollten. Es kam zu einer Reihe offener Feldschlachten, zugleich aber besteht wenig Zweifel, daß es die altbewährte Taktik der Maronneger war – Raubzüge zu führen, Feuer, Gift und Hinterhalte zu legen –, die den Sieg errang. Dennoch waren sie nach der endgültigen Niederlage der Franzosen genauso schnell vergessen wie nach den Kriegen Toussaint L'Ouvertures. Die selbstherrlichen Despoten, die in dem Vakuum der Unabhängigkeit auftauchten, beeilten sich zu zeigen, wie sehr ihnen Freiheit und Gleichheit am Herzen lagen. Christophe – ein ehemaliger Sklave, der auf der Seite Toussaints gekämpft, an dem treulosen Überfall auf die Truppen Biassous und Jean François' teilgenommen und dann eine Zeitlang mit den französischen Truppen Leclercs kollaboriert hatte – wurde 1806 Herrscher der nördlichen Hälfte des Landes. Er erklärte sich selbst zum König, und nach der Art von Königen verschwendete er das Leben von zwanzigtausend Untertanen, um sich einen prächtigen Palast zu bauen und eine Festung, aus der nie ein Schuß abgefeuert werden sollte.
Mit Christophe schien der Verrat der Maronneger vollständig, in Wirklichkeit aber ging ihr Kampf weiter. Diejenigen ihrer Anführer, die noch am Leben waren und die wesentlich zum Fortgang des Aufstands beigetragen hatten, waren seit langem an Betrug gewöhnt und, wenngleich ohnmächtig, so doch auch immun dagegen. Als sie sich in den ersten Jahren der Republik neuen Unterdrückern gegenübersahen, fanden sie auch neue und bemerkenswerte Mittel, ihre Freiheit zu verteidigen.
Vor etwa fünfzig Jahren stieß Zora Neale Hurston, eine junge schwarze Amerikanerin, die bei dem großen Ethnographen Franz Boas studiert hatte, während der Vorbereitungen für ihre erste Forschungsreise nach Haiti auf ein außergewöhnliches Geheim-

nis. In der zu jener Zeit vielleicht einzigen zuverlässigen Monographie über die Vodoun-Gesellschaft las sie, daß es im Tal Mirebalais Geheimgesellschaften gab, die die Bewohner des Umlands terrorisierten. Dem Verfasser zufolge, bei dem es sich um den bekannten Afrikanisten Melville Herskovits handelte, wurden diese geheimen Organisationen zur Nachtzeit dadurch einberufen, daß man zwei Steine auf eine Weise gegeneinander schlug, die an die Zangbeto erinnerte, eine Geheimgesellschaft, die Herskovits in Dahomey erforscht hatte. Die Furcht vor diesen Gruppen auf Haiti war so groß, daß Herskovits nur unter größten Schwierigkeiten zwei Namen erfahren hatte. Die eine Gesellschaft, deren Mitglieder sich nachts einfanden und dabei »Hörner trugen und Kerzen hielten«, hieß *bissago*, die andere *les cochons sans poils*, die Schweine ohne Haare. Beide Gesellschaften standen in dem Ruf, daß sie ihre Mitglieder in Tiere verwandeln und in die Nacht ausschicken konnten, um im Dienst des Bösen zu wirken.

Obwohl dies der erste Bericht über Geheimgesellschaften auf Haiti war, den Zora Neale Hurston zu Gesicht bekam, war sie über das Fortleben eines so herausragenden Charakterzugs der westafrikanischen Kultur nicht überrascht. Denn schon in frühem Alter hatte sie, geboren um die Jahrhundertwende in einem kleinen, ausschließlich von Schwarzen bewohnten Dorf Floridas, ein Gespür für die afrikanischen Wurzeln ihrer Leute entwickelt. Ihr Vater war Priester der Baptisten, und in der wilden Ekstase seines Gottesdienstes, den wehklagenden Liedern des Gesangbuches, den Predigten und der Besessenheit des Geistes hatte sie schon als junges Mädchen etwas wahrgenommen, was sie dann als die rohe Gewalt afrikanischer Rituale erkennen sollte. Nach dem Tod ihrer Mutter mußte Zora im Alter von neun Jahren ihr Zuhause verlassen. Sie wurde in den Norden verschlagen, wo sie als Dienstmädchen für eine fahrende Theatertruppe arbeitete, bis sie zuletzt in Baltimore landete und dort ihre Schulausbildung beendete. Sie hatte Glück, ihr Interesse für Literatur und Volkskunde führte sie an die Howard University und von dort mit

einem Stipendium nach Columbia. Hier lernte sie Boas kennen, ihren »Papa Franz«, Vertrauten, geistigen Mentor und stärksten Beistand.
Franz Boas war damals gerade darangegangen, die Disziplin der Anthropologie zu revolutionieren. In einer Zeit, in der die britische Sozialanthropologie immer noch ein offenkundiges Werkzeug des Imperialismus war, lehnte er willkürliche Vorstellungen von Fortschritt und Evolutionstheorien, die die westliche Gesellschaft unweigerlich auf die oberste Sprosse der sozialen Leiter stellten, entschieden ab. Statt dessen vertrat er die Meinung, daß man jede Kultur von dem ihr innewohnenden Wertsystem her ergründen müsse. Jede Kultur besitzt eine eigene Logik, pflegte er zu sagen, und dem Außenseiter erscheint sie seltsam, weil er diese Logik nicht versteht. Mehr als alle anderen vor ihm sah Boas in der Anthropologie eine Berufung, eine Möglichkeit, das Wunder kultureller Vielfalt zu verkünden und damit zugleich die verschlungenen Fäden des Menschlichen aufzudecken, die uns alle miteinander verbinden. Dem Geist ihres Lehrers folgend, war Zora Neale Hurston unter den ersten, die auf dem Gebiet afroamerikanischen Volkstums wissenschaftlich forschten. In einer Zeit, in der Rassismus an der Tagesordnung war, getraute sie sich zu schreiben, daß die »Medizinmänner der Hoodoo [des amerikanischen Südens] eine Religion ausüben, die in jeder Hinsicht so streng geregelt ist wie die der katholischen Kirche.«
Angeregt von Boas, der die Notwendigkeit der Feldforschung betonte, entwickelte Zora Neale Hurston ihre ganz persönliche Vorgehensweise, um es einmal so auszudrücken. Mit einer Pistole im Gepäck, deren Griff mit Perlmutt ausgelegt war, kurvte sie in einem zerbeulten Chevrolet über die staubigen Nebenstraßen im tiefen Süden, stets auf der Suche nach Hoodoo-Medizinmännern, Gitarrenspielern und Geschichtenerzählern, wobei sie selber ungefähr so viele Rollen spielte, wie es Personen in den Geschichten gab, die sie sammelte. Manchmal wurde sie für die Frau eines Schiebers gehalten, die sich gerade auf der Flucht befand, manchmal für eine Witwe auf der Suche nach einem Mann. Und wenn

sie dann wieder wegbrauste und dazu ein unanständiges Lied sang, waren alle davon überzeugt, daß sie beim Kabarett war und sich nach neuem Material umsah. Ausstaffiert mit einer Baskenmütze und billigen Baumwollkleidern und auf dem Rücksitz einen ramponierten Koffer, in den sie alles, was sie besaß, gestopft hatte, bereiste diese erstaunliche Frau jeden Flußarm und jedes Wäldchen des Südens. Sobald sie ein Ziel erreicht hatte, praktizierte sie das, was bei Anthropologen geziert praxisorientierter Anschauungsunterricht heißt, bis zu seiner äußersten Grenze. Um den Anordnungen eines Hoodoo-Priesters nachzukommen, mußte sie einmal eine schwarze Katze stehlen und dann töten, indem sie sie in kochendes Wasser warf; als das Fleisch abgefallen war, mußte sie jeden Knochen ablecken, bis sie einen fand, der bitter schmeckte. Während einer Initiationszeremonie in New Orleans mußte sie neunundsechzig Stunden lang nackt und mit einer Schlangenhaut auf dem Nabel auf einer Couch liegen; als die siebzigste Stunde schlug, hoben fünf Männer sie vom Boden auf und begannen ein langes Ritual, auf dessen Höhepunkt ein symbolischer Strich als Blitz quer über ihren Rücken gemalt wurde. Dann ließ der Hoodoo-Priester eine Schale mit Wein herumgehen, dem das Blut aller Anwesenden beigemischt war. Nur dadurch, daß sie an diesem rituellen Umtrunk teilnahm, konnte Zora Neale in den Kult aufgenommen werden.

Es war dieser Abenteuergeist in Verbindung mit dem leidenschaftlichen Verlangen, ihre Untersuchungen fortzusetzen und Vodoun als eigenständige und komplexe Religion darzustellen, der Zora Neale Hurston nach Haiti zog. Es besteht kaum Zweifel, daß die geplante Reise zu dem Zeitpunkt, als sie von den Geheimgesellschaften las, bereits eine Art persönlicher Kreuzzug geworden war. Eine Zeitlang hatten die Auslandskorrespondenten aus Amerika und Europa dem perversen Appetit ihrer Leser auf Nachrichten von der sogenannten Schwarzen Republik Rechnung getragen, die sie mit allen nur erdenklichen Erfindungen ihrer Phantasie ausgeschmückt hatten. Besonders für Amerikaner war Haiti ein Art kleines Afrika in der Nachbarschaft, dunkel, unheilschwanger, sinnlich und schrecklich unanständig. Beliebte Bücher jener Tage mit so anregenden Titeln wie *Cannibal Cousins* (Die Vettern Kannibalen) und *Black Bagdad* (Schwarzes Bagdad) verzerrten die ganze Nation zu einer Karikatur, einem verarmten Land, in dem ununterbrochen die Trommeln dröhnten, eingebildete Hanswurste regierten und Sumpfdoktoren, liederliche Frauen und Kinder, die man für den Kochtopf mästete, lebten. Die meisten dieser Reiseberichte wären schnell wieder in Vergessenheit geraten, wenn sie nicht zu einem ganz bestimmten und keineswegs zufälligen Zeitpunkt veröffentlicht worden wären. Die meisten Bücher, die sich bis zum Erscheinen des ersten Werkes dieser Machart 1880 – Spenser St. Johns *The Black Republic* (Die schwarze Republik) mit seinem unverfrorenen Bericht über einen »Kongobohneneintopf« der Kannibalen – mit dem Vodoun-Kult beschäftigten, hatten nur die Rolle hervorgehoben, die er im Aufstand der Sklaven gespielt hatte. Diese neuen und marktschreierischen Bücher aber, in denen auf jeder Seite von Kultobjekten wie Voodoopuppen die Rede war, die es nicht einmal gab, dienten einer ganz speziellen politischen Absicht. Es war kein Zufall, daß viele von ihnen in den Jahren der amerikanischen Besatzung (1915–1934) erschienen und daß jeder Marinesoldat über dem Rang eines Kapitäns sich scheinbar mühelos einen Vertrag für ein Buch sichern konnte. Es gab viele solcher Bücher, und alle hatten sie der amerikanischen Öffentlichkeit eine wichtige Mitteilung zu machen – ein Land, in dem sich solche Scheußlichkeiten ereigneten, konnte nur durch eine militärische Besetzung gerettet werden. Zora Hurston kannte diese verleumderischen Berichte so gut wie jedermann, und sie verstand schnell, wie sehr das Material, das sie im Süden Amerikas gesammelt hatte, in dieser Richtung ausgenützt werden konnte, wenn es in die falschen Hände geriet. Es war also nicht nur ein erfahrenes, sondern auch ein klug taktierendes Auge, das sich jetzt auf die Geheimgesellschaften Haitis richtete.

Gleich in den ersten Wochen auf Haiti hörte Zora Hurston, die willkürlich durch die Straßen von Port-au-Prince kreuzte, das

Flüstern, das bei Einbruch der Dunkelheit über das Land strich; zuerst nur vereinzelt, bei verschiedenen Vorfällen, die für sich standen und sich zu keinem ersichtlichen Muster zusammenschlossen. Am Anfang war es die Trommel, die eines Tages oberhalb ihres Dorfes erklang, ein schnelles Stakkato, das sich stets aufs neue wiederholte und keinem der Rhythmen glich, die sie je in einem Honfour gehört hatte. Sie weckte ihr Hausmädchen und wollte mit den Nachforschungen beginnen, wie sie es schon wiederholt getan hatte. Statt der eifrigen Begleiterin aber, als die Zora Neale sie kannte, sah sie jetzt ein zitterndes Kind vor sich stehen, das sich weigerte, über die Schwelle ihres Hauses zu treten. Einige Wochen später und wieder bei Nacht wurde Zora Neale Hurston durch den beißenden Geruch brennenden Kautschuks in ihrem Hof geweckt. Als sie den Mann, der den Qualm verursacht hatte, daraufhin fragte, lieferte er eine wortreiche Entschuldigung ab, erklärte aber, daß das Feuer notwendig gewesen sei, um die *cochons gris* zu vertreiben, die ihm sein Kind nehmen wollten, die Grauen Schweine, von denen er behauptete, daß sie Menschenfresser seien. Offenbar hatte er sie schon am Haus vorbeimarschieren sehen, in rote Gewänder und Kapuzen gekleidete Gestalten. Noch ein dritter Vorfall ereignete sich auf einem Segelboot auf dem Weg nach La Gonave, einer Insel, auf der sie eine Einheit der Miliz traf, die den Auftrag hatte, eine Gesellschaft auszuheben, die ihren Stützpunkt in einer entlegenen Region der Insel hatte. Genaueres war nicht zu erfahren; auf die wenigen Worte folgte nervöses Schweigen, das Zora Hurston als Furcht deutete. Wieder zurück in der Hauptstadt, kam sie durch die Vermittlung eines Bekannten zum Haus eines Houngan in den Bel Air Slums, und dort sah sie einen Tempel, der keinem der Tempel ähnelte, die sie bisher gesehen hatte. Im Innern des Heiligtums lag ein riesiger schwarzer Stein an einer schweren Kette, die an einer Eisenstange befestigt war, deren Enden im Mauerwerk der Wände staken. Als sie vor dem Stein stand, reichte ihr der Gastgeber ein altes, vergilbtes Papier, das mit den Zeichen einer Geheimsprache bedeckt war und mit dem *mot de passage* – dem Kennwort der Geheimgesellschaft, die den Namen Cochons Gris trug.

Nachdem sie dieser und weiteren Spuren nachgegangen war, konnte Zora Neale nach Ablauf einiger Monate ein erstaunliches Porträt der haitischen Geheimgesellschaften zusammenfügen. Ihren Informanten zufolge trafen sie sich bei Nacht, einberufen durch einen besonderen, hohen Trommelwirbel. Die Mitglieder erkannten einander durch eine ritualisierte Form der Begrüßung, die sie bei ihrer Initiation gelernt hatten, und durch Ausweispapiere – die Pässe. In der Beschreibung eines nächtlichen Treffens spricht Zora Neale von einem den Vorsitz führenden Kaiser, der von einem Präsidenten, Ministern, Königinnen, Offizieren und Dienern begleitet wird, die sich alle mitten in einem ekstatischen Tanz und rituellen Gesängen befinden. Zora Neale beschreibt das als eine »brodelnde Hölle von Lärm und Bewegung«. Die ganze Menge formierte sich zu einer Prozession, marschierte über Land und grüßte die Geister an den Wegkreuzungen, immer wieder vermehrt durch dazustoßende weitere Mitglieder, bis man sich dann auf dem Friedhof versammelte, um Baron Samedi, den Hüter des Kirchhofs, anzurufen und ihn um einen »Ziegenbock ohne Hörner« zu bitten, den man opfern konnte. Mit der Erlaubnis der Geister durchkämmten, bewaffnet mit Seilen aus den getrockneten Eingeweiden von Opfern, Kundschafter das Land auf der Suche nach einem Reisenden, der in seinem Leichtsinn noch nach Einbruch der Dunkelheit unterwegs war. Wenn der Unglückliche keinen Paß vorweisen konnte, der seine Mitgliedschaft zu einer Gesellschaft und damit das Recht, nachts unterwegs zu sein, belegte, nahm man ihn fest, um ihn zu bestrafen. Wie aus ihren Schriften hervorgeht, war Frau Hurston leider nie in der Lage, selbst einem dieser Treffen beizuwohnen. Vielleicht konnte sie deswegen keinen Blick hinter die äußere Fassade dieser Gesellschaften tun, einer Fassade, durch die sie, den Worten eines späteren Ethnologen zufolge, als »Banden von Zauberern und Verbrechern einer besonderen Sorte« erschienen. Ein Mitglied der obersten Schicht der Mulatten etwa sagte zu Frau Hurston:

Wir haben hier eine Geheimgesellschaft, die von der ganzen Bevölkerung Haitis verabscheut wird. Sie ist bekannt unter den Namen Sect Rouge, Vinbrindingue und Cochons Gris, und alle diese Namen bedeuten ein und dasselbe. Sie tun sich zusammen, um Menschenfleisch zu essen ... In der Zeit der Franzosen wurden diese Bestien durch die strengen Regelungen der Sklaverei im Zaum gehalten. Aber während der Unruhen zu Beginn der eigentlichen Geschichte Haitis fingen sie mit ihren geheimen Treffen an und waren gut organisiert, noch ehe die Öffentlichkeit von ihnen wußte ... Es ist nicht schwer zu verstehen, warum sich Haiti auch heute noch nicht ganz von diesen abscheulichen Kreaturen befreien konnte. Die Gründe dafür liegen einmal in der völligen Geheimhaltung ihrer Aktivitäten und zum anderen in der Furcht, die sie verbreiten.
Auswüchse ihrer Umtriebe: Jemand stirbt nach kurzer Krankheit oder plötzlichem Schwächeanfall. In der Nacht seiner Beisetzung gehen die Vinbrindingue zum Friedhof, und die Kette um das Grab ist zerbrochen, das Grab entweiht ... und die Leiche weggezaubert.

Was waren nun diese Geheimgesellschaften eigentlich? Zora Neale Hurston gibt keine genaue Antwort. Sie schließt mit der neuerlichen Feststellung, daß sie im Verborgenen arbeiten und daß das Leben ihrer Mitglieder vom Vertrauen der Gruppe abhängt. Allerdings fällt auf, daß genau das, was sie beschreibt, ohne daß sie es hätte wissen können, die grundlegenden Schritte einer Zombie-Verwandlung sind. »Das Mitglied«, so schreibt sie, »das redet, wird sofort bestraft. Wenn ein Mitglied in den Verdacht der Geschwätzigkeit fällt, wird er oder sie gründlich untersucht, aber mit der größten Geheimhaltung, so daß der Verdächtigte nicht merkt, daß er verdächtigt wird. Man folgt ihm und beobachtet ihn, bis er entweder für unschuldig oder schuldig befunden wird. Wird er für schuldig befunden, schwärmen die Henker aus, ihn zu fangen. In jedem Fall wird er auf ein Boot gebracht, das so weit hinaus fährt, daß vom Ufer her niemand eingreifen oder ihm zu Hilfe kommen kann. Nachdem man ihm den Grund seiner Verschleppung gesagt hat, packt ein Mann seine Hände und hält sie ihm auf den Rücken, während ein anderer sich seinen Kopf unter den Arm klemmt. Ein heftiger Schlag mit einem Stein hinter das Ohr betäubt ihn und schürft ihm zugleich die Haut auf. Dann wird ein schnell wirkendes, tödliches Gift in die Wunde gerieben. Gegen das Gift gibt es kein Gegenmittel, und das Opfer weiß das.«

Erst nahezu vierzig Jahre später konnte ein junger haitischer Anthropologe namens Michel Laguerre erste Antworten auf die durch Zora Neale Hurstons Forschungsarbeit aufgeworfenen Fragen geben. Im Sommer 1976 kam Laguerre mit einer Reihe Bauern zusammen, die eingeladen worden waren, einer Geheimgesellschaft beizutreten, später aber zum Protestantismus konvertiert waren und sich deshalb bereit fanden, zu reden. Ihrer Aussage zufolge gab es in allen Teilen des Landes Geheimgesellschaften, von denen jede ihr eigenes Gebiet kontrollierte. Die Namen waren von Region zu Region verschieden; dazu gehörten Zobop, Bizango, Vinbindingue, San Poel, Mandigue und, höchst interessant, Macandal. Mitglied wurde man auf Einladung und durch Initiation, die Mitgliedschaft stand Männern und Frauen offen und unterlag einer strengen Hierarchie. Laguerre fand heraus, daß es Pässe gab, den rituellen Händedruck und geheime Kennwörter, Banner, Fahnen, Uniformen in leuchtendem Rot und Schwarz sowie ein spezielles Arsenal von Geistern, Gesängen, Tänzen und Trommelwirbeln. Auch fiel ihm die zentrale Bedeutung der periodisch wiederkehrenden Rituale auf, die vollzogen wurden, um den Zusammenhalt der Gruppe zu stärken: Dabei handelt es sich um Treffen, die nur nachts stattfanden, mit einer Anrufung der Geister begannen und zuletzt in eine Prozession der Mitglieder einmündeten, über der eine Fahne mit dem Symbol der Gesellschaft wehte, der heilige Sarg, der *sekey madoule*.
Die Funktion der Geheimgesellschaften entsprach nach Laguerre

allerdings überhaupt nicht dem, was Frau Hurston berichtet hatte. Auf keinen Fall konnte man sie als verbrecherische Organisationen beschreiben. Im Gegenteil, nach Laguerres Kenntnissen waren sie das Gewissen der Landbevölkerung, eine Art politischer Arm der Vodoun-Gesellschaft, der vor allem die Aufgabe hatte, die Gemeinde zu schützen. Für Laguerre waren die Geheimgesellschaften Haitis wie diejenigen Westafrikas die wichtigsten eigenständigen Hüter der Kultur. Jede Gesellschaft war locker mit einem Hounfour verbunden, dessen Houngan als eine Art »Public Relations Manager« arbeitete und so die Verbindung zwischen den Geheimgesellschaften und der übrigen Welt herstellte. Die Gesellschaften waren in der Tat allgegenwärtig, so daß Laguerre sie die Knoten eines riesigen Netzes nannte, das, würde man seine Teile miteinander verbinden, eine mächtige Regierung im Untergrund war, die sich jederzeit in einer frontalen Auseinandersetzung mit dem Zentralregime in Port-au-Prince messen konnte. Und über den Ursprung dieser Geheimgesellschaften gab es für Michel Laguerre keinen Zweifel.
Seiner Meinung nach hatten die Maronneger in der Zeit nach dem Unabhängigkeitskrieg, eine Geschichte des fortgesetzten Verrats von seiten der militärischen Führer, ihren Kampf fortgesetzt. In manchen Teilen des Landes hatte es noch 1860 Banden von Maronnegern gegeben. Im ganzen gesehen allerdings hatte sich ihre Rolle verändert, als die ehemaligen Sklaven zu Landbesitz kamen und die Vodoun-Gesellschaft geboren wurde. Aus dem Kampf gegen die Franzosen wurde nun der Widerstand gegen eine neue Bedrohung des Volkes – durch die sich bildende wirtschaftliche und politische Elite in den Städten, die nicht mehr an ihrer Hautfarbe zu erkennen war, sondern an den Plänen, die sie für das Land und die Arbeit der Bauern aushecke. Doch während ein Krieg wie der gegen die Franzosen gewonnen werden konnte, versprach der neue Kampf zu einem beständigen Element des bäuerlichen Lebens zu werden. Die Maronneger, die eine offene und unabhängige Armee gewesen waren, gingen in den Untergrund und wurden zu einer geheimen Institution, die mit dem

Schutz der Vodoun-Gesellschaft beauftragt war. So entstanden die unmittelbaren Vorläufer der heutigen Geheimgesellschaften. Wie die Maronneger für Freiheit kämpften, so kämpfen die heutigen Geheimgesellschaften nach Laguerre dafür, »die Machtbefugnisse ihrer lokalen Gemeinden zu erhalten und andere Gruppen der Bevölkerung an der Bedrohung dieser Gemeinden zu hindern«.

Wenn Laguerre recht hatte – und seine Erklärung ist die einzige, die mir einleuchtet –, dann liegen die Folgerungen auf der Hand. Die maßgeblichen Köpfe der medizinischen Verwaltung in Port-au-Prince hatten mir gesagt, daß die Verwandlung eines Menschen in einen Zombie ein kriminelles Delikt sei, das im Interesse des allgemeinen Wohlbefindens der Nation angeprangert und ausgerottet werden müsse. Jetzt aber stellten sich die Zusammenhänge ganz anders dar. Aus der Perspektive der städtischen Elite mochte so etwas wie ein Verbrechen erscheinen, aber alles wies darauf hin, daß es in der Vodoun-Gesellschaft tatsächlich das Gegenteil bedeutete, eine soziale Sanktion, erlassen von anerkannten Korporationen, zu deren Aufgaben auch die polizeiliche Überwachung dieser Gesellschaft gehörte. Zombie-Verwandlungen waren für mich immer die schrecklichsten aller Schicksale. Jetzt aber begann ich einzusehen, daß sie, wenn meine Annahme stimmte, einer gewissen Notwendigkeit gehorchten. Und welche Form der Todesstrafe kann denn überhaupt als angenehm bezeichnet werden?

Von meinen eigenen Forschungen her wußte ich, daß in zumindest einigen Fällen die Herstellung des Zombie-Pulvers von den Geheimgesellschaften überwacht wurde und daß die Kenntnis der Gifte und ihrer komplexen pharmakologischen Eigenschaften in direkter Linie von den heutigen Gesellschaften zu den Banden der Maronneger zurückverfolgt werden konnte und noch weiter zurück zu den Geheimgesellschaften Afrikas. Es bestand kein Zweifel, daß Gerichte in Westafrika Gift verwandten, um die Mitglieder zu bestrafen, die aus dem verbindlichen Verhaltenscodex der Gesellschaft ausbrachen, und Frau Hurston hatte vermutet, daß es dieselbe Art von Sanktionen auch in den Geheimgesellschaften Haitis gab. Ich hatte allen Grund zu der Annahme, daß man Ti Femme und Clairvius Narcisse Gift verabreicht hatte und daß sie zur Zeit ihres Todes beide in ihren Gemeinden Ausgestoßene waren. Das Vergehen von Narcisse stand in direktem Zusammenhang mit dem Besitz von Land, also genau dem Fall, der nach Laguerre die ganz besondere Aufmerksamkeit der Geheimgesellschaft auf sich zog. Seinen eigenen Worten zufolge war Narcisse vor ein Gericht geschleppt worden, das ihn zu einer Strafe verurteilt hatte. Daß hier eine Entsprechung zu den Gerichten Westafrikas besteht, ist ziemlich offenkundig. Darüber hinaus hatte Narcisse von seinen Richtern als »Herren des Landes« gesprochen und angedeutet, daß er nur dann in größere Schwierigkeiten kommen würde, wenn er sich selbst Probleme schuf. Max Beauvoir schließlich hatte mir ohne Umschweife gesagt, daß die Antwort auf das Geheimnis der Zombies in den Beschlüssen der Geheimgesellschaften zu suchen sei.

Während meine Analyse des Zombie-Giftes eine materielle Grundlage für die Erklärung des Zombie-Phänomens erbrachte, so ermöglichte Michel Laguerres Arbeit zusammen mit den Informationen Max Beauvoirs und anderer zu guter Letzt eine soziologische Einordnung. Auch hier wieder verdanke ich einen entscheidenden Hinweis Zora Hurston.

Im Oktober 1936 fand man eine Frau, die im Artibonite-Tal nackt eine Straße entlang lief. Ihrem Wunsch entsprechend brachten die Behörden, denen man sie vorführte, sie zurück in die Heimat ihrer Familie. Dort wurde sie von ihrem Bruder identifiziert. Die Frau hieß Felicia Felix-Mentor. Sie kam wie Ti Femme aus Ennery und war vor neunundzwanzig Jahren plötzlich krank geworden, gestorben und begraben worden. Der Totenschein und die Aussage ihres ehemaligen Mannes und anderer Familienmitglieder schien ihre Behauptung zu bestätigen. Als sie gefunden wurde, war sie in einem so elenden Zustand, daß sie nach ihrer Identifikation in Ennery von der Behörde in ein Krankenhaus in Gonaives eingewiesen wurde, in dem Zora Neale Hurston mit ihr zusammentraf. Zora Hurstons eigenen Worten zufolge bot die Frau einen schrecklichen Anblick – ein »leeres Gesicht mit toten Augen« und Augenlidern, »so weiß, als hätte man sie mit Säure verbrannt«.

Zora Neale verbrachte nur einen Tag mit der Frau, die angeblich ein Zombie war, aber nach dieser Begegnung konnte sie der Welt so ziemlich alles sagen, was es über dieses Phänomen zu wissen gab. Leider glaubte ihr niemand. Später schrieb sie zum Beispiel darüber, wie sie und der diensthabende Arzt »in langen Gesprächen Theorien über die Schaffung von Zombies diskutierten. Unser Schluß war, daß es nicht darum geht, Tote wiederzuerwekken, sondern es sich um einen todesähnlichen Zustand handelt, der durch eine nur wenigen bekannte Droge herbeigeführt wird. Ein Geheimnis, das wahrscheinlich aus Afrika herrührt und von Generation zu Generation weitergegeben wird. Die Männer kennen die Wirkung der Droge und das Gegengift. Es ist offensichtlich, daß die Droge den Teil des Gehirns zerstört, der für Sprache und Willenskraft zuständig ist. Das Opfer kann sich bewegen und arbeiten, aber keinen Gedanken fassen. Die zwei Ärzte gaben mir zu verstehen, wie gern sie das Geheimnis gewußt hätten, sahen aber ein, daß dies unmöglich ist. *Diese Geheimgesellschaften sind in der Tat geheim* [Hervorhebung von mir].«

Als Zora Neale Hurston diese Hypothese 1938 in ihrem Buch *Tell My Horse* veröffentlichte, wurde sie in den Vereinigten Staaten ignoriert, während sie auf Haiti den Spott der intellektuellen Kreise auf sich zog. Das lag allerdings nicht daran, daß die Vorstellung eines solchen Giftes so unmöglich erschien. Im Gegenteil, die Vermutung war so verbreitet, daß seit dem Zeitpunkt praktisch jeder Student, der sich mit haitischer Kultur beschäftigte, darauf Bezug nahm. Typisch ist Alfred Métrauxs Formulierung, daß die »Hungan [sic!] das Geheimnis gewisser Drogen kennen, die einen vom Tod nicht unterscheidbaren lethargischen Zustand herbeiführen«. Und obwohl die meisten Anthropologen eine zwiespältige Haltung einnahmen, waren die Bewohner Haitis selbst mit einer solchen Gewißheit von der Existenz des Giftes überzeugt, daß im Strafgesetzbuch eigens darauf hingewiesen wurde.

Zora Neale Hurstons Problem war weniger eines ihrer Glaubhaftigkeit als vielmehr eines der Zeitumstände. Ihr Bericht erschien in eben jener Zeit, in der in modernen Methoden ausgebildete haitische Sozialwissenschaftler mit aller Kraft versuchten, dem Gedanken einer eigenen Berechtigung bäuerlicher Institutionen Geltung zu verschaffen. Diese Intellektuellen litten immer noch unter den reißerischen Büchern, die aus den Vereinigten Staaten gekommen waren und in ihren Augen die Bevölkerung Haitis auf verleumderische Weise falsch dargestellt und zugleich die amerikanische Besatzung gerechtfertigt hatten. Das Thema Zombie, das in diesen Büchern eine so wichtige Rolle gespielt hatte und später in zweitklassigen Hollywoodfilmen wieder spielen sollte, wollten sie für immer verbannt wissen. Mit dogmatischer Bestimmtheit wurde die peinliche Sache in den Bereich der Folklore verwiesen. Zora Neale Hurston aber, deren Erkenntnisse, wenn sie anerkannt und weiterverfolgt worden wären, das Geheimnis der Zombies schon vor fünfzig Jahren hätten lösen können, hatte den Hauptteil der Verachtung ihrer Kollegen zu ertragen.

Zur Verteidigung ihrer Kritiker muß gesagt werden, daß ihr Eintreten für die Gifthypothese aus verschiedenen Gründen verdächtig war. Zum einen bestanden viele Informanten darauf, daß die tatsächliche Verwandlung in einen Zombie ausschließlich von der Zauberkraft des Bokors abhing. Zweitens hatte, trotz der verblüffenden Geschichte der Felicia Felix-Mentor, noch nie ein Arzt einen über alle Zweifel erhabenen wirklichen Fall untersucht. Und schließlich war natürlich noch niemand in diesen Kult eingedrungen und hatte eine Probe des legendären Gifts erhalten. Mit ihrem Resümee konnte Frau Hurston ihre Position gewiß nicht stärken: »Das Wissen um die Pflanzen und die Formeln ist geheim. Beide Kenntnisse befinden sich gewöhnlich im Besitz bestimmter Familien, und nichts kann die Hüter dieser uralten Geheimnisse dazu bringen, sie preiszugeben.« Hier stand Zora

Neale leider zu sehr unter dem warnenden Einfluß der ärztlichen Behörden Haitis, die die Formel des Gifts offenbar auf völlig falsche Art gesucht hatten. In einem Fall etwa hatte ein übereifriger Arzt seine Verbindungen ausgenutzt, um einen Bokor ohne Anklage gefangennehmen zu lassen und mit einer langen Gefängnisstrafe zu drohen, wenn er das Geheimnis nicht verriete. Es überrascht nicht, daß der alte Mann sich hartnäckig wehrte und sagte, es handele sich um ein Geheimnis aus Guinea, das er nie preisgeben würde. Von denselben Behörden erhielt Zora Hurston eine schreckliche Warnung, die sie davon abgehalten haben mag, weiter nach dem Geheimnis zu forschen. »Viele Intellektuelle auf Haiti«, so bekam sie zu hören, »sind so neugierig, daß sie für immer verschwinden können, wenn sie sich in solche Dinge einmischen.« Wenn sie auf ihrem Wunsch bestünde, mit den Geheimgesellschaften direkten Kontakt aufzunehmen, so hieß es weiter, »würde ich mich in so schreckliche Dinge verwickeln, daß ich nicht mehr lebend daraus herauskommen und den Tag verfluchen würde, an dem ich mich auf diese Suche eingelassen hätte.« Zora Neale Hurston war eine ungewöhnlich mutige Frau. Sie leistete Pionierarbeit auf einem völlig unerforschten Gebiet und hatte daher keine andere Wahl, als auf die Worte ihrer haitianischen Kollegen zu hören. Aber wenn Michel Laguerre recht hatte und die Geheimgesellschaften eine legitime politische und rechtliche Kraft der Vodoun-Gesellschaft darstellten, mußte es möglich sein, gefahrlos mit ihnen in Kontakt zu treten. Nur dadurch konnte der letzte Rest des Zombie-Rätsels gelöst werden. In Herard Simon hatte ich jemanden gefunden, der mich an diesen Punkt führen konnte.

Der Tanz im Rachen des Löwen

Die Überlegungen, die ich während meiner Denkpause in New York und Cambridge anstellte, blinkten in meinem Innern wie ein Leitstern und zogen mich zurück nach Haiti. Mein Wunsch, die Verbindung zwischen der Erschaffung von Zombies und den Geheimgesellschaften zu begreifen, hatte sich bis zum Spätherbst 1982 in den Ehrgeiz verwandelt, in die Gesellschaften selbst einzudringen. Einzig durch diesen letzten Schritt konnte ich hinter die öffentliche Fassade gelangen, konnte ich erfahren, warum man Zombies machte.

Dieser Gedanke arbeitete in mir mit aller Macht und war doch, wenn ich der Ansicht meiner Berater folgte, außerordentlich gefährlich. Denn tatsächlich fragte ich letztlich danach, wer in Wirklichkeit die ländlichen Gebiete von Haiti beherrschte. Nathan Kline hing zwar immer noch an der Vorstellung, einen Zombie aus dem Grabe zu holen, doch wußte er genug über Haiti, um sofort die vielfältigen Chancen meines beabsichtigten Abenteuers zu begreifen. Bei mehreren Zusammenkünften, die wir im frühen Winter abhielten, bot er mir volle Rückendeckung und jede Unterstützung an. Heinz Lehmann blieb zurückhaltend und ebenso der Industrielle David Merrick, der, wie ich inzwischen herausgefunden hatte, die finanzielle Hauptlast des Projektes trug. Sie teilten die Besorgnis, die mehrere Anthropologen ausgedrückt hatten, daß nämlich das spektakulärste und wahrscheinlichste Ergebnis dieses Unternehmens mein eigener Tod sein würde. Ich versicherte ihnen, daß nach meinen bisherigen Erfahrungen die Gefahren weit übertrieben wurden. Schließlich einigte man sich darauf, daß ich volle finanzielle Unterstützung erhalten sollte, mit der einen Bedingung allerdings, daß ich der medizinischen Dokumentation der Erweckung eines Zombie Vorrang einräumen sollte. Aber dann, bald nach unserem letzten Treffen, traten Umstände ein, die sich unserer Macht entzogen und alle Pläne für meine Rückkehr zunichte machten. Mitte Februar 1983 starb Dr. Kline unerwartet während einer Routineoperation in einem New Yorker Krankenhaus. Noch keine achtundvierzig Stunden später erlitt David Merrick einen Schlaganfall, der ihn arbeitsunfähig machte und seinem Interesse an dem Projekt ein Ende setzte. So war mir während eines Winters voller Tragödien und rascher Veränderungen die Möglichkeit, die Geheimgesellschaften zu untersuchen, zeitweilig genommen worden.

Erst ein ganzes Jahr später sollte ich Haiti wiedersehen, diesmal ohne Förderer, und auch sonst hatte sich vieles verändert. Das Land natürlich nicht. Als ich endlich wieder durch die Straßen von Port-au-Prince fuhr, vorbei an den Lebkuchenhäusern mit ihren hohen Palmen, die zum Himmel emporragten, vorbei an den Becken mit den brackigen Abwässern, gleich neben dem Truman Boulevard, und den städtischen Arbeitern, die bis zu den Schenkeln in grünem Schlamm wateten, kamen mir, wie so oft, die Worte des Fremden im Hotel Ollofson in den Sinn: »Haiti wird Haiti bleiben, solange der menschliche Geist brodelt.« Und doch wurde mir neben dem leichtlebigen Glück, das ich mit dem Land zu verbinden gelernt hatte, noch ein neues und vielleicht weniger oberflächliches Gefühl bewußt – das Gefühl von Vertrautheit und Fremdheit zugleich, das sich einstellt, wenn man einen Ort gut kennt und doch nicht darauf hoffen darf, ihm jemals wirklich zuzugehören.

Bei meinen alten Bekannten sollte ich bald feststellen, daß die Zeit uns erlaubt, an uns selbst neue Seiten zu entdecken und früher unbemerkte Widersprüche an den Tag zu bringen.

Oberflächlich schien sich jedoch nur sehr wenig verändert zu haben. In Saint Marc hatte Marcel Pierre schwindelnde Höhen des Ruhmes erklommen, nachdem die Dokumentation der BBC über die nationalen Fernsehsender ausgestrahlt worden war. Kürzlich hatte man ihn in den Gängen des Krankenhauses seines Heimatortes herumlaufen sehen und die Worte des Reporters nachplappern hören, und er hatte versichert, er diene nicht dem Bösen, sondern den zukünftigen medizinischen Bedürfnissen der Menschheit. Sein Überschwang sollte bald durch die schreckliche

Krankheit seiner Lieblingsfrau gedämpft werden, die aufgrund eines bösartigen Tumors in der Gebärmutter langsam verblutete. Max Beauvoir hatte noch immer sein übersprudelndes, fröhliches Wesen, war aber mittlerweile viel ärmer, weil der Touristenstrom infolge der überall aufkeimenden Angst vor AIDS fast völlig versiegt war. Was mich selbst anging, so hatte der Tod meines Gönners eine spürbare Veränderung meiner finanziellen Lage mit sich gebracht, und das wenige Geld, das ich hatte, gab ich bald für Blutkonserven für Marcels Frau aus. Die Haitianer reagierten auf all das in einer unerwarteten Weise. Als meine Taschen mit Klines Geld gefüllt gewesen waren, taten sie ihr Bestes, mich von dieser Last zu erleichtern; jetzt, da ich auf meine eigenen, relativ bescheidenen Mittel angewiesen war, verlangten sie fast nichts von mir.

Aber von uns allen, die wir uns in diesem unerwarteten Drama die Hand gereicht hatten, war es Rachel, die sich am meisten verändert hatte. Im Herbst 1982 hatte sie ihr Studium der Anthropologie an der Tufts University aufgenommen, und der Aufenthalt in den Vereinigten Staaten hatte ihr Zugehörigkeitsgefühl zu ihrem eigenen Volk nur verstärkt. In einer sehr realistischen Weise hatte sie den Sinn für ihre Heimat entdeckt. Als ich ihr meine Pläne eröffnete, wollte sie das Geheimnis mit mir zusammen ergründen. Sie nahm Kontakt mit ihrem Professor auf und vereinbarte mit ihm, daß ihr die Zeit auf ihr Studium angerechnet würde. Wir wußten, daß wir bei Herard Simon beginnen mußten.

Am späten Nachmittag war die Luft drückend gewesen, aber dann kam der Regen, wie so oft an frühen Sommerabenden, erst in heftigen Schauern, dann stetiger und in breiten Bahnen, die den ganzen Horizont verhängten. So plötzlich, wie er begonnen hatte, hörte der Regen auch wieder auf und ließ etwas Drohendes im schneidenden Nachtwind zurück, der durch die Straßen von Gonaives fegte. In einigen Teilen der Stadt war der Strom ausgefallen; Petroleumlampen flackerten in vielen Vierteln und gaben ein spärliches Licht. Der Kai war jedoch verschont geblieben, und eine große Menschenmenge drängte sich unter dem Vordach des Kinos zusammen, an dem uns Herard Simon erwarten wollte. Herard mochte Filme, und dieses baufällige Kino war eine seiner liebsten Verbindungen zur Außenwelt. Er genoß, sah sich die Filme stückweise an, ging einfach hinein, wenn es ihm gerade einfiel, und sah fast nie einen von Anfang bis Ende – eine seltsame Gewohnheit, die aber ausgezeichnet zum einzigen Kino von Gonaives paßt, in dem amerikanische Filme in ein französisches Kauderwelsch synchronisiert werden, das auf Menschen herunterprasselt, die nur Kreolisch verstehen.

Ein Mann ohne Beine, der lächelnd in seinem Rollstuhl saß, übergab uns zur Begrüßung eine Nachricht. Ich folgte Rachel um die Ecke des Kinos herum und eine Seitenstraße hinauf zum Hause des ehemaligen Polizeichefs, wo wir ziemlich lange warten mußten, um noch eine weitere Nachricht in Empfang zu nehmen, die uns zuerst zurück zur Uferstraße und schließlich an den Stadtrand zum Clermezine Nachtclub führte. Dort wurden wir von Herards Frau Hélène überschwenglich begrüßt, und solange wir auf ihren Mann warteten, beglückte sie uns mit einem bunten Bericht über die Tagesereignisse auf dem Marktplatz. Während wir in der Dunkelheit saßen und der betäubende Duft ihres Parfums sich mit der feuchten, aber gesunden Luft vermischte, erzählte sie uns eine ungeheuer bewegte Geschichte, eine Agonie ineinander verschlungener Sätze, die sie unaufhörlich wiederholte, und ihr eigenes Entzücken über das Erlebte nahm überhaupt kein Ende, obwohl im Grunde gar nichts geschehen war und morgen sowieso alles vergessen sein würde. Es war eine typische, aber virtuose Vorstellung, die sich vielleicht über Stunden hingezogen hätte, wäre sie nicht von Herards Ankunft unterbrochen worden. Obwohl es länger als ein Jahr her war, seit wir uns zuletzt gesehen hatten, begegneten wir einander wie Freunde nach ein paar Tagen der Trennung. Herard dämpfte meine enthusiastische Begrüßung ein wenig, und nachdem sich mein Vorrat an üblichen Floskeln bald erschöpft hatte, spürte ich, daß sich unsere Beziehung eher durch Schweigen als durch Worte auszeichnen würde.

Im Westen kleben wir an der Vergangenheit wie Napfschnecken. Auf Haiti ist die Gegenwart die Achse allen Lebens. Wie in Afrika sind Vergangenheit und Zukunft nur ferne Maße der Gegenwart und Erinnerungen so unbedeutend wie Versprechungen. Und doch war ich zurückgekommen, und ich spürte, daß ihm dies etwas bedeutete. In dem dämmrigen Licht erschien sein rundes Gesicht undurchdringlich wie immer, und seine Haltung drückte die Selbstsicherheit eines Mannes aus, der Sand und Sterne zu mischen verstand und einen Blitz in der Tasche tragen konnte. Im Westen war in weiter Ferne das Grollen des Donners zu hören, in der Nähe das Wehen des Windes, der die Blätter der Mandelbäume auf dem Grundstück rascheln ließ. Und dann ertönte Herards vertrautes, rauhes Lachen, mit dem er seine Anerkennung für die Geschenke ausdrückte, die ich ihm mitgebracht hatte. Bei unserer letzten Begegnung hatte ich ihm erzählt, daß ich zwischendurch ein Projekt im Amazonasgebiet plante, und ich hatte ihn gefragt, was er sich vom anderen Ende des Ozeans wünschte. »Etwas Mystisches«, hatte er geantwortet. Bei einer Persönlichkeit wie ihm war das ein schwieriger Auftrag, aber ich suchte ihm dadurch gerecht zu werden, daß ich ihm einen Ozelotpelz und ein Stück von der Wirbelsäule einer großen Boa constrictor brachte.
»Haben Sie das Fleisch gegessen?« fragte er, während Rachel und ich den Pelz langsam auseinanderfalteten.
»Sie sagen, das sei verboten«, antwortete ich ehrlich.
»Die Weißen sagen das?«
»Nein, die Indianer.«
»Gut. Siehst du«, sagte er zu Rachel, »es ist so, wie ich deinem Vater gesagt habe. Jemand, der selbst so wild ist, lernt nichts von denen, die älter sind als er. Also geht er in die Wildnis, um in der Natur zu sein. Jetzt taucht er wieder unter die Menschen, weil die Natur nicht genug ist.«
Ich konnte seiner Logik weit genug folgen, um festzustellen, daß Herard ein zweckmäßiges Bild für mich gefunden hatte, das zwar nicht stimmte, ihm aber sinnvoll erschien. Da ich in keine seiner

Kategorien paßte und seiner gängigen Vorstellung von Ausländern widersprach, hatte er eine neue Kategorie gebildet. Ihre Zusammensetzung ähnelte einer Collage, die aus willkürlichen Ausschnitten aus einem Dutzend schlechter Filme zusammengeschnipselt schien. Die Dschungel, die Mythen und Stämme des Amazonasgebietes, von denen ich erzählt, die Tiere, die ich beschrieben hatte, die Photographien, die ich ihm gezeigt hatte: all das machte mich zu einem Wilden, nicht zu einem Weißen, und damit war der Fall erledigt.

»Aber das ist nicht der Grund dafür, daß er hier ist«, sagte Rachel. »Er ist wiedergekommen, wir sind wiedergekommen, weil...«
Herard schlug die Hände vors Gesicht, richtete sich dann mühsam auf, wobei er unter Stöhnen unverständliche Worte murmelte.
»Dein Vater hat es mir gesagt«, erklärte er schließlich. »Rachel, glaubst du, das wäre ein Spiel? Bizango ist teuflisch. Es ist nicht, was ihr denkt.«
»Aber manche sagen, der Bizango-Ritus wäre das Leben selbst.«
Herard hatte keine so prompte und kühne Antwort erwartet von der Rachel, die er kannte, und für einen Moment trat ein Ausdruck von Verblüffung und Verstimmung auf sein Gesicht. »Sie können sagen, was sie wollen. Das Ritual spricht die Wahrheit. Hört auf die Lieder. Was sagen sie? Keines von ihnen sagt: ›Gib mir Leben!‹ Und wenn sie das Geld in den Sarg legen, was singen sie dann? ›Dieses Geld ist für den *djab*, den Teufel‹, oder: ›Frau, du hast zwei Kinder, wenn ich dir eines wegnehme, dann schrei lieber nicht, oder ich werde dich auffressen.‹ Die Lieder haben nur eine Botschaft: Töte! Töte! Töte!« Rachel wollte etwas sagen, aber Herard ließ sich nicht unterbrechen. »Der Ritus in der Bizango-Gesellschaft verlangt, daß man ihn mit einem menschlichen Schädel verrichtet. Und es darf kein Schädel aus der Erde sein, es muß ein Schädel sein, den sie präparieren. Ihr Kelch ist ein menschlicher Schädel. Was sagt dir das, mein Kind?«
»Es muß sein.« Rachel war unbeugsam, ihre Stimme ohne Angst.
»Dann will ich euch sagen, was passieren wird. Wenn ein Außenstehender in die Gesellschaft einzudringen versucht, sich Zugang

verschaffen will, dann schreckt man ihn mit einem *coup l'aire* oder einem *coup poudre* ab. Wollt ihr Tiere fliegen sehen? Ich fürchte, ja. Wenn ihr Glück habt, werden sie euch bloß Angst einjagen und euch an den Poteau-mitan binden, während zwanzig Shanpwel mit Messern um euch herumtanzen. Auf der Seite wird ein Topf mit Öl stehen, an dessen Oberfläche siedendes Fleisch schwimmt. Aber es wird ein Finger dabeisein, und ihr werdet nicht wissen, ob es nicht das Fleisch eurer Mutter ist. Dann halten sie Gericht über euch, und ihr betet besser darum, daß euch der Präsident für unschuldig erklärt.«
»Aber das werden wir sein.«
Er packte meine Hand, zog sie nahe an sein Gesicht heran und hielt sie fest, bis ich seinen Atem spüren konnte. »Er nicht!« schnaubte er.
»Kein Haitianer fragt nach der Hautfarbe eines Menschen.«
»Rede keinen Unsinn. Die Amerikaner haben einmal dieses Land gestohlen. In den Tagen des Papa Doc haben sie es noch einmal versucht. Kein Ausländer wagt sich bei Nacht auf die Straße.«
»Außer in Ihrer Begleitung.«
»Niemals. Rachel, du bist noch jung, und Wade muß noch den Loa dienen. Bizango ist *djab*, es ist böse, und du darfst dich nicht darauf einlassen.«
»Wir wollen nur sehen, was sie machen.«
Herard sagte nichts. Er war ein Mann, der schon lange nicht mehr daran gewöhnt war, mit jemandem zu streiten. Im allgemeinen pflegte er zu warten, bis die anderen zu Ende geredet hatten, dann seinen Willen in einigen knappen Sätzen zu verkünden und ruhig auf seine Erfüllung zu warten. Aber heute abend hatte seltsamerweise Rachel das letzte Wort.
Zwar waren wir über die Abfuhr enttäuscht, die Herard Simon uns erteilt hatte, fanden aber zu meiner, wenn auch nicht zu Rachels Überraschung bald Haitianer, die außerordentlich willig waren, über die Bizango-Gesellschaft oder Shanpwel zu sprechen, zwei Ausdrücke, die viele synonym gebrauchten. Innerhalb weniger Tage nach unserem Besuch bei Herard hatten Rachel und ich

von den Leuten erfahren, daß sie den Geheimgesellschaften praktisch jede Art von unmoralischem Treiben zur Last legten; so sollten sie angeblich Kinder verspeisen und unschuldige Opfer in Schweine verwandeln. Nach allem, was wir hörten, stand die Bizango-Gesellschaft in dem immer noch genauso schändlichen Ruf, wie ihn die populäre und wissenschaftliche Literatur bereits festgehalten hatte. Mit ganz besonderem Interesse folgten wir daher dem Bericht eines jungen Mannes aus dem Küstenort Archaie. Isnard war sein Name, und er war fünfundzwanzig Jahre alt gewesen, als er 1980 in die Bizango-Gesellschaft eintrat.

Schon seit seiner Kindheit hatte man Isnard davor gewarnt, nachts aus dem Haus zu gehen, aber als er eines Abends wieder die Trommeln der Gesellschaft hörte und seine Mutter dachte, er schliefe schon, schlüpfte er heimlich aus dem Lakou hinaus und folgte dem Klang der Trommel zu einem nahegelegenen Grundstück. Am Tor traf er auf eine Wache, und es stellte sich heraus, daß es ein Freund von ihm war. Während sie miteinander sprachen, kam ein Mann, der Präsident der Gesellschaft in Archaie, um etwas mit dem Wachhabenden zu trinken. Der Präsident, ebenfalls ein Freund, lud Isnard ein, mit hineinzugehen. An diesem Abend trafen sich zwei Gesellschaften, und der *bourreau*, der Scharfrichter der Gastgesellschaft, war ein Feind von Isnard. Er ordnete sofort an, daß man Isnard »fangen« solle. Die Mitglieder wurden aufgerufen, zusammenzukommen und eine Reihe zu bilden. Isnard machte es, so gut er konnte, den anderen nach, aber er kannte keine der geheimen rituellen Gesten der Gesellschaft noch eines ihrer Lieder, und da die Mitglieder der Gesellschaft in leuchtende, schwarz-rote Gewänder gekleidet waren, fiel er unübersehbar ins Auge. Seinen eigenen Worten nach mußte er erst noch »seine Haut ausziehen, um die andere anzuziehen«.

Die Trommeln setzten ein und die Gesänge hoben an. Um ihn herum baute sich eine ungeheure Spannung auf, bis ein schreckliches, tränen- und blutüberströmtes Gesicht die Verse herausschrie, von denen Isnard wußte, daß sie ihm galten: »Diesen großen, großen Ziegenbock mitten in unserem Haus, den feinen da, den will ich fangen.« Unser Freund hielt den Atem an, bis seine Lungen zu schmerzen begannen. Er hielt sich für verloren, und gerade in dem Augenblick kam ihm sein Genius zu Hilfe. Er nahm zwar nicht direkt Besitz von ihm, gab ihm aber die Kraft und die mystische Behendigkeit, die er brauchte. Gerade als sie die erste Schlinge warfen, gingen die Lichter aus, und Isnard sprang aus der Reihe heraus. Sie verfehlten ihn und trafen statt dessen denjenigen, der zuletzt neben ihm gestanden hatte. Sie versuchten es wieder und dann noch einmal, bis nicht weniger als zehn Mitglieder in der Schlinge gefangen waren. Als die Anführer der Gesellschaft schließlich erkannten, daß dieser junge Mann nicht zu fangen war, schickten sie drei Abgesandte – die erste Königin, die zweite Königin und die Fahnenkönigin – , die ihn festnehmen sollten. Man verband Isnard die Augen, und dann wurde er vor das Kreuz von Baron Samedi geführt, um seinen Fall darzulegen. Gnädig erkannte der Baron seine Unschuld an, denn gerade in diesem Augenblick kam Isnard das folgende Lied auf die Lippen:

> *Kreuz des Jubels, Kreuz des Jubels*
> *Ich bin unschuldig!*

Beeindruckt von diesem Beistand, leiteten die Anführer der Bizango-Gesellschaft auf der Stelle Schritte ein, um Isnard als Mitglied aufzunehmen, und seine Initiation begann noch am selben Abend. Sie brachten ihm bei, was er wissen mußte, damit er jede Versammlung im ganzen Land besuchen konnte.

Als er jedoch erst einmal initiiert war, entdeckte Isnard, daß die Bizango-Gesellschaft ganz und gar nicht so war, wie man es ihm in seiner Kindheit gesagt hatte. Statt einer Brutstätte des Bösen war sie für ihn ein Ort der Hilfe und Geborgenheit. Während seine Mutter die nächtlichen Streifzüge der Gesellschaften als verbrecherische Beutejagden geschildert hatte, erkannte Isnard nach und nach, daß die Opfer, die des Nachts aufgriffen wurden, nicht Unschuldige waren, sondern Menschen, die etwas Böses getan hatten. Isnard drückte es so aus: »In meinem Dorf tötet man sich selbst. Die Leute töten einen nicht.« Wer nach Mitternacht noch

durch die Straßen muß und zufällig einer Bizango-Gruppe begegnet, braucht sich nur respektvoll niederzuknien und Kopf und Augen zu bedecken, dann läßt man ihn in Ruhe.
Isnard erfuhr auch, daß er sich in Notzeiten an die Gesellschaft wenden konnte. Sollte ein Mitglied seiner Familie plötzlich schwer erkranken, so würde ihm die Gesellschaft Geld leihen, damit er die Arztrechnungen bezahlen konnte. Wenn ein Mitglied, obwohl unschuldig, mit der Polizei in Konflikt geriet, konnte es damit rechnen, daß die Anführer ihre Beziehungen nutzen würden, um es wieder frei zu bekommen. Am wichtigsten war für Isnard vielleicht die Entdeckung, daß ihn die Gesellschaft vor den mutwilligen Angriffen seiner Feinde schützen konnte. Wenn beispielsweise jemand ein Gerücht in die Welt setzte, das ihn um seine Arbeitsstelle bringen würde, so hatte er nach den Gesetzen der Gesellschaft das Recht, Vergeltung zu suchen. In Isnards eigenen Worten klang das so: »Wenn dein Mund mich am Leben hindert, wenn du dich gegen mein Essen wendest, dann wende ich mich gegen dein Leben.« Um von diesem Recht Gebrauch zu machen, mußte das Mitglied nur mit dem »Kaiser«, dem Gründerpräsidenten, Kontakt aufnehmen und anbieten, den Feind an die Gesellschaft zu »verkaufen«. Wenn der Kaiser zu der Ansicht kam, daß der Fall ein Urteil rechtfertigte, schickte er einen Boten aus, der sowohl den Kläger als auch den Angeklagten der Gesellschaft vorführen sollte. Aus Isnards Erklärungen ging jedoch hervor, daß nicht der Körper der beiden anwesend war, sondern nur ihr *ti bon ange*, und obwohl dieses Erlebnis sich zwar im Traum niederschlagen würde, bräuchten die physischen Körper der beiden nicht einmal ihr Bett zu verlassen. Dieses magische Kunststück vollbrachte der Bote – kein Mensch, sondern die mystische Kraft der Bizango-Gesellschaft. Er verhängte einen Zauberbann, der die beiden Gegner krank werden ließ, und nahm dann, wenn der Tod nahte, beiden ihren *ti bon ange*. Wenn man viel Kraft hatte und unschuldig war, konnte man nicht sterben, aber der *ti bon ange*, der für schuldig befunden wurde, kehrte nicht mehr zurück und der *corps cadavre* des Betreffenden würde

am nächsten Tag mit durchschnittenem Lebensfaden in seinem Bett aufgefunden. Man verkaufte jedoch nie leichtfertig einen Feind an die Gesellschaft, denn wenn das Gericht den Angeklagten frei sprach, war der Kläger schuldig, und zwar der Verleumdung; und dann war er derjenige, der bestraft wurde.
Was uns Isnard da enthüllte, vor allem die Vorstellung, daß man »jemanden an die Gesellschaft verkaufen« konnte, verknüpfte die beiden getrennten, aber offensichtlich zusammenhängenden Aspekte des Rätsels miteinander. Auf der einen Seite hatten wir den Fall von Clairvius Narcisse – seine Anspielung auf die »Herren des Landes«, ein geheimes Gericht, das ihn verurteilt hatte, und ein Pulver, das ihn befähigte, durch die Erde zu gehen. Auf der anderen Seite standen die Bizango-Gesellschaften und ihre wahrscheinliche, wenngleich ungesicherte Verbindung zu den Geheimgesellschaften Westafrikas, ihr Wissen um die Gifte, ihre Tribunale und Urteile, ihr alles durchdringender Einfluß auf das Leben der Gemeinschaft. Unsere Gespräche mit Isnard zeichneten ein Bild von den Bizango-Gesellschaften, das von den üblichen stereotypen Vorstellungen wesentlich abwich und auch nicht zu Herards düsterem Gemälde von einer gänzlich böswilligen Organisation paßte. Wieviel von dem, was Isnard uns erzählte, auch wirklich stimmte, konnten wir in keiner Weise abschätzen. Daß er ein alter Freund der Beauvoirs war, ermutigte uns jedoch, unsere Nachforschungen mit ihm fortzusetzen. Isnard hatte einige Zeit bei Max und seiner Familie gelebt, so daß wir diese Verbindung als Schlüssel zu seinem Vertrauen hatten. Während der folgenden zehn Tage trafen wir uns häufig mit ihm, entweder bei ihm zu Hause oder in der Abgeschiedenheit des Peristyls in Mariani. Unsere Beziehung zu ihm wurde zunehmend enger, und er brachte es sogar fertig, daß wir eine Einladung zu einer Bizango-Zeremonie erhielten, die in der nächsten Woche in Archaie stattfinden sollte. Da erreichte uns die Aufforderung von Herard Simon, zu ihm zu kommen.
Herard war nicht, wie wir dachten, an der Kinoecke, und während wir warteten, sahen Rachel und ich uns die letzten paar Minuten des Films der Woche an, der sich als eine unvorstellbar schlechte Kopie

von *Jäger des verlorenen Schatzes* entpuppte. Der Ton war nicht zu verstehen, und so verwandelte sich der Film in eine Art Rohrschachtest, der die Wahrnehmungsfähigkeit des Publikums auf die Probe stellte. Die krönende Szene, in der die Geister aus der Arche herausschießen und das Fleisch des Nazi zusammenschmilzt, war einfach überwältigend für viele Zuschauer. Unter den Rufen »loup garou«, Werwolf, schrie jemand eine Warnung an schwangere Frauen, und andere beschworen die Zuschauer, sich Bänder um den linken Arm zu binden. Die Szene ließ alles weit hinter sich, was in dem Film selbst geschah. Als die Vorstellung zu Ende war, ergoß sich das Spektakel auf die Straße, und bei all dem Geschrei und Gelächter hörten wir kaum Herards scharfen Pfiff. Er war die ganze Zeit im Kino gewesen und hatte den Film wunderbar gefunden, vor allem die Szene, in der der Held mit den Schlangen zusammen in der ägyptischen Krypta gefangen war. »Jemand, der mit Schlangenblut geboren ist, könnte es tun«, versicherte er uns. »Sonst war etwas Mystisches am Werk.« Herard erklärte uns, daß man seinen Geist von allen Sorgen befreien und Raum schaffen müßte, dann könnte man sich spirituellen Verbündeten öffnen, die einen in die Lage versetzten, solche Dinge zu tun, wie der Film sie gezeigt hatte.
»Nur ein Narr«, sagte er nachdrücklich und öffnete die Lippen andeutungsweise zu einem schwachen Lächeln, »würde versuchen, allein im Rachen des Löwen zu tanzen.«
Herard wußte natürlich von unseren jüngsten Unternehmungen in Archaie, von unseren Gesprächen mit Isnard, ja selbst von der Einladung zu der Bizango-Zeremonie in der folgenden Woche. Ich wich seinem ungefragten und kaum verschleierten Rat aus, indem ich mich zu einem Grüppchen Kinobesucher gesellte, die ihrer Blase an der weiß getünchten Wand des Kinos Erleichterung verschafften.
»Was ist das für ein *blanc*, der auf der Gasse pißt?« rief Herard, als ich zurückkam. »*Mes amis*, jetzt wird mir alles klar. Noch einmal wird mein Haus sich in einen Tummelplatz für die Malfacteurs verwandeln!« Sein heiseres Lachen klang noch nach, als er aus

dem kleinen Lichtkreis des Kinos heraustrat und uns ohne ein Wort oder eine Geste vorausging.
Er trug ein hölzernes Schwert als Krückstock bei sich, und sein schwerfälliger Schritt führte uns vom Zentrum der Stadt in ein Labyrinth von schmalen Gäßchen, die von kleinen Häusern aus getrocknetem Lehm gesäumt waren. Es wurde allmählich spät, zu spät für die meisten Haitianer, um noch auf der Straße zu sein. Es rührte sich kaum etwas, und wegen des Stromausfalls war es dunkel bis auf das Licht des Mondes und den gelegentlichen Schein einer vereinzelten Lampe, die jemand hatte brennen lassen. Aber die Gasse war von Geräuschen erfüllt – von leisen Stimmen, Babyweinen und dem Knarren von Türen in gebrochenen Angeln. Während wir vorangingen, versuchte ich, mit der Phantasie die Dunkelheit zu durchdringen und zu verstehen, welchen Sinn das Leben für diese Leute hatte, die unter Strohdächern lebten und sich kärglich von den Erträgen ihrer Gärten ernährten, deren Boden hart und verkrustet war. Über uns wehte eine weiche Meeresbrise, die in den Kronen der Palmen raschelte, und den Pfad entlang zogen die alltäglichen Gerüche des Lebens hier – von Müllhaufen, verfaulendem Obst, dem Kadaver eines Maultiers, an dem die Ratten nagten.
»*Honneur*!«
Herard war vor einem hohen Tor stehengeblieben und klopfte dreimal mit seinem Stab an. Keine Antwort. Er klopfte noch einmal und wiederholte den überlieferten Gruß. Man hörte, wie sich etwas hinter dem Tor regte, aber es kam noch immer keine Antwort. Schließlich ertönte die spröde Stimme einer Frau, die in die Dunkelheit hinausfragte. Herard nannte den Namen eines Mannes, der auf der anderen Seite des Grundstücks wohnte, und befahl ihr, ihn zu holen. Als sie sich weigerte, schrie Herard wütend los, in der stillen Gasse explodierte der ganze Zorn zweier ungleicher Streithähne. »Weib, hüte deine Zunge!« bellte Herard. » Willst du einen *coup l'aire*? Soll ich reinkommen und dich zum Schweigen bringen? Soll ich dir Salz in die Falten deiner runzligen Haut streuen?«

Plötzlich hörten wir noch eine Stimme, dann das harte Ausrasten des Metallriegels, und das fahle Gesicht eines alten Mannes, wild und zerfurcht, lugte durch den Torspalt. Als sich die Tür schließlich öffnete und die Frau erkannte, wen sie angeschrien hatte, sah sie so erschrocken aus, als stünde sie plötzlich einer Viper gegenüber.
Herard beachtete ihr schlechtes Gewissen nicht weiter und winkte uns, ihm durch das Tor auf ein Grundstück mit vielen Hütten zu folgen. Die Wohngebäude waren in Dunkelheit gehüllt, aber auf einer Seite stand, abgetrennt durch eine kleine Bananenpflanzung, eine große *tonelle*, die strohgedeckte Überdachung eines Tempels. Zwischen den Bambusstäben hindurch, die das Tempelinnere umgaben, konnten wir den flackernden Schein von Lampen sehen und viele Menschen, die schweigend an ihnen vorüberzogen. Ein einzelner saß auf einem Hocker am Eingang des eingefriedeten Bereiches, seine Hände umschlossen eine Zinnschale. In dem Moment, als wir die wehenden Blätter der Bananen passierten, gellten Pfiffe in der Finsternis, und aus dem Schatten heraus tauchte eine kleine Gruppe von Männern auf. Sie kamen ein paar Schritte auf uns zu, erkannten dann Herard, grüßten höflich und zogen sich wieder zurück.
Über zwei Dutzend Gesichter blickten uns entgegen, als wir über die Schwelle traten. Zuerst offensichtlich aufgeschreckt, waren sie nach ein paar Sekunden wieder ganz in sich versunken und schienen von höflicher Gleichgültigkeit. Eine Reihe Bänke und eine zweite Reihe Stühle mit Lehnen aus Rohrgeflecht standen entlang einer Wand der Einfriedung, und drei freie Plätze befanden sich direkt vor dem Poteau-mitan in der vorderen Stuhlreihe. Herard sagte, wir sollten uns setzen, und glitt dann durch die Hintertür aus der *tonelle* hinaus. Keine Minute später erschien eine matronenhafte Frau, die den süßlichen, durchdringenden Geruch der haitianischen Küche verströmte – Lorbeer und Basilikum, Pfefferkörner und Erdnußöl –, mit fingerhutgroßen Täßchen voll dickflüssigem, klebrig-süßem Kaffee. Uns gegenüber bauten zwei junge Männer eine Reihe Trommeln auf und warfen

verstohlene Blicke auf Rachel, als sie eine Flasche Rum aufmachte, sie dreimal in die Richtung des Poteau-mitan schwenkte und dann einen Schluck nahm. Ein anerkennendes Raunen ging durch die Reihen hinter ihr.

Das Peristyl sah ähnlich aus wie andere, die wir besucht hatten; es hatte einen einzigen Mittelpfosten, und auf drei Seiten bedeckten Bambus und Stroh eine solide Wand aus Flechtwerk, das mit Lehm beworfen worden war. Ein Blechdach ruhte auf dürftigen Dachsparren, die aussahen, als würden sie von einem Netz aus Schnüren zusammengehalten, an denen wohl hundert Gesichter des Präsidenten Jean-Claude Duvalier und zehnmal so viele haitianische Flaggen hingen. Drei Türen in der Wand führten zum inneren Heiligtum des Tempels, und es gab zwei Ausgänge – die Tür, zu der wir hereingekommen waren, und einen offenen Gang auf der anderen Seite, durch den Herard hinausgegangen war. Die Bänke waren voll besetzt, aber es kamen immer noch Leute dazu – die Männer im allgemeinen gleichmütig und ungewöhnlich ernst, die Frauen mit entschlossener Miene. Alle trugen saubere Kleidung aus Baumwolle, die man über Flußsteine geschlagen, an Ästen zum Trocknen aufgehängt, mit Bügeleisen voll glühender Kohlen gebügelt und großzügig mit Puder parfümiert hatte. Wie bei anderen Vodoun-Versammlungen, an denen ich teilgenommen hatte, waren auch hier mehr Frauen als Männer anwesend. Viele von ihnen brachten Töpfe mit Essen mit, die sie hastig zu Holzkohlenfeuern trugen, die außerhalb der Einfriedung flakkerten.

Aber vor uns gab es Symbole, die ich noch nie gesehen hatte: die schwarze Verkleidung um den Sockel des Mittelpfeilers herum und die rote Farbe des Tuches, das den Poteau-mitan einhüllte, der Holztüren, die in den Bagi führten, und der Fahnen, deren Bedeutung ich jetzt endlich begriff. Rot und Schwarz – die Farben der Revolution: Der weiße Streifen der französischen Trikolore war weggerissen worden, das Blau hatte sich in der Ära von François Duvalier in Schwarz verwandelt, die Farbe der Nacht, und Rot war das Symbol des Übergangs, des Blutes und der

Rebellion. An der Wand hingen verschiedene Bilder des *djab*, des Teufels, der einem Wasserspeier ähnlich sah mit seiner herausgestreckten roten Zunge, die von roten Dolchen und Blitzstrahlen durchbohrt war und unter der, wiederum in roter Farbe, in tropfenden Buchstaben quer über die weiße Tünche geschrieben stand: »Die Gefahr des Mundes.« Dann die Figuren anderer seltsamer Geisterwesen – Erzulie Dantor, die Schwarze Jungfrau, und Baron Samedi, der Hüter des Friedhofes. Bogenförmig über einen der Eingänge des Bagi gemalt, aber diesmal sorgfältig in gotischer Schrift, gab es noch eine weitere Inschrift, die lautete: »Ordnung und Achtung vor der Nacht.« Schließlich lag am Fuße des Poteau-mitan ein menschlicher Schädel, der eine Perücke aus geschmolzenem Wachs trug und mit einer einzelnen, brennenden Kerze gekrönt war. Herard Simon hatte all unsere Erwartungen übertroffen und uns zu einer Versammlung der Bizango-Gesellschaft gebracht.

Rachels Hand berührte die meine, und ihre Augen lenkten meinen Blick auf eine wuchtige Gestalt, die allein am Hinterausgang stand und uns an ihre Seite winkte. Wir folgten dem Mann hinaus, an den Herdstellen vorbei und durch einen kleinen Hof hindurch, bis wir auf Herard und einen zweiten Mann trafen, die zusammen auf dem Rand eines Brunnens saßen.

»So«, begann Herard, »jetzt seid ihr ja da, wo ihr hin wolltet. Begrüßt den Präsidenten und fragt, was ihr wollt.«

So schnell ging das. Überrumpelt suchten wir nach Worten. Herard lehnte sich zurück, seine beiden Hände ruhten auf dem Griff seines hölzernen Schwertes. Der Präsident hob das Gesicht zu uns empor und sprach mit leiser, samtiger Stimme. »*Mes amis*, hat der *djab* eure Zungen gelähmt?« Sein Tonfall war weich und überraschend freundlich.

»Sie sind Monsieur....?« fing Rachel an.

»Jean Baptiste, Mademoiselle, wenn Sie gestatten.«

»Mein Vater, Max Beauvoir, hat uns zu Ihnen geführt. Er dient in Mariani. Vielleicht haben Sie ihn im Radio gehört?«

»Ich kenne Ihre Familie, Rachel. Ich bin aus Saint Marc, und Ihr

Onkel kann Ihnen von mir erzählen. Aber was hat Sie heute abend zu mir geführt? Ihr Vater hat den Tisch mit mir geteilt, aber jetzt schickt er seine Tochter als Abgesandte an die Shanpwel?«

»Es gibt Dinge, die ein Kind Guinées verstehen lernen muß«, sagte Rachel. Sie begann in einer kurzen Zusammenfassung unsere bisherigen Bemühungen zu schildern, aber Herard schnitt ihr kurzerhand das Wort ab.

»Diese Dinge sind schon bekannt. Er ist nicht den ganzen Abend für euch allein da.«

»Frauen«, fragte sie zögernd, »haben einen Platz in der Bizango-Gesellschaft?«

Jean Baptiste antwortete nicht. Seine Augen schauten an uns vorbei, glitten über das ganze Grundstück hinweg.

»Rachel«, warf Herard wieder ein, »bist du nicht die Tochter deines Vaters? Frauen haben überall einen Platz. Welche Art von Gesellschaft würde keine Frauen aufnehmen?«

»Die Leute sagen«, fing sie noch einmal an, diesmal etwas mutiger, »daß die Gesellschaft so süß wie Honig und so bitter wie Galle sein kann.«

Der Präsident wurde plötzlich wach. »Ah! mein Freund«, seufzte er, »sie ist schon eine Königin! Ja, so ist es. Die Bizango-Gesellschaft ist süß, denn sie ist eine große Stütze. Solange man in der Gesellschaft ist, wird man respektiert, und die persönlichen Belange werden geschützt. Nur die Protestanten hassen einen.«

»Und bitter?«

»Weil sie sehr, sehr hart sein kann.« Der Präsident hielt inne und sah zu Herard hinüber, der zustimmend nickte. »Bizango ist eine große Religion der Nacht. ›Ordnung und Achtung vor der Nacht‹ – das ist unser Wahlspruch, und die Worte sagen die Wahrheit. Ordnung, weil Bizango die Ordnung aufrechterhält. Achtung vor der Nacht? Als Sie ein Kind waren, Rachel, was hat Ihnen Ihr Vater da gesagt? Daß die Nacht nicht Ihnen gehört. Sie ist nicht Ihre Zeit, und Sie dürfen den Shanpwel nicht begegnen, weil dann etwas Schreckliches passieren kann. Die Nacht gehört dem *djab*, und die Augen der Unschuldigen dürfen nicht auf ihn fallen. Die

Dunkelheit ist die Zuflucht der Diebe und Übeltäter, nicht der Kinder. Kinder sollten nicht verurteilt werden.« Der Präsident sah auf. »Es ist Zeit«, sagte er leise und entschuldigend. »Bleiben Sie jetzt bei uns und tanzen Sie. Morgen können Sie mich in meinem Haus in Saint Marc besuchen.«

Die Trommeln begannen zu dröhnen, und als wir in die Tonelle zurückkehrten, wirbelten kleine Gruppen von Tänzern vor ihnen im Kreise, die einander zu immer größerem Eifer anspornten. Jean Baptistes Erscheinen hatte eine ernüchternde Wirkung auf sie, und als er zu singen begann, reihten sich die Tänzer zu einer fließenden Linie, die in Wellen um den Poteau-mitan herumwogte. Mit leicht gebeugten Knien und nach hinten geneigten Körpern antworteten sie ihm mit einem Chor, der Legba, den Geist der Wegkreuze, pries. Grußgesänge an andere bekannte Loa folgten – an Carrefour, Grans Bwa, Aizan und Sobo. Es fiel mir auf, daß diese Versammlung der Bizango-Gesellschaft genauso begann wie jeder andere Vodoun-Gottesdienst. Frauen gingen umher, und die alten Männer, die auf Rohrstühlen saßen, reichten Flaschen mit Clairin herum, der mit Wurzeln und Kräutern gewürzt war. Eine Stunde verging; doch obwohl die Atmosphäre immer spannungsgeladener wurde, erschien kein Geist. Statt dessen ertönte kurz vor elf Uhr ein Ruf des Präsidenten, auf den die Anwesenden im Chor antworteten.

»Alle, die dazugehören!«

»Kommt herein!«

»Alle, die nicht dazugehören!«

»Geht weg!«

»Die Shanpwel geht auf die Straßen! Alle, die dazugehören, kommt herein, alle, die nicht dazugehören, geht weg! *Bête Sereine*! Tiere der Nacht! Häutet euch!« Ein Mann, der Seile wie Patronengurte über beide Schultern geschlungen und eine Sisalpeitsche in der Hand hatte, eilte durch die Tonelle und stellte sich direkt vor der Eingangstür auf. Die Tür schlug zu und die Tänzer stürzten in den Bagi.

»Sieben Kanonenschläge!«

Draußen ertönte das tiefe, durchdringende Stöhnen einer Muscheltrompete, dann knallte siebenmal die *fwet kash*, die Peitsche. Sekunden später kamen die Tänzer wieder aus dem Bagi heraus und bezogen, angefeuert von Metallpfeifen, rund um den Poteau-mitan Posten, um die Zeremonie zu beaufsichtigen. Auf der einen Seite standen die Männer, einheitlich in Rot und Schwarz gekleidet, und ihnen gegenüber die Frauen, in lange, rote Gewänder gehüllt.

Als der Präsident auf seiner Seite stand und alle Mitglieder an ihren Plätzen waren, begann eine Frau mit einer hohen, klagenden Stimme eine feierliche Begrüßung zu singen und Gott zu bitten, der Reihe nach jeden Amtsträger der Gesellschaft zu begrüßen. Die Männer und Frauen traten einzeln aus der Reihe heraus, verharrten vor der Gruppe und gingen dann in dem schleppenden Rhythmus des Gebets weiter. Noch immer mit dem Gesicht zum Poteau-mitan bildeten sie nun eine neue Reihe. Ihre Titel waren mir zumeist unbekannt: *secretaire, trésorier, brigadier, exécutif, superintendant, première reine, deuxième reine, troisième reine.* Plötzlich zerriß eine Pfeife die Spannung und entlockte den Rängen ein schrilles rituelles Gelächter. Ohne die Begleitung der Trommeln, doch unter Verbeugungen und Knicksen der einzelnen in bestimmten Abständen begann die Gesellschaft zu singen:

> *Ich diene dem Guten, ich diene dem Bösen,*
> *Wir dienen dem Guten, wir dienen dem Bösen,*
> *Wayo-oh!*
> *Wenn ich Sorgen habe, rufe ich die Geister gegen sie*
> *an*

Dann folgte ein warnendes Lied, das sich von dem vorangegangenen durch Pfiffe und Peitschenknallen unterschied:

> *Was wir hier sehen*
> *Werde ich keinem sagen,*
> *Wenn wir reden,*
> *Werden wir unsere Zunge verschlucken*

Die Gesänge gingen weiter, bis plötzlich drei Gestalten aus der zweiten Tür des Tempels heraustraten. Die eine war der Sekretär, der jetzt eine Machete und eine Kerze in Händen hielt und einen schwarzen Hut trug, der über und über mit Münzen besetzt war. Neben ihm ging eine Frau, vielleicht eine der Königinnen, sie war in Grün und Rot gewandet. Ihnen beiden folgte eine Frau in Rot, die einen kleinen, schwarzen Sarg auf dem Kopf balancierte. Ihr schloß sich der Rest der Gesellschaft an, und während sie mit eindringlicher Stimme eine Hymne der Anbetung sang, zog die kleine Prozession im Kreis um den Poteau-mitan herum und hielt schließlich an, als die Frau den Sarg vorsichtig auf ein viereckiges rotes Tuch stellte. Es ertönte ein Befehl, daß die Mitglieder eine Reihe bilden sollten, und dann gingen der Sekretär, der Präsident und eine der Frauen feierlich bis ans Ende der Tonelle, machten in disziplinierter militärischer Weise kehrt und kehrten in geschlossener Reihe zu dem Sarg zurück. Flankiert von seinen zwei Adjutanten, verlieh Präsident Jean Baptiste in formellem Französisch der Versammlung ihre offizielle Ordnung.

»Vor Gott dem Vater, Gott dem Sohn und Gott dem Heiligen Geist erkläre ich diese Séance für eröffnet. Sekretär, tragen Sie die Worte vor!«

Mit der Machete in der einen Hand und einer abgegriffenen Kladde in der anderen, rief der Sekretär aus: »Gonaives, den 24. März 1984, Séance Ordinaire. Bei der Macht des großen Gottes Jehova und der Götter der Erde, bei der Macht des Teufels, Matre Sarazin, und kraft aller unsichtbaren Mächte erklären wir, die Fahnen sind gehißt. Wir haben die Ehre, nun den Hammer an den Präsidenten weiterzureichen, damit er die Eröffnung dieser Feier verkünden kann. Zündet die Kerzen an!«

Ein Mitglied nach dem anderen trat feierlich aus der Reihe heraus und erwies mit einer anmutigen Huldigungsgebärde dem Sarg seine Reverenz, legte ein wenig Geld als Opfergabe hin und nahm eine Kerze, die an der Flamme entzündet wurde, die am Fuße des Poteau-mitan brannte. Flamme für Flamme wuchs eine

Linie aus weichem, schimmerndem Licht heran. Sie reichte bis zum einen Ende der Tonelle, und die Mitglieder der Gesellschaft beugten die Köpfe, hielten die Kerzen vor der Brust und begannen wieder zu singen. Drei Lieder erklangen, jedes ein beredter Ruf nach Gemeinschaft. Das erste stellte eine wichtige Frage:

> *Präsident, man sagt, du bist stark,*
> *Und in diesem Lakou ist Magie.*
> *Wenn sie die Macht fortnehmen, um sie draußen zu gebrauchen,*
> *Wenn sie die Macht fortnehmen, wen werden wir rufen?*
> *Wenn wir ertrinken, an welchem Ast werden wir uns festhalten können?*
> *An dem Tag, an dem wir ertrinken, wen werden wir da rufen?*
> *An welchem Ast können wir uns festhalten?*

Dann, wie als Antwort auf diese Klage, ging es mit dem zweiten Lied weiter:

> *Nichts, nichts kann uns geschehen*
> *Vor unserem Präsidenten,*
> *Nichts kann uns verletzen,*
> *Wenn wir hungrig sind, sind wir unter uns hungrig,*
> *Wenn wir nackt sind, sind wir unter uns nackt.*
> *Vor unserem Präsidenten kann uns nichts Böses geschehen.*

Das abschließende Lied ertönte mit trotzigen, rauhen Stimmen, wobei die Füße aller Mitglieder auf die trockene Erde stampften, so daß kleine Staubwolken aufwirbelten:

> *Ich weigere mich, für diese Leute zu sterben,*
> *Dieses Geld ist für den Djab,*
> *Lieber, als für solche Leute zu sterben, will ich vom Djab gefressen werden,*

*Dieses Geld ist für den Djab,
Ich will nicht für diese Leute sterben.*

Inzwischen war die Spannung in der Menschenkette spürbar gewachsen, und der Präsident mußte mit der Machete gegen den Betonsockel des Poteau-mitan schlagen, um die Ordnung wiederherzustellen. Auf seinen Befehl hin kam ein Mann, von dem uns nachher gesagt wurde, er sei der Schatzmeister, zusammen mit einem anderen nach vorn, um das Geld zu zählen. Dann verkündeten die beiden mit offizieller Stimme: »Sechzehn Münzen – sechzehn Gourdes«, das waren weniger als fünf Dollar.
Der Präsident trat vor, rezitierte eine katholische Litanei, um die Opfergabe zu segnen, und betete für die Unternehmungen der Gesellschaft um Gottes Beistand. Als seine Schlußworte verklangen, donnerten die Trommeln los, und die Reihen brachen endlich auf. Andere Lieder erklangen in seltsamen Rhythmen. Eine der vier Trommeln lag auf der Seite, während sie geschlagen wurde, so daß der Stakkato-Ton von Holz auf hohlem Holz zustande kam.
Die Trommeln verstummten so plötzlich, wie sie zu dröhnen begonnen hatten, und noch einmal richtete sich die Aufmerksamkeit auf den Präsidenten, der jetzt allein am Poteau-mitan stand und in den Armen einen weinenden und verängstigten Säugling hielt. In seine Stimme, die hoch und leise war vor Ehrfurcht, fielen bald alle anderen ein:

> *Sie werfen eine Schlinge, um den Fisch zu fangen,
> Was für eine Tragödie!
> Es ist dies Kindchen da, das in der Schlinge gefangen
> ist!*

Die Mutter des Kindes stand neben dem Präsidenten, und als die anderen sangen, stiegen ihr Tränen in die Augen und rannen ihr die Wangen hinab. Mit sanften Gesten führte Jean Baptiste sie und den Säugling um den Poteau-mitan herum. Dann hob er das Kind liebevoll über seinen Kopf, um die vier Ecken, die vier

Gesichter der Welt, zu grüßen. Während er sich langsam drehte, flehten ihn die Mitglieder der Gesellschaft an:

> *Rette dieses Kindchen,*
> *Oh! Präsident der Shanpwel!*
> *Wir bitten dich, rette das Leben dieses Kindes,*
> *Oh! Präsident der Shanpwel!*
> *Rette das Leben dieses Kindes!*
> *Yawé, Yawé!*

Der geschlossene Kreis der Shanpwel umringte den Präsidenten, und ein Mitglied nach dem anderen nahm das Kind von seinen Armen und badete es in einer warmen Kräuterlösung. Als die Behandlung zu Ende war, ertönten noch einmal die Trommeln, und die Mitglieder der Bizango-Gesellschaft tanzten bis spät in die Nacht.
Die Sonne hat die Gabe, Geheimnisse zu entzaubern. Als Rachel und ich am folgenden Nachmittag am Kai von Saint Marc saßen und auf Jean Baptiste warteten, konnten wir nur an die Hitze und an die Fliegenschwärme denken, die um uns herumtanzten. Es war, als hätten sich all die unheimlichen Bizango-Geschichten in dieser Gegenwart aufgelöst: ein Strand, der Geruch von Fisch, salzigen Netzen und aufgesprungenem Teer, der emporstieg und sich mit dem Staub der Stadt vermischte. Kein Kind war am Vorabend geschlachtet, niemand in ein Schwein verwandelt worden, auch wir nicht, sondern man hatte uns liebenswürdig als Ehrengäste behandelt. Ganz im Gegensatz zu dem Bild, das man mir zuvor vermittelt hatte, war ich von der Bizango-Versammlung als einer feierlichen, sogar andächtigen Zeremonie beeindruckt. Sie hatte unter anderem eine streng hierarchische Organisation enthüllt, die zumindest oberflächlich den Rangabstufungen des französischen Militärs und der Zivilregierung nachgebildet war. Ob das eine rein symbolische Hierarchie war oder ob sich noch mehr dahinter verbarg, mußten wir erst noch herausfinden. Wir hatten fast den ganzen Vormittag damit zugebracht, möglichst viel über Jean Baptiste in Erfahrung zu bringen, und hatten

deshalb lange mit Rachels Onkel Robert Erié gesprochen, der einmal Präfekt von Saint Marc gewesen war. Monsieur Erié erwies sich als ein freundlicher, großzügiger Mann, und obwohl Großgrundbesitzer und eine führende Persönlichkeit der ortsansässigen Bourgeoisie, ist er offensichtlich in der ganzen Gemeinde geachtet und beliebt. Robert Erié wußte zwar nichts von Jeans Rolle als Präsident, kannte ihn aber gut. Während seiner ganzen Amtszeit als Präfekt war Jean sein Chauffeur gewesen. Er war ein zuverlässiger und guter Fahrer, und Erié hatte ihn als einen sympathischen Mann im Gedächtnis, als ruhig und diskret, aber nicht besonders einflußreich in der bäuerlichen Gesellschaft von Saint Marc. Obwohl ich mich nicht dazu äußerte, hatte ich es bezeichnend gefunden, daß der Präsident einer Geheimgesellschaft einen solchen Arbeitsplatz innegehabt hatte. Während der Kolonialzeit hatten viele Sklaven, die später wichtige Revolutionsführer wurden, als Kutscher gearbeitet, eine ideale Position, die ihnen erlaubte, den herrschenden Autoritäten nachzuspionieren.

Das Gespräch mit dem ehemaligen Präfekten hatte uns einen ungewöhnlich tiefen Einblick in die Art und Weise gewährt, wie eine prominente Amtsperson, die von der Zentralregierung ernannt wird, mit der traditionellen Gesellschaft zusammenarbeitet. Obwohl er nichts über Jeans Rolle wußte, war Erié doch recht genau über die Aktivitäten der Bizango-Gesellschaften informiert. Als Präfekt, so hatte er uns erklärt, war er dafür verantwortlich gewesen, zu wissen, was in der Region geschah, die ihm unterstand. Als Amtsperson verurteilte, ja beurteilte er nicht einmal, was die Gesellschaften taten. Sie waren seine Freunde, er bewegte sich frei unter ihnen und »trank überall unbehelligt sein Gläschen«, wie er sich ausdrückte. Aber es war andererseits ihre Pflicht, ihn auf dem laufenden zu halten. Keine Zeremonie sollte zum Beispiel stattfinden, ohne daß der Präfekt davon wußte. Erié betrachtete das als eine Frage der Höflichkeit, nicht als Zwang, und betonte, daß er während seiner gesamten Amtszeit nichts unternommen hatte, um sich irgendwo einzumischen. Er konnte sich auch keine Situation vorstellen, so fügte er hinzu, in der das nötig wäre. Diese unkomplizierte Beziehung zwischen einem Repräsentanten der in der Stadt ansässigen Behörden auf der einen Seite und der Vodoun-Gesellschaft auf der anderen war kein Zufall, wie ich später erfuhr. Ganz im Gegenteil wird sie von der gegenwärtigen Regierung auf Haiti geradezu verlangt.

Die Zivilverwaltung von Haiti ist in fünf *départements* eingeteilt, und diese wiederum sind jeweils in mehrere *arrondissements* aufgefächert. Jedem von ihnen steht ein Präfekt vor, der direkt vom Präsidenten des Landes ernannt wird. Jedes *arrondissement* – insgesamt sind es 27 – setzt sich aus verschiedenen *communes* zusammen, die von einer Art Bürgermeister regiert werden, dem ein administrativer Rat zur Seite steht, der seinen Sitz in einem Dorf hat. Über die Grenzen des Dorfes selbst hinaus ist die *commune* in eine Anzahl von *sections rurales* eingeteilt.

Das Militär vollzieht diese Aufteilung des Landes auf analoge Weise nach, zwar mit gewissen Abweichungen, aber das Entscheidende ist, daß auf der untersten Ebene beide Systeme zusammenkommen, so daß der Landbezirk, die *section rurale*, die Grundeinheit der lokalen Regierung ist. In diesen Landbezirken leben mindestens achtzig Prozent der Bevölkerung von Haiti.

Es gibt aber in der Verwaltung dieser Landbezirke eine merkwürdige und wichtige Paradoxie, und zwar hängt sie mit der Rolle einer Amtsperson außerhalb der beiden hierarchischen Organisationsformen zusammen. Gerry Murray, einer der umsichtigsten Anthropologen, die in letzter Zeit auf Haiti gearbeitet haben, hat darauf hingewiesen, daß dieser Landbezirk keineswegs mit einer Gemeinde oder mit einem Dorf zusammenfällt, sondern eher »ein willkürliches Zusammenwürfeln vieler Gemeinden für die Verwaltungszwecke der Regierung« darstellt. Die Bauern selbst identifizieren sich nicht mit ihrem Bezirk, sondern mit ihren eigenen Großfamilien und Nachbarn in den Lakous, den vertrauten Kleinsiedlungen, die aus wenigen strohgedeckten Häusern bestehen, wie man sie überall im Land sieht. Mit anderen Worten erkennt keine der beiden Regierungsinstitutionen, weder die zivile noch die militärische, in irgendeinem verwaltungstechnischen Sinne die tatsächlichen Gemeinden an, in denen die große Mehrheit der Bauern auf dem Lande lebt und stirbt. Um diese Leute zu erreichen, sind die Behörden des Landes auf einen einzigen Mann angewiesen, den *chef de section*, der *innerhalb* seines Landbezirks berufen wird und von dem man erwartet, daß er ein Netz von Kontakten aufbaut, das seine Augen und Ohren in jeden Lakou seines Verwaltungsbereiches hineinreichen läßt. Das tut er auch, aber in einer ganz besonderen Weise.

Obwohl der Chef de Section seine *Autorität* von der Zentralregierung erhält, ist die Basis seiner *Macht* weniger sein offizieller Status als der Konsens der Bewohner seines eigenen Bezirks. Er handelt nicht allein, sondern steht eher an der Spitze einer großen, nicht-uniformierten, ortsansässigen Bauernschaft, die ihre außergesetzliche Autorität wiederum nicht von ihm erhält, sondern von ihren eigenen Leuten. Der Chef de Section kann ohne diese Unterstützung vom Volk recht hilflos sein, und in der Geschichte schlugen alle Versuche der Zentralregierung fehl, Außenstehende in diese Positionen zu bringen – was vor allem die amerikanische Besatzungsmacht anstrebte, die Vodoun-Anhänger durch gebildete Protestanten ersetzen wollte. Das haitianische Gesetz sieht für den Chef de Section bestimmte Hilfskräfte vor, aber, so Murray, »die besondere Form, die die Struktur der polizeilichen Kontrolle in einer bestimmten Region annehmen wird, bestimmen weitgehend die lokalen Traditionen und die Anpassung der lokalen Gesetzeshüter an die lokale soziale Wirklichkeit, die mit dieser Wirklichkeit zutiefst vertraut sind«. Das bedeutet, daß die Zentralregierung, um die Bauern zu erreichen, in deren eigene traditionelle Netze sozialer Kontrolle eindringen muß, und zwar in Gestalt des Chef de Section.

Wer ist der Chef de Section? Vor allem ist er selbst ein ortsansässiger Bauer. Meistens bewirtschaftet er eigene Felder, hat mehrere Frauen und dient den Loa. In vielen Fällen ist er ein prominenter Houngan. Sein Verhalten, seine persönlichen Werte und seine Erwartungen sind nicht die eines Bürokraten, sondern eher die eines Führers der traditionellen Gesellschaft. Obwohl er theoretisch ein Gehalt von der Hauptstadt bekommt (und manchmal kommt sogar wirklich Geld an), ist er finanziell auf seinen eigenen Grund und Boden angewiesen, und wie der afrikanische Patriarch betrachtet er es als sein Recht, auf seinen Feldern unbezahlte Arbeit verrichten zu lassen. Diesen Dienst leisten die Mitglieder der Gemeinde bereitwillig, im Grunde genommen als Ausgleich für die Stunden, die er damit zubringt, sich um ihre Angelegenheiten zu kümmern. Es ist ja schließlich seine Aufgabe, Konfliktfällen nachzugehen und die formlosen Gerichtsversammlungen einzuberufen, die angeblich fast alle lokalen Streitigkeiten beilegen. Da seine Macht also in ihrem eigenen Zuständigkeitsbereich verankert ist, bleibt der Chef de Section von politischen Umstürzen in der Hauptstadt relativ unberührt und behält, wie Murray betont, manchmal für unbegrenzte Zeiträume eine praktisch unangefochtene Kontrolle über sein Gebiet. Gefahr für seine Macht und Position droht also nicht aus Port-au-Prince, sondern wächst aus der Unzufriedenheit der eigenen Leute, so daß die Loyalität des Chef de Section von ihnen abhängt.

Zusammengefaßt dient also die Institution des Chef de Section als Verbindungsglied zwischen den beiden getrennten Welten, die die haitianische Wirklichkeit ausmachen; der Mann selbst ist aber ein Mitglied der traditionellen Gesellschaft, und das Netz von Kontakten, dessen er sich bedient, ist das Netz dieser Gesellschaft. Es war also keineswegs eine unbedeutende Entdeckung, als wir von Rachels Onkel Robert Erié erfuhren, daß in den meisten Fällen der Chef de Section auch der Präsident einer Bizango-Geheimgesellschaft ist.

Jean Baptiste überraschte uns damit, daß er in der Uniform eines Obergefreiten erschien und ein Militärauto fuhr, so daß er wie all die anonymen Soldaten aussah, denen man auf den verstreuten Außenposten am Straßenrand in ganz Haiti begegnet. Es ist die Sorte, die man schlummernd an ihren Schreibtischen ertappen kann, wenn einem ihre Untergebenen befehlen, zu einer Paßkon-

trolle aus dem Auto auszusteigen. Aber nur Sekunden nachdem er von der Straße in die private Sphäre seines Hauses eingetreten war, nahm er wieder die Haltung einer ruhigen Würde und Autorität ein, die mich am Vorabend so beeindruckt hatte. Er sprach freimütig, beantwortete jede Frage, die wir ihm stellten, und während wir ihm zuhörten, lösten sich die böswilligen Vorurteile über die Bizango-Gesellschaft Stück für Stück in nichts auf.
»Nein, nein. Das war ein Unglücksfall. Kinder sind kleine Engel. Sie können nichts Böses tun. Kinder fallen nicht unter die Sanktionen der Gesellschaft. Was Sie da gesehen haben, war ein bedauerliches Opfer. Eine andere Gesellschaft mußte jemanden fassen, aber der *coup l'aire* traf es irrtümlich.«
»Wen wollten sie fassen?«
»Das ist ihre Sache.«
»Es könnte jeder Beliebige sein?«
»Ganz und gar nicht. Hört zu, ihr müßt verstehen, daß die Bizango-Gesellschaft genau wie eine normale Regierung arbeitet. Jeder hat seinen Platz. Sie ist eine Form von Justiz.« Jean Baptiste zählte den Rang eines jeden Mitglieds auf. Die Führung bestand aus dem Kaiser, den Präsidenten, den ersten, zweiten und dritten Königinnen, dem Chef détente und dem Vizepräsidenten. Es gab noch weitere Königinnen – die *reine dirageur*, die im allgemeinen die Frau des Kaisers war, die Fahnenköniginnen und die fliegenden Königinnen. Weitere, niedrigere Positionen hörten sich an wie eine Liste der französischen Beamtenhierarchie – Premierminister, Conseiller, Avocate, Sécretraire, Trésorier, Superviseur, Superintendant, Intendant, Moniteur, Exécutif. An militärischen Titeln gab es unter anderem General, Prince, Brigadier général, Major, Chef détente und Soldat. Schließlich gab es noch drei besondere Stellungen: den Bourreau oder Scharfrichter, dessen Aufgabe es ist, den kollektiven Beschlüssen der Gesellschaft Nachdruck zu verleihen; den Chasseur oder Jäger, der Schuldige der Gesellschaft vorführen muß, und die Sentinelle, die Wache, die am Tor aufgestellt wird, um unbefugte Personen daran zu hindern, in eine Versammlung einzudringen.

Nach Jean Baptistes Auskunft war seine Gesellschaft nur eine von einem Dutzend verschiedener Gesellschaften, die es allein in der Region von Saint Marc gab. Jede von ihnen kontrollierte ein bestimmtes Gebiet und wurde von einem Gründerpräsidenten geleitet, den man auch »Kaiser« nennt. Mit der Zeit durften Mitglieder der Gesellschaft aus der Hierarchie ausscheren und ihre eigenen Gruppen bilden, immer noch unter der Schirmherrschaft des ursprünglichen Präsidenten, und das hat dazu geführt, daß in jedem Bizango-Gebiet von Saint Marc bis zu drei Gesellschaften operieren konnten. Jede Hauptgesellschaft war dazu angehalten, die Grenzen der Nachbarn zu respektieren, und falls es zu Auseinandersetzungen kommen sollte, konnte man sie dem Präsidenten vortragen, der von allen Kaisern der verschiedenen Gesellschaften zusammen zum Kaiser der gesamten Region ernannt wurde.

Der Zweck der Bizango war, wie Jean Baptiste immer wieder betonte, Ordnung in und Achtung vor der Nacht zu gewährleisten. Für ihre Mitglieder und ihre Familien boten sie Schutz, und da fast jedermann irgendeinen Initiierten in der Verwandtschaft hatte, waren die Bizango-Gesellschaften der Schutz aller.

»Für die Kranken und alle, die in Not sind«, erklärte er, »ist das eine wunderbare Sache, ob sie Geld haben oder nicht. Aber es ist nur gut, weil es auch sehr schlimm sein kann. Wenn man mit der Gesellschaft in Schwierigkeiten gerät, kann sie sehr hart gegen einen sein.«

»Meinen Sie, gegen jemand, der die Gesellschaft belästigt, oder einfach gegen irgend jemand?«

»Nein, natürlich nicht gegen irgend jemand. Ich sagte euch ja, sie ist eine Form von Justiz, also muß sie ein Urteil fällen. Nehmen wir zum Beispiel an, jemand ist auf der Straße unterwegs zu einer Zeit, die nicht die seine ist. Dann wird er vielleicht einen *coup l'aire* erhalten, als kleine Warnung. Es wird ihm ein bißchen schlecht, und in Zukunft denkt er daran, nachts nicht auf die Straße zu gehen.« Jean zuckte die Achseln, als wären seine Worte das Selbstverständlichste von der Welt. »Aber wenn jemand ohne

Grund ein Mitglied einer Gesellschaft belästigt, dann ist das etwas anderes. Der Schuldige wird erst einmal eine Weile Pause machen müssen. Wißt ihr, wir haben unsere Waffen.«

Dieses Arsenal, so erklärte Jean, besteht aus einer Anzahl von Zaubersprüchen und Pulvern – den bekannten Mitteln *coup l'aire*, *coup n'ame* und *coup poudre* – mit denen die Opfer heimlich bei Nacht bestraft werden. Zu diesem Zweck legt der Scharfrichter der Gesellschaft Fallen an Orten aus, die die betreffende Person gewöhnlich aufsucht. Ein Pulver, das in Form eines Kreuzes auf den Boden gestreut wird, um einen *ti bon ange* zu fangen, ist ein Beispiel für eine solche Falle. Wenn das Opfer erst einmal hineingeraten ist, kann es nur noch das Eingreifen des Präsidenten der Gesellschaft retten, eine Behandlung, die es teuer zu stehen kommen kann.

»Sie sagen, wir würden Menschen fressen«, fuhr Jean fort, »und das tun wir auch, aber nur in dem Sinn, daß wir ihnen den Lebensatem wegnehmen.«

»Herard hat gesagt, daß die Bizango-Gesellschaften noch ganz andere Dinge tun...«

»Der Kommandant kann sagen, was er will.«

»Er ist eine Gesellschaft mit nur einem Mitglied«, sagte ich lächelnd, als ich mich an Herards Worte in Petite Rivière de Artibonite erinnerte. Jean sah mich an, erwiderte aber mein Lächeln nicht.

Was es damit auf sich hatte, war ungewiß – ebenso wie die Frage, ob Herard immer noch mit der Gesellschaft zu tun hatte. Das Bild, das er uns so nachdrücklich von der Bizango gemalt hatte, war ganz anders als das, was wir jetzt bei Jean Baptiste sahen. Und doch hatte er uns zu der Zeremonie gebracht, uns Jean vorgestellt und war den ganzen Abend über hocherfreut gewesen, uns teilnehmen zu sehen.

»Wann kann eine Gesellschaft jemand fassen?« fragte Rachel.

»Sie sind nachts unterwegs«, begann Jean und zögerte dann. »Oder eine Botschaft kann sogar bei Tage durchkommen. Es braucht nur bekanntzuwerden, daß jemand ungehörig geredet

hat. Vielleicht ist er derjenige, der zum *blanc* oder zu den Oberen der Regierung rennt und ihnen erzählt, was die und die Gesellschaft gerade macht. Derjenige kann dann zwar versuchen, sich zu verstecken, aber wir werden ihn finden. Auf diese Weise kann es dazu kommen, daß ein Mensch zweimal durch die Erde geht.«
»Ein Zombie wird?« fragte ich.
Jean sah mich ruhig an. »Jeder Übeltäter wird bestraft. Es ist so, wie wir singen.« Mit einer hohen Stimme, die zum Vorabend in Gonaives zurückversetzte, begann er zu singen:

> *Sie töten den Mann,*
> *um seinen Zombie zu nehmen,*
> *um ihn arbeiten zu lassen.*
> *Oh, Shanpwel, Oh,*
> *schreie nicht, Shanpwel, Oh,*
> *sie haben den Mann getötet*
> *um seinen Zombie zu nehmen,*
> *um ihn arbeiten zu lassen.*

Jean lachte laut auf, noch ehe er den Vers zu Ende gesungen hatte.
»Und wie steht es mit Dieben?« fragte Rachel.
»Man braucht Beweise, man braucht immer Beweise. Wenn sich jemand bei der Gesellschaft beklagt, forscht sie nach. Wenn er die Wahrheit gesagt hat, stellt man eine Falle. Wenn ein Shanpwel stiehlt, wird er sofort aus der Gesellschaft ausgestoßen.«
»Und wenn er entwischt?« fragte ich, weil ich mich daran erinnerte, wie Isnard der Schlinge entkommen war.
»Für keinen, der schuldig ist, gibt es ein Entkommen. Die Gesellschaft wird ihn verfolgen bis in den letzten Winkel des Landes, selbst in die Höhen des Artibonite.«
»Auch über das Wasser?«
»Selbst bis in die Straßen von New York.«
»Aber innerhalb des Landes, ist es da nicht die Sache des Chef de Section?«
»Doch. Aber das macht keinen Unterschied. Die Gesellschaft ist nachts unterwegs, und da die meisten Verbrechen im Schutz der

Dunkelheit geschehen, können wir auf diese Weise vieles verhindern. Wir arbeiten zusammen. Der Chef de Section muß wissen, was vorgeht, und wir sagen es ihm. Er findet es sowieso heraus. Wenn die Gesellschaft in ein Territorium eindringt, um jemand zu schnappen, und der Chef de Section erfährt es und weiß, daß der Gesuchte schuldig ist, wird er nichts dagegen unternehmen. Meistens ist der Chef de Section sowieso ein Houngan oder Präsident der Shanpwel. Er ist tagsüber unterwegs, aber bei Nacht vertauscht auch er seine Haut.«

»Der Teller braucht den Löffel, und der Löffel braucht den Teller«, sagte Rachel und wiederholte damit die Worte von Marcel Pierre. Jean lachte wieder. »Freunde, was ihr gesehen habt, ist so wenig.« Er erklärte uns, daß die Sitzung vom Vorabend lediglich die alle zwei Monate stattfindende Schulungs-Versammlung einer einzigen Gesellschaft gewesen war. In der kommenden Woche war eine regionale Versammlung aller Gesellschaften von Saint Marc geplant, zur Feier der Gründung einer neuen Gesellschaft. Es wäre ihm eine Ehre, meinte Jean, wenn wir ihn als seine Gäste begleiten würden.

Süß wie Honig, bitter wie Galle

Blut kostet einen Bauern auf Haiti zwanzig Dollar pro Liter, sofern er es zum offiziellen Preis bei der Blutbank des Roten Kreuzes bekommen kann. Marcel Pierre, Rachel und ich standen an einem Bett im Krankenhaus und sahen zu, wie eine weitere Flasche Blut in den dünnen Arm von Marcels Frau hineinlief und fast ebenso schnell zwischen ihren Beinen wieder heraussickerte und die Baumwolltücher durchnäßte. Staatliche Krankenhäuser haben auf Haiti etwas mit den Gefängnissen gemeinsam: Die Versorgung der Patienten hängt weniger von ihrem Zustand als von der Zahlungsfähigkeit ihrer Angehörigen ab – für Medikamente, Essen, Bettzeug und sogar für die mietpflichtigen Plätze der lumpigen Matratzen, die die amerikanische Besatzung zurückgelassen hat. Marcel hatte fast alles verkauft, was er besaß, und noch hatte niemand etwas unternommen, was seine Frau gesund machte. Er hatte sie von einem Krankenhaus zum anderen geschleppt, hatte sie von Saint Marc aus in einer Camionette nach Süden gebracht, eingezwängt zwischen Marktfrauen und Hühnern. Am Morgen desselben Tages hatte er sein letztes Geld dafür ausgegeben, sie in die Hauptstadt zu transportieren, und mußte jetzt zusehen, wie sie in dem Krankenhausbett lag und blutete. Er wußte, daß sie bis zum Abend sterben würde, wenn er kein Blut mehr beschaffen konnte.

Erst unter diesen Bedingungen erlaubte ihm sein Stolz, sich noch einmal an uns zu wenden. Schon eine Zeitlang hatte ich ihm Geld gegeben – »Vorauszahlungen«, wie wir uns geeinigt hatten, für ein weiteres Mittel. Er wußte, daß ich es nicht brauchte, und er wußte ebenso, daß das Geld, das ich ihm schon gegeben hatte, viel mehr war, als jedes Pulver wert sein konnte. Aber all dies blieb ungesagt, als er an jenem Abend ganz verloren im Peristyl in Mariani auftauchte. Rachel küßte ihn auf beide Wangen und eilte dann davon, um ein Tablett mit etwas zum Essen zu holen. Marcel und ich umarmten uns, und dann saßen wir zusammen auf der

Couch. Inzwischen wußten wir natürlich alles über ihn, nicht nur über seine Arbeit und seinen Ruf, sondern auch über seinen Rang in der traditionellen Hierarchie von Saint Marc. Er war im Grunde genommen ein kleiner Fisch, ein *houngan nieg*, wie manche gesagt hatten – einer, der auf die Straße gehen muß, damit man ihn überhaupt sieht. Marcel war ein Ausgestoßener, ein Zuhälter, ein Malfacteur, ein Pulverpfuscher, und jetzt spürte ich seine Isolation stärker denn je. Haitianische Männer weinen nicht, aber Marcel rannen Tränen über die Wangen. Ich hielt seine Hand, doch mehr konnte ich nicht tun. Als ich Marcel neben mir ansah, wurde mir klar, wie weit wir beide uns von den frühen Tagen unserer Bekanntschaft entfernt hatten, von den großspurigen Selbstdarstellungen, mit denen wir einander zu beeindrucken suchten.

Auch Max Beauvoir wußte alles über Marcels Ruf, aber als er mit Rachel den Raum betrat, begrüßte er ihn wie einen Gleichgestellten. Es war eine bedeutsame Geste, und sie berührte Marcel sichtlich. An diesem Abend nahm Max Marcel vor dem Beginn der Zeremonie beiseite, und sie zelebrierten gemeinsam im inneren Heiligtum des Tempels. Später, nach dem Eröffnungsgebet, ehrte er Marcel besonders, indem er ihn einlud, die Zeremonie zu leiten. Marcel ging das zu Herzen, und das Singen schien ihn ganz zu verwandeln. Schließlich ergriff der Geist Ogoun Besitz von ihm, und er raste am Rand des Peristyls entlang und riß die Tischtücher unter den Gläsern der aufgeschreckten Zuschauer weg. Beauvoir versuchte nicht, ihn daran zu hindern. Ogoun wütete mit rasender Inbrunst. Eine Stunde zuvor schien der Tod so nahe zu sein. Jetzt hatte sich der Mann in einen Gott verwandelt, und der Tod war plötzlich dem Dasein entrückt.

Rachel und ich waren fast den ganzen folgenden Tag mit Marcel in Port-au-Prince unterwegs. Wir kauften wieder Blut, suchten eine Klinik für seine Frau und eine Pension, in der seine Tochter wohnen konnte. Das war einer der Gründe, warum wir an diesem Abend zu spät nach Saint Marc kamen, um an Jean Baptistes

Bizango-Zeremonie teilzunehmen. Es gab noch andere. Der Regen überflutete wieder einmal den Truman Boulevard und staute den Verkehr bis halb zur Carrefour-Straße hinauf, und dann begegneten wir auch noch der Autokolonne des Präsidenten, die die Straße am nördlichen Stadtrand blockierte. Schließlich war da noch Isnard, der völlig unerwartet in Mariani aufgetaucht war mit einer Einladung zu einer Bizango-Versammlung vorher am selben Abend in Archaie. Bis wir die verschiedenen Verkehrsstockungen passiert und Isnard zu mehreren, noch eben notwendigen Erledigungen in der Hauptstadt herumkutschiert hatten, war es schon eine Weile dunkel. Ein Regenguß, der die Sicht stark beeinträchtigte, verzögerte unsere Fahrt nach Norden ebenso wie der erfolglose Abstecher nach Archaie. Die Stätte von Isnards angekündigter Zeremonie lag verlassen da, und der Hounfour hüllte sich in Dunkel, abgesehen von den letzten Funken eines gerade erst verloschenen Feuers. Durch einen Spalt in der verschlossenen Tür einer benachbarten Hütte erklärte eine einzelne, in Rot und Schwarz gekleidete Frau Isnard, daß während der Zeremonie jemand gestorben und die Gesellschaft geflohen war. Bis unser Jeep in der immer finsterer werdenden Nacht wieder in Fahrt kam, wußten wir, daß wir zu unserer Verabredung mit Jean Baptiste zu spät kommen würden.
Selbst Jeans ältester Sohn kannte nicht den genauen Ort der Bizango-Versammlung, und sein Vater war schon gegangen. Doch er hatte ihm aufgetragen, uns auf einer ausgefahrenen Lehmstraße zu einer Wegkreuzung im Süden der Stadt zu führen. Dort warteten wir. Der Sturm war abgezogen, und der Passatwind über uns vertrieb die letzte wilde Meute von Wolkenfetzen und enthüllte einen sternenübersäten Nachthimmel. Die Stille wurde nur vom Rauschen der Wellen unterbrochen, die an den Strand spülten. Als nach fast einer Stunde die erwartete Kontaktperson noch nicht aufgetaucht war, schluckten wir unsere Enttäuschung hinunter und machten uns langsam auf den Rückweg nach Saint Marc. Als wir das Meer gerade hinter uns gelassen hatten, hörte Isnard das Geräusch der Bizango-Trommeln. Wir ließen ihn am

Straßenrand zurück und fuhren in die Stadt, um Jeans Sohn nach Hause zu bringen. Dann kehrten wir sofort wieder um. Inzwischen hatte Isnard den Ursprungsort der fernen Rhythmen entdeckt. Er führte uns über ein offenes Feld, das von einem Zaun aus Caotchu-Pflanzen eingegrenzt war. Mitten auf dem Feld stand ein Komplex von niedrigen Gebäuden.

Augenblicklich trat uns ein riesiger Mann entgegen, der die patronengurtähnlichen Seile der Wache trug, um die Lücke im Zaun zu verstellen. Ein zweiter Wachtposten erschien auf dem Pfad hinter uns und schnitt uns den Rückweg ab.

»Wer seid ihr?« fragte eine scharfe, unbekannte Stimme.

»Bête Sereine. Tiere der Nacht«, antwortete Isnard entschlossen. Die Wache trat zur Seite und gab den Blick auf einen dritten Shanpwel frei, der auf Isnard zuging und beide Hände auf die Schultern unseres Freundes legte.

»Woher kommst du?« fragte er.

»Ich komme von der Ferse.«

»Wohin gehst du?«

»Ich gehe in die Zehen.«

»Welche Zehe?«

»Ich bin die fünfte.«

»Mit wieviel Sternen gehst du?«

»Wir sind zu dritt.« Isnard streckte die Hand aus, aber seine Geste blieb unbeachtet. Die Arme der düsteren Gestalt blieben ungerührt an seiner Seite kleben. Rachel trat zuversichtlich vor.

»Wir sind auf Einladung unseres Freundes Jean Baptiste zu euch gekommen«, sagte sie höflich. Der Mann betrachtete sie mißtrauisch.

»Er erwartet dich und den *blanc*?«

»Ja. Wir kommen zu spät. Der Regen war zu stark.« Der Mann ließ Isnard los und beauftragte den Wächter, unsere Botschaft in den Zeremonienraum zu bringen. Wir standen einige Minuten lang unbehaglich da und lauschten dem Rhythmus der Bizango-Trommeln. Obwohl der Tempel nur hundert Meter entfernt lag, war der Ton jetzt schwächer, als wir ihn zuerst vom Straßenrand

aus gehört hatten. Es war gerade so, wie Herard gesagt hatte. »Wenn die Bizango-Trommel vor deiner Tür geschlagen wird, hörst du sie aus weiter Ferne, und wenn sie meilenweit entfernt ist, scheint sie in deinem eigenen Hof zu dröhnen.«
Die Ankunft eines Boten, den Jean Baptiste geschickt hatte, löste die Spannung. Die herzliche Begrüßung des Mannes verbannte den Wächter und seine Kameraden wieder in den Schatten. Erst plauderten wir ein wenig, dann wurden wir still und folgten dem Boten auf einem schmalen Pfad zum Tempel. Das unaufhörliche Trommeln wurde immer leiser, und als wir in die Nähe kamen, hörten wir die Worte des Liedes:

> *Die Bande ist draußen, die Gesellschaft ist draußen,*
> *Gib acht, Mutter, die du mich geboren hast.*
> *Die Bande ist draußen, die Gesellschaft ist draußen,*
> *Ihr Mütter der Kinder,*
> *Schnürt euch den Bauch zu.*

Die Gesellschaft war draußen, und ihre Prozession wand sich an fernen Wegkreuzungen vorbei, aber der Tempel war noch immer dicht gefüllt, eine Katakombe von Gebärden und Gesichtern, die latent feindselig auf uns wirkte, als wir uns den Weg durch den verstopften Eingang bahnten. Auf der einen Seite drehten und wiegten sich eine Handvoll Männer und Frauen auf einem kleinen freien Platz um den Poteau-mitan, und direkt dahinter, im Dunkeln, stand eine Gruppe von Trommlern mit gespreizten Beinen hinter ihren Instrumenten und stachelte die Tänzer an wie Puppenspieler. Die Musik ging weiter, aber die Trommler sahen auf, und mit kehligen, geringschätzigen Stimmen kündeten sie barsch unsere Anwesenheit an.
Der Bote führte uns zum Hinterausgang des Tempels hinaus in einen Hof, den mehrere hundert Menschen mit pulsierendem Leben erfüllten. Es herrschte festliche Stimmung dort, und all die dicht umlagerten Tische, über denen der Geruch von gegrilltem Fleisch und Süßkartoffeln hing, erinnerten mich zunächst an ein Gemeindepicknick. Aber die Atmosphäre war auch voller Span-

nung. Diesen Eindruck verstärkte noch das laute Zischen Dutzender von Gaslaternen, die am Rande des Hofes aufgestellt worden waren. Sie gaben ein hartes Licht, das mich beinahe blendete, und deshalb sah ich zu Boden, als Rachel, Isnard und ich uns zwischen vielen Tischen hindurchschlängelten, bis wir ganz hinten bei dem ankamen, an dessen Kopfende Jean Baptiste saß. Man hieß uns willkommen, und er lud uns ein, neben ihm Platz zu nehmen, aber niemand wurde uns vorgestellt. Als Rachel mit ihrer Entschuldigung für unsere Verspätung geendet und ein paar Begrüßungsfloskeln gesagt hatte, entstand ein beklommenes Schweigen. Auf der anderen Seite des Tisches saß ein halbes Dutzend Männer, die keinen Ton von sich gaben. Das Licht beschien sie von hinten, so daß ihre Gesichter in tiefem Schatten verborgen waren und ihre riesigen Leiber zu einer einzigen, bedrohlichen Silhouette verschmolzen. Ich begann alle möglichen Geschichten zu erzählen, die bisher immer angekommen waren, jetzt aber keine Reaktion auslösten. Isnard fühlte sich ebenso unwohl, doch unsere Anwesenheit forderte seinen Stolz heraus, seine Kenntnis der Bizango zur Schau zu stellen, und er war ungeschickt genug, eine große Flasche Clairin aus der Tasche zu ziehen und aufzustehen, um einen Trinkspruch auszustoßen. Zu allem Überfluß war die Flasche leer.
»Freunde der Nacht«, sagte er mit übertriebenem Pathos, »wir sind alle Brüder.«
Eine barsche Stimme antwortete von der anderen Seite des Tisches. »Was soll das heißen, alle Brüder?«
»Also«, stotterte Isnard, »wir sind Haitianer, wir sind alle Haitianer.« Er hatte natürlich andeuten wollen, daß auch er ein Mitglied der Bizango-Gesellschaft war.
»Ja, so ist es. Wir sind *neg guinin*, die Männer aus Afrika«, stimmte der Schatten zu. »Manche von uns.«
Ehe Isnard etwas entgegnen konnte, entstand zum Glück für uns an den Tischen um uns herum ein Gemurmel, das die Rückkehr der Prozession ankündigte, und einen Augenblick später erfüllte die Vorfreude den ganzen Hof. Jean führte uns rasch in das

Peristyl hinein, das schon dicht besetzt gewesen war, als wir ankamen, jetzt aber förmlich aus den Nähten platzte, so viele Bizango-Mitglieder hatten sich hineingezwängt. Durch die Lükken in der Bambuswand konnte man in der Ferne die Prozession sehen, die wie eine Schlange über die Hügel kroch – sich vorwärts bewegte, anhielt, dann wieder weiterzog und langsam aus dem tiefen Dunkel der Nacht hervorkam. Laternen beschienen auf beiden Seiten den aufwirbelnden Kreidestaub. Man konnte die fernen Stimmen hören, die Pfiffe und die kurzen, scharfen Kommandos, die die Mitglieder in der Reihe hielten. Die Sisalpeitschen fuhren im Takt der schwerfälligen Marschklänge nieder, wenn die Anführer innehielten und den Sarg schwingen ließen, als wäre es ein Pendel, das von den Schultern der Träger herabhing. Diesem Bild von Rot und Schwarz verlieh das Dröhnen der Stimmen eine gewisse Einheitlichkeit, die alle Anwesenden auf den Rhythmus der Musik einstimmte.

> *Wir kommen vom Friedhof,*
> *Wir sind gegangen, um unsere Mutter zu holen.*
> *Hallo, jungfräuliche Mutter,*
> *Wir sind deine Kinder,*
> *Wir kommen, um deine Hilfe zu erbitten,*
> *Du sollst uns Mut machen.*

Als sich die Prozession in den Tempel ergoß, beleuchteten Trauben von Laternen am Eingang die strengen Gesichter der prächtig gekleideten Teilnehmer. Zuerst war der Sentinelle im Tempel, der um den Poteau-mitan herumsprang und zum Spaß mißtrauische Besorgnis heuchelte. Hinter ihm kam ein Mann, der ein Seil trug, gleich nach ihm der heilige Sarg mit seinen Trägern. Als die Masse der Mitglieder hereindrängte, zogen sich die Gäste in einen Nebenraum zurück, und schließlich wimmelte es nur noch von rot-schwarzen Gewändern. Langsam zog die Prozession um den Poteau-mitan herum, aber es waren so viele Menschen, daß sie weniger gingen als sich aneinander quetschten, Körper an Körper, so daß eine einzige Welle um den Pfeiler wogte. Eine große, strahlend schöne Frau, die ein paillettenbesetztes Kleid im Stil der Zeit König Eduards und einen Seeräuberhut mit Straußenfedern trug, trat in die Mitte des Raumes. Mit langsamen, fließenden Gebärden dirigierte sie das gesamte Geschehen, wobei ihr Gesicht, das der Hut halb verbarg, eine heitere Gelassenheit ausstrahlte, ein Blick, der zugleich Lebensüberdruß und tiefste innere Ruhe ausdrückte.

Die Kraftfülle dieses Moments war wie ein Traum. Der heilige, blumengeschmückte Sarg ruhte auf der rot-schwarzen Fahne. Die Shanpwel bliesen die brennenden Kerzen aus, die sie an die Brust gedrückt hielten, und legten sie in einen der beiden Samthüte, die am Fußende des Sarges lagen. Die majestätische Frau in ihrer glitzernden Robe bewegte sich mühelos zwischen den zusammengedrängten Teilnehmern der Prozession und nickte jedem zu. Pfiffe und Muschelschalen antworteten, als ein mächtiger Ruf erscholl.

»Einundzwanzig Kanonenschüsse zu Ehren des Präsidenten!« Als die Peitsche draußen zu knallen begann, wandte sich die Frau, die ihren Kopf mit dem Hut leicht geneigt hielt wie die Achse eines Globus, langsam wieder dem Sockel des Poteau-mitan zu. Sie war die Kaiserin, wie wir jetzt erkannten, und wir hatten uns alle versammelt, um die Gründung ihrer Gesellschaft zu feiern. Ein Mann, der als Ausrufer fungierte, trat forsch an ihre Seite.

»Ruhe! Wir werden in wenigen Augenblicken...«, begann er, doch die geräuschvolle Erregung verschluckte seine Worte. »Ruhe! Leute, ihr seid nicht bei euch zu Haus! Seid still!« Die Kaiserin hob den Arm, und es wurde still im Raum.

»In wenigen Augenblicken werden wir die Ehre haben«, fuhr der Mann fort, »euch die anwesenden Präsidenten vorzustellen.« Dann traten der Reihe nach, wie sie aufgerufen wurden, fünf Bizango-Führer vor, darunter auch Jean Baptiste. Die Kaiserin hob ihr Gesicht zum Licht empor, so daß ihre wunderschönen Züge zum Vorschein kamen – feingeschnitten und mit einer zarten Haut, die sich über hohe Wangenknochen spannte –, und in aller Form eröffnete sie die Zeremonie.

»Circonstantier, 31. März 1984, Séance Ordinaire. Bei der ganzen Macht des großen Gottes Jehova, des Herrschers der Erde!«
Ein kleiner Mann trat vor, und alle Aufmerksamkeit wandte sich ihm zu. Als seine benommenen Augen über den Raum hinweg glitten, trat schnell Ruhe ein.
»Meine lieben Freunde«, begann er, »schon oft habt ihr mich an einem Tag wie diesem vor euch stehen sehen. Für mich ist das immer ein frohes Ereignis, denn es gibt mir die Möglichkeit, euch willkommen zu heißen und zu euch über einige der Ideen und Gedanken zu sprechen, die uns allen so viel bedeuten. Es ist traurig, aber meine Gedanken sind heute abend davongeflohen, meine Phantasie hat sich verflüchtigt, und das hindert mich daran, euch meine sehnlichsten Wünsche preiszugeben. Aber ich möchte allen Gästen dafür danken, daß sie der Einladung von heute morgen gefolgt sind.«
Nach dieser Einleitung war er eine Zeitlang still. Es war, als wären für diesen Mann, der in einer mündlichen Tradition stand, die gesprochenen Worte lebendig, und jedes einzelne mußte ausgekostet werden.
»Brüder und Schwestern!« fuhr er fort. »Heute kommen wir in einer brüderlichen Vereinigung von Gedanken und Gefühlen zusammen. Gefühle, die Gestalt angenommen haben in der Kraft unserer Bruderschaft, der Kraft, die unserem Fest an diesem Abend Bedeutung verleiht.
Ja, wir sprechen von unserer Bizango-Gesellschaft, in der Sprache des Volkes Bizango oder Bissago. Bizango ist auch die Kultur des Volkes, eine Kultur, die mit unserer Vergangenheit verbunden ist, genauso wie die weiße Kunst und Wissenschaft ihren Platz in der Zivilisation der Oberschicht haben. So, wie alle Völker und alle Rassen eine Geschichte haben, hat Bizango ein Bild von der Vergangenheit, ein Bild, das aus einer Epoche stammt, die vor uns war. Es ist das Gesicht unserer Volksseele.«
Niemand gab einen Laut von sich, als er wieder eine Pause machte, und während er weitersprach, breiteten sich seine Worte über die dichte Menge feuchter, heißer Körper aus, vermischten sich mit

der Hitze der Laternen, bis die Luft vibrierte von Ebbe und Flut eines zeitlosen Gedankens.
»Bizango bringt Freude, Bizango bringt Frieden. Für das haitianische Volk ist Bizango eine Volksreligion, denn sie jagt unseren Schmerz, unsere Sorgen, unsere Schwierigkeiten und Probleme vor die Tür.
Eine weitere Bedeutung von Bizango ist die Bedeutung der großen Zeremonie in Bwa Caiman. Sie gehört in dasselbe Gedankenreich. Unsere Geschichte, was für Augenblicke, die Geschichte von Macandal, von Romaine La Prophétesse, von Boukman, von Pedro. Diese Menschen haben viele Opfer gebracht und in ihrer Brust verschlossen. Sie waren voller Leben, und sie haben geglaubt! Wir können auch von einem gewissen Hyacinthe sprechen, der keine Furcht zeigte, als die Kanonen auf ihn feuerten und er so seinem Volk bewies, daß die Kanonen wie Wasser waren. Und erst Macandal! Der Mann, den man schon an den Hinrichtungspfahl gebunden hatte, die Kugeln, die ihn durchlöchern sollten, bereits geladen, der Mann, der dennoch entkam, weil er so viele Opfer gebracht hatte. Und wieder können wir sehen...«
Plötzlich unterbrach eine barsche Stimme vom anderen Ende des Raumes her die Rede und lenkte den Blick aller Anwesenden auf Rachel und mich. Ich erkannte den rundlichen Mann als einen der Präsidenten wieder, die zu Beginn der Zeremonie vorgestellt worden waren.
»Mit eurer Erlaubnis, Freunde. Dessalines nennt alles beim Namen. Ich bin ein Mann. Ich bin zwar nicht in meinem Haus, aber ich kann reden. Warum ist ein *blanc* hier und kann unseren Worten zuhören?« Ein Schauer der Feindseligkeit durchlief die Menschen rings um uns her. Mit Jean Baptistes Erlaubnis hatte ich einen Teil der Zeremonie ohne jede Heimlichkeit auf Tonband aufgenommen, doch jetzt war das Band plötzlich Gegenstand eines Streits.
»Sollen unsere Worte über die Wände dieses Raumes hinausgelangen?« In der gespannten Stille konnte ich Regentropfen

zischen hören, wie sie nahe bei meinem Ohr in die Flamme einer Laterne fielen.
»Gib mir das Band, schnell«, sagte Rachel. Ich gehorchte, und sie trat vor die Versammlung, reichte die Spule dem Präsidenten, der Anstoß genommen hatte, und bat ihn um Verzeihung. »Der *blanc* ist hier als mein Gast, und ich bin hier, weil ich ein Kind Guinées bin.« Das Band wurde mit gleicher Höflichkeit entgegengenommen, und die Krise schien überwunden zu sein, als Jean Baptiste vor den anderen Präsidenten trat.
»Das Band gehört mir. Der *blanc* ist auch mein Gast. Mein Haus ist auch seines, und das Mädchen ist die Tochter meines Freundes.« Also wurde mir nach einem Augenblick des Zögerns das Band zurückgegeben. Eine unbehagliche Stille breitete sich wieder im Raum aus, und der angespannte Mann am Poteau-mitan nahm seine Rede wieder auf, begann noch einmal von vorn und schloß mit einer nachdrücklichen Erinnerung an die haitianische Revolution.
»Wir sagen noch einmal, es gab einen Augenblick im Jahre 1804, einen Augenblick, der Früchte trug. Das Jahr 1804 hat die Kinder von heute hervorgebracht. Vielen Dank.«
Die Kaiserin schloß sich seinem Versuch an, den normalen Gang der Feierlichkeiten wiederherzustellen, und verkündete gleich nach ihm, daß die Opfergaben am heiligen Sarg niedergelegt werden sollten. Sie sprach ein Gebet vor und sang dann die Anfangsverse einer Anbetungshymne, während alle Anwesenden einer nach dem anderen vortraten, um eine kleine Geldsumme vor der Gesellschaft darzubringen.
»So etwas wird Ihnen bestimmt nicht passieren, wenn Sie meine Gesellschaft besuchen.« Eine kleine, elfenhafte Frau war dicht an meine Seite geschlüpft. Sie sprach ganz leise. »Das ist doch verrückt. Das hier ist eine öffentliche Zeremonie. Jeder soll da willkommen sein.« Ehe wir wußten, wie uns geschah, stand die Frau zwischen Rachel und mir und hielt uns beide sanft an der Hand. Sie hieß Josephine, ihre Gesellschaft traf sich jeden zweiten Mittwoch. Wir seien herzlich eingeladen, daran teilzunehmen,

versicherte sie uns. Sie und Rachel plauderten herzlich miteinander, bis eine aggressive, drohende Stimme vom anderen Ende des Raumes her die beiden unterbrach.
»Brüder und Schwestern! Wartet einen Augenblick! Die Zeremonie in Bwa Caiman war eine rein afrikanische Sache. Es soll heute abend kein *blanc* bei unserer Zeremonie dabeisein! Kein *blanc* soll sehen, was wir in der Nacht tun.« Der ganze Raum bebte vor verärgerten, geisterhaften Stimmen. Die Mitglieder spalteten sich in zwei Lager, eine lautstarke Minderheit, die meine Anwesenheit verurteilte, und die Mehrheit, die darauf bestand, daß das Fest eine öffentliche Angelegenheit sei, eine Feier, die jedem offenstünde. Jean Baptiste stürzte quer durch das Peristyl, um uns zu Hilfe zu kommen, und ein Halbkreis von Verteidigern, die auf unserer Seite standen, bildete einen Ring um uns herum. Meine Hände tasteten unwillkürlich hinter meinen Rücken und erprobten versuchsweise die Stärke der Wand aus lehmbeworfenem Flechtwerk. Rachel neben mir zitterte.
»Keine Sorge«, flüsterte Josephine neben mir, »es gibt hier keine Verrückten. Das ist eine öffentliche Veranstaltung. Wenn sie geschlossen wäre, wärt ihr gar nicht da. Aber das hier ist nur eine Feier.«
Plötzlich ging das elektrische Licht an und aus. Josephine sah besorgt aus. Flammen, die von einem Feuer am Fuße des Poteaumitan emporschlugen, jagten die Schatten der Tänzer an den Wänden des Tempels entlang und verzerrten sie an den Rissen im Flechtwerk. Ein gespanntes, keuchendes Atmen brach sich in Schreien höchster Anstrengung, erdschweren Rhythmen, bei denen sich die Schultern der Tänzer wie Kolben bewegten, in peitschenden Zuckungen, die immer näher rückten.
»Was soll der Unsinn?« schrie Josephine und zog uns näher an ihre Seite. »Shanpwel! Macht die Augen auf!« Die Lichter erloschen wieder, und der Ring um uns schloß sich enger zusammen. »Paßt auf!« brüllte Isnard uns zu. »Atmet durch das Hemd!« Einen schrecklichen Augenblick lang warteten wir ab, sahen den Staub, der im bernsteinfarbenen Licht tanzte. Das war der

Moment, so fürchtete Isnard, in dem das Pulver kommen würde. Ich packte Rachel. Ich fühlte als einziges, daß Vergangenheit und Zukunft an uns vorbeiflossen wie ein ruhiger Strom.
Aber nichts geschah. Unter schrillen Schreien der Erregung gingen die Lichter wieder an, und als die Spannung nachließ, schlug Rachels Angst in Ärger um.
»Hört mal«, sagte sie, »wenn sie uns hier nicht wollen, dann gehen wir besser weg.«
»Nein, meine Liebe, ihr geht keinen Schritt!« Josephine war unerbittlich.
»Aber das hier ist doch lächerlich!«
»Keine Sorge, Kind, ihre Zeit ist vorbei.« Und sie hatte recht. Was immer noch Sekunden vorher an Ärger in der Luft lag, hatte sich in Gelächter und allgemeine Bekundungen des Wohlwollens verwandelt. Der rundliche Präsident, der zuerst gegen meine Anwesenheit Einspruch erhoben hatte, ergriff jetzt mit einer beschwichtigenden Geste das Wort.
»Brüder und Schwestern«, begann er, nachdem die Trommeln verstummt waren. »Ich will euch etwas erklären.«
»Ruhe!« rief jemand.
»Die Frage, ob ein Mann ein richtiger Mann ist, ob ein Mann weiß ist oder schwarz, ändert nie etwas daran, ob er recht hat oder unrecht.« Er wurde von donnerndem Applaus unterbrochen.
»Ich selbst«, fuhr er fort, » ich weiß, wo ein Wille ist, ist auch ein Weg. Ich spreche jetzt in aller Öffentlichkeit, damit man meine Motive versteht. Ich hatte meinen Grund, dieses Tonband zu verlangen. Präsident Jean Baptiste sagte, es gehöre ihm, und ich gab es dem *blanc* zurück. Aber ich bin kein Dummkopf. Wenn der *blanc* in mein Haus kommt, kann er gern das Vodoun-Ritual aufnehmen, und er kann auch die Lieder der Cannibal lernen, aber die Worte müssen unsere Worte bleiben. Die Lieder sind öffentlich, aber die Worte sind geheim. Das ist alles. Verzeihen Sie mir, Mademoiselle«, sagte er mit einem Blick auf Rachel, »ich sage Ihnen das mit allem Wohlwollen.« Rachel dankte ihm und versprach, auf seine Einladung zu einer Zeremonie bei ihm zurückzu-

kommen, aber sie sprach leise, und ihre Worte gingen unter im wachsenden Drängen der ungeduldigen Trommler und der Leute, die tanzen wollten.

Alle Überlegungen und Gegenbeschuldigungen wurden hinweggefegt von der plötzlich einsetzenden heftigen Bewegung, die das Peristyl in einen großen Ring kreisender Lichter verwandelte. In einem Raum, in dem die Menschen noch vor Minuten Schulter an Schulter gestanden waren, hatte jetzt jedermann Bewegungsfreiheit. Ein Derwischtanz, bei dem die Arme in die Luft flogen, ging über in einen Tanz mit krampfartigen Bewegungen, Füße stampften auf die Erde und wirbelten kleine Staubwolken auf, der überall kniehoch über dem Boden schwebte. Rachel ist eine hervorragende Tänzerin, und ich bin schwerfällig wie ein Bär, aber innerhalb von Sekunden wurde selbst ich vom Rhythmus mitgerissen. Zum Entzücken aller sprangen wir in die Reihe hinein und fielen ein in die Bewegung der Shanpwel, die durch den Raum jagten. Der Stakkato-Rhythmus der Trommeln schleuderte uns in die Luft oder warf uns in die Reihe zurück. Man konnte spüren, wie ihre Vibration einem in die Wirbelsäule fuhr und wie ein Stromstoß in den Kopf hinauffloß. Es war, als hielten uns die Trommeln stundenlang gefangen, Schweiß lief uns in Strömen herunter, der Geruch von Räucherstäbchen und Staub, von billigem Parfüm und Rum vermischte sich mit einer spielerischen Sinnlichkeit, die unsere Körper ganz dicht zusammenschmiegte, ehe sie sie wieder auseinander riß. Mein Geist fand seinen Weg durch die Nacht, verlor sich in einer unermeßlichen Region der Vergangenheit, antwortete nur auf den gleichmäßigen Rhythmus, bewegte sich wie ein Strang Seetang, der in einer wilden Strömung treibt und doch die ganze Zeit über fest in der Erde verankert bleibt.

Ich weiß nicht, wann es zu Ende war. Ich erinnere mich nur, daß ich im kühlen Wind draußen vor dem Tempel zu mir kam, als der Morgen an einem perlgrauen Himmel zu dämmern begann. Ich erinnere mich an die Stille der Palmen und an ein paar Marktfrauen, die auf ihren Mauleseln in die Stadt trotteten, als wir uns auf den Rückweg machten, an die Lichter in Marcel Pierres Bordell und die Kunden, die an der Verandabrüstung lehnten und den Nachgeschmack einer dunklen Nacht mit den sanften, willigen Frauen auskosteten, die ich beinahe schon vergessen hatte.

Am folgenden Tag waren wir erst spät nachmittags in der Lage, die ganze Bedeutung der Tonbandaufnahme zu erfassen, die wir um ein Haar verloren hätten. Aus dem Getümmel von Gesängen und rituellen Tänzen hörten wir zwei wichtige Informationen heraus. Da war zunächst einmal die Rede. Sie war eine klare, öffentliche Erklärung, die klipp und klar den Ursprung der Bizango-Gesellschaften geradewegs bis zur haitianischen Revolution und den vorrevolutionären Führern der Maroon-Banden zurückverfolgte. Eben das hatte der Anthropologe Michel Laguerre vermutet. Zweitens gab das Band die Namen von mehr als einem halben Dutzend prominenter Anführer allein in der Region von Saint Marc preis, was für uns im Augenblick sehr wichtig war. Mit der großzügigen Hilfe von Rachels Onkel Robert Erié gelang es uns, an einem einzigen Tag mit fünf Gründungspräsidenten oder Kaisern von Bizango-Gesellschaften in Verbindung zu treten. Einer der informativsten war auch der eindrucksvollste, ein listiger und mächtiger Mann namens Jean-Jacques Leophin.

Unser erster Besuch bei Leophin war rein gesellschaftlicher Natur, und er empfing uns mit förmlicher Höflichkeit. Er war ein alter Mann, schlank, etwas gebeugt, mit einer Vorliebe für Gold, das er in breiten Ringen an allen Fingern und in mehrreihigen Ketten um den Hals trug. Ein Fingerschnippen ließ einen Tisch, Stühle und ein Tablett mit Whisky und Eis erscheinen. Wir saßen mitten in einem Peristyl mit blauen Wänden, umgeben von Bildern hüpfender Djab und einer eindringlichen Darstellung der Schwarzen Jungfrau. Draußen im Hof stand, wie ein Denkmal auf Blöcken erhöht, ein nicht mehr fahrtüchtiger Mercedes-Benz. Hinter diesen und anderen kindischen Statussymbolen – einem weichen schwarzen Filzhut und der steten Verwendung einer Zigarettenspitze – verbarg sich, wie ich bald erfahren sollte, die Seele eines Mannes, der eng mit der Mystik vertraut war. Wenn er sprach, versenkten sich seine Augen tief in jeden Zuhörer, und seine vielschichtigen Sätze sprach er mit einer volltönenden Stimme, die seinen Worten große Intensität verlieh. Als wir ihn näher kennenlernten, entdeckte ich in ihm einen der seltenen Menschen, denen es gelingt, aus tausend verschiedenen Elementen des Universums eine einzigartige, persönliche Philosophie zusammenzuschmieden, und die dann ihr Leben getreu den Grundsätzen dieser ihrer Lehre führen. Er sprach in Parabeln, rezitierte Mythen und Legenden aus Afrika, vermischte sie großzügig mit Zitaten aus *Le Petit Albert*, einer mittelalterlichen Schrift über Zauberei, die zwar auf Haiti verboten wurde, doch immer noch die bevorzugte Bibel eines jeden Zauberers und Magiers ist.

»Bizango ist ein Wort, das von der Cannibal-Gesellschaft herstammt«, erläuterte er. »Sie finden dieses Wort im *Roten Drachen* oder den Büchern des Zauberers Emmanuel. Bizango soll beweisen, daß Veränderung möglich ist. Deswegen sagen wir: ›Lerne, dich zu ändern!‹ Wir sind in der Welt, und wir können uns in der Welt verändern. Jedermann sagt, daß die Shanpwel Leute in Schweine verwandeln, aber wir sagen das nur, weil es uns lehrt, daß alles relativ ist. Sie denken vielleicht, daß Sie und ich gleich sind, daß wir Menschen mit der gleichen Haut sind, mit der gleichen Gestalt, aber ein anderes Wesen, das uns von hinten anschaut, könnte vielleicht sagen, daß wir zwei Schweine oder Esel oder sogar Unsichtbare sind. Das nennt man die Bizango-Veränderung. Das ist damit gemeint.

Vor langer Zeit gab es die Shanpwel noch nicht. Die vier großen Makala-Völker, die des Nordens, Südens, Ostens und Westens schufen die Bizango, um Ordnung und Achtung bei ihren Leuten herzustellen.«

»In der Zeit vor dem *blanc*?«

»Ja, davor und danach. Es gab einmal ein Mädchen im Süden, das einem der Führer immer die Worte stahl und sie dann herumerzählte. Sie war das Sprachrohr, das Zwietracht säte. Schließlich kamen die vier Führer zusammen, und als sie erkannten, was da geschah, mußten sie das Mädchen hinrichten lassen. Es folgte ein großes öffentliches Fest, und man verkündete den Leuten, daß das, was unter den vier Völkern geschieht, auch unter ihnen bleiben muß, und was draußen geschieht, auch draußen bleiben muß. Deswegen haben sie die Bizango gegründet, um Schutz vor den Gefahren des Mundes zu bieten. Deshalb muß sogar heute noch jemand, der etwas gegen die Gesellschaft sagt, gezwungen werden, daß er seine Zunge hütet. Dazu kommen wir alle zusammen.«

»Um ein Urteil zu fällen?«

»Nein, um Rat zu halten. Jemand sorgt für das Festmahl – Reis, Bohnen, Coca-Cola, Rum und so weiter –, und dann ziehen sich die führenden Mitglieder zurück. Also die *groupe d'état majeur* – Präsident, Minister, Königinnen. Wir beraten über die Person. Wenn wir uns einig sind, daß beispielsweise der und der am fünfzehnten Januar sterben soll, dann gehen wir zum Kaiser – in dieser Region wäre ich das selbst –, und wenn der Kaiser zustimmt, unterschreiben wir das Urteil, und die Person wird sterben. Aber wenn sich jemand dagegen ausspricht, kann sich der Fall hinziehen. Ungefähr alle drei Monate rufen wir dann eine Séance ein, um den Fall zu diskutieren. Kommt ein Unentschieden dabei heraus, bilden wir eine Gruppe mit dreizehn Mitgliedern, und die Mehrheit entscheidet. So verfährt die Shanpwel. Aber eine Gesellschaft kann niemand verurteilen, der nicht direkt ein Mitglied geschädigt hat. Man kann nicht einfach gegen jeden vorgehen.«

»Meint man das, wenn man davon spricht, daß jemand an die Gesellschaft verkauft wird?«

»Nur in dem Sinn, daß es ein Gericht gibt. Es gibt immer ein Gericht. Aber das Verkaufen ist etwas anderes, es ist ein Vorgang, der von anderen Leuten, nicht von der Führung der Gesellschaft ausgeht. Verkaufen ist ein Weg, der jedem Mitglied offensteht, um selbst für sein Recht einzutreten. Wenn man einen Streit hat, zahlt man ein wenig Geld ein, gibt seinen Namen und eine Beschreibung des Problems an den Kaiser, und wenn die Gesell-

schaft gewissenhaft arbeitet, wird sie sowohl den Kläger als auch den Angeklagten einem Verfahren unterziehen.«
»Aber erscheint der Körper der Person vor der Gesellschaft?«
»So eine dumme Frage. Ich sage es Ihnen immer wieder, aber Sie hören nicht zu. Ich sage, daß es ein Gericht gibt. Natürlich erscheint der Angeklagte. Der Kaiser schickt den *chasseur*, den Jäger, aus. Das ist seine Aufgabe. Welche Art von Gericht würde einen Mann aus der Ferne verurteilen?« Leophin rückte ungeduldig auf seinem Stuhl hin und her. »Aber natürlich können diese Fälle kompliziert werden. Manchmal kann jemand, der verkauft wurde, bis zu drei Jahren krank sein, solange das Urteil noch nicht gesprochen wurde. Da gewöhnlich jedermann weiß, daß der Kranke auf der Liste steht, kann die Familie in einem solchen Fall einen Wahrsager beauftragen, um herauszufinden, was passiert ist. Wenn der Wahrsager das Rätsel lösen kann, hat die Familie eine einzige Chance zur Wiedergutmachung. Alle werden benachrichtigt, und die Gesellschaft, an die die Person verkauft wurde, tritt zusammen. Die Familie muß jeden der vier Anführer der Gesellschft eine Zahlung leisten.«
»Das heißt, der Bestrafte kann zurückgekauft werden?«
»Unter bestimmten Umständen.«
»Wie zum Beispiel?«
»Sehen Sie, ich sage Ihnen doch, es ist ein Gerichtsverfahren. Also werden die Umstände jeweils verschieden sein.«
»Aber wenn ich einfach jemanden loswerden will?«
»Dann werden Sie verurteilt, denn dann sind Sie derjenige, der gegen den Kodex der Gesellschaft verstößt.«
»Was für einen Kodex?«
»Die sieben Taten.« Ohne daß wir danach gefragt hatten, zählte Jean-Jacques Leophin wie ein Rechtsgelehrter die sieben Übertretungen auf, für die man an eine Gesellschaft verkauft werden konnte. Sie lauteten der Reihe nach:

1. Ehrgeiz – ungehemmte materielle Bereicherung, die offensichtlich auf Kosten der Familie oder Abhängiger geht.

2. Mangel an Achtung vor seinen Mitmenschen.
3. Verunglimpfung der Bizango-Gesellschaft.
4. Entführung der Frau eines anderen Mannes.
5. Verbreitung von Gerüchten, die andere verleumden und ihr Wohlergehen beeinträchtigen.
6. Schädigung von Familienmitgliedern.
7. Landstreitigkeiten – alles, was andere widerrechtlich davon abhält, ihre Felder zu bestellen.

Diese Liste hörte sich wie ein Profil der Geschichte von Clairvius Narcisse an und brachte mich augenblicklich auf seinen Fall zurück. Clairvius hatte oft Streit mit verschiedenen Mitgliedern seiner Familie. Er zeugte zahlreiche Kinder, für die er nicht sorgte. Dadurch, daß er diese und andere Verpflichtungen seiner Gemeinschaft gegenüber vernachlässigte, konnte er so viel Geld sparen, daß sein Haus das erste im Lakou war, dessen Strohdach durch Wellblech ersetzt wurde. Obwohl sein liederlicher Lebenswandel seiner großen Familie gewiß ein Dorn im Auge war, ging es bei dem Streit mit seinem Bruder jedoch vor allem um Grundbesitz, und bei einem so schwerwiegenden Streit wie dem zwischen den Brüdern Narcisse konnte sich sehr wohl die Bizango-Gesellschaft als Schiedsgericht einschalten. Herard Simon hatte mir gesagt, daß derjenige, der schließlich verlangt hatte, daß man eine Gerichtsversammlung einberief, ein Onkel von Narcisse gewesen sei. Wir können nur vermuten, was bei diesem Verfahren geschehen sein mag, aber es sind mehrere Punkte zu bedenken. Der Vater der beiden Brüder lebte zu dieser Zeit noch, und Clairvius hatte keine Kinder, die von der Gemeinschaft als seine anerkannt waren. Nun ist es aber auf Haiti nicht üblich, daß der Grundbesitz einer Familie »unter die erste Generation von Erben aufgeteilt wird. Die jüngeren Brüder wollen sich den Älteren gegenüber nicht der ungeheuren Respektlosigkeit schuldig machen, von ihnen zu verlangen, daß sie ihr Land Stück für Stück aufteilen. Es verhält sich sogar so, daß Erben, die »auf einer formalen Aufteilung vor dem Tod der Älteren bestehen, traditionsgemäß als respektlos und unverschämt gebrandmarkt werden«. Einer der Brüder war deutlich im Unrecht, gemessen am gültigen Verhaltenskodex der haitianischen Bauerngesellschaft. Die wichtigste Verpflichtung eines Familienoberhauptes auf Haiti besteht darin, »den Familienbesitz beisammen zu halten, um den Kindern einen Start ins Leben zu ermöglichen«. Diese ausdrückliche Betonung der Nachkommen hätte den unverheirateten, kinderlosen Narcisse in eine weniger günstige Lage gebracht als seinen Bruder, der damals eine große Familie zu unterhalten hatte. Außerdem ist es in dem Fall, daß Narcisse wirklich im Recht gewesen und von einem schuldigen Bruder in einen Zombie verwandelt worden wäre, schwer vorstellbar, daß die Geheimgesellschaft geduldet hätte, daß der Bruder fast zwanzig Jahre lang friedlich in der Dorfgemeinschaft weiterlebte. In Anbetracht der auch jetzt noch frostigen Beziehungen zwischen Narcisse und seiner Familie schien es höchst wahrscheinlich, daß Narcisse der Schuldige war, eine Auffassung der Dinge, die auch die meisten meiner Informanten auf Haiti teilten und die noch verstärkt wurde durch eine bedeutsame Aussage, die Jean-Jacques Leophin machte, sobald ich den Namen Narcisse erwähnte.

»Der Bruder hat Narcisse an eine Gesellschaft aus Caho verkauft. Der Fall betraf das siebte Gesetz. Es war das Land der Eltern. Narcisse versuchte, es mit Gewalt zu bekommen.« Er machte eine Pause, dann fügte er mit Nachdruck hinzu: »Aber das heißt nicht, daß die Gesellschaft etwas Böses ist. Wenn jemand im eigenen Haus Sie verrät, dann verdient er den Tod. Aber das macht Ihr Haus nicht zu einem verrufenen Ort.«

»Dann waren die Leute, die Narcisse gefangen haben, nicht aus seinem eigenen Dorf?«

»Das kommt öfter vor. Ich lebe zum Beispiel hier in Fresineau. Jedermann weiß, daß Leophin der Herr dieses Bezirks ist. Meine Grenzen reichen von Gros Morne bis nach Montrouis. Das ist mein Revier. Eine andere Gesellschaft kann nicht von Archaie aus kommen, um jemand auf meinem Territorium zu fassen, wenn sie nicht zuerst zu mir kommt. Sie müssen mir die Sache darlegen,

und wenn es mir vernünftig erscheint, werde ich eine Séance einberufen, bei der die Auslieferung des Schuldigen beraten wird. Wenn meine Leute dagegen sind oder wenn die Anklage ungerecht ist, nehme ich den Betreffenden unter meinen Schutz, und es wird ihm kein Leid geschehen. Alle Kaiser stehen untereinander in Verbindung, manchmal persönlich, manchmal mit Hilfe des *superviseur*, des Boten.«
»Die Bizango-Gesellschaft reicht bis in jeden Winkel des Landes?« fragte Rachel ehrlich erstaunt.
»Sie *reicht* nicht dorthin«, korrigierte sie Leophin, »sie *ist* schon dort. Sehen Sie, wir sind wie die Sterne. Wir arbeiten nachts, aber wir berühren alles. Wenn Sie arm sind, werde ich eine Versammlung einberufen, die für Ihre Bedürfnisse aufkommt. Wenn Sie Hunger haben, werde ich Ihnen Nahrung geben. Wenn Sie Arbeit brauchen, wird Ihnen die Gesellschaft genug Geld geben, daß Sie ein Geschäft anfangen können. Das ist Bizango. Einer reicht dem anderen die Hand.
Es gibt nur eine Sache, auf die Bizango sich nicht einläßt. Sie können alles mögliche anstellen, und die Gesellschaft läßt es Ihnen durchgehen, aber wenn Sie sich in Regierungsquerelen einmischen, ist es vorbei. Die Gesellschaft verlangt, daß Sie die Würde des Gesetzgebers respektieren. Sie können nicht einfach irgendein Amt an sich reißen, Sie müssen es sich verdienen. Stelle dich den Wahlen und höre die Stimme des Volkes.«
»Aber wenn zum Beispiel ein Polizist ein Mitglied der Gesellschaft beschimpft?« fragte ich.
»Wenn Sie mit der Regierung einverstanden sind, dann denken Sie am besten daran, daß alle Hunde des Königs Könige sind, selbst wenn sie Böses tun. Wenn uns aber ein solcher Polizist ernsthaft lästig wird, wird ihn eines Tages sein Vorgesetzter rufen und ihm mitteilen, daß man ihn versetzt hat. Wir wollen ihm keinen Schaden zufügen, aber auch unsere Großzügigkeit hat Grenzen.«
»Also arbeiten die Bizango-Präsidenten aktiv mit der Regierung zusammen. Was geschieht, wenn…«

Leophin unterbrach mich etwas ungehalten. »Die Regierung arbeitet mit uns zusammen. Sie muß. Stellen Sie sich vor, was geschieht, wenn irgendwelche Eindringlinge in einer abgelegenen Ecke eines Départements im Nordwesten einfallen würden. Sie wären schon tot, ehe sie den Strand verlassen könnten. Aber sie wären nicht durch die Hand der Regierung gefallen. Es ist das Land selbst, das sich von alters her auf solche Dinge vorbereitet hat.
Die Leute von der Regierung in Port-au-Prince müsssen mit uns zusammenarbeiten. Wir waren schon vor ihnen da, und wenn wir sie nicht wollten, wären sie nicht dort, wo sie sind. Es gibt nicht viele Gewehre im Land, aber die, die da sind, haben wir.«

Diese letzte Behauptung von Jean-Jacques Leophin war keine leere Phrase, zumindest dann nicht, wenn man nach dem Eifer urteilen darf, mit dem prominente Politiker des Landes, allen voran Dr. François Duvalier, die Bizango-Gesellschaften umworben haben. Die Duvalier-Revolution, die in der westlichen Presse oft falsch dargestellt wurde und nur wegen ihrer späteren brutalen Übergriffe im Gedächtnis blieb, begann als eine Reaktion der schwarzen Mehrheit auf das unangemessene Übergewicht einer kleinen, regierenden Elite, die das Land politisch und wirtschaftlich fast während seiner gesamten Geschichte beherrscht hatte. Als Duvalier im Jahre 1957 erstmals gewählt wurde, konnte er der Armee nicht trauen – tatsächlich konnte man bis zum Ende seiner Amtszeit über ein Dutzend versuchte Invasionen und Staatsstreiche zählen –, also schuf er sich seine eigenen Sicherheitskräfte, die »Freiwilligen für die Nationale Sicherheit« oder Ton Ton Macoute, wie man sie später nannte. (Dieser Name stammt übrigens aus einer haitianischen Volkserzählung, die ungezogenen Kindern damit droht, daß ihr Ton Ton, oder Onkel, kommen und sie in seiner Macoute, der Schultertasche, mitnehmen wird.) Bislang hat jedoch noch niemand die Entstehung der Ton Ton Macoute als nationale Institution hinreichend erklärt und auch nicht die überraschende Schnelligkeit, mit der sie in praktisch

jeder haitianischen Gemeinde gegründet und zu Macht und Ansehen gebracht wurde. Eine mögliche Erklärung könnte im Netz der Bizango-Gesellschaften liegen, das Jean-Jacques Leophin uns so freimütig offenlegte.
François Duvalier war von Hause aus Arzt und hatte die haitianische Kulturgeschichte mit großem Eifer studiert. Er publizierte ethnologische Artikel und gehörte in seiner Jugend dem Kern eines kleinen Kreises an, der eine einflußreiche Zeitschrift namens *Les Griots* herausgab. Dort wurde der Keim für Duvaliers spätere Bewegung gelegt. Obwohl sie selbst Sprößlinge der Elite, hochgebildet und gänzlich in der Stadtkultur zu Hause waren, reagierten die Intellektuellen, die sich von *Les Griots* beeinflussen ließen, auf die Demütigung, die in der amerikanischen Invasion lag, und die kraftlose Ergebenheit ihrer bürgerlichen Zeitgenossen. Ihre Antwort bestand darin, daß sie für einen neuen Nationalismus eintraten, der offen die afrikanischen Wurzeln des haitianischen Volkes anerkannte. Zu einer Zeit, da Trommeln und andere religiöse Kultgegenstände systematisch aufgespürt und verbrannt wurden, da die Bauern gezwungen wurden, der römisch-katholischen Kirche die Treue zu schwören, erklärten die Mitglieder von *Les Griots*, daß der Vodoun-Glaube die rechtmäßige Religion des Volkes sei. Das war ein mutiger Standpunkt, und er trug Duvalier die uneingeschränkte Unterstützung der traditionellen Gesellschaft ein. Während der Wahlen im Jahre 1957, die ihn an die Macht brachten, bemühte sich Duvalier aktiv um die Unterstützung der Houngan, und in einigen Teilen des Landes dienten Vodoun-Tempel sogar als Standort der lokalen Wahlkomitees. Nach seinem Erfolg wurde François Duvalier der erste nationale Führer seit beinahe einhundert Jahren, der die Rechtmäßigkeit der Vodoun-Religion anerkannte und dem Volk ihre Ausübung zugestand. Während seiner Amtszeit berief er die Houngan in einflußreiche Regierungspositionen. Zumindest einmal lud er alle Vodoun-Priester des Landes zu Beratungen in den Nationalpalast ein. Außerdem ging das Gerücht um, daß er selbst ein praktizierender Houngan sei. Das war ein ungewöhnlich radikaler

Umschwung der offiziellen Regierungspolitik. Ein oder zwei Jahre vor Duvaliers Amtsantritt wurden Vodoun-Trommeln noch verbrannt, ein Jahr danach war ein Vodoun-Priester Erziehungsminister.

François Duvalier wußte sehr genau, daß er von Feinden umgeben war, und er erkannte ebenso deutlich, daß seine Stärke und die letztliche Macht eines jeden schwarzen Präsidenten in der traditionellen Gesellschaft wurzelte. Während seiner ganzen Amtszeit gab er sich große Mühe, in das Netzwerk sozialer Kontrolle einzudringen, das, wie auch Jean-Jacques Leophin betont hatte, in dieser Gesellschaft bereits existierte. Er hofierte prominente Houngan in der Öffentlichkeit, und es ist kein Zufall, daß ein Mann wie Herard Simon – ein Mann, der tief religiös und zugleich tief patriotisch war – der rechtsgültige Befehlshaber der Ton Ton Macoute über ein ganzes Fünftel des Landes wurde. Vor Duvalier hatten die Schwarzen nur begrenzt Zutritt zu öffentlichen Ämtern und Regierungsposten. In manchen Städten gab es Parks, in denen nach einem ungeschriebenen Gesetz kein Schwarzer spazierengehen durfte. Männern wie Herard erschien Duvalier wie ein Erlöser. Das war wohl auch der Grund, warum er auf die Frage, die ich ihm einmal gestellt hatte, ob er in den frühen Tagen des Kampfes viele Menschen getötet habe, ehrlich antworten konnte: »Ich habe keine Menschen getötet, nur Feinde.«

Ohne Zweifel hatten Duvaliers enge Kontakte mit den Houngan ihn auch in direkte Verbindung mit den Bizango-Gesellschaften und ihren Anführern gebracht. Bezeichnenderweise war er der erste nationale Präsident, der ein direktes und persönliches Interesse an der Berufung jedes einzelnen Chef de Section nahm. Es ist außerdem bemerkenswert, daß die haitianischen Bauern Duvalier später als die Personifizierung von Baron Samedi ansahen, eines Geistes, der eng mit den Geheimgesellschaften assoziiert wird. Mit seiner Kleidung und seinem Auftreten in der Öffentlichkeit schien Duvalier diese Rolle ganz bewußt zu übernehmen: die allgegenwärtige schwarze Hornbrille, der dunkle Anzug und die schmale schwarze Krawatte entsprechen genau den Attributen, mit denen auf alten Lithographien der volkstümliche Geist immer wieder dargestellt wird. Kurz, es gelang Duvalier, was immer seine Motive gewesen sein mögen, auf mehreren Ebenen in die traditionelle Vodoun-Gesellschaft vorzustoßen. Die Anführer der Geheimgesellschaften wurden fast durchweg einflußreiche Mitglieder der Ton Ton Macoute, und wenn diese sich vielleicht auch nicht direkt aus Angehörigen der Bizango rekrutierte, so überschnitt sich doch die Mitgliedschaft in den beiden Organisationen in beträchtlichem Maße. Man könnte sogar fragen, ob François Duvalier nicht am Ende selbst das symbolische oder tatsächliche Oberhaupt der Geheimgesellschaften wurde.

Josephine, die alte Frau, die am Abend jener Zeremonie mit uns Freundschaft geschlossen hatte, verkaufte auf dem Markt von Saint Marc Bohnen, so daß sie leicht ausfindig zu machen war. Inzwischen kannten uns die meisten der Shanpwel, und ein Dutzend vertraute, aber doch seltsam anonyme Gesichter begleitete uns auf unserem Weg durch die dichtgedrängten Marktstände. Es war ein merkwürdiges Gefühl, an so vielsagend lächelnden Gesichtern vorbeizugehen, die einen kannten, ohne daß man sie kannte.
Als wir den gesuchten Stand erreichten – ein einfacher Wagen mit einer zerschlissenen Stoffmarkise, einem rostigen Meßbecher und ein paar sorgfältig aufgeschichteten Häufchen gesprenkelter Bohnen –, war er verlassen, aber schon Sekunden später kam Josephine wie ein Schulmädchen angehüpft, so überrascht und erfreut, daß sie kaum stillstehen konnte. Sie vertraute ihren Stand der Aufsicht einer Nachbarin an und führte uns wieder über den ganzen Markt zurück, machte an diesem oder jenem Stand eines Freundes einen Scherz, bis wir schließlich auf dem größtmöglichen Umweg zu unserem Jeep gelangten. Statt uns dann den kürzesten Weg zum Haus des Präsidenten ihrer Gesellschaft zu zeigen, denn das war der Zweck unseres Besuches, schaffte sie es, uns nicht nur einmal, sondern gleich zweimal über den Markt zu lotsen.

Schließlich dirigierte uns Josephine eine unbefestigte Straße entlang, die durch das bewässerte Gebiet östlich von Saint Marc führte. Wie so viele Täler entlang der zentralen Küste von Haiti ist auch dieses eine Oase inmitten einer unfruchtbaren Wüste, die Menschenhand verschuldet hat. Kurz nachdem wir das Tal verlassen hatten, hielten wir an einer Stelle, wo die satten Felder in Buschland übergingen. Es war ein düsterer Ort, ein paar knorrige Bäume zeigten den Weg hinauf zu einem kleinen Anwesen, das buchstäblich in den porösen Berghang eingegraben war. Es gab zwei Hauptgebäude, beide klein, die eine Tonelle miteinander verband und die von einem Zaun aus Flechtwerk umgeben waren. Obwohl noch nicht alt, war der Lehmverputz des Tempels bereits in tausend Stücke zersprungen. Weiter oben hing schlaff eine haitianische Flagge von ihrem hohen Mast herab.

Drinnen war es kühler, und als sich unsere Augen an das dämmrige Licht gewöhnt hatten, stellte uns Josephine ihrem Präsidenten, Solvis Silvaise, vor. Wie sich dabei herausstellte, waren wir ihm schon zweimal begegnet, einmal bei der Zeremonie, wo er zusammen mit anderen Bizango-Führern vorgestellt wurde, und ein zweites Mal, als uns Rachels Onkel Robert Erié auf der Plaza von Saint Marc auf ihn aufmerksam gemacht hatte. Damals hatte er ziemlich imposant gewirkt in seiner steifen Drillich-Uniform der Ton Ton Macoute. Jetzt erschien er uns wie ein gebrochener Mann. Er lag ausgestreckt auf einem Feldbett, und sein Gesicht war geschwollen und zerbeult von einem harten Schlag, den er – wie wir später erfuhren – ein paar Abende vorher abbekommen hatte, als zwei Rara-Kapellen aufeinandertrafen und einen Zusammenstoß hatten. Er war nicht in der Verfassung, irgend jemanden zu empfangen, und als er trotz seiner offenkundigen Schmerzen versuchte, aufzustehen und uns zu begrüßen, ging Rachel rasch zu ihm und bettete ihn sanft wieder auf seinen Rücken. Er hatte einen schweren Schlag abbekommen, und obwohl die Verwundung selbst nicht besonders ernst war, hatte sie sich gefährlich entzündet. Wir blieben nur, bis wir ihm versprochen hatten, am nächsten Tag wiederzukommen, ließen

Geld für Lebensmittel zurück und fuhren eilig nach Saint Marc, um Medikamente zu besorgen, die Josephine ihm bringen sollte. Wir fuhren am nächsten Tag tatsächlich wieder zu ihm und danach jeden weitern Tag, bis es ihm allmählich besser ging. Etwa eine Woche später fühlte er sich schließlich kräftig genug, um mit uns zu sprechen, und da wußte er natürlich auch längst ganz genau, was wir wollten.

Ganz im Gegensatz zu Leophin oder Jean Baptiste, beide Männer in gesicherten Positionen, deren Autorität so gefestigt war, daß man sie förmlich spüren konnte, war Solvis erst auf dem Weg nach oben, und jede seiner Bewegungen zeugte von einem ruhelosen Unternehmungsgeist. Als junger Mann war er bewußt in die Gegend von Saint Marc gezogen, ein Zentrum der Bizango-Aktivitäten, und wir waren nicht überrascht, als wir später erfuhren, daß er schon in Leophins Gesellschaft eine bedeutende Stellung innegehabt hatte, bis die Rivalität zwischen den beiden Männern zu groß wurde. Er wurde entlassen, weil er bestimmte Anordnungen nicht befolgt hatte, und gründete daraufhin seine eigene Gesellschaft, die er nun zu festigen suchte. Er war ehrgeizig, vielleicht allzu ehrgeizig, aber er war nicht korrupt und in einer großartigen und entwaffnenden Art ehrlich. Es war nur so, daß er wie viele seines Schlages zwar seinen Göttern treu ergeben, andererseits aber auch bereit war, ihnen ein wenig nachzuhelfen, damit sie seinen eigenen Bestrebungen entgegenkamen. Für Solvis war unsere zufällige Begegnung eine einmalige Gelegenheit – genauso wie für uns.

»Es ist ganz normal«, erklärte er uns, »daß wir zusammenarbeiten. Ich habe etwas, das ihr wollt, nämlich Wissen. Und ihr habt etwas, das ich brauche.« Er sprach nicht nur vom Geld, sondern auch davon, was unsere Verbindungen für seine Gesellschaft bedeuten konnten. Ich fand seine Schlußfolgerung erfrischend freimütig. Hinter ihm versammelte sich eine Schar Kinder um das Herdfeuer, eine müde aussehende Frau hob eine Handvoll grobkörnigen Sand vom Boden, um damit einen Topf zu scheuern. Neben ihr lagen Reisigbündel zum Verfeuern, und Blechkanister standen da mit Wasser, das zum Baden zu kostbar war. Zwischen uns lag eine gewisse, nicht zu leugnende Wahrheit. Wir sahen einander einen Augenblick lang an, dann hob er den Kopf von seinem Feldbett auf, und sein krächzendes Lachen besiegelte unser Abkommen.

Es war Mittwoch, der Tag, an dem sich die Gesellschaft versammeln sollte, und an diesem Abend kehrten wir auf Solvis' Anweisung hin zu seinem Lakou zurück. Wie üblich kamen wir erst spät, und die meisten Mitglieder waren schon da, standen herum und warteten ein wenig ungeduldig im Dunkeln auf eine Laterne, damit die Zeremonie beginnen konnte. Hinter der Tonelle, wo sonst das Herdfeuer brannte, begannen drei Frauen im Rhythmus einiger weniger Trommeln zu tanzen. Sie hörten bald nach unserer Ankunft auf. Das Grundstück war zu klein und die Mitglieder nicht zahlreich genug, als daß jemand uns hätte ignorieren können. Diejenigen, die Bescheid wußten, begrüßten uns freundlich, die übrigen starrten uns mit ungläubigem Erstaunen an.
Solvis ließ sich von unserer aufsehenerregenden Ankunft in keiner Weise aus der Ruhe bringen, und nach ein paar allgemeinen Begrüßungssätzen schlug er uns höflich vor, jetzt sei der geeignete Moment gekommen, um mit dem Meister zu sprechen. Unsicher tappten wir durch das Dunkel und folgten ihm aus dem Schutz der Tonelle hinaus, um die Ecke seines Hauses herum zu einer kleinen, abgelegenen Hütte, die bedenklich schief an der steilsten Stelle des Abhangs klebte. Solvis klopfte dreimal an, um die Geister zu warnen, sperrte das rostige Türschloß auf und führte uns hinein. Er passierte einen Schleiervorhang, der einen kleinen Altar verbarg, in dessen Mitte ein einziger Docht in einer Schale voll heißem Wachs brannte. Über der Flamme hing ein Baldachin aus Dutzenden kleiner Spiegel und Glöckchen an Bändern von der Decke herab. Rachel und ich saßen auf zwei winzigen, in eine Ecke gequetschten Korbstühlen so dicht nebeneinander, daß sich unsere Knie berührten. Solvis beugte sich zu uns vor,

und zum ersten Mal fiel mir die schwarze Binde auf, die sein verletztes Auge bedeckte.

»Seht ihr, ihr habt ihn noch nie getroffen, aber das müßt ihr jetzt. Ich kann nichts tun, was über meine Zeit hinausgeht. Er ist es, der euch wirklich in die Geheimnisse einweihen kann.« Hinter uns hustete jemand, und ich merkte, daß wir nicht allein waren. Solvis zog den Vorhang zurück und befahl dem unsichtbaren Gehilfen, eine Flasche Rum zu bringen. »Und sag den Leuten, sie können tanzen«, fügte er hinzu, ehe er sich wieder dem Altar zuwandte. »Nun, meine Freunde, es gibt so viel zu lernen, ich werde euch große Dinge zeigen. Wade, du bist ein *blanc*, und du, Rachel, du mußt ihm als Lehrerin dienen und ihm alles zeigen, was ich dir zeige. Versteht ihr? Alle beide? Gut.«

Solvis nahm eine Glocke und läutete sie, während er mit der freien Hand durch die Spiegel fuhr, so daß goldene Lichtfunken auf ihren Flächen tanzten. Der Gehilfe hastete wieder herein, stellte die Flasche vor unsere Füße und zog sich zurück. Noch einmal schlug Solvis die Glocke an, dann setzte er sich hin, murmelte eine hypnotisierende Liturgie vor sich hin, wieder und wieder, rief vielleicht zweihundert oder mehr Geister und Mächte an, bis er über eine einzelne Silbe stolperte und seine Stimme sich veränderte. Er begann fast völlig unkontrolliert zu stottern. Die *pwin*, die mystische Kraft der Gesellschaft, war in Gestalt des Meisters »Hector Victor« erschienen.

»O-O-O-O-O, wa-wa was ist das? Wie geht es dir? Wi-wi-wi-wir haben zwei Fremde bei uns. Wo kommt ihr her? Port-au-Prince? I-i-ich freue mich. Ich bin Hector Victor. Ich diene überall, ma-mache alles. Hör zu, kleines Fräulein. Du-du-du brauchst mich? Du brauchst Wissen? Nein? Was dann? O-O-Oh! Ha! Dann hat der Bursche schon mit dir geredet? Was hat er dir gesagt?«

»Er hat gesagt, daß wir mit dir reden sollen, weil du derjenige bist, der alles weiß«, antwortete Rachel ruhig.

»O-O-Oh! Das ist wahr. Eines weiß ich. Es wird etwas kosten. Das ist wie in der Schule. D-du mußt bezahlen. Ve-ve-verstehst du? Ä-Äh, wieviel kannst du zahlen?«

»Nein, Hector Victor, du mußt uns den Preis sagen. Ich kann nicht irgendeine Summe nennen.«
»Oh.« Die Stimme hielt inne. »Sa-sa-sag mal, ist das Rum?« Ich reichte ihm die Flasche. Nur auf Haiti, dachte ich verblüfft, ist es möglich, Rum zu trinken und dabei mit einem Gott zu feilschen.
»A-a-a-also«, fuhr Victor Hector fort, »kleines Fräulein, ich weiß, daß ihr mir viel mehr Geld bringen könnt, als ich hier bekommen kann. Es wi-wi-wird also se-se-sechzig Dollar kosten. Aber du wirst sehen, das ist es auch wert. Dein Vater ist ein Houngan, nicht wahr? D-d-d-du wirst sehen, er wird sich sehr freuen.«
»Also…«, Rachel zögerte, als würde sie gerade Gemüse kaufen.
»Rachel«, sagte ich leise, »das geht in Ordnung.«
»Gut, wir werden vierzig Dollar sofort bezahlen und den Rest später.«
»Oh. Ja, ich kann dir vertrauen. Ganz bestimmt. I-i-ich will mich damit zufriedengeben, aber du wirst sehen, es ist viel mehr wert. Ich werde jetzt also gehen, mein Pferd soll die Arbeit tun. Aber denk daran, Hector Victor kann in jedem Bagi erscheinen.« Hector Victor wandte sich an den Gehilfen, der den Rum gebracht hatte, und gab ihm eine der Banknoten, die ich ihm gereicht hatte. »Ni-ni-nimm das und wechsle es und verteile es an die anderen. Sag ihnen, daß sie noch mehr bringen werden.« Die schattenhafte Gestalt des Gehilfen huschte aus dem Bagi hinaus.
Der Meister putzte sich mit einem Stück Zeitungspapier die Nase. Dann saß er zusammengesunken auf seinem Stuhl da und schaute auf komische Weise trostlos drein. »Ge-Ge-Ge-Geld«, seufzte er, »siehst du, wie es geht?« Ein weiterer Gehilfe erschien. »We-we-we-wer ist da? Ah! Mein Lieber. Hör zu, wir haben etwas vor. Mache deine Sache gut. Wir brauchen diese Leute. Wi-wi-wi-wir wollen sie, und es darf nichts schiefgehen. Sa-sa-sa-sag meinem Pferd, diese Leute werden uns auf Boden führen, den wir sonst nie betreten hätten.« Der Gehilfe lenkte uns einen Augenblick lang ab. Er bestand darauf, daß wir seinen Namen aufschrieben, damit wir uns über die öffentlichen Durchsagen der staatlichen Rundfunkanstalt mit ihm in Verbindung setzen konnten. Der Meister

hob sein gesundes Auge ins Licht, und als er sich vergewissert hatte, daß die richtigen Daten aufgezeichnet worden waren, verschwand er und ließ einen schlaffen Körper zurück, der bald in Gestalt von Solvis Silvaise wieder zum Leben erwachte.
Silvaise war erschöpft, und es waren mehrere Minuten und ein paar Schluck Rum nötig, bis er sich wieder aufraffen konnte. Draußen vor dem Bagi spielten die Trommeln nun andere Rhythmen, und der hohle Klang der Muscheltrompete kündigte den Beginn der Séance an.
»So«, sagte der Präsident schließlich, »jetzt können wir an die Arbeit gehen. Ist Hector Victor anständig geblieben? Gut. Er kann nämlich sehr grob sein. Habt ihr Streichhölzer bei euch? Steht auf, alle beide.« Solvis blies die Kerze aus, und die Spitze des Dochtes glühte wie ein Juwel in der Dunkelheit nach, ehe sie endgültig erlosch.
»Das ist ein Augenblick, der euch noch erwartet. Eine rauhe Sache, bei der ihr sehr schmutzig werdet. Die Kleider, die ihr anhabt, wenn ihr kommt, werden nichts mehr wert sein, wenn ihr geht. Es ist hart, vielleicht zu hart.« Er verharrte, und ich hätte seinen Atem hören können, als er sich vom Altar entfernte. »Zünde die Kerze an!« Ein Streichholz flammte auf und flackerte auf die Kerze zu.
»Die Kerzen sind Sterne. Alles mündet in den Fluß ein, der Tag wird zur Nacht, das Ende zum Anfang. Das ist das neue Leben. Geht weg vom Licht.«
Rachel und ich traten vorsichtig in den Schatten hinter dem Vorhang. Solvis kam auf uns beide zu, erst zu Rachel, dann zu mir, und lehrte uns, den Bizango-Mitgliedern auf richtige Weise die Hand zu geben und sie zu grüßen. Als er mit uns zufrieden war, führte er uns aus dem Bagi zurück in die Tonelle. Inzwischen war das Tor zu dem Grundstück geschlossen und wurde bewacht. Die Shanpwel hatten ihre Haut gewechselt und waren in einer Reihe angetreten, die entlang der Einfriedung des Grundstücks verlief. Solvis forderte ihre Aufmerksamkeit und begann dann zu sprechen. Fast jeder Satz erntete stürmischen Beifall. Er erklärte,

er habe uns auf dem Fest der Kaiserin Adèle kennengelernt, und es habe ihn erzürnt, wie schlecht man uns behandelt hatte. Wie viele Narren gab es, so fragte er, die nicht wußten, daß die Weißen einmal wichtig und nützlich sein könnten, wenn die Zeit gekommen sei?

»Die Weißen brauchen uns, und wir brauchen sie.« Das waren seine Schlußworte, und mit ihnen forderte er Rachel und mich auf, jedem Mitglied die Hand zu geben. Wir gehorchten seinem Befehl und gingen langsam den Ring entlang, um allen den rituellen Gruß zu entbieten, den wir soeben gelernt hatten. Einige der Mitglieder lächelten, andere kicherten, manche auch hatten versteinerte Mienen.

Die Trommeln setzten ein, brachen dann wieder ab, und eine der Königinnen hob an, mit einer Pfauenstimme die traurige, klagende Anbetungshymne zu singen. Andere Frauen öffneten die Holztüren einer kleinen Lehmhütte und zogen den heiligen Sarg heraus, *madoulè*, die Mutter der Gesellschaft. Die Prozession stellte sich auf, und auf Solvis' Geheiß schlossen wir uns hinten an. Zusammen mit den anderen Mitgliedern der Shanpwel bewegten wir uns in einem immer enger werdenden Kreis, so langsam, daß meine Knie zu zittern begannen. Als der Sarg schließlich abgestellt wurde, trat jedes Mitglied vor ihn hin, brachte seine Opfergabe dar und grüßte. Es folgte eine Reihe von Kniebeugen, denen sich weitere Unterweisungen anschlossen. Und dann, als der Sarg hochgehoben und wieder in seine Kammer gebracht worden war, führte uns Solvis von der Tonelle zurück in den Bagi.

»Das ist nur der Anfang«, sagte er uns, »nur ein Schatten von dem, was ihr wissen werdet.« Wir müßten wiederkommen, betonte er, um ein Festmahl zu geben und weitere Geheimnisse zu entdecken. Danach wären wir verpflichtet, zu jeder Séance zu erscheinen. Besonders ich müßte dann, wenn ich mich jenseits des großen Wassers aufhielte, meinen Genius als Abgesandten schikken – und natürlich auch ab und zu eine Geldspende für diejenigen, die in Not seien. Dann beugte Solvis sich vor und flüsterte uns zwei Kennworte zu, die wir wissen müßten. Schließlich griff er hinter sich und holte vier Gläser hervor.

»Trinkt«, sagte er, und reichte uns beiden ein Glas. Der grüne Trank brannte mir in der Kehle.

»Jetzt das.« Das zweite Gebräu war dickflüssig und klebrig. »Nun wißt ihr, wie die Dinge sind«, erklärte er. »Das erste war bitter. Und das zweite?«

»Süß«, antwortete ich.

»Ja. Nun, das ist die Shanpwel. Die eine Seite ist bitter, die andere süß. Wenn ihr auf der bitteren Seite seid, werdet ihr eure eigene Mutter nicht wiedererkennen.« Der Präsident, dessen Silhouette sich auf dem Schleiervorhang abzeichnete, kippte die Reste aus den vier Gläsern zu Boden. Wie Quecksilber kullerten die Tropfen zusammen und versickerten in der staubigen Oberfläche des Lehmbodens.

Danach betraten Rachel und ich einen langen, stillen Tunnel, und einen Monat sahen wir die Sonne nicht.

Epilog

»Ist das also Ihre Wahl?« fragte Herard. Wir hatten uns bei sengender Sonne an einer Straßenbiegung getroffen. Ich war damals krank, mein Körper schwach und meine Kehle zu trocken zum Sprechen. Das Fieber zog mich in den Schatten der Büsche. Herard kam mir nach.
»Sie haben nicht auf mich gehört«, sagte er. »Man kann diese Dinge nicht auf die leichte Schulter nehmen. Alles hat seinen Preis. Es gibt Dinge, die man wissen muß, und Dinge, von denen man am besten gar nichts weiß.«
»Aber man hat uns freundlich aufgenommen«, erklärte ich ihm.
»Ja, Kindereien. Was wisssen Sie denn schon?«
»Ich weiß, daß die Antworten, die ich suche, in den Bizango-Gesellschaften zu finden sind.«
»Sie wissen nichts.« Er schaute beiseite. »Und wenn Sie fallen, wird diese Gesellschaft stark genug sein, Sie wieder emporzuheben?«
Die Worte machten mich stutzig, denn es waren die gleichen, die auch Jean-Jacques Leophin gebraucht hatte. Man konnte nur einer Bizango-Gesellschaft beitreten, hatte er mich gewarnt, und man suchte sich tunlichst eine aus, die einem in Notzeiten auch Unterstützung gewähren konnte.
»Ihr habt Glück gehabt«, fuhr Herard fort. »Warten Sie nicht auf die Zeiten, da Sie Dinge zu sehen bekommen, die Sie besser nicht sehen würden.«
»Meinen Sie die Opfer?«
»Das ist eine solche Zeit. Gegen Ende des Jahres müssen sie ihre Kräfte sammeln.«
Herard drehte sich um und ging langsam zur Straße zurück. Als er bei seinem Jeep angekommen war, rief er mir zu: »Sie können sich entscheiden, in eine Bizango-Gesellschaft einzutreten, oder Sie können mit mir kommen und den Loa dienen. Beides aber können Sie nicht.«

Vor mir lagen nun zwei auseinanderstrebende Wege, die weniger eine Entscheidung bedeuteten als vielmehr ein Zeichen, daß meine Arbeit zu einem vorläufigen Ende gekommen war. Herard würde nicht aufhören, die Bizango-Gesellschaften zu verdammen, und was er mir eben gesagt hatte, enthielt eine grundsätzliche Warnung, einen nachdrücklichen Hinweis darauf, daß meine Handlungen Folgen nach sich zogen. Wenn ich die Initiation in Solvis Silvaises Bizango-Gesellschaft vollständig durchlief, wäre das ein unwiderruflicher Schritt. Ich wäre nicht länger ein Außenstehender und frei, meinen Fuß zu setzen, wohin immer ich wollte. Ich würde Teil eines Netzes werden, verbunden mit den anderen Mitgliedern durch Gelöbnisse und Verpflichtungen. Ich war nach Haiti gekommen, um das Zombie-Phänomen zu untersuchen. Ein Gift war gefunden und identifiziert worden; wir hatten eine Substanz entdeckt, die auf chemischem Weg bewirken konnte, daß ein Mensch in einem Zombie-Zustand gehalten werden konnte. Und doch war ich als westlicher Wissenschaftler, der nichts weiter als ein im Volk verbreitetes Präparat suchen wollte, tief in ein komplexes Weltbild hineingezogen worden, das von dem meinen grundverschieden war und mich dazu veranlaßte, weniger die chemischen Grundlagen eines verbreiteten Volksglaubens aufzuklären, als vielmehr die psychologischen und kulturellen Voraussetzungen eines chemischen Vorganges. Noch bedeutsamer aber war vielleicht die Annahme, die aus dieser Untersuchung hervorging, daß die Zombie-Verwandlungen einer Logik dienten, die im Erbe dieses Volkes verwurzelt lag.

Gewiß, ich habe versäumt zu dokumentieren, wie ein Zombie aus dem Grab geholt wird, aber das war auch kein Ziel mehr, das ich noch ernsthaft verfolgte. Während der letzten Wochen boten sich mir sogar zwei vielversprechende Gelegenheiten dazu, vorausgesetzt natürlich, daß ich dem Bokor genügend Geld zahlte. Ich hatte auch bereits die vorbereitenden Kontakte geknüpft, doch dann wurde mir klar, daß sich das ganze Konzept geändert hatte. Ein oder zwei Jahre früher hätte ich diesen Weg weiterverfolgt, angespornt durch die tiefe Skepsis, mit der ich nach Haiti gekommen war. Jetzt, da ich meine Zweifel vollständig überwunden hatte, sah ich mich eben durch diese Gewißheit gezwungen, auf eine Gelegenheit zu verzichten, die vielleicht denen letzte Beweise geliefert hätte, die meine frühere Skepsis teilten. Die Geldsumme, die die fraglichen Beteiligten forderten, war beträchtlich. Wenn sich die Angelegenheit als Schwindel herausstellte, hätte ich das Geld umsonst ausgegeben. Erwies sie sich aber als hieb- und stichfest, konnte ich mir keine Gewißheit darüber verschaffen, ob das Geld nicht am Ende für das Schicksal des Opfers verantwortlich war. Es war ein ethischer Rubikon, den ich nicht überschreiten wollte.

Blieben noch die Geheimgesellschaften, aber um diesen Faden weiterzuverfolgen, bedurfte es einer neuen Orientierung. Es war nicht damit getan, eine Liste von Prinzipien zu erstellen, wie sie die Bizango-Führer besaßen. Ich hätte untersuchen müssen, wie sich diese Prinzipien auf das tägliche Leben der Leute auswirken. Um das tun zu können, hätte ich einer Gesellschaft beitreten und eine Studie in Angriff nehmen müssen, die mich nicht Wochen, sondern Monate beschäftigt hätte. Das verlangte eine andere Art von Engagement, die womöglich meine vollständige Initiation in eine Bizango-Gesellschaft zur Folge gehabt hätte – nicht als Selbstzweck, sondern nur als Mittel zum Zweck. Doch das war keine Sache, die man auf die leichte Schulter nehmen durfte. Voller Bedauern beschloß ich, meine Arbeit mit Solvis abzubrechen.

Es war sowieso eine Zeit der Veränderungen. Rachel hatte noch Berichte vorzubereiten, ehe sie an ihre Universität zurückkehrte, und mußte deshalb in der Hauptstadt bleiben. Ich mußte ein Buch schreiben. Aber es war wieder Sommer, die Jahreszeit der Pilger, und kurz bevor ich in die Vereinigten Staaten zurückflog, fühlte ich mich nach Norden gezogen, zu dem großen Fest von Plaine du Nord, wo alle, die den Loa dienen, Ogoun huldigen, dem Gott des Feuers und des Krieges.

Ein heiliger Kapokbaum steht an der Stelle, wo einmal im Jahr unweit der Dorfmitte eine Schlammgrube in dem trockenen Straßenbett entsteht. Wie das Wasser von Saut d'Eau soll der Schlamm des Beckens von großer Heilkraft sein, und jedes Jahr kommen Tausende von Pilgern herbei – einige, um ihre Flaschen zu füllen, andere, um ihre Neugeborenen reinzuwaschen, viele, um zu baden. Anders als in Saut d'Eau ist die Umgebung um das Becken herum mit Häusern zugebaut, die die Energie der Pilger auf einen kleinen, intensiv geladenen Raum zusammenballen. Und statt der heiteren Gelassenheit Damballahs herrscht hier die rasende Energie Ogouns.

Um den Rand des Beckens herum brennt ein Ring von Kerzen zu Ehren des Geistes, und die Pilger in ihren leuchtenden Baumwollkleidern beugen sich gefährlich weit über den Schlamm, um die Opfergaben von Rum und Fleisch, Reis und Wein darzubringen. Auf der einen Seite stehen die Trommeln, und diejenigen, die von dem Geist besessen sind, gehen in das Becken hinein, verschwinden darin und tauchen verwandelt wieder auf. Man sieht einen jungen Mann, dessen Körper so weit untergetaucht ist, daß nur noch die Augen hervorlugen, stetig wie ein Reptil an den Beinen lüsterner Frauen vorbeistreifen, deren Haut schleimiger Lehm bedeckt. Neben ihnen tauchen Kinder wie Enten nach versenkten Münzen. Am Fuße des Kapokbaumes füttert Ogoun einen Opferstier mit Blättern und Rum, andere strecken die Hand aus, um das Tier zu berühren, dann durchbohrt die Machete seine Kehle, und das Blut verteilt sich auf der Oberfläche des Schlammes.

All dem sah ich zu, als ich etwas Flüssiges – weder Wasser noch Schweiß, noch Rum – meinen Arm hinunterrieseln spürte. Ich drehte mich herum zu einem Mann, der dicht an mich gepreßt neben mir stand, und ich sah seinen Arm, der übersät war von Nadeln und kleinen Klingen, und das Blut, das in Strömen über die Narben vergangener Jahre floß und dabei die Blätter befleckte, die er um seinen Ellbogen gebunden hatte, ehe es von seiner Haut auf meine tropfte. Der Mann lächelte. Auch er war besessen, wie die Jungen, die sich rittlings auf den sterbenden Stier schwangen, und die Tänzer und die Frauen, die sich im Schlamm wälzten.

Glossar

ADORATION: Das Lied, das die Opferung von Geld bei Zeremonien begleitet.
AGA-KRÖTE: Die Kröte *Bufo marinus*.
AGWÉ: Vodoun Loa, der Geist des Meeres.
APHONIE: Verlust der Stimme aufgrund von funktionellen oder organischen Störungen.
ASSON: Die heilige Rassel des Houngan oder der Mambo; eine Kalebasse, die mit Samenkörnern oder einem Stück vom Rückgrat einer Schlange gefüllt ist und von einem lockeren Netz aus Perlen und Wirbeln eines Schlangenrückgrats umhüllt ist.
AYIDA WEDO: Vodoun Loa, ihr Sinnbild ist der Regenbogen; Gefährtin von Damballah.
AYIZAN: Vodoun Loa, Schutzgöttin des Marktplatzes und Gefährtin von Loco.
BAGI: Innerstes Heiligtum des Tempels; der Raum, der den Altar beherbergt.
BAKA: Ein böser Geist; übernatürlicher Helfer der Zauberer, der oft Tiergestalt annimmt.
BARON SAMEDI: Vodoun Loa, Herrscher und Wächter des Friedhofes und dort repräsentiert durch ein großes Kreuz, das über das Grab des ersten Mannes gelegt wird, der dort begraben wird. Wichtiger Geist der Bizango-Gesellschaft.
BETE SEREINE: Tier der Nacht, eine Bezeichnung für die Mitglieder der Bizango-Gesellschaften.
BIZANGO: Name einer Geheimgesellschaft; schließt auch den Ritus ein, den die Shanpwel vollziehen. Der Name stammt möglicherweise von den Bissago, einem afrikanischen Stamm, der einen Archipel desselben Namens besiedelte, der vor der Küste von Kakonda, zwischen Sierra Leone und Cap Verde, liegt.
BLANC: »Weißer«, genauer »Ausländer«. Der Begriff muß, wie *gringo* in manchen Teilen von Lateinamerika, nicht unbedingt pejorativ sein.

BOKOR: Obwohl das Wort von dem Fon-Wort *bokono*, Priester, abgeleitet wurde, ist auf Haiti *bokor* die Bezeichnung für denjenigen geworden, der von Berufs wegen Zauberei und schwarze Magie betreibt.

BOURREAU: Scharfrichter, eine Ranggruppe in den Bizango-Gesellschaften, die angeblich dafür zuständig ist, den Entscheidungen der »groupe d'état-majeur« Nachdruck zu verleihen.

CACIQUE: Dieser Begriff wird auf Haiti noch heute gebraucht, um die präkolumbischen indianischen Herrscher und Divisionen des Landes zu bezeichnen.

CANARI: Ein Tongefäß, das man zur Aufbewahrung des *ti bon ange* benützt und das bei Beerdigungszeremonien zerbrochen wird.

CANZO: Die Feuerprobe, die der Postulant beim Initiationsritus bestehen muß.

CANIBAL: Bezeichnung für eine Geheimgesellschaft.

CAMIONETTE: Ein kleiner Lastwagen, der als Bus benützt wird.

CARREFOUR: Der Wegkreuzung; ferner ein Vodoun Loa, der mit der Bizango-Gesellschaft und mit den Petro-Riten assoziiert wird.

CATA: Die kleinste der drei Rada-Trommeln.

CHASSEUR: Der Jäger; ein Rang in der Bizango-Gesellschaft.

CHEF DE SECTION: Der Bevollmächtigte, der für die polizeiliche Überwachung der *section rurale* zuständig ist.

CHEVAL: Das Pferd; im Vodoun Sprachgebrauch die Person, die von einem Geist besessen ist. Daher dient das Wort auch als Metapher für Besessenheit, was den Buchtitel von Maya Deren *The Divine Horsemen* erklärt.

CHRISTOPHE, HENRI: Der frühere Sklave, Leutnant unter Dessalines, der den nördlichen Teil von Haiti von 1807 bis 1820 regierte und dann Selbstmord beging.

CLAIRIN: Billiger, weißer Rum, der gewöhnlich bei Vodoun-Ritualen verwendet wird.

COMBITE: Arbeitskollektiv, in der Regel für Landarbeiten.

CONCOMBRE ZOMBI: Zombie-Gurke; volkstümlicher Name für *Datura stramonium*.

CONVOI: Der Name einer Geheimgesellschaft.

COUP L'AIRE: Ein Luft-Zauber; er soll auf magischem Weg Unglück und Krankheit bringen.

COUP NAM: Ein Seelen-Zauber; er soll auf magischem Weg den *ti bon ange* eines Menschen einfangen.

COUP POUDRE: Ein Pulver-Zauber; ein magisches Pulver, das Krankheit und/oder Tod bringen kann.

CORPS CADAVRE: Der Körper, das Fleisch und das Blut, im Gegensatz zu den verschiedenen Teilen der Vodoun-Seele.

DAMBALLAH WEDO: Vodoun Loa, dessen Sinnbild die Schlange ist, der Gefährte von Ayida Wedo.

DATURA: Eine Pflanzenart der Nachtschattengewächse.

DESSALINES, JEAN-JACQUES: Führender General von Toussaint L'Ouverture und erster Präsident des unabhängigen Haiti von 1804 bis zu seiner Ermordung im Jahre 1806.

DESSOUNIN: Das Ritual, bei dem der *ti bon ange* und der Geist, oder Loa, vom Körper getrennt werden.

DJAB: Der Teufel, ein *baka*, eine übelwollende Macht.

DOKTE FEUILLES: Der »Blätterdoktor«, der mit Hilfe von Pflanzen heilt.

DYSPHAGIE: Schluckbeschwerden.

ERZULIE: Eine Vodoun-Gottheit, die Göttin der Liebe.

ESPRIT: Der Geist oder die Seele des Toten.

FLIEGENDE KÖNIGIN: (»Reine voltige«): die auch als »loup garou« oder Werwolf betrachtet wird. Die vier »reines voltiges« tragen den heiligen Sarg bei den formellen Bizango-Prozessionen.

FUGU: Ein Meeresfisch und der in Japan volkstümliche Name für den tetrodotoxinhaltigen Fisch, den man in japanischen Restaurants serviert.

FWET KASH: Eine Sisalpeitsche.

GOURDE: Haitianische Währung, eine Gourde entspricht 0.52 DM.

GOVI: Das heilige Tongefäß, das die Geister der Toten oder die Loa beherbergt.

GRANS BWA: Ein Vodoun Loa, der Geist des Waldes.

GROS BON ANGE: »Großer guter Engel«; der Teil der Vodoun-Seele, der alle fühlenden Wesen ausmacht; Teilhabe der unermeßlichen kosmischen Energie, der dem Individuum innewohnt.
GROUPE D'ÉTAT-MAJEUR: Angeblich die exekutive Führungsspitze der Bizango-Gesellschaft.
GUEDE: Ein Vodoun-Loa, der Geist der Toten.
GUINÉE: Afrika oder die mythische Heimat; das Land der Loa.
HOODOO: Eine Variante des Wortes »Voodoo«, die häufig im Süden der Vereinigten Staaten gebraucht wird.
HOUNFOUR: Der Vodoun-Tempel; das Wort bezieht sich sowohl auf den Bau als auch auf die Gläubigen, die dort dienen. Wenn es im Gegensatz zu »Peristyl« gebraucht wird, dann bezieht es sich auf das innere Heiligtum mit dem Altar.
HOUNGAN: Vodoun-Priester.
HOUNSIS: Mitglieder der *société* oder des Hounfour auf unterschiedlichen Stufen der Initiation. Aus der Fon-Sprache (hu-a Göttlichkeit, si-a Gemahl/in).
INVISIBLES, LES: Bezeichnung für alle unsichtbaren Geister, einschließlich der Loa.
KAISER (»Empereur«): Gründungspräsident einer Bizango-Gesellschaft, auch der nominelle Führer verschiedener Gesellschaften.
KAPOKBAUM: Der heilige Baum der Voudoun-Religion, *ceiba pentandra*. Echter Kapokbaum aus der botanischen Familie *bombacaceae*, Wollbaumgewächse.
KÖNIGIN (»Reine«): hoher weiblicher Rang in den Bizango-Gesellschaften. Die »première reine«, die erste Königin, ist ein Mitglied der »groupe d'état majeur«. Nach ihr kommen die »deuxième reine« (zweite Königin), »troisième reine« (dritte Königin) und die »reine drapeau« (Fahnenkönigin).
KREOLISCH: Die Sprache der traditionellen Vodoun-Gesellschaft; das Wort wird auch benützt, um ganz allgemein auf Haiti heimische Dinge zu bezeichnen.
LAKOU: Kleine Ansiedlung einfacher Häuser; kleinste Einheit des Gemeinwesens.

LAMBI: Muschel, die als Trompete verwendet wird.

LANGAGE: Heilige Sprache, die nur bei Zeremonien afrikanischen Ursprungs verwendet wird.

LEGBA: Ein Vodoun-Loa; Der Geist des Verkehrs und der Wegkreuzungen.

LEOPARD-GESELLSCHAFT: Geheimgesellschaft der Efik in Alt-Calabar.

LOA: Die Gottheiten des Vodoun-Glaubens, sie können männlich oder weiblich sein.

LOCO: Vodoun-Loa; der Geist der Pflanzenwelt.

LOUP GAROU: Der Werwolf. Die fliegende Königin oder »reine voltige« der Bizango-Gesellschaft soll ein Werwolf sein.

LUNGENÖDEM: Abnorme Ansammlung von Flüssigkeit in den Lungen.

MACOUTE: Die Schultertasche aus Stroh, die die haitianischen Bauern tragen.

MADOULE: Der heilige Sarg und das Symbol der Bizango-Gesellschaften.

MACANDAL, FRANÇOIS: Mandingo-Sklave, der in Afrika geboren wurde und von dem man annimmt, daß er 1758 wegen seiner Teilnahme an einer Gift-Verschwörung hingerichtet wurde. Im heutigen Haiti ist »Macandal« auch der Name einer Geheimgesellschaft.

MAIT': Meister, wie bei dem herrschenden Loa.

MALFACTEUR: Übeltäter; vor allem gebräuchlich für jemanden, der sich auf die Herstellung von Pulvern spezialisiert.

MAMAN: Die Mutter, die größte der drei Rada-Trommeln.

MAMBO: Vodoun-Priesterin.

MANGE MOUN: »Leute essen«, ein Euphemismus für »jemanden töten«.

MAROON: Flüchtiger Sklave, abgeleitet von dem spanischen Wort *cimarron*, das »wild, widerspenstig« bedeutet.

MORT BON DIEU: Ein Ruf Gottes, ein natürlicher Tod.

MYSTERE: Die Loa.

NAM: Oberbegriff, der vom französischen *âme*, Seele, abgeleitet ist und sich auf die gesamte Vodoun-Seele bezieht, *gros bon ange*, *ti bon ange* und andere Seelenteile umfaßt.

N'AME: Der Geist des Körpers, der für das Funktionieren jeder einzelnen Körperzelle sorgt.

NEG GUINEE: Afrikaner, in der mythischen Heimat gebürtig oder von afrikanischer Abstammung.

OGOUN: Ein Vodoun-Loa, der Geist des Feuers, des Krieges und der metallischen Elemente; der Gott der Schmiede.

PARÄSTHESIE: Eine abnorme Empfindung; z.B. Kribbeln der Haut.

PAQUETS CONGO: Ein kleines, heiliges Bündel, das magische Ingredienzen beinhaltet, die einen Menschen vor Krankheit oder Unheil schützen sollen. Dieser Gegenstand kommt der berüchtigten und oft falsch gedeuteten »Voodoo-Puppe« am nächsten.

PERISTYL: Die überdachte, aber nur selten von Wänden umschlossene Halle, in der die meisten Zeremonien stattfinden.

PETRO: Eine Gruppe von Vodoun-Gottheiten, denen man traditionellerweise einen amerikanischen Ursprung zuschrieb. Jetzt kommt man immer mehr zu der Überzeugung, daß sie von kongolesischen Riten herstammen.

PIERRE TONNERRE: Die Donnersteine, die von den Geistern geschaffen sein sollen und daher mit besonderen Heilkräften ausgestattet sind.

POTEAU-MITAN: Der Mittelpfeiler des Peristyls und die Achse, an der entlang die Loa aufsteigen, wenn sie in die Zeremonien eintreten.

POUD (POUDRE): Magisches Pulver.

PORO: Eine Geheimgesellschaft bei den Mande aus Sierra Leone.

PRESIDENT: Die höchste Position unter dem Kaiser in den Bizango-Gesellschaften. Mitglied der »groupe d'état majeur«.

PSYCHOAKTIV: Kennzeichnung einer Droge, die sich speziell auf die Psyche auswirkt.

PSYCHOPHARMAKOLOGIE: Die Wissenschaft, die die Wirkungen von Drogen auf die Psyche untersucht.

PWIN: Magische Kraft oder Macht, die angerufen wird, um den

Willen der Zauberer oder der Bizango-Gesellschaften zu erfüllen; sie kann guten und bösen Zwecken dienen.

RADA: Vodoun-Ritus; eine Einheit von Loa, Gesängen und Tänzen, die aus Dahomey stammt. Der Name leitet sich von der Stadt Arada in Dahomey ab, die heute Benin heißt.

RARA: Frühlingsfest mit charakteristischen Prozessionen, die mit bestimmten Hounfour oder Bizango-Gesellschaften verbunden sind.

SEANCE: Die Bezeichnug für die nächtlichen Versammlungen der Bizango-Gesellschaften.

SECTION RURALE: Die grundlegende Verwaltungseinheit der Kommunalverwaltung in den ländlichen Gebieten Haitis.

SECONDE: Die zweite oder mittlere der drei Rada-Trommeln.

SECRETAIRE: Der Sekretär; ein Rang in den Bizango-Gesellschaften.

SENTINELLE: Die Wache; ein Rang in den Bizango-Gesellschaften. Wächter oder Kundschafter, der an der Spitze einer Prozession geht und die Zugänge zu den Bizango-Zeremonien sichert.

SERVI LOA: Der Begriff, den Vodoun-Anhänger benutzen, um sich auf ihren Glauben zu beziehen; »den Loa dienen«.

SERVITEUR: Jemand, der den Loa dient.

SHANPWEL: Eine Bezeichnung für die Geheimgesellschaften, die manchmal synonym für Bizango verwendet wird, die aber eigentlich die Mitglieder der Bizango-Gesellschaften meint, nicht den Ritus selbst.

SOBO: Vodoun Loa, der Geist des Donners.

SOCIETE: Ein Hounfour und seine Mitglieder; ein Begriff, der nicht mit der Bizango-Gesellschaft verwechselt werden darf.

SOLDAT: Der niedrigste Rang in der Bizango-Gesellschaft.

SAINT DOMINGUE: Die französische Kolonie, die später den Namen Haiti bekam.

SUPERVISEUR: Ein Rang der Bizango-Gesellschaft. Er soll dafür zuständig sein, Botschaften zwischen den Anführern der verschiedenen Gesellschaften in verschiedenen Teilen des Landes zu übermitteln.

TAP TAP: Umgangssprachliche kreolische Bezeichnung für die bunten Omnibusse.

TETRODOTOXIN: Ein starkes Nervengift, das in Kugelfischen und verschiedenen anderen Tieren vorkommt. Es blockiert die Weiterleitung von Nervenreizen, indem es die Bewegung von Natriumionen in den Zellen völlig zum Erliegen bringt.

TI BON ANGE: »Kleiner guter Engel«; der Teil der Vodoun-Seele, der für den Charakter, die Willenskraft und die Individualität eines Menschen verantwortlich ist.

TI GUINEE: Ein Kind Guinées, der mythischen Heimat; das Wort wird auch für ein Mitglied oder das Kind eines Mitglieds der Vodoun-Gesellschaft gebraucht.

TONELLE: Ein Stroh- oder Wellblechdach, das provisorisch in Ermangelung eines richtigen Peristyls errichtet wird; ein Schutzdach, unter dem Zeremonien und Tänze stattfinden.

TON TON MACOUTE: Aus »ton ton«, Onkel, und »macoute«, strohgeflochtene Schultertasche der Bauern, gebildet. Der Name bezeichnet die unabhängigen Sicherheitskräfte, die Dr. François Duvalier eingeführt hat.

TOPISCH AKTIV: Bezeichnung für eine chemische oder pharmazeutische Substanz, die wirkt, wenn sie auf die Haut aufgetragen wird.

TOUSSAINT L'OUVERTURE: Ehemaliger Sklave, Revolutionsführer, General, Befreier, der von den Historikern als der Simon Bolivar von Haiti angesehen wird. Er wurde von Napoleon verraten und nach Frankreich deportiert, wo er 1803 starb.

URÄMIE: Harnvergiftung.

VEGETATIVES NERVENSYSTEM: Der Teil des Nervensystems, der die Funktionen regelt, die nicht von Willen und Bewußtsein gesteuert werden (Herztätigkeit, Verdauung, Atmung usw.).

VEVE: Symbolische Zeichen aus Asche oder Mehl, die auf den Boden gestreut werden, um die Loa herbeizurufen. Jede Gottheit hat ihr eigenes Vévé.

VLINBLINDINGUE: Der Name einer Geheimgesellschaft (auch *vinbrindingue*).

VODOUN: Die theologischen Prinzipien und die Praxis der traditionellen haitianischen Gesellschaft.

V.S.N.: Kürzel für die »Volontaires pour la Sécurité Nationale«, die Miliz, die François Duvalier eingerichtet hat, um sein Regime zu schützen.

WANGA: Ein magisches Amulett, das für egoistische oder böswillige Absichten benützt wird.

WEISSE FINSTERNIS: Der Begriff, den May Deren benutzte, um den Zustand von Besessenheit zu beschreiben, den sie erfuhr.

WETE MO NAN DLO: »Die Toten aus dem Wasser nehmen«; das Ritual, mit dem der *ti bon ange* von den Lebenden zurückgefordert wird und eine neue Form erhält.

ZOMBI ASTRAL: Ein Zombie des *ti bon ange*. Ein Teil der Seele, der nach dem Willen desjenigen umgeformt werden kann, der sie in Besitz hat.

ZOMBI CADAVRE: Der *corps cadavre, gros bon ange* und andere Seelenteile. Ein Zombie aus Fleisch und Blut, den man zur Arbeit zwingen kann.

ZOMBI SAVANE: Ein Ex-Zombie, einer der durch die Erde gegangen ist, ein Zombie wurde und dann in den Zustand der Lebenden zurückgekehrt ist.

ZYANOSE: Blaufärbung der Haut, die auf Sauerstoffmangel im Blut zurückzuführen ist.

Kommentierte Bibliographie

Der Jaguar

Ein Bericht der Expedition zum Darién ist bei Sebastian Snow, *The Ruck-Sack Man*, Hodder and Stoughton, London, 1976, abgedruckt. Informationen zur Biographie Professor Schultes' finden sich bei Krieg, M. B., *Green Medicine*, Bantam Books, New York, 1964. Schultes' wichtigstes Buch, eine Gemeinschaftsarbeit mit Albert Hofmann, ist *The Botany and Chemistry of Hallucinogens*, Charles C. Thomas, Springfield IL, 1980. Eine populärwissenschaftliche Bearbeitung desselben Themas erschien unter dem Titel *Pflanzen der Götter*, Hallwag, Stuttgart, 1980.

»An der Schwelle zum Tod«

Die Schwierigkeiten, die bei der Feststellung des Todes auftreten können, werden diskutiert bei Kastenbaum, R., und R. Aisenberg, *The Psychology of Death*, Springer, New York, 1972; Mant, A. K., in Toynbee, A., Hg., *Vor der Linie. Der moderne Mensch und der Tod*, Fischer, Frankfurt a. M., 1970; Watson, L., *Die Grenzbereiche des Lebens*, Fischer, Frankfurt a. M., 1978. Über die Ereignisse in der Leichenhalle von Sheffield wurde in der Londoner *Times* vom 28. Februar 1970 berichtet. Der New Yorker Parallelfall wird zitiert bei Watson (1978), S. 15. Von den medizinischen Studien, die die Fähigkeiten indischer Fakire beschreiben, seien genannt Anand, B. K., G. S. Chhina und B. Singh, Studies on Shri Ramanand Yogi during his stay in an air-tight box, *The Indian Journal of Medical Research* 49, no. 1 (1961): 82–89; Anand, B.

K., und G. S. Chhina, Investigations on Yogis claiming to stop their heart beats, *The Indian Journal of Medical Research* 49, no. 1 (1960): 90–94. Der Fall Clairvius Narcisses wurde zuerst erwähnt bei Douyon, L., Les zombies dans le contexte vodou et Haitien, *Haiti Santé* 1 (1980): 19 – 23. Die im Zusammenhang mit der Anästhesie entstehenden Probleme werden vorgestellt bei Orkin, F. K., und L. H. Cooperman, Hg., *Complications in Anesthesiology*, J. B. Lippincott Co., Philadelphia, 1982.

Die Calabar-Hypothese

Die San Pedro-Heilzeremonie wird beschrieben bei Sharon, D., The San Pedro cactus in Peruvian folk healing, in Furst, P. T. Hg., *Flesh of the Gods: The Ritual Use of Hallucinogens*, 114 – 35, Praeger, New York, 1972; und Sharon, D., *Magier der vier Winde*, Bauer, Freiburg i. B., 1980. Meine eigenen Beobachtungen sind erschienen in Davis, E. W., Sacred plants of the San Pedro cult, *Botanical Museum Leaflets Harvard University* 29, no. 4 (1983): 367 – 86.

Bei dem Katalog, auf den ich mich beziehe, handelt es sich um Moscoso, R. M., *Catalogus Florae Domingensis* Pt. 1, New York, L & S Printing, Inc., 1943. Weitere Informationen zum Thema *Zombie-Gurke* fand sich bei Brutus, T. C., und A. V. Pierre-Noel, *Les plantes et les légumes d'Haiti qui guérissent*, 3 Bde., Imprimerie de l'Etat, Port-au-Prince, 1960.

Über weitere Aspekte von Datura informieren: Schleiffer, H., *Sacred Narcotics of the New World Indians*, Hafner Press, New York, 1973; Schleiffer, H., *Narcotic Plants of the Old World*, Lubrecht & Cramer, Monticello, NY, o. J.; Hansen, H. A., *Der Hexengarten*, Dianus-Trikont, München, 1983; Weil, A. T., *The Marriage of the Sun and the Moon*, Houghton Mifflin Co., Boston, 1980; Emboden, T. E., The ethnobotany of *Brugmansia*, *Journal of Ethnopharmacology* 1 (1979): 147 – 64.

Ein ausgezeichneter Artikel über die Calabarbohne ist Holmstedt, B., The ordeal bean of Old Calabar: the pageant of *Physostigma venosum* in medicine, in Swain, T., Hg., *Plants in the Development of Modern Medicine*, Harvard University Press, Cambridge, 1972. Über die Geheimgesellschaften der Efik informiert Forde, D., *The Efik Traders of Old Calabar*, Oxford University Press, London, 1956.

Die weiße Finsternis und die lebenden Toten

Zu den grundlegenden Nachschlagewerken über die Vodoun-Religion gehören: Métraux, A., *Voodoo in Haiti*, Shocken Books, New York, 1972; Deren, M., *The Divine Horsemen – the Living Gods of Haiti*, Thames and Hudson, London, 1953; Herskovits, M. J., *Life in a Haitian Valley*, Alfred A. Knopf, New York, 1937. Vergleiche dazu die wissenschaftlichen Abhandlungen George Simpsons, insbesondere Simpson, G. E., *Religious Cults of the Carribean: Trinidad, Jamaica and Haiti*, Caribbean Monograph Series 15, Institute of Carribean Studies, University of Puerto Rico, Rio Piedras, P. R., 1980; Marcelin, M., *Mythologie Vodou*, Les éditions Haitiennes, Port-au-Prince, 1949; Maximilien, L., *Le Vodou Haitien*, Imprimerie de l'Etat, Port-au-Prince, 1945; Rigaud, O. M., The feasting of the gods in Haitian vodu, *Primitive Man* 19, nos. 1 – 2 (1946): 1 – 58. Eine weitere grundlegende Quelle ist Courlander, H., *The Drum and the Hoe: Life and Lore of the Haitian People*, University of California Press, Berkeley, 1960. Über den Vodoun-Gesang vgl. Courlander, H., *Haiti Singing*, Cooper Square Publishing, New York, 1973; und Laguerre, M. S., *Voodoo Heritage*, Sage Library of Social Research 98, Sage Publications, Beverly Hills, 1980. Zwei informative und gut zu lesende Bücher in der Form persönlicher Erfahrungsberichte sind Dunham, K., *Island Possessed*, Doubleday & Co., Garden City,

New York, 1969; und Huxley, F., *The Invisibles - Voodoo Gods in Haiti*, McGraw-Hill, New York, 1966. Von geschichtlichem Interesse ist Price-Mars, *Thus Spoke the Uncle*, Three Continents Press, Washington, D. C., 1983.

Über den Fall eines weiteren Zombie aus Ennery, dem Dorf, in dem Ti Femme entdeckt wurde, berichtet Simpson, G. E., Magical practices in northern Haiti, *Journal of American Folklore* 67, no. 266 (1954): 401. Berichte aus Seabrook, W. B., *Geheimnisvolles Haiti*, Matthes & Seitz, München, 1982; und Hurston, Z., *Tell my Horse*, Turtle Island, Berkeley, 1981, werden besprochen bei Métraux, A. (1972). Eine Zusammenfassung der Fälle Ti Femmes und Narcisses findet sich in Diederich, B., On the nature of zombi existence, *Carribean Review* 12, no. 3 (1983): 14–17, 43–46. Ein bedauerlicherweise sensationell aufgemachter Bericht über Narcisse erschien in Pradel, J., und J. Casgha, *Haiti: La République des morts vivants*, Editions du Rocher, Paris, 1983.

Berichte über Feuerläufer finden sich bei Weil, A. T., *Health and Healing - Understanding Conventional and Alternative Medicine*, Houghton Mifflin Co., Boston, 1983.

Eine Lektion in Geschichte

Zu den grundlegenden geschichtlichen Darstellungen gehören: Leyburn, J. G., *The Haitian People*, Yale University Press, New Haven, 1941; James, C. L. R., *Die Schwarzen Jakobiner*, Pahl-Rugenstein, Köln, 1984; Moreau de Saint-Mery, *Description topographique, physique, civile, politique, et historique de la partie franaçise de l'Isle de Saint Domingue*, Librairie Larose, Paris, 1958. Weitere frühe Arbeiten sind: Baskett, J., *History of the Island of St. Domingo from its first discovery by Columbus to the present period*, Negro Universities Press, Westport, CT, 1971 [1818]; Brown, J., *The History and Present Condition of St.*

Domingo, 2 Bde., Frank Cass, London, 1971 [1837]; Franklin, J., *The Present State of Haiti*, Negro Universities Press, Westport, CT, 1970 [1828]; MacKenzie, C., *Notes on Haiti*, 2 Bde., Frank Cass, London, 1971 [1830]; Wimpffen, F., *A Voyage to Saint Domingo*, London, 1817.

Untersuchungen der zeitgenössischen Sozialstruktur Haitis sind: Horowitz, M. M., *Peoples and Cultures of the Carribean*, The Natural History Press, 1971; Mintz, S., Hg., *Working Papers in Haitian Society and Culture*, Antilles Research Program, Yale University, New Haven, 1975; Moral, P., *Le Paysan Haitien*, G. P. Maisonneuve et Larose, Paris, 1961; Simpson, G. E., Haiti's social structure, *American Sociological Review* 6, no. 5 (1941): 640–49; Laguerre, M., The place of voodoo in the social structure of Haiti, *Carribean Quarterly* 19, no. 3 (1973): 36–50.

Die vielleicht aufschlußreichste Analyse der Entwicklung der zeitgenössischen bäuerlichen Gesellschaft Haitis ist die Arbeit G. F. Murrays, *The Evolution of Haitian Peasant Land Tenure: A Case Study in Agrarian Adaptation to Population Growth*, Ph. D. Dissertation, Columbia University, 1977. Besonders wichtig war für mich außerdem: Fouchard, J., *The Haitian Maroons – Liberty or Death*, Edward W. Blyden Press, New York, 1981.

Alles ist Gift, nichts ist Gift

Eine gute Einführung in die Religionen Afrikas ist Mbiti, J. S., *Afrikanische Religion und Weltanschauung*, de Gruyter, Berlin, 1974. Vergleiche dazu Parrinder, G., *West African Religion*, The Epworth Press, London, 1961. Ein sehr gut zu lesendes populärwissenschaftliches Buch ist Watson, L., *Lightning Bird - The Story of One Man's Journey into Africa's Past*, Simon & Schuster, New York, 1982.

Tabellen an einer Tafel

Kommentare zu den pflanzlichen Bestandteilen finden sich in zahlreichen Werken: Dalziel, J. M., *Useful Plants of West Africa*, London, 1937; Githens, T. S., *Drug Plants of Africa*, African Handbook 8, University of Pennsylvania Press, 1948; Soforowa, A., *Medicinal Plants and Traditional Medicine in Africa*, John Wiley & Sons, Chichester, England, 1982; Watt, J. M., und M. G. Breyer-Bandijk, *Medicinal and Poisonous Plants of Southern and Eastern Africa*, 2. Aufl., E. & S. Livingston, Ltd., Edinburgh, 1962.

Zur Information über den *Bufo marinus* habe ich benützt: Abel, J. J., und David I. Macht, The poisons of the tropical toad *bufo aqua*, *Journal of the American Medical Association* 56 (1911): 1531 – 36; Chen, K. K., und H. Jensen, A pharmacognostic study of ch'an su, the dried venom of the Chinese toad, *Journal of the American Pharmaceutical Association* 23 (1929): 244 – 51; Fabing, H. S., Intravenous bufotenine injection in the human being, *Science* 123 (1956): 886 – 87; Flier, J. M. Edwards, J. W. Daly, C. Myers, Widespread occurrence in frogs and toads of skin compounds interacting with the ouabain site of Na+, K+, ATPase, *Science* 208 (1980): 503 – 5; Kennedy, A. B., Ecce Bufo: the toad in nature and Olmec iconography, *Current Anthropology* 23, no. 3 (1982): 273 – 90.

Von den Kommentaren über den *Bufo marinus* als mögliches Rauschmittel seien erwähnt: Dobkin de Rios, M., The influence of psychotropic flora and fauna on the Maya religion, *Current Anthropology* 15 (1974): 147 – 52; Furst, P., Symbolism and psychopharmacology: the toad as earth mother in Indian America, *XII Mesa Redonda - Religión en Mesoamérica*, Mexico: Sociedad Méxicana de Antropología, 1972; Hamblin, N., The magic toads of Cozumal, paper presented at the 44th annual meeting of the Society for American Archaeology, Vancouver, B.

C., 1979. Vergleiche dazu Kennedy (1982). Tim Knab hat über seine Erfahrungen in einem unveröffentlichten Manuskript geschrieben: Knab, T., Narcotic use of toad toxins in southern Veracruz, o. J.

Die Zahl der Veröffentlichungen zum Kugelfisch ist enorm. Die vielleicht beste Übersicht bietet der ausgezeichnete Aufsatz von C. Y. Kao, Tetrodotoxin, saxitoxin and their significance in the study of excitation phenomenon, *Pharmacological Reviews* 18, no. 2 (1966): 997 – 1049. Eine unschätzbare Übersicht und Zusammenfassung der Symptome einer Tetrodotoxinvergiftung gibt B. W. Halstead, *Poisonous and Venomous Marine Animals of the World*, Darwin Press, Princeton, NJ, 1978. Meine eigenen wissenschaftlichen Ergebnisse finden sich in Davis, E. W., The ethnobiology of the Haitian zombi, *Journal of Ethnopharmacology* 9, no. 1 (1983): 85 – 104, und Davis, E. W., Preparation of the Haitian zombi poison, *Botanical Museum Leaflets*, Harvard University 29, no. 2 (1983): 139 – 49. Eine vollständige Liste von Belegen findet sich bei Kao (1966) und Halstead (1978). Zu den wichtigsten Aufsätzen, auf die ich mich in meinen Aufsätzen von 1983 beziehe, gehören:

Akashi, T. Experiences with fugu poisoning. *Iji Shimbum* 27 (1880): 19 – 23.

Clavigero, F. J. *The History of (Lower) California*. S. E. Lake und A. A. Gray, Hg. Stanford University Press, Stanford, 1937.

Fukada, T. Puffer fish poison and the method of prevention. *Nippon Iji Shimpo* 762 (1937): 1417 – 21.

—. Violent increase of cases of puffer poisoning. *Clinics and Studies* 29, no. 2 (1951): 1762.

Fukada, T., und I. Tani. Records of puffer poisonings. Report 1. *Kyusha University Medical News* 11, no. 1 (1937): 7 – 13.

—. Records of puffer poisonings. Report 2. *Iji Eisei* 7, no. 26 (1937): 905 – 7.

—. Records of puffer poisonings. Report 3. *Nippon Igaku Oyobi Kenko Hoken* 3258 (1941): 7 – 13.

Halstead, B. W., und N. C. Bunker. The effects of commercial canning process upon puffer poisoning. *California Fish and Game* 39, no. 2 (1953): 219 – 228.

Hashimoto, Y. *Marine Toxins and Other Bioactive Marine Metabolites*. Japanese Scientific Societies Press, Tokyo, 1979.

Kawakubo, Y., und K. Kikuchi. Testing fish poisons on animals and report on a human case of fish poisoning in the South Seas. *Kaigun Igakukai Zasshi* 31, no. 8 (1942): 30 – 34.

Mosher, H. S., F. A. Fuhrman, H. D. Buchwald, H. G. Fischer. Tarichatoxin-Tetrodotoxin: a potent neurotoxin. *Science* 144 (1964): 1100 – 1110.

Noniyama, S. The pharmacological study of puffer poison. *Nippon Yakubutsugaku Zasshi* 35, no. 4 (1942): 458 – 96.

Tani, I. Seasonal changes and individual differences of puffer poison. *Nippon Yakubutsugaku Zasshi* 29, nos. 1 – 2 (1940): 1 – 3.

Yano, I. The pharmocological study of tetrodotoxin. *Fukuoka Med. Coll.* 30, no. 9 (1937): 1669 – 1704.

Ein informativer, allgemeinverständlich geschriebener Artikel über den japanischen Kugelfisch von Noel Vietmeyer erschien vor kurzem in *National Geographic* 163, no. 2 (August 1984): 260 – 70.

Der Voodootod

Ein Überblick über die Sorgen der Viktorianer, sie könnten bei lebendigem Leibe begraben werden, die Schutzmaßnahmen, mit denen sie dem vorzubeugen versuchten, und eine ausgezeichnete Beschreibung und Skizze der Erfindung Graf Karnice-Karnickis finden sich bei Hadwen, W. R., *Premature Burial – And How It May Be Prevented*, Swan Sonnenschein & Co., Ltd., London, 1905. Eine Reihe historischer Fälle, bei denen es um Begräbnisse bei lebendigem Leibe geht, wird erwähnt in MacKay, G. F.,

Premature burials, *The Popular Science Monthly* 16, no. 19 (1880): 389–97. Weitere Publikationen dieser Zeit sind Flechter, M. R., *One Thousand Buried Alive by Their Best Friends*, 1985, und Hartmann, F., *Buried Alive*, 1895, beide Bücher sind in Boston erschienen. Der Fall von Colonel Townsend wird besprochen in Kastenbaum, R., und R. Aisenberg (1972) und erwähnt von Watson, L. (1974).

Zur anthropologischen Literatur über den Voodoo-Tod gehören:

Cannon, W. B. Voodoo death. *American Anthropologist* 44 (1942): 169–81.

Cawte, J. Voodoo death and dehydration. *American Anthropologist* 83 (1983): 420–42.

Clune, F. J. A comment on Voodoo deaths. *American Anthropologist* 75 (1973): 312.

Eastwell, H. D. Voodoo death and the mechanism for dispatch of the dying in East Arnhem, Australia. *American Anthropologist* 84 (1982): 5–18.

Glascock, A. P. Death-hastening behavior: an explanation of Eastwell's thesis. *American Anthropologist* 85 (1983): 417–20.

Lester, D. Voodoo death: some new thoughts on an old phenomenon. *American Anthropologist* 74, no. 3 (1972): 386–90.

Lex, B. W. Voodoo death: new thoughts on an old explanation. *American Anthropologist* 76, no. 4 (1974): 818–23.

Die medizinischen Fälle von Patienten, die aus einem todesähnlichen Zustand wieder ins Leben zurückgekehrt sind (near-death experiences, NDE), finden sich in Sabom, M. B., *Erinnerungen an den Tod. Eine medizinische Untersuchung*. Goldmann, München, 1984. Dasselbe Phänomen wird diskutiert in Kübler-Ross, E., *Interviews mit Sterbenden*, Kreuz-Verlag, Berlin, 1983.

Im Sommer wandern die Pilger

Die Biogenese von Tetrodotoxin wird besprochen bei Halstead, B. W. (1978). Die Verwendung von *Duboisia myoporoides* als Gegengift bei einer Vergiftung durch Ciguatera wird dokumentiert in Dufra, E., G. Loison, B. Holmstedt, *Duboisia myoporoides*: native antidote against ciguatera poisoning, *Toxicon* 14 (1976): 55–64.

Schlange und Regenbogen

Einen Bericht von der Erscheinung der Jungfrau Maria gibt Herskovits, M. J. (1937).
Ethnologische Informationen zur Besessenheit finden sich bei: Bourguignon, E., *Possession*, Chandler & Sharp Publishers, Inc., San Francisco, 1976; Zuesse, E. V., *Ritual Cosmos - The Sanctification of Life in African Religion*, Ohio University Press, Athens, Ohio, 1980. Medizinische Studien traditioneller Art sind: Dorsainvil, J. C., *Vodou et névroses*, Imprimerie La Presse, Port-au-Prince, 1931; Mars, L., *The Crisis of Possession in Voodoo*, Reed, Cannon & Johnson Co., 1977; Price-Mars, J. (1983). Besessenheit im Kontext zeitgenössischer Rituale wird beschrieben bei: Deren, M. (1953), und Lowenthal, I., Ritual performance and religious experience: a service for the gods in southern Haiti, *Journal of Anthropological Research* 34, no. 3 (1978): 392–415; Laguerre, M. S., The festival of gods: spirit possession in Haitian voodoo, *Freeing the Spirit* 5, no. 2 (1977): 23–35.
Die Beschaffenheit der Voodoo-Seele wird diskutiert in: Métraux, A., The concept of soul in Haitian Vodu, *Southwestern Journal of Anthropology* 2 (1946): 84–92; und Daren, M. (1953). Meine eigenen Beobachtungen widersprechen den beiden genannten

Werken in mancher Hinsicht, der wichtigste Unterschied ist allerdings genaugenommen semantischer Natur. Was ich zum Beispiel mit »ti bon ange« bezeichne, heißt bei anderen Forschern »gros bon ange«; die tatsächlichen Wirkungsweisen dieser zwei Aspekte der Vodoun-Seele sind miteinander vereinbar. Me'traux selbst zufolge ist die Erforschung der Vodoun-Seele schwierig, »weil man bei den Anhängern des Vodukultes auf Haiti je nach intellektuellem Niveau, religiösem Hintergrund und Berührung mit der modernen Welt eine Vielfalt von Glaubenssätzen und Theorien findet« (Métraux 1946, i. Orig. S. 84). Métrauxs Interpretation basiert überwiegend auf Interviews mit einer einzigen Informantin im Bureau d'Ethnologie in Port-au-Prince. Er stellt dabei fest, daß vielen ihrer Äußerungen von dem einen Houngan, den er ebenfalls interviewte, offen widersprochen wurde. Métraux zog seine Folgerungen aus dem »Eindruck, daß die unvoreingenommenen Äußerungen [seiner Informantin] ein genaueres Bild des allgemein verbreiteten Glaubens der haitischen Bauern ergaben« (Métraux 1946, i. Orig. S. 85). Als ich einmal einem meiner Gewährsmänner gegenüber die unter professionellen Anthropologen existierende Vielfalt von Deutungen erwähnte, war ich von seiner Antwort beeindruckt. Er meinte, daß die verschiedenen Deutungen nur die von den Anthropologen vorausgesetzte Annahme spiegelten, daß jeder in den Vodounkult Eingeweihte oder auch nur jeder Houngan notwendigerweise auf alle komplexen theologischen Fragen eine Antwort wüßte. Würde man auch von jedem französischen Bauern oder Gemeindepfarrer erwarten, so seine Gegenfrage, daß er in der Lage oder zumindest daran interessiert sei, sich mit theologischen Problemen zu befassen, über die sonst nur im Vatikan diskutiert wird?

Zu Aufsätzen über die Vodoun-Volksmedizin vergleiche Métraux, A., Médecine et Vodou en Haiti, *Acta Tropica* 10, no. 1 (1953): 28–68; Delbeau, J. C., »La Médicine Populaire en Haiti«, Diss., Université de Bourdeaux, 1969; Denis, L., Médecine populaire, *Bulletin du Bureau d'Ethnologie d'Haiti* 4, no. 29 (1963): 37–39.

Kommentare zur haitischen Ethnobotanik finden sich in: Brutus, et al. (1960); Leon, R., *Physothérapie Haïtienne, nos simples*. Imprimerie de l'Etat, Port-au-Prince, 1959; Les P. Missionaires du T. S. Rédempteur, *Haiti flore Médicinale*, Monastère Saint Gerard, Port-au-Prince, 1943.

Ein Vergleich zwischen dem westlichen wissenschaftlichen Denken und den traditionellen Denkweisen Afrikas wird durchgeführt bei Horton, R., African traditional thought and western science, *Africa* 37, no. 1 (1967): 50–71, 155–87. Das ganze Konzept einer Balance und eines Gleichgewichts als Schlüssel zur Gesundheit in unserer Gesellschaft wird hervorragend erläutert bei Weil, A. T. (1983).

Tell my Horse

Zusätzlich zu den bereits erwähnten historischen Werken wird die Flucht der Sklaven von den Plantagen behandelt in: Debbash, Y., La Marronage: Essai sur la désertion de l'esclave Antillais, *L'Année Sociologique* 3 (1961): 2 – 112, 117 – 195; Débien, G., Le Marronage aux Antilles Françaises au XVIIIe siècle, *Carribean Studies* 6, no. 3 (1966): 3 – 44; Manigat, L. F., The relationship between Marronage and slave revolts and revolution in St. Domingue-Haiti, in Rubin, V., und A. Tuden, Hg., *Comparative Perspectives on Slavery in New World Plantation Societies*, The New York Academy of Sciences, New York, 1977; Price, R., Hg., *Maroon Societies: Rebel Slave Communities in the Americas* The John Hopkins University Press, Baltimore, 1979. Die wichtigste Einzelquelle für meine Arbeit war Fouchard, J. (1981).

Über die Geheimgesellschaften gibt es eine umfangreiche Literatur. Allgemeine Darstellungen sind: MacKenzie, N., *Secret Societies*, Collier Books, New York, 1967; Mak, L. F., *The Sociology of Secret Societies*, Oxford University Press, Kuala Lumpur,

1981; Webster, H., *Primitive Secret Societies*, Octagon Books, New York, 1968. Eine theoretische Erklärung des Aufbaus der Geheimgesellschaften gibt Wolff, K., Hg., *The Sociology of George Simmel*, The Free Press, Glencoe, IL, 1950.

Wichtige Angaben zu den Geheimgesellschaften Westafrikas finden sich in:

Agiri, B. The Ogboni among the Oyo-Yoruba. *Lagos Notes and Records* 3, no. 11 (1972): 50 – 59.

Bascom, W. »Secret Societies, Religious Cult Groups and Kinship Units among the West African Yoruba.« Diss., Northwestern University, 1939.

Bellman, B. *Village of Curers and Assassins*. Mouton, Paris, 1975.

Butt-Thompson, F. W. *West African Secret Societies*. H. F. & G. Witherby, London, 1929.

Harley, G. W. *Notes on the Poro in Liberia*. Peabody Museum Papers 19, no. 2, Harvard University, Cambridge, 1944.

Harris, W. T., und H. Sawyer. *The Springs of Mende Belief and Conduct*. Sierra Leone University Press, Freetown, 1968.

Herskovits, M. J. *Dahomey*. 2 Bde. J. J. Augustin, New York, 1938.

Jedrej, M. C. Structural aspects of a West African Society. *Journal of Anthropological Research* 32, no. 3 (1976): 234 – 45.

—. Medicine, fetish and secret society in a West African culture. *Africa* 46, no. 3 (1976): 247 – 57.

Little, K. The Poro as an arbiter of culture. *African Studies* 7, no. 1 (1948): 1 – 15.

—. The role of the secret society in cultural specialisation. *American Anthropologist* 51 (1949): 199 – 212.

—. *The Mende of Sierra Leone*. London, 1951.

—. Political function of the Poro, pt. 1. *Africa* 35, no. 4 (1965): 349 – 65.

–. Political function of the Poro, pt. 2. *Africa* 36, no. 1 (1966): 62 – 71.

Magid, A. Political traditionalism in Nigeria: a case study of secret societies and dance groups in local government. *Africa* 42, no. 4 (1972): 289 – 304.

Murphy, W. Secret knowledge as property and power in Kpelle society: elders vs. youth. *Africa* 50 (1980): 193 – 207.

Morton-Williams, P. The Yoruba Ogboni cult in Oyo. *Africa* 30, no. 4 (1980): 362 – 74.

Ottenberg, S. *Leadership and Authority in an African Society*. University of Washington Press, 1971.

—. Hg. *African Religious Groups and Beliefs*. Archana Publications, 1982.

Weckmann, G. Primitive secret societies as religious organizations. *International Review for the History of Religions* 17 (1970): 83 – 94.

Ein ausgezeichneter Zeitschriftenartikel über die afrikanischen Initiationsgifte ist Robb, G. L., The ordeal poisons of Madagascar and Africa, *Botanical Museum Leaflets – Harvard University* 17, no. 10 (1957): 265 – 316. Vergleiche auch den Bericht dazu in B. Holmstedt (1972).

Zora Hurstons Bericht über ihre Forschungen auf Haiti wurde veröffentlicht in *Tell My Horse*, zum erstenmal erschienen 1938 in Philadelphia. Ein Nachdruck erschien 1981 bei Turtle Island, Berkeley. Der Titel ihrer Autobiographie, herausgegeben von Robert Hemenway, ist *Dust Tracks on the Road*. Eine zweite Auflage kam 1984 bei der University of Illinois Press, Urbana, IL, heraus.

Typisch für die nur oberflächlich begründete Ablehnung der möglichen Existenz von Zombies sind Bourguignon, E., The persistence of folk belief: some notes on cannibalism and zombies in Haiti, *Journal of American Folklore* 72, no. 283 (1959): 36 – 47; Laroche, M., The myth of zombi in Smith, R., Hg., *Exile and Tradition*, 44 – 61, Longman & Dalhousie University Press, 1976; Mars, L. P., The story of zombi in Haiti, *Man* 45, no. 22 (1945): 38 – 40.

Die in diesen Abhandlungen zum Ausdruck kommende Haltung geht teilweise auf die Flut populärer Reisebeschreibungen zurück, wie etwa Craige, J. H., *Cannibal Cousins*, Minton, Balch & Co., New York. Der erste in dieser Tradition ist St. John, S., *Hayti: Or the Black Republic*, Frank Cass, London, 1971 [1884]. Weitere Titel sind Seabrook (1929) und Wirkus, F., und T. Dudley, *Le Roi blanc de la Gonave*, Payot, Paris, 1929.

Die haitianischen Geheimgesellschaften werden erwähnt bei Métraux, A. (1972), Courlander, H. (1960) und Herskovits, M. (1937). Die traditionelle Darstellung der Bizango als satanische Macht ist wiedergegeben bei Kerboul, J., *Le Vaudou: Magie ou réligion*, Editions Robert Laffont, Paris, 1973. Eine andere Ansicht vertritt Hurbon, L., Sorcellerie et pouvoir en Haiti, *Archives des sciences sociales des réligions* 48, no. 1 (1979): 43 – 52. Michel Laguerres Interpretation erschien 1980 in seinem Artikel Bizango: a voodoo secret society in Haiti, in Tefft, S. K., Hg., *Secrecy*, Human Sciences Press, New York. Eine Erörterung der Rechtspraxis des ländlichen Haiti findet sich bei Montalvo-Despeignes, J., *Le Droit Informal Haitien* Presses Universitaires de France, Paris, 1976.

Die Anspielung auf das Zombiepulver im Alten Strafgesetzbuch, Artikel 249 (zitiert bei Leyburn, J. (1941), S. 164) lautet: Als versuchter Mord soll außerdem gelten die gegen andere Personen gerichtete Verwendung solcher Substanzen, die, ohne den tatsächlichen Tod zu verursachen, doch ein tiefes Koma herbeiführen, dessen Dauer von Fall zu Fall unterschiedlich ist. Wenn nach Verabreichung selbiger Substanzen die Person begraben worden ist, soll die Tat als Mord gelten ungeachtet der sich ergebenden Folgen.

Der Tanz im Rachen des Löwen

Die paradoxe Situation des Chef de Section auf Haiti wird in Murrays Dissertation von 1977 dargestellt. Andere Interpretationen des Chef de Section sind Comhaire, J., The Haitian »Chef de Section,« *American Anthropologist* 57 (1955): 620 – 24; Lahav, P., The chef de section: structure and functions of Haiti's basic administrative institution, in Mintz, S., Hg., *Working Papers in Haitian Society and Culture*, Antilles Research Program 4 (1975): 5 – 81, Yale University.

Süß wie Honig, bitter wie Galle

Für eine Untersuchung zum Grundbesitz ist wiederum auf Murrays Analyse in seiner Dissertation zu verweisen. Eine Zusammenfassung seiner Schlußfolgerungen findet sich in Murray, G. F., Population pressure, land tenure and voodoo: the economics of Haitian peasant ritual, in *Beyond the Myths of Culture: Essays in Cultural Materialism*, Academic Press, 1980. Probleme von Grundbesitz und Erbregelung, die im Fall von Clairvius Narcisse relevant sind, werden behandelt in Comhaire, J. (1955) und Underwood, F. W., Land and its manipulation among the Haitian peasantry, in Goodenough, W., Hg., *Explorations in Cultural Anthropology* (1964), 469 – 82.

Die philosophischen Ansichten des jungen François Duvalier sind dargestellt in Denis, L., und F. Duvalier, La civilisation haïtienne: notre mentalité est-elle africaine ou gallo-latine? *Revue Anthropologique* 10 – 12 (1936): 353 – 73; und dem späteren Aufsatz dieser Autoren, der 1944 veröffentlicht wurde, L'évolution stadiale du Vodou, *Bulletin du Bureau d'Ethnologie* 2, no. 12: 1 – 29. Lorimer Denis und Duvalier haben außerdem eine Reihe deskriptiver ethnographischer Aufsätze veröffentlicht, denen ihre Beobachtungen verschiedener Vodoun-Rituale zugrunde liegen.

Die Verbindung zwischen Vodoun-Kult und Politik in der jüngsten Geschichte Haitis wird untersucht von Bastien, R., Vodoun and politics in Haiti, in *Religion and Politics in Haiti*, Institute for Cross-Cultural Research, Washington, D. C., 1966; Nichols, D., Politics and Religion in Haiti, *Canadian Journal of Political Science* 3; no. 3 (1970): 400 – 414; Laguerre, M., Voodoo as religious and political ideology, *Freeing the Spirit* 3, no. 1 (1974): 23 – 28; Laguerre, M., Vodoo and politics in contemporary Haiti, Paper presented at the conference »New Perspectives on Carribean Studies: toward the Twenty-first Century,« Research Institute for the Study of Man und City University of New York, August 28 – September 1, 1984.

Zwei extrem negative Darstellungen der Jahre unter Duvalier sind Diederich, B., und A. Burt, *Papa Doc: The Truth about Haiti Today*, McGraw-Hill, New York, 1969, und Rotberg, R., *Haiti: the Politics of Squalor*, Houghton Mifflin Co., Boston, 1971.

Danksagung

Für die Zeit meiner Forschungen über das Zombiephänomen wurde ich vom Social Science and Humanities Research Council of Canada mit einem Dissertationsstipendium unterstützt. Direkte finanzielle Unterstützung wurde großzügig zur Verfügung gestellt von der International Psychiatric Research Foundation, der Wenner-Gren Foundation for Anthropological Research (grant-in-aid 4554) und der National Science Foundation (Doctoral Dissertation Improvement Grant BSN-8411741). Meine Bestimmungen auf dem Gebiet der Botanik wurden verifiziert von Professor R. A. Howard vom Arnold Arboretum in Harvard. Bestimmungen in der Zoologie wurden von den Mitarbeitern des Museums für vergleichende Zoologie derselben Universität durchgeführt. Wertvolles bibliographisches Material stellten zur Verfügung Professor Bo Holmstedt (Karolinska Institut, Stockholm), Professor C. Y. Kao (Down State Medical Center, Brooklyn), Professor M. G. Smith (Yale University) und Professor R. E. Schultes (Harvard University). Besonders möchte ich mich bedanken bei den Professoren Smith und Schultes für ihre anregenden Gedanken und ihre Ermutigung. Mein Verständnis der Geschichte Haitis wurde entscheidend gefördert durch die Arbeiten von Dr. Gerald Murray (University of Massachusetts), Dr. Michel Laguerre (University of California) und Jean Fouchard. Die vorbereitende Laborarbeit wurde durchgeführt von Professor Leon Roizin von der Columbia University. Für weitere Laborarbeit und Beratung schulde ich Dank Dr. Laurent Rivier (Université de Lausanne), Professor James Cottrell und Dr. John Hartung (Down State Medical Center). Es sind drei Männer, aus deren Vision das Zombieprojekt geboren wurde: David Merrick, Professor Heinz Lehmann und der verstorbene Dr. Nathan Kline.

Die Arbeit auf Haiti wurde ermöglicht durch die Zusammenarbeit und aktive Unterstützung vieler einzelner Persönlichkeiten. Besonders möchte ich mich bedanken bei Dr. Lamarque Douyon,

Robert Erié, Marcel Pierre, Herard Simon, Helene Simon und Max Beauvoir. Ganz besonderer Dank gebührt Max und seiner Frau Elizabeth, die mir in großzügiger Gastfreundschaft ihr Haus anboten und ihre Kenntnis der Gesellschaft Haitis mit mir teilten. Rachel Beauvoir arbeitete in jedem Stadium der Feldarbeit mit mir zusammen. Alle diese Personen und viele mehr, die im Buch mit einem Pseudonym bezeichnet sind, haben direkt zum Erfolg des Projektes beigetragen. Die Schuld, in der ich bei ihnen allen sowie beim ganzen Volk Haitis stehe, das mich so freundlich aufgenommen hat, wird hoffentlich aus dem Text des Buches leicht ersichtlich sein.

In Virginia stellte mir Lavinia Currier einen ruhigen Platz zur Verfügung, an dem ich das Manuskript fertigstellen konnte, das in Teilen von ihr selbst, von Charlie Fisher und von Monique Giausserand durchgesehen wurde. Raymond Chavez und Harmon Stevens möchte ich dafür danken, daß sie mich während des Schreibens bei Laune hielten. Für technische Hilfe schulde ich Timothy Plowman und Penny Matekaitis Dank. Jane Gelfman, meine Agentin, hat das Buch von Anfang an unterstützt und mich meinem Verleger Don Hutter vorgestellt, ohne dessen Interesse und Geduld dieses Buch nie fertiggestellt worden wäre. Schließlich möchte ich mich noch bei Monique bedanken für ihre Unterstützung und beständige Liebe.

Wade Davis
The Plains, Virginia

Knaur

Musashi, Miyamoto
Das Buch der fünf Ringe
»Das Buch der fünf Ringe« ist eine klassische Anleitung zur Strategie – ein exzellentes Destillat der fernöstlichen Philosophien. 144 S. [4129]

Rajneesh, Bhagwan Shree
Komm und folge mir
Bhagwan spricht über Jesus. Seine Gedanken über das Leben und die Lehren Jesu enthalten Dimensionen, wie wir sie weder von der Kirche noch von westlichen Denkern kennen. 360 S. mit zahlr. z.T. farb. Abb. [4120]

Dowman, Keith
Der heilige Narr
Das liederliche Leben und die lästerlichen Gesänge des tantrischen Meisters Drugpa Künleg. 224 S. mit 1 Karte [4122]

Brunton, Paul
Von Yogis, Magiern und Fakiren
Begegnungen in Indien. Der amerikanische Journalist Paul Brunton bereiste in den dreißiger Jahren Indien. Seine Erlebnisse eröffnen das ganze Spektrum indischer Spiritualität. 368 S. und 12 S. Tafeln. [4113]

Deshimaru-Roshi, Taisen
Zen in den Kampfkünsten Japans
Deshimaru-Roshi demonstriert, wie die Kampfkünste zu Methoden geistiger Vervollkommnung werden. 192 S. mit 19 s/w-Abb. [4130]

Brugger, Karl
Die Chronik von Akakor
Erzählt von Tatunca Nara, dem Häuptling der Ugha Mongulala. Der Journalist und Südamerika-Experte Karl Brugger hat einen ihm mündlich übermittelten Bericht aufgezeichnet, der ihm nach anfänglicher Skepsis absolut authentisch erschien: die Chronik von Akakor.
272 S., Abb. [4161]

Rawson, Philip
Tantra
Der indische Kult der Ekstase. Diese Methode, die zur inneren Erleuchtung führt, erobert heute in zunehmendem Maße die westliche Welt.
192 S. mit 198 z.T. farb. Abb. [3663]

Rawson, Philip / Legeza, Laszlo
Tao
Die Philosophie von Sein und Werden. Mit ungewöhnlicher Eindringlichkeit und großer Sachkenntnis erschließt sich hier den westlichen Menschen die Vorstellungswelt des chinesischen Volkes.
192 S. mit 202 Abb. [3673]

ESOTERIK